高等职业教育

“岗课赛证”融通

新形态一体化教材

U1010609

学前教育学

主编 张良 卢玲

中国教育出版传媒集团
高等教育出版社·北京

内容提要

本书是高等职业教育“岗课赛证”融通新形态一体化教材。

本书系统介绍学前教育学的理论知识，并列举大量幼儿园一线教师的实践案例，呈现学前教育常见的教学活动和现象，便于学生掌握学前教育学的基本理论和基本规律，能客观、理性地分析学前教育教学活动中常见的现象和问题，从而更好地开展学前教育教学活动，提高学前教育教学水平，顺利实现从学生到教师的转变。

本书包括四个模块。模块一为学前教育的基础知识，包括学前教育概述和幼儿园教育的目标、任务与原则两个项目。模块二为学前教育的基本要素，包括学前教育与儿童发展、学前教育与幼儿教师、幼儿园环境三个项目。模块三为学前教育的实施，包括幼儿园课程、幼儿园保教活动、幼儿园班级管理、幼儿园教育评价四个项目。模块四为幼儿园与家庭、社区和小学，包括幼儿园与家庭合作、幼儿园与社区合作，以及幼儿园与小学衔接三个项目。每个项目设有“学习导航”“学习目标”“情境导入”“学习任务”“岗位应用”“国考聚焦”等环节，真正做到“岗课赛证”有效融通。

教师如需获取本书授课用PPT、电子教案、习题答案等配套资源，请登录“高等教育出版社产品信息检索系统”（http://xuanshu.hep.com.cn/）免费下载。

本书可作为高等职业教育专科、本科学前教育专业教材，也可作为社会从业人士的业务参考书。

图书在版编目（CIP）数据

学前教育学 / 张良，卢玲主编. -- 北京 : 高等教育出版社，2024. 12. -- ISBN 978-7-04-063157-9

Ⅰ. G610

中国国家版本馆CIP数据核字第2024SM8652号

XUEQIAN JIAOYUXUE

策划编辑 赵清梅　责任编辑 张庆波　封面设计 张志奇　版式设计 杨 树
责任绘图 邓 超　责任校对 吕红颖　责任印制 张益豪

出版发行 高等教育出版社
社　　址 北京市西城区德外大街4号
邮政编码 100120
印　　刷 河北鹏盛贤印刷有限公司
开　　本 787 mm×1092 mm 1/16
印　　张 23.75
字　　数 460千字
购书热线 010-58581118
咨询电话 400-810-0598
网　　址 http://www.hep.edu.cn
http://www.hep.com.cn
网上订购 http://www.hepmall.com.cn
http://www.hepmall.com
http://www.hepmall.cn
版　　次 2024年12月第1版
印　　次 2024年12月第1次印刷
定　　价 48.50元

物 料 号 63157-00

前　言

学前教育是国民教育的重要组成部分，是基础教育的起始阶段，对个体的终身发展起着重要的奠基作用。培养与造就一批具有现代学前教育理念、深厚学前教育理论和较强实践能力的高素质学前教育教师，不断提高学前教育质量，是我国学前教育事业发展面临的紧迫任务。

学前教育学是学前教育各领域学习的基础，也是幼儿园教师资格考试中“保教知识与能力”考核的重点。本书以党的二十大精神为指引，以贯彻落实立德树人根本任务为遵循，具有以下五个特色。

一、教材内容的课证融通化

为突破传统教材内容建构方式，编者遵循“岗课赛证”融通原则对本书内容进行重构。在内容重构过程中，编者依据《中小学和幼儿园教师资格考试标准及大纲(试行)》，分析历年真题，把国家关于幼儿教师职业资格考试的相关知识点融入教材中，实现课程教学大纲与幼儿教师岗位职业能力、幼儿园教师资格认证考试考纲、学前教育专业技能竞赛及毕业生专业技能抽测标准的有机结合，课程内容学习与教师资格考试考点的一体化呈现，有利于学生在学习学前教育基本理论和方法的同时，掌握教师资格认证考试的相关知识和技能。每个项目后面设计了“岗位应用”“国考聚焦”环节，切实将学习任务融入并应用到实际工作岗位、职业资格考试、职业技能大赛中，真正做到“岗课赛证”的有效融通。

二、教材体系的模块组合化

为方便学生学习，按照学前教育学课程内在的知识体系，结合学生的认知规律，以问题或情境为导向，采用“模块—项目—任务”的结构设计，将抽象的教育学理论知识分解到具体的岗位应用中。在本书编写过程中，编者力求将共性化的教材内容转化成个性化的教学体系，从而构建以问题或情境为导向的模块组合化课程体系，形成鲜明的课程特色。

三、教材编写的园校协同化

编者采用园校合作、园校协同的方式编写本书。学前教育学课程标准的制定、教材框架的设计、教材内容的选择、教学文本的编写、教材相关资源的建设等，都是由学前教育学专业教师和幼儿园一线教师协同完成的。特别是在每个项目中，编写组和幼儿园一线教师紧密合作，针对幼儿教师在幼儿园可能碰到的“热点、难点、堵点、痛点”问题创设若干真实情境，提出若干切实问题，并用微视频的方式进行解答，实现教材编写与幼儿园真实情境、切实问题、有效举措的有机结合。

四、教材资源的动态集成化

采用动态集成化资源建设策略，始终贯彻以适应学生自主学习为中心、以提高教学质量为目标的教学改革理念，及时对学前教育学最新研究成果、幼儿园最新实践经验、学前儿童最新教学活动案例、优秀幼儿教师教学活动教案与课件、典型教学活动案例、教师资格考试大纲和真题等教学资源进行集成优化，通过二维码呈现在教材上，并与课程教学资源平台建立链接，以便学生获得动态、最新、最优的课程学习资源。

五、教材学习的自主泛在化

借助互联网＋职业教育的优势，充分利用智能手机等移动终端设备设施可以随时、随地使用的泛在化特征，将教材内容、教案、课件、教学重点难点微课视频、知识点过关测试题、章节测试及其他相关拓展资源以二维码的形式镶嵌到教材相应位置，或呈现在学生手机课程学习APP上，满足在校学生和社会学习者自主学习、按需学习、个性学习、泛在学习的需要。

本书由长沙职业技术学院张良、泸州职业技术学院卢玲担任主编，负责全书的筹划及统稿。具体编写分工为：项目一和项目二由黑龙江幼儿师范高等专科学校孟玥编写；项目三由长沙职业技术学院张娅莉编写；项目四由长沙职业技术学院陈玲编写；项目五由咸宁职业技术学院的吴小辉编写；项目六由陈玲、张良编写；项目七由阜阳幼儿师范高等专科学校刘文娟编写；项目八由广东江门幼儿师范高等专科学校尹爱英编写；项目九由泸州职业技术学院田婧编写；项目十由四川职业技术学院龚光军编写；项目十一由张良、长沙放芯育婴幼儿照护服务有限责任公司尹庆红编写；项目十二由卢玲编写。张良、刘朝霞（长沙职业技术学院）、陈玲、尹庆红等为本书的体例优化、文稿校对、微视频设计与脚本修改等付出了辛勤劳动。尹庆红负责教材微视频的拍摄与制作，刘朝霞、陈玲和张娅莉等参与微视频的拍摄与审核，厚甫教育集团陶晓鸿提供素材支持。

本书引用了一些专家、学者的资料，在此表示衷心的感谢。

由于编者水平有限，书中难免有错误、缺漏和不当之处，敬请广大读者批评指正。

编者

2024年9月

目　　录

模块一

学前教育的基础知识

本模块主要介绍学前教育的基础知识，包括学前教育与学前教育学辨析，学前教育产生与发展历程追溯，学前教育发展趋势，幼儿园教育的目标、任务与原则。

本模块的知识是学习后面三个模块的基础，只有把握了学前教育是什么、它的价值何在，厘清它的发展脉络，理解古今中外代表性教育家的学前教育思想，了解学前教育未来的发展趋势等内容，才能更好地学习学前教育其他内容。本模块将为学生学习其他课程打下坚实的理论基础。

项目一 1

学前教育概述

【学习导航】

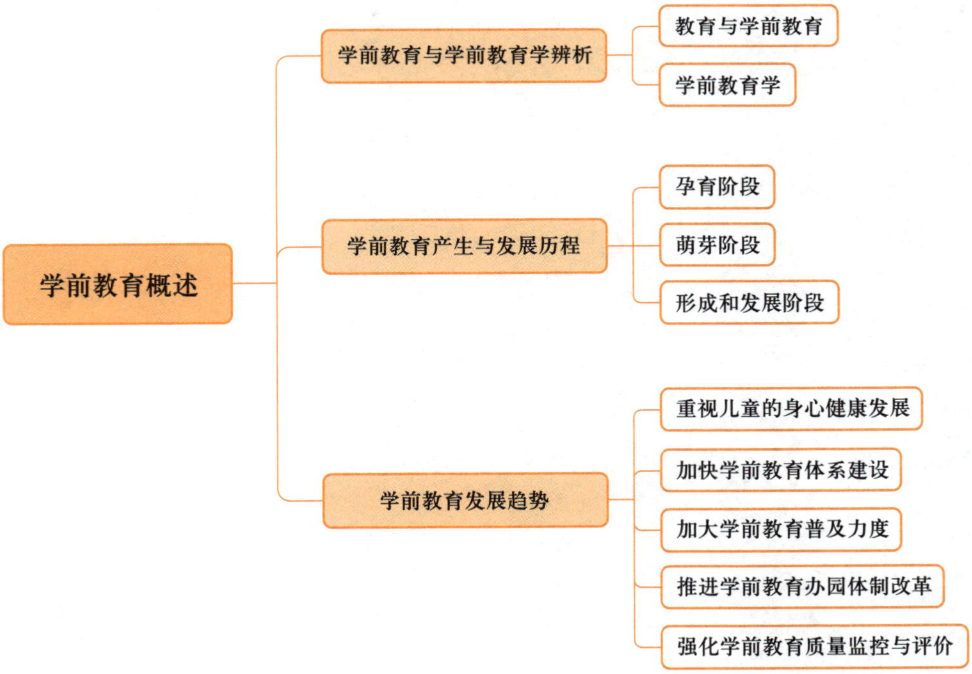

【学习目标】

素质目标：

☐ 增强对学前教育事业的热爱；端正自身学习态度。

认知目标：

☐ 理解学前教育和学前教育学的概念；了解学前教育的产生与发展历程；熟悉学前教育学的研究对象和研究任务；了解学前教育的发展趋势。

能力目标：

☐ 能说出学前教育发展的历程；能用辩证的眼光看待各种学前教育思想。

情境导入

学前教育的价值

在幼儿园的办公室中，东东的妈妈正在和园长谈话。只听见东东妈妈用略带急切的口吻说道："园长，你们幼儿园每天都教了孩子哪些知识呢？我儿子都快 5 岁了，汉字不认识几个，10 以内的加减法也不怎么会，他与朋友家的小孩一比较，我都不好意思了。"园长正准备解答，这时欢欢的妈妈进来了，她是来感谢园长的，她说："我的孩子上了幼儿园后，回家变得很有礼貌，而且自己的事情自己做，爱观察爱思考。园长，我要感谢幼儿园的老师！"园长耐心地接待完两位家长后，自己坐在办公室，不禁思考："社会发展如此迅速，我们学前教育的价值到底是什么呢？"

你认为学前教育的价值是什么呢？

学习任务

任务 1-1　学前教育与学前教育学辨析

问题引领　1987 年，75 位诺贝尔奖获得者在巴黎聚会。有一位记者问其中一位老人："您在哪所大学学到的东西您认为最重要？"老人平静地说："幼儿园。""在幼儿园里学到了什么？""在幼儿园学到：要乐于同别人分享一切东西；要公平正直、光明正大地与别人竞争；永远不打人；不要拿不属于自己的东西，在你伤害别人时要道歉；吃饭之前要洗手；要知害羞，要有廉耻之心；热牛奶有利于身体健康；要让生活过得丰富多彩；不仅在每天都要有所学，有所思，还要在工作的同时作作画，唱唱歌，跳跳舞；每天下午要小睡一会儿；在踏入社会的时候，要随时注意交通安全；要互相团结，彼此扶助；要始终保持一颗惊喜、好奇的心。"①

① 福尔姆. 我们得回到幼儿园. 吴群芳译. 北京：中国档案出版社，2001.

通过上述故事，你如何认识学前教育及其价值？

一、教育与学前教育

（一）教育

1. 教育的含义

每个人的成长过程都离不开教育，从呱呱坠地到开启求学生涯再到进入社会都经历着不同类型的教育。教育有广义和狭义之分。

广义的教育是指增进人的知识和技能、影响人的思想品德、增强人的体质的活动。它包括家庭教育、学校教育和社会教育。

狭义的教育主要指学校教育。学校教育是以影响人的身心发展为直接目标的社会活动，是教育者根据一定的社会要求，有目的、有计划、有组织地通过学校教育的工作，对受教育者的身心施加影响，把他们培养成一定社会或阶级所需要的人的活动。学校教育在人的发展中起着主导性的作用。

2. 教育的本质属性

区别于其他事物和现象，教育是一种培养人的社会活动。教育是人类所特有的社会活动，是人类生存的需要。教育是有目的、有计划、有意识地传递经验的活动。在教育中，教育者、受教育者及教育影响三者间存在一定的内在联系。

为什么说教育是人类特有的活动？

（1）动物的学习是一种基于亲子关系和生存本能的自发行为，而人类的教育是一种复杂的社会活动，因此动物只有学习而没有教育。

（2）动物没有和人类一样的语言，人类具有高级语言系统。

（3）动物的学习随着生理的成熟而结束，并且没有系统性和组织性，因此这种抚养活动不能被叫作教育。人类的教育是具有持续性的终身教育。

（二）学前教育

1. 学前教育的概念

广义的学前教育是指对0~6岁的幼儿实施的教育，包括胎儿教育、早期教育（0~3岁）、幼儿园教育（3~6岁）。狭义的学前教育指幼儿园教育。

2. 学前教育的价值

学前教育对于幼儿个体、家庭、国家和社会具有十分重要的价值。

（1）学前教育对幼儿个体的价值。对幼儿个体而言，幼儿时期是人生重要的启蒙期，是语言、认知、情绪情感等发展的重要时期，是为幼儿的后继学习和终身发展奠定坚实基础的重要时期。学前教育对幼儿个体的价值具体表现在以下几个方面。

① 促进生长发育，提高身体素质。3~6 岁是幼儿生长发育的重要时期，应有合理的膳食满足幼儿的生长发育需求，有科学的一日生活活动满足幼儿的生理和心理需求，有充足的户外活动满足幼儿的运动需求。

② 开发大脑潜力，促进智力发展。均衡的营养膳食、动静交替的一日活动能有效促进幼儿的脑发育和智力发展。

③ 发展个性，促进人格的健康发展。丰富的教学活动促进幼儿的德智体美劳全面发展，科学的生活活动培养幼儿的生活自理能力和良好的生活常规，多样的游戏活动促进幼儿情绪情感、社会性、认知等方面的发展，从而促进人格的健康发展。

④ 培育美感，促进想象力和创造力的发展。日常生活活动使幼儿感受、欣赏生活中美的事物，专门的艺术领域活动培养幼儿发现美、表现美的能力，从而促进幼儿的想象力和创造力的发展。

（2）学前教育对于家庭、社会和国家的价值。对家庭而言，学前教育承载着无数家庭对未来美好生活的期盼。家园合作可以有效传播科学的育儿理念与方法，提升家庭的文明程度与教育水平。

对国家和社会而言，学前教育关系着国家的兴旺与民族的未来，关系着社会的进步与和谐。如今学前教育成为世界各国提高国家综合竞争力、国民素质、社会文明程度的重要途径。在社会中，教育被誉为实现人类平等的伟大工具，而学前教育有利于社会的进步与发展，能降低社会治理的成本，让社会的投入获得高效的回报。

微课：学前教育就是幼儿园教育吗?

二、学前教育学

（一）学前教育学的概念

《幼儿园教育指导纲要（试行）》（以下简称《纲要》）指出："幼儿园教育是基础教育的重要组成部分，是我国学校教育和终身教育的奠基阶段。城乡各类幼儿园都应从实际出发，因地制宜地实施素质教育，为幼儿一生的发展打好基础。"学前教育学是教育学的一个分支学科，是研究学前教育现象、揭示学前教育规律的科学。广义的学前教育学专门研究 0~6 岁的幼儿。狭义的学前教育学专门研究 3~6 岁的幼儿。

学前教育机构的教育主要是选派专人实施、指导的各种机构或者组织对 0~6 岁的幼儿实施教育，旨在促进幼儿身体、认知、情感和社会性等方面的和谐发展。我国的学前教育机构以托儿所和幼儿园为主，托儿所主要招收 0~3 岁的幼儿，幼儿园主要招收 3~6 岁的儿童。一些地区还存在其他类型的组织，如托幼一体的幼儿园、儿童游戏游乐园、亲子园、露天幼儿园、绘本图书馆、社区教育机构等。

学前教育学是一门兼具理论与应用性质的学科，作为教育者既要在学前教育实践中研究教育的现象、探究教育的规律，又要将研究成果应用于学前教育实践中。

（二）学前教育学的研究任务

学前教育学是高等学校学前教育、早期教育及婴幼儿托育服务与管理等专业基础课或专业核心课程。通过该课程的学习，学生能掌握学前教育的基本理论、基本内容和方法。学前教育学主要研究以下内容：学前教育的产生和发展历程；学前教育的目标、任务与原则；学前教育与儿童发展；幼儿园环境；幼儿园课程；幼儿园保教活动；幼儿园班级管理；幼儿园教育评价；幼儿园与家庭、社区和小学；等等。学前教育学的任务在于观察与认识学前教育现象，研究和揭示学前教育规律，为学前教育实践提供指导，从而促进学前教育的健康发展。

1. 观察与认识学前教育现象

首先，学前教育现象普遍存在于人类社会的各种活动中，需要学前教育从业者去发现和认识。其次，学前教育现象是学前教育学建立的基础，学前教育从业者是在研究众多学前教育现象的基础上逐步发现学前教育规律的。

2. 研究和揭示学前教育规律

学前教育规律客观存在于学前教育实践教育教学中，需要学前教育从业者去发现和揭示。在学习学前教育学并掌握课程内容的同时，还应学习学前儿童发展心理学、学前儿童卫生与营养保健学等学科的基本理论，辅助探讨学前教育学理论，更准确地研究、揭示和解释学前教育规律。同时，应注重理论联系实际，在掌握学科基本理论、打下较扎实理论基础的同时，应密切关注托儿所和幼儿园教育、教学、管理实际，深入幼儿园开展调查研究，参与各种教育实践活动，也可做专题研究。在课程学习过程中还应重视培养自学能力、分析问题和解决问题能力，以及独立思考、沟通与协作等能力。

3. 为学前教育实践提供指导

学前教育学是一门理论科学，更是一门应用科学，具有一定的实践性。因此，学习学前教育学不仅仅需要研究与揭示学前教育存在和发展的规律，更应该利用规律指导学前教育实践。学前教育学相比教育学、心理学还是一门年轻的学科，通过学前教育理论和实践工作者的共同努力，将进一步把学前教育理论提高到新的高度，使其日趋完善，成为一门具有中国特色、可以有效指导学前教育实践的科学。

任务 1-2 学前教育产生与发展历程

问题引领 你知道学前教育经历了怎样的发展历程吗？以前有过哪些有代表性的学前教育思想呢？

学前教育的产生与发展经历了三个阶段，分别为孕育阶段、萌芽阶段、形成和发展阶段。

一、孕育阶段

15 世纪以前，学前教育思想散见于各种著作之中。这一阶段国内的代表人物有贾谊、颜之推、朱熹等，国外的代表人物有柏拉图、亚里士多德、昆体良等。

（一）国内代表人物的学前教育思想

1. 贾谊的学前教育思想

贾谊（公元前 200—公元前 168 年），西汉初期著名政论家、文学家。他主张按照儒家仁爱的理想人格来塑造太子，以儒家学说作为太子早期教育的主要内容。他关于早教的论述见于《新书》的《傅职》《保傅》《劝学》《胎教》等著作中。

（1）早谕教。贾谊认为："天下之命，县于太子；太子之善，在于早谕教与选左右。"贾谊认为太子教育意义重大，关系到国家的兴衰存亡。应尽早施教帮助太子树立良好的品格，如果能实施胎教，则会取得更好的效果。

（2）选左右。贾谊指出："人性非甚相远也。"意思是人生下来差不多，为什么周成王是圣明的君主，而秦二世是暴戾的君主？两者的差别在于他们的教师不同。周成王的教师是贤者，而秦二世的教师非贤者，导致秦朝数载即亡。贾谊认为良师是教育成功的根本保证。

2. 颜之推的学前教育思想

颜之推（531—约 597 年），南北朝时期著名的文学家、教育家。颜之推的思想主要集中在著作《颜氏家训》中。《颜氏家训》是中国历史上第一部体系宏大、内容丰富的家训，开"家训"之先河，在家庭教育、道德修养等方面给后人提供了借鉴。

（1）及早施教。颜之推认为家长应抓紧时机，尽早对孩子开展教育，可以从胎儿就开始实施教育。《颜氏家训·教子》中说："古者，圣王有胎教之法：怀子三月，出居别宫，目不邪视，耳不妄听，音声滋味，以礼节之。”意思是古代君王家的妃嫔怀孕三个月，要住专门的房间，眼睛不看不该看的东西，耳朵不听胡言乱语，听的音乐、日常饮食等都要受到礼仪的节制。“凡庶纵不能尔，当及婴稚，识人颜色，知人喜怒，便加教诲，使为则为，使止则止。比及数岁，可省笞罚。”意思是平民百姓家纵然不能做到这样，也该在孩子已成幼儿，能看懂大人的脸色、知道大人的喜怒时，对他进行教育，做到大人允许他做才做，不允许他做就立刻停止。

（2）严慈相济。颜之推提倡早期教育，在教育子女方面主张严慈相济。《颜氏家训·教子》中说：“父母威严而有慈，则子女畏慎而生孝矣。”意思是只要父母既威严又慈爱，子女自然就会敬畏谨慎而有孝行了。

（3）均爱勿偏。颜之推重视父母对子女的榜样示范作用。他认为：“贤俊者自可赏爱，顽鲁者亦当矜怜。有偏宠者，虽欲以厚之，更所以祸之。”意思是德才兼备的孩子值得赏识和喜欢，但愚蠢迟钝的孩子也应当得到怜惜和爱护。被父母偏宠的孩子，得到了父母的优待，却反被父母宠坏。

3. 朱熹的学前教育思想

朱熹（1130—1200 年），宋朝著名的理学家、思想家、哲学家、教育家、诗人。朱熹重视胎教和幼儿教育，提倡正面教育，主要著作有《童蒙须知》《小学》和《训蒙绝句》（也称《朱子训蒙诗百首》）。

（1）德为先。朱熹强调幼儿教育以德为前提。他在《童蒙须知》中说：“古者小学，教人以洒扫、应对、进退之节，爱亲、敬长、隆师、亲友之道。皆所以为修身、齐家、治国、平天下之本，而必使其讲而习之于幼稚之时。欲其习与智长，化与心成，而无扞格不胜之患也。”他认为幼儿时期是道德养成的关键时期。

（2）律为行。朱熹强调幼儿教育中自律的重要性。他在《童蒙须知》中说道：“大抵为人，先要身体端整。自冠巾、衣服、鞵韈皆须收拾爱护，常令洁净整齐。”“凡行步趋跄，须是端正，不可疾走跳踯。若父母长上有所唤召，却当疾走而前，不可舒缓。”“凡为人子弟，当洒扫居处之地，拂拭几案，当令洁净。”他认为人对行为规范的遵守是根本，在幼儿期强调纪律约束、开展行为训练，有利于幼儿成长为遵守社会规范的良好公民，更有利于其对社会整体价值观的认同。

（3）乐为归。朱熹在《小学》中引用程子的话：“教人未见意趣，必不乐学。”可见，学习必须以喜欢、愿意为前提，这一点与现代教育理论是一致的。他主张通过历史故事等教育儿童，增添学习的趣味性。他在《小学》中收录了很多先贤和圣人的故事，以此提高幼儿学习的积极性，朱熹的理论与现代的教育理论所倡导的“快乐学习”等理论不谋而合。

（二）国外代表人物的学前教育思想

1. 柏拉图的学前教育思想

柏拉图（公元前427—公元前347年），古希腊著名的思想家、哲学家、教育家。他是苏格拉底最得意的弟子之一，是孕育阶段的代表性人物，在世界上第一次提出了公共学前教育的主张，强调通过游戏、故事、音乐等形式教育幼儿。在西方教育史上，柏拉图第一次比较系统地对学前教育问题进行了论述。

（1）重视早期教育，主张胎教。柏拉图十分重视早期教育，认为越早接受教育越好，尤其是对于尚未成熟的幼儿。他在《理想国》中指出，凡事开头最重要，特别是生物，在幼小柔嫩的阶段，最容易受陶冶，你想把他塑成什么样式，就能塑成什么样式。柏拉图十分重视胎教，在其著作《法律篇》中指出，同时应该甚至在幼儿出生以前就着手教育这一工作，待产的妇女必须接受有利于未出生的幼儿的训练。他认为这种训练包括胎教。

（2）重视游戏、故事教育。柏拉图十分重视游戏教育，他认为游戏在幼儿成长中具有重要的教育地位，游戏可以使幼儿获得快乐，因此应选派有经验的人组织、创设符合幼儿年龄和心理特点的游戏；游戏应该具有一定的规则，通过规则使幼儿遵守秩序和规定。他认为游戏是幼儿期实施德育教育的重要途径。柏拉图重视故事对幼儿的影响，他认为幼儿会在耳濡目染的环境中形成自身性格。他强调要严格筛选语言、诗歌、文学作品的内容和主题，选择积极向上、振奋人心的作品，取缔战争、暴虐、恐怖的作品。

（3）重视音乐教育。柏拉图认为，音乐对人是必不可少的。合适的音乐教育可以陶冶幼儿情操，优美的旋律和曲调可以使幼儿精神和谐、举止文明、仪态优美。

（4）重视心灵教育和体育教育。柏拉图认为心灵教育与体育教育应有机结合，仅喜欢音乐而没有健康体魄的人终将萎靡不振，仅喜欢体育而忽略音乐的人会变成四肢发达、行为粗暴的人，因此心灵教育与体育教育是相辅相成的。

2. 亚里士多德的学前教育思想

亚里士多德（公元前384—公元前322年），历史上伟大的哲学家、科学家和教育家。他是世界上第一个提出要进行幼儿年龄分期教育的教育家，主张“教育遵循自然”。他认为学前教育对于婴幼儿成长具有巨大的价值，可以开设体能、游戏、音乐等方面的课程。他的主要著作有《伦理学》《政治学》等。

（1）重视学前教育。亚里士多德与柏拉图一样重视学前教育的价值，他提倡学前教育由国家统一兴办和管理，反对私人兴办和管理学校。

（2）重视优生与保育。亚里士多德认同柏拉图的思想，也非常重视优生。他认为只有健康的父母才能生出健康的婴儿，优生与父母的年龄、品质、婚嫁时间存在一定的关系。在保育方面，他认为首先营养对于幼儿的养护非常重要，母乳是幼儿最好的营养物质，其次要有适度的体育锻炼，训练幼儿抵抗严寒的能力。

（3）提出按年龄阶段进行教育。亚里士多德将对人的教育分为三个时期，0~7岁为第一个时期，7~14岁为第二个时期，14~21岁为第三个时期。他认为第一个时期为学前期，应以体育、德育和智育为主。

（4）重视游戏和其他积极的娱乐活动。亚里士多德认为游戏和其他积极的娱乐活动对于幼儿身体和心理的健康发展具有一定意义，他认为游戏的开展应该注意一些问题，如不要过于劳累、游戏的内容应该积极向上等。

（5）重视环境和日常生活的管理。亚里士多德认为学前教育应该注重日常生活的管理，为幼儿营造良好的环境，便于幼儿学习、观察和模仿他人的行为，为今后幼儿的学习和生活打下一定的基础。

3. 昆体良的学前教育思想

昆体良（约35—114年），古罗马著名的雄辩家和教育家。他赞同柏拉图的观点，重视幼儿教育，认同游戏的价值，反对体罚教育。昆体良的学前教育思想对今天的教育仍具有借鉴价值。他的主要著作为《雄辩术原理》，该著作系统地谈论了学前教育的目标、内容和方法等。

（1）重视早期教育。昆体良在著作中写道，即使7岁前的收获很微小，也不能轻视它，因为有了这个基础，到了7岁就可以学些难度更深的东西，否则到了7岁幼儿只能从简单的东西学起。从昆体良的作品中可以看出，他非常重视早期教育对幼儿的影响。

（2）认同游戏的价值。昆体良认为喜欢玩游戏是幼儿的天性，幼儿成长需要游戏，在童年期不会玩游戏、表现出麻木和无精打采的幼儿，未来无法很好地学习。他认为幼儿在游戏中获得快乐的同时，还可以获得知识，这有助于发展幼儿的注意力。

（3）反对娇生惯养，重视榜样作用。昆体良反对娇生惯养，认为幼儿小还不能分辨对错，父母的娇惯使幼儿变得放纵和娇气。他认为父母是幼儿学习的榜样，幼儿是父母的一面镜子，幼儿能够映射出父母身上存在的问题，因此父母应该规范自身言行，为幼儿树立榜样。

（4）反对体罚教育。昆体良反对体罚教育，认为体罚行为决不能应用于幼儿教育中。他认为体罚只会给幼儿带来身体和心理的伤害，有百害而无一利。

（5）重视教师和看护者的选择。昆体良认为应该谨慎地为幼儿选择教师和看护者，幼儿与他们相处时间较长，他们的健康和言行直接影响到幼儿的成长，会成为幼儿的模仿对象。作为教师，应该关爱、了解幼儿，对幼儿的行为给予批评或表扬。

二、萌芽阶段

16 世纪至 19 世纪中期，教育学从哲学、伦理学中分离出来成为一门独立的学科。这一阶段国内的代表人物有王守仁等，国外的代表人物有夸美纽斯、洛克、卢梭、裴斯泰洛齐等。

（一）国内代表人物的学前教育思想

在萌芽阶段，国内对学前教育有过较为深入阐述的代表人物是明代著名的思想家、教育家王守仁（1472—1529 年）。他的主要著作有《训蒙大意示教读刘伯颂等》《教约》《传习录》等。

（1）训导性情。王守仁提出了自然教育论，比卢梭的自然教育思想早 200 多年。他揭露和批判传统幼儿教育是“鞭挞绳缚，若待拘囚”。他指出：“今教童子，必使其趋向鼓舞，心中喜悦，则其进自不能已。譬之时雨春风，沾被卉木，莫不萌动发越，自然日长月化。”他认为顺应幼儿的身心特点对他们进行教育，就像时雨春风滋润草木，不断地滋润幼儿身心，能让幼儿乐于接受教育，让他们不断进步、健康成长。

（2）循序渐进。王守仁认为幼儿是发展中的人，教育要循序渐进，不能拔苗助长，忽略幼儿的发展特点和水平，一味灌溉知识的做法，类似于将一桶水全部倾倒给幼苗，最终会导致幼苗被淹死。他还提出幼儿学习不在多而在精，让幼儿自己消化吸收，达到自得自美。

（3）因材施教。王守仁认为：“因人而施之，教也，各成其材矣，而同归于善。”意思是每个幼儿都有长处，教育者要根据幼儿的长处开展教育，促进幼儿某一方面的发展。他的因材施教、各成其材的思想，对传统抹杀幼儿个性、以相同模式和内容培养幼儿的教育思想进行了批判，具有进步意义。

（4）全面引导。王守仁认为对幼儿进行教育的内容和途径应当是多方面的。他指出：“教人为学，不可执一偏。”他对教师提出通过了解习礼、诗歌和读书对儿童进行全面引导的要求，从而收到“顺导其志意，调理其性情”的良好效果。为全面贯彻教育目的、内容和原则，教师应制定课程表，使每个环节能够有序进行，保证幼儿身心愉悦地学习。

（二）国外代表人物的学前教育思想

1. 夸美纽斯的学前教育思想

夸美纽斯（1592—1670 年），17 世纪捷克著名的资产阶级民主教育家和理论家。他是研究幼儿教育最早的理论家之一。夸美纽斯试图从幼儿本身、父母和国家等方面说明幼儿教育的重要性，要求给予幼儿极大的关怀。他的主要著作包括《大教学论》《母育学校》《世界图解》等。《大教学论》是近代最早的一部具有完整体系的教育学著作，书中第一次提出将学前教育纳入单轨学制。《母育学校》是历史上第一本学前教育专著，书中全面论述了幼儿出生后前6年教育的意义、内容和方法，提出了学前家庭教育的体系；主张通过母育学校教育0~6岁的幼儿，指出幼儿应该在家庭中由母亲进行教育，这对幼儿的后续发展影响很大。《世界图解》是历史上第一部对幼儿进行启蒙教育的看图识字课本。

（1）强调早期教育的重要性。夸美纽斯认为在幼儿童年播下什么种子，长大就会收获什么样的果子，早期教育对幼儿未来发展起着重要的作用。

（2）从泛智思想出发，提出普及教育。所谓泛智教育，就是要求幼儿学习广泛的知识，但不是为了学习而学习，而是为了生活而学习。夸美纽斯认为学习是幼儿为将来的生活做准备。泛智思想主张“一切事物教给一切人”，并且认为“一切儿童都可以教育成人”。

（3）提出教育适应性原则。夸美纽斯认为教育必须适应幼儿的身心发展特点。他提出人是自然的一部分，人的发展有其自身的法则，应按照幼儿的年龄及已有的知识和经验循序渐进地进行教导。

（4）重视体力及道德行为习惯的培养。夸美纽斯认为教育内容包括德育、智育和体育等方面。

2. 洛克的学前教育思想

洛克（1632—1704年），英国著名的哲学家、政治家和教育思想家。他认为幼儿的心灵是一张没有任何特征和观点的白纸，即“白板说”。洛克认为武装人心灵的是经验，经验形成了人们所有的知识，人的心灵最终来源于人的经验。他的主要著作为《教育漫话》等。《教育漫话》是继夸美纽斯的《大教学论》之后，又一本教育经典著作。

（1）提出“白板说”理论。洛克反对天赋观点，认为思想、观念并不是与生俱来的，人出生时都是一块白板，而人的千差万别来源于教育。

（2）重视早期教育。洛克认为，幼小时所得的印象就像江河的源泉一样，水性十分柔软，一点人力就可以把它导入他途。这表明他认为幼儿时期的教育和印象形成是非常关键的，对个人的发展有着深远的影响。

（3）提出体育教育的理念。洛克是第一个提出并详细论述幼儿体育问题的教育家。他认为教育者可以通过各种体育活动锻炼幼儿的身体，增强其体质，提高幼儿自身的身体免疫力。他认为拥有强壮、健康的身体对于幼儿来说是非常重要的，强壮的身体可以适应任何环境。

（4）要养成良好的生活习惯。洛克主张幼儿的生活应该有规律，进餐、睡眠、学习、游戏和锻炼身体都应该有一定的规律。

（5）重视道德教育。洛克认为，相对智育，德育对于幼儿更为重要。他认为幼儿从小就要进行道德教育，通过说理让幼儿学会理智地克服欲望，遵守要求。要发挥榜样的作用，幼儿爱模仿，可以通过榜样给予幼儿正面的教育，潜移默化地影响幼儿行为。

（6）重视智力教育。洛克认为在智力教育中要激发幼儿的好奇心和学习欲望；要采用适当的教学方法，实现寓教于乐。

3. 卢梭的学前教育思想

卢梭（1712—1778 年），18 世纪法国著名的启蒙思想家和教育家。他反对封建、腐朽的教育思想和儿童观，提出“发现儿童”的儿童观，并提倡自然本性的教育制度和教育方法，他的教育思想引起了一场伟大的革命，其“发现儿童”的儿童观对今天的学前教育仍有巨大的价值。卢梭的教育思想对近现代教育理论的发展具有一定影响，裴斯泰洛齐、福禄贝尔、杜威等教育家都受到了卢梭自然教育理论的启发，形成了自己的教育观点。他的主要著作有《爱弥儿》《社会契约论》等。卢梭以“爱弥儿”为教育对象，抨击封建的旧教育思想，提出教育应遵循儿童的天性，进行自然教育。

卢梭认为教育应按照年龄分期，幼儿教育分为四个阶段。

第一个阶段：0~2 岁婴儿期。这一阶段的教育以身体的养护为主，应促进婴儿四肢和器官的发展，通过饮食、着装、睡眠等，保证婴儿身体健康，增强婴儿体质。卢梭认为这一阶段婴儿的饮食应以水果、蔬菜为主，要清淡，不要过于油腻，饮食要丰富，不要单一，要避免造成婴儿挑食。

第二个阶段：2~12 岁幼儿期。这一阶段的教育以体育锻炼和感官训练为主。在这一阶段幼儿的语言得到发展，但理智没有得到开发，这是感官发展的重要时期。卢梭认为感官教育不是单纯的运用感官，而是掌握运用感官的技巧。

第三个阶段：12~15 岁青年期。这一阶段的教育以知识教育和劳动教育为主。

第四个阶段：15~20 岁青春期。这一阶段的教育以道德教育等为主。

4. 裴斯泰洛齐的学前教育思想

裴斯泰洛齐（1746—1827 年），19 世纪瑞士著名的民主主义教育思想家和教育改革家，一生致力于平民教育。裴斯泰洛齐吸收了卢梭的理论，特别强调教育要适应自然，应按照幼儿的天性及其发展的顺序实施教育。他提出爱的教育理念，认为爱的教育应贯穿于教育活动之中。他认为家庭教育对于幼儿的成长尤为重要。他的主要著作有《林哈德与葛笃德》《母亲读物》《天鹅之歌》等。

（1）阐述了和谐教育思想。裴斯泰洛齐认为，教育的目的是全面、和谐地发展人的一切天赋力量和能力。他强调情感教育和爱的教育。为了培养身心和谐发展的人，他提出要实施和谐发展的教育，具体包括德育、智育、体育和劳动教育。

（2）第一个提出教育心理学化的思想。裴斯泰洛齐明确提出“使人类教育心理学化”的主张，认为教育要适应幼儿心理发展，教育内容、教学原则和方法要心理学化，教育者要调动幼儿的学习主动性，让幼儿成为自己的教育者。

（3）重视家庭教育。裴斯泰洛齐非常重视幼儿的家庭教育，认为父母要给予幼儿充分的母爱和父爱，教育应从幼儿出生即开始。他从三个方面论述了家庭教育的重要性：第一，母亲在幼儿的教育中占据着重要的位置。第二，父母最了解自己的孩子，知道自己孩子的个性和能力，在教育方面最有发言权，也最适宜进行遵循自然的教育。第三，教育应该从摇篮开始，因为人潜在的力量和才能从人诞生的时刻起就出现了，需要进行培育和发展，这使家庭教育与学校教育相比更显重要。

三、形成和发展阶段

19 世纪中期至今，学前教育学逐步成为一门独立的学科。这一阶段国内的代表人物有康有为、陶行知、陈鹤琴、张雪门、张宗麟等，国外的代表人物有福禄贝尔、蒙台梭利、杜威、维果斯基、皮亚杰、加德纳等。

（一）国内代表人物的学前教育思想

1. 康有为的学前教育思想

康有为（1858—1927 年），近代著名政治家、思想家、教育家，资产阶级维新派领袖，戊戌变法的领导人。他的主要著作有《大同书》等。

（1）公养公育。康有为提出了幼儿公养公育制度，他认为幼儿不是父母的私有财产，应为社会所养，要在政府设立的公共教育机构中成长并接受教育。他在《大同书》中勾勒的理想的教育体系包括人本院、育婴院、小学院、中学院和大学院，其中人本院、育婴院是为 0~6 岁幼儿设立的教育机构，属于学前教育机构，体现了平民化、民主化思想。同时，康有为还提出了按年龄段进行教育的进步思想。

（2）早期教育。康有为在《大同书》中提出在教养幼儿过程中要重视环境。他认为幼儿的外貌、性格与女性孕育时的气候等地理环境因素有关。他认为良好的环境会使孕妇心情舒畅、精神愉快，这样生出的幼儿自然性格中正、活泼可爱。他认为人本院、育婴院应建在有花草树木的地方，婴幼儿在这样优美的环境中能够受到熏陶感染，形成良好的品德。此外，他还提出了“务令养儿体，乐儿魂，开儿知识为主”等观点，体现了全面发展的教育思想。

2. 陶行知的学前教育思想

陶行知（1891—1946 年），中国伟大的人民教育家和民主革命家。在教育救国思想的影响下，他反对旧教育，提倡新教育。他主张改革外国化、费钱化、富贵化的幼儿园，建立适合中国国情的、省钱的、平民化的幼稚教育。他于1927年在南京建立了中国第一所乡村幼稚园——南京燕子矶幼稚园。1929年，在他的引导下，中国成立了最早的，也是当时唯一一个专门研究农村幼儿教育的群众性组织——晓庄幼教研究会，以便探索中国幼儿教育规律，指导幼稚园的工作。

（1）生活教育理论。陶行知继承和发展了杜威的实用主义教育思想，创造了生活教育的理论，并进行了实践，提出了“生活即教育”“社会即学校”“教学做合一”等基本观点。

①“生活即教育”即以实际生活为教育源泉，教育领域更加宽泛。

②“社会即学校”是对杜威“学校即社会”的改造。陶行知认为，社会就是一个大讲堂，人是在生活中、社会上接受教育的，工人、农民等不同职业的人都可以是教师，生活的场所也是教育的场所。

③ 陶行知认为“教学做合一”是以生活为中心的——怎样做就怎样学，怎样学就怎样教。所有的问题都是从生活中出发的、实际的问题，对这种实际的问题求解决就会得到实际的学问。陶行知认为“教学做”应以“做”为中心，“教学做”是一件事，而不是三件事，这体现了“行是知之始，知是行之成”的哲学思想[①]。

（2）重视幼儿创造力培养。作为我国创造性教育的提出者，陶行知极力提倡要培养幼儿的创造力。他提出了“六大解放”理论，即解放幼儿的头脑、解放幼儿的双手、解放幼儿的眼睛、解放幼儿的嘴巴、解放幼儿的时间、解放幼儿的空间。“六大解放”理论的核心是培养幼儿的创造力。

（3）艺友制幼稚师范教育。师范教育思想是陶行知教育思想的重要组成部分。在幼稚师范教育方面，他提出要运用艺友制培养幼儿教育师资。艺友制即学生（艺友）与有经验的教师（导师）做朋友，在实践中学习当教师，在实践中积累教学经验。陶行知在晓庄试验乡村师范运用艺友制的方法培养幼儿教师。

3. 陈鹤琴的学前教育思想

陈鹤琴（1892—1982年），中国著名的幼儿教育家、幼儿心理学家。他一生致力于探索中国化、平民化、科学化的幼儿教育，为中国幼儿教育理论体系和幼儿教育师资培养做出重大贡献。陈鹤琴于1923年在南京创立我国最早的幼儿教育实验中心——南京鼓楼幼稚园。他开创了我国幼儿心理教育研究的先河，并创立了“活教育”理论体系和“五指活动”课程。他组织成立了幼稚教育研究会，创办了我国最早的幼稚教育研究刊物《幼稚教育》（1928年更名为《幼儿教育》）。在抗战时期，他创办了我国第一所公立幼稚师范学校——江西省立实验幼稚实验学校。1945年，他

微课：幼儿园教育活动实施中如何体现陈鹤琴的“活教育”理论？

① 华中师范学院教育科学研究所. 陶行知全集（第二卷）［M］. 长沙：湖南教育出版社，1985：161.

又创办了上海幼稚师范学校。他的主要著作有《儿童心理之研究》《家庭教育》等。

（1）创立“活教育”理论体系。陈鹤琴针对陶行知提倡的新教育，提出了“活教育”理论。“活教育”体系主要包括目的论、课程论、方法论等。目的论主张“活教育的目的就是做人、做中国人、做现代中国人”。课程论主张“大自然、大社会，都是活教材”，活教育应把大自然、大社会作为出发点，让学生直接对它们进行学习”。方法论主张“做中教、做中学、做中求进步”。

（2）创立“五指活动”课程。陈鹤琴说五指是活动的、可伸缩的，因此课程也应该是整体的、连贯的。他将课程内容划分为五个方面，被称为“五指活动”：健康活动、社会活动、科学活动、艺术活动、文学活动。陈鹤琴说：“幼稚园的课程全部包括在五指活动中，并采用单元制，各项活动都围绕这单元进行教学。”

知识链接

陈鹤琴17条教学原则

原则一，凡是儿童自己能够做的，应当让他自己做；

原则二，凡是儿童自己能够想的，应当让他自己想；

原则三，你要儿童怎样做，就应当教儿童怎样学；

原则四，鼓励儿童去发现他自己的世界；

原则五，积极的鼓励胜于消极的制裁；

原则六，大自然、大社会是我们的活教材；

原则七，比较教学法；

原则八，用比赛的方法来增进学习的效率；

原则九，积极的暗示胜于消极的命令；

原则十，替代教学法；

原则十一，注意环境、利用环境；

原则十二，分组学习，共同研究；

原则十三，教学游戏化；

原则十四，教学故事化；

原则十五，教师教教师；

原则十六，儿童教儿童；

原则十七，精密观察。

（3）提出整个教学法。陈鹤琴不主张幼儿园分科教学，认为幼儿园分科教学是违反幼儿认知规律和学习特点的。整个教学法是将幼儿所学的知识整个地、有系统地教给幼儿的教学方法。

（4）重视家庭教育。陈鹤琴十分重视家庭教育，他的《家庭教育》一书结合生理学、心理学、教育学等学科全面论述了家庭教育，该书被誉为中国特色家庭教育的百科全书。陈鹤琴认为家庭教育同社会的进步和国家的强盛密切相关。他在《家庭教育》的自序中表明幼稚期（0~7 岁）是人生重要的一个时期，习惯、言语、技能、思想、态度、情绪都要在此时打下基础，若基础打得不稳固，健全人格就不容易形成。可见，陈鹤琴充分肯定了幼稚期教育对幼儿未来成长为良好国民的奠基作用。他在《家庭教育》（1981 年重版）序中，进一步论述了儿童教育与国家命运的关系："儿童是振兴中华的希望。儿童教育是整个教育的基础，关系到我们伟大祖国的命运。""社会主义现代化建设需要人才，培育人才要从小开始。"他认为："家长是子女的第一个老师，父母应尽到教育好孩子的责任……幼儿在父母那里学说话，认识周围事物，模仿父母言行，在父母影响下形成性格。因此，必须十分重视对幼儿的家庭教育。"①

（5）重视幼稚园师资的培训和师范教育。陈鹤琴认为要办好具有中国特色的幼稚园，必须建立符合中国特色的师范教育，并提出师范教育与培训的课程必须要符合中国国情。

4. 张雪门的学前教育思想

张雪门（1891—1973 年），中国著名的学前教育家。张雪门对我国北方地区和台湾省的学前教育影响较大，他主张实施幼稚园行为课程，认为幼稚园生活的实践就是行为课程。1918 年，他在鄞县创办星荫幼稚园；1930 年，他在北平建立幼稚师范学校。张雪门的主要著作有《幼稚园教育概论》《幼稚园行为课程》等。

（1）反对以培植士大夫和宗教信徒为目标的幼稚教育。张雪门认为清末效仿日本的幼稚园建立的蒙养院是一种培植士大夫的教育，教会兴办的幼稚园是以宗教为本位的，会使幼儿成为帝国主义温顺的奴才和虔诚的宗教徒。

（2）主张开展以改造中华民族为目标的幼稚教育。张雪门主张发展幼儿个性，开办适合当时国家现状的幼稚园。

（3）注重幼稚园课程研究，创立幼稚园行为课程。张雪门所创设的幼稚园行为课程吸收了国际先进的教育理念，融合了多年的实践经验，强调幼儿的主体性、创造性和本体性，他的理论对我国幼儿教育事业改革具有很大借鉴价值。

（4）重视幼稚园师资的培训和师范教育。张雪门认为办好学前教育的重要前提是培养优质的学前教育师资。他认为学前教育师资的培养应注意三个问题：一是要有明确的培养目标；二是要重视师范生岗位实习；三是要注意师范生的继续教育。

---

① 陈鹤琴. 家庭教育［M］. 上海：华东师范大学出版社，2005：13.

5. 张宗麟的学前教育思想

张宗麟（1899—1976年），我国近现代著名幼儿教育家。他受陶行知、陈鹤琴教育救国主张的影响，投身新兴幼稚教育，成为中国教育史上第一位男性幼稚园教师。在南京鼓楼幼稚园工作期间，他研究出适合中国幼儿的教材和教学法，成为国民政府于1929年8月颁布的《幼稚园课程暂行标准》的依据。张宗麟的主要著作有《幼稚教育概论》《给小朋友的信》等，与陈鹤琴、陶行知合著有《幼稚教育论文集》。

（1）强调幼稚教育的方法和原则。张宗麟认为幼稚教育是整个教育的基础，幼儿心理和生理容易受到外界影响，幼稚教育与家庭合作可以促进家庭教育的发展。

（2）指出幼稚教育的症结。第一，教会学校垄断了幼稚师范教育，课程涉及宗教内容较多。第二，社会的漠视。社会大众对于幼稚教育的重要性认识不足，缺乏足够的关注和支持。具体体现在资源投入、师资培养以及社会整体对幼儿教育价值的认可等方面。

（3）重视幼儿生理、心理特点的研究。张宗麟通过长期的实践观察揭示了幼儿的生理和心理特点。他认为幼儿具有可塑性、无畏性、喜欢玩游戏的特点，同时幼儿的注意力与记忆力尚未较好地发展。

（4）研究幼稚园的课程。张宗麟认为幼儿的活动是自发的，是通过与自然界沟通、与人交往产生的。

（二）国外代表人物的学前教育思想

1. 福禄贝尔的学前教育思想

福禄贝尔（1782—1852年），世界著名学前教育家，学前教育学的开山鼻祖。他的著作《人的教育》的出版标志着学前教育学从普通教育学中分化出来，成为独立的一门学科。他系统地阐述了幼儿园的基本原理和教学方法。1840年，福禄贝尔在德国建立世界上第一所幼儿园，因此被世人誉为“幼儿园之父”。他的主要著作有《幼儿园教育学》《人的教育》《慈母游戏和儿歌》等。

（1）赞同教育应顺应自然的观点。福禄贝尔认同裴斯泰洛齐对教育适应自然原则的解释。他认为既然神性是人性的本质或根源，那么人性一定是善良的。教育应顺应人的自然本性，遵循自然法则，保护人的自由发展。他指出教育的目的在于遵循自然法则，并在此基础上发展幼儿的天赋，教育者的任务是去除阻碍幼儿发展的障碍，使幼儿自然发展。

（2）提出教育应以幼儿自我活动为基础。他认为教育者和父母要理解幼儿，不应束缚、压制幼儿的天性，运用命令式、强制式、干涉式的教育方法是无效的，必须尊重幼儿的自主性，唤起幼儿的创造性活动本能，使其成为自我生活的人。

（3）阐明游戏的重要教育价值。福禄贝尔是第一个阐明游戏教育价值的人。他强调游戏对幼儿人格发展、智慧发展有重要意义，认为游戏是幼儿创造本能和活动本能得以发展的手段，也是他们理解自然与人类活动的桥梁。他认为游戏是神恩赐给幼儿们的礼物，因此将其创造的玩具命名为“恩物”，意为“神恩赐之物”。

（4）重视早期教育。福禄贝尔认为早期教育在人的发展中的作用是十分重要的，幼儿时期是人一生中最重要的阶段，幼儿时期的生活方式和所接受教育会影响幼儿的一生。

（5）强调家庭教育的重要性。福禄贝尔认为学前教育的主体是家庭教育，幼儿园教育不能取代家庭教育，幼儿园教育只是家庭教育的继续和扩张，是家庭教育的“补充”而不是“代替”。年幼丧母的福禄贝尔没有感受过母爱，他特别强调母亲对幼儿培养和教育的重要性，因此他创立了世界上第一个为母亲们开办的“讲习会”。

2. 蒙台梭利的学前教育思想

蒙台梭利（1870—1952年），世界著名学前教育家，是继福禄贝尔之后对学前教育理论有重大影响的人物。1907年，她在意大利建立学前教育机构——“儿童之家”。她运用生理学和心理学知识，采用观察法和实验法等研究方法进行教育实验，开创了蒙台梭利教学法，设计了一套适合幼儿的蒙台梭利教具。蒙台梭利教学法和教具至今仍被世界上多个国家采用，推动了世界学前教育的发展。蒙台梭利的主要著作包括《蒙台梭利教育法》《童年的秘密》《吸收性心智》等。

（1）幼儿自身具有发展能力，生长是内在生命潜力的发展。蒙台梭利认为人类有两个胚胎期，后天的“精神胚胎”具有生长的本能。

（2）创设“有准备的环境”是教育的关键。蒙台梭利非常重视环境的作用，认为一个“有准备的环境”是对幼儿实施教育的关键，幼儿的发展离开适宜的环境是不可能实现的。“有准备的环境”具有以下特点：① 一个自由发展的环境，有助于幼儿创造自我和实现自我；② 一个有秩序的环境，幼儿能在那里安静而有规律地生活；③ 一个生气勃勃的环境，幼儿能在那里充满生气、欢乐，毫不疲倦地生活，精神饱满地自由活动；④ 一个愉快的环境，几乎所有的东西都是为幼儿设置的，符合幼儿的年龄特点，对幼儿有极大的吸引力。

（3）幼儿成长具有敏感期。蒙台梭利首次提出敏感期的教育理念，她认为3~6岁是幼儿身心迅速发展的时期，幼儿的各种感觉先后处于敏感期中，因此必须对幼儿进行系统的、多方面的感官训练。婴幼儿敏感期年龄如表1-2-1所示。

表1-2-1　婴幼儿敏感期年龄

序号	敏感期	年龄
1	感官敏感期	出生—5岁
2	动作敏感期	出生—6岁

续表

序号	敏感期	年龄
3	语言敏感期	2 个月—8 岁
4	秩序敏感期	1—4 岁
5	细小事物敏感期	1.5—4 岁
6	社会规范敏感期	2.5—6 岁
7	书写敏感期	3.4—4.5 岁
8	阅读敏感期	4.5—5.5 岁
9	文化敏感期	6—9 岁

（4）强调幼儿自我学习。蒙台梭利认为幼儿具有无限潜能、自我教育能力、探索环境的本能、吸收性心智。她认为教育是唤醒和促进幼儿自然发展的过程，强调幼儿的自我学习，她把他人为幼儿提供服务的做法看作一种窒息和压抑幼儿自发活动的危险行为。

（5）特别重视感官教育。蒙台梭利认为感官教育是教育的重要组成部分，她设计了一套发展幼儿感官的教具，并提出三阶段教学法。

知识链接

蒙台梭利三阶段教学法

第一阶段：命名——给物体命名，帮助幼儿将物体与名称建立联系。例如，这是苹果。

第二阶段：识别——辨别与名称相对应的物体。例如，哪个是苹果？

第三阶段：发音——说出所指物体的名称。例如，这是什么？

（6）教师的角色与作用。蒙台梭利认为教师不是传统的灌输知识的机器，而是激励幼儿并助其自由发展的人。教师应该是幼儿园环境的创设者、幼儿工作的观察者、幼儿学习的支持者与指导者。她认为观察是教师最重要的教育工作，教师不应只是讲授知识，还应提供良好环境，促进幼儿自我学习。

（7）幼儿的自由和作业组织相结合。蒙台梭利认为没有作业组织的自由将是毫无效益的；若没有作业手段，则被放任自流的幼儿将一事无成。在她看来，作业组织为幼儿的自发活动、自我学习和自由发展创造了条件。

蒙台梭利教育思想有很多独到之处，但也存在一些不足。具体表现在：教具操作方法过于机械化，存在呆板现象；幼儿练习受到操作顺序的束缚，进而影响幼儿想象力和创造力的发展；幼儿个体活动较多，沟通合作较少。

思维碰撞　我们如何来分析评价蒙台梭利的教育思想？

3. 杜威的学前教育思想

杜威（1859—1952年），美国现代哲学家、心理学家、教育学家。他开创了美国实用主义和进步主义教育，提出了“教育即生长”“教育即生活”“教育即经验”等教育理念。他倡导以“幼儿中心”取代“教师中心”和“教材中心”，重视幼儿自身的活动、需要和经验，强调培养幼儿的创造精神和独立思维。

（1）确立“幼儿中心论”。杜威推动的教育革新主张变“教师中心”为“幼儿中心”，他认为教师是幼儿生活、生长、经验改造的启发者和诱导者。

（2）提出生活教育理论。杜威认为“教育即生活”“教育即生长”，强调教育是生活的过程，而不是将来生活的预备；学校是社会生活的一种形式而不仅仅是学习的场所，应成为幼儿真正生活的地方；学习不应孤立于生活，而应与生活密切相关。

（3）正确对待幼儿的兴趣。他认为，幼儿本能的兴趣有探究发现的兴趣、交谈交往的兴趣、制作建造的兴趣、艺术表现的兴趣等。这些兴趣是天赋的资源，是未投入的资本。

（4）重视经验、倡导“从做中学”。杜威确信一切真正的教育都从经验中产生，一切学习都来自经验，因此，杜威的“从做中学”也可以被称为“从经验中学”“从活动中学”。

思维碰撞　请谈谈杜威提出的“教育即生活”和陶行知提出的“生活即教育”的差别，你更倾向于哪种思想？

4. 维果斯基的学前教育思想

维果斯基（1896—1934年），苏联早期杰出的心理学家，社会文化历史发展理论的创始人，从事儿童心理和教育心理的研究，着重探讨思维与言语、教学与发展等问题。

（1）倡导教育要符合幼儿的年龄特征。维果斯基将教育分为三类：第一类为3岁前的自发型学习，这个阶段的幼儿按照自己的喜好进行学习；第二类为3~6岁的自发－反应型教学，这个阶段的幼儿在自发学习的同时向教师学习，因此教学必须以幼儿经验作为基础；第三类为6岁之后（学龄期）的反应型教学，这个阶段幼儿向教师学习，按照社会的要求学习。

（2）提出“最近发展区”思想。维果斯基认为幼儿的发展水平有两种：第一种是现有发展水平，即幼儿能够独立解决问题的智力水平；第二种是幼儿可能达到的发展水平，即借助成人的帮助能达到的解决问题的水平。两者之间的差距，即幼儿现有水平与可达到的较高水平之间的差距，其区间即“最近发展区”（图1-2-1）。

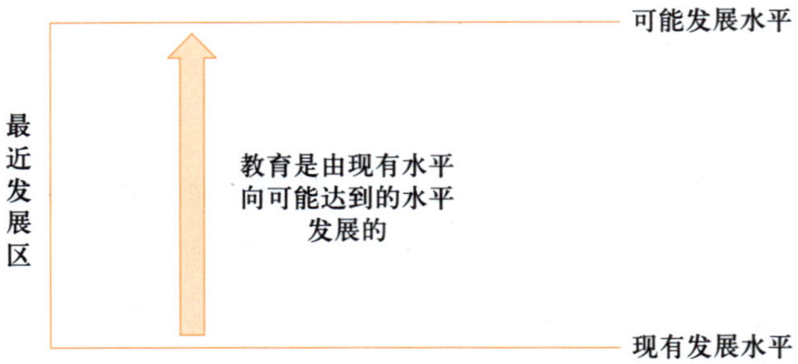

图 1-2-1 “最近发展区”

（3）认为教学应走在发展的前面。维果斯基提出的“教学应当走在发展的前面”，是他关于教学与发展关系问题的主要理论。他强调“最近发展区”的主导作用，认为教育不是训练、强化已有的心理机能，而是激发和形成幼儿尚未成熟的心理机能。因此，教学应该成为促进幼儿心理机能发展的决定性因素，只有走在发展前面的教学才是有价值的教学。

（4）论述学习的最佳期限问题。维果斯基提出发挥教学的最大作用，必须重视学习的最佳期限，这一观点类似于“敏感期”的理论。从狼孩的教育及双生子爬楼梯实验中可以看到，过早和过晚的教学均会妨碍幼儿的发展。教学必须以幼儿成熟为前提，必须建立在正在开始而尚未形成的心理机能基础上，要利用学习的最佳期限开展教育。

5. 皮亚杰的学前教育思想

皮亚杰（1896—1980 年），瑞士著名心理学家、教育家，是认知发展理论的创始人，被视为 20 世纪最早的建构主义心理学家之一，被誉为心理学史上除弗洛伊德外的又一位“巨人”，其理论对当代的学前教育产生了巨大的影响。皮亚杰的主要著作有《儿童的语言和思维》《儿童智慧的起源》《儿童心理学》《结构主义》《教育科学与儿童心理学》等。

（1）教育要促进幼儿智力的发展。皮亚杰反对传统教学的被动接受，提倡教育要培养幼儿的思维能力和创造力。

（2）真正的学习是幼儿主动的、自发的学习。皮亚杰认为幼儿的认知发展是一种内部自主建构的过程，教育的任务是促进幼儿主动地探索和操作。

（3）教育应该按幼儿的年龄特点进行。他认为要鉴别幼儿发展水平，选择适合幼儿年龄特点的教学内容和方法开展教育。

（4）皮亚杰认知发展四阶段论。① 感知运动阶段（0—2 岁）——婴儿期。这个阶段是语言产生以前的阶段，是思维的萌芽期，是以后发展的基础。在这个阶段，儿童主要通过感官和动作来探索世界，形成对物体的基本认识，如客体永体性概念。② 前运算阶段（2—7 岁）——幼儿期。这个阶段又称前逻辑阶段，此时幼儿开始以符号为中介描述外部世界，表现在幼儿的模仿、想象及游戏中，是幼儿表象和形象思维形成阶段。③ 具体运算阶段（7—11、12 岁）——小学阶段。这个阶段的儿童已有一定的逻辑结构，可以用逻辑处理客观事物。④ 形式运算阶段（11 岁以后）——初中阶段。这个阶段的学生智力发育趋于成熟，思维能力已超出事物的具体内容或者感知的事物，思维具有更大的灵活性。所谓的形式运算，就是可以把头脑中的形式和内容分开，脱离具体事物，根据假设进行逻辑推理。

6. 加德纳的学前教育思想

加德纳（1943—　），美国著名教育家、心理学家，是多元智能理论的创始人。他在 1983 年出版的《心智架构》一书中系统地阐述了多元智能理论。

（1）智能的概念。智能是由同样重要的多种能力构成的，各种智能是多维度、相对独立的，不是以整合的方式表现出来的。加德纳提出教育要发现幼儿智能的长处，做到因材施教。加德纳认为智能有如下分类。

① 言语－语言智能。言语－语言智能指学习语言的能力，表现为运用语言表达、分析和解决问题的能力，包括听、说、读、写等能力。演说家、律师、记者、主持人等一般具有较高的言语－语言智能。

② 数理－逻辑智能。数理－逻辑智能指推理、运算的能力，表现为对事物间的类比、因果、逻辑等关系具有较好的敏感性，具有较强的计算推理能力。数学家、科研人员、工程师等一般具有较高的数理－逻辑智能。

③ 视觉－空间智能。视觉－空间智能指对空间精确认识和把握的能力，表现为感受、辨别、记忆、改变物体的空间关系，对线条、形状、结构、色彩有较高的敏感度。建筑师、画家、雕刻家等一般具有较高的视觉－空间智能。

④ 身体－运动智能。身体－运动智能指运用身体或身体的某个部位来解决问题或表达思想和情感的能力，表现为能灵活地控制肢体、善于利用身体语言表达或者做出适当的身体反应。运动员、舞蹈家、动作演员等通常具有较高的身体－运动智能。

⑤ 音乐－节奏智能。音乐－节奏智能指感受、辨别、记忆及运用音乐的能力，表现为个人对音乐节奏、音调、音色和旋律的敏感度。作曲家、指挥家、歌唱家、演奏家、乐器调音师一般具有较高的音乐－节奏智能。

⑥ 人际交往智能。人际交往智能指与人相处和交往的能力，表现为察觉、理解他人情绪、情感、意图并对此做出适当的反应。政治家、管理者、教师和公关人员一般具有较高的人际交往智能。

⑦ 自省智能。自省智能指洞察和反省的能力，表现为对自己的情绪、情感、欲望、个性、能力有全面而真实的认识和评价，能够规范行为，做到自尊、自律和自制。

⑧ 自然观察智能。自然观察智能指个体辨别环境的特征并加以分类和利用的能力，表现为能够敏锐地察觉细微差异。生物学家和社会学家一般具有较高的自然观察智能。

思维碰撞　很多家长认为对孩子来说成绩好才是最重要的，请你根据多元智能理论的评价观谈谈家长的观点是否正确。为什么？

（2）多元智能理论的评价观。多元智能理论指出个体拥有八种智能，但受环境、遗传等因素影响，个体各种智能的发展水平存在差异。因为个体具有不同的智能组合，所以智能表现都具有独特性。此外，即便是同种智能，在不同个体上的表现也存在差异。多元智能理论的评价观为个体评价提供了全新的视角，在评价程度、时间、机遇等方面存在较大的差异。作为教育者应运用多元化的评价标准来衡量幼儿智能的高低。

任务 1-3　学前教育发展趋势

问题引领　学前教育从产生到发展经历了几个世纪，并日趋完善。未来世界的学前教育会关注哪些方面的发展？

微课：幼儿园教师如何适应学前教育的发展?

21 世纪以来，随着科技的发展，人们更加关注学前教育对于个体、家庭、社会和国家的影响。学前教育对于基础教育乃至个体终身发展都具有很高的价值，学前教育具有的高投资回报率特点，正在被人们所接受和认同。诺贝尔经济学奖获得者海克曼（Heckman）曾经指出：没有哪项政策能够像学前教育一样，既具有远高于其他阶段教育的投资回报率，又解决了公共的家庭需求。扩大学前教育以促进教育公平成为许多国家的共同社会政策。学前教育呈现出如下发展趋势。

一、重视儿童的身心健康发展

1989 年 11 月，联合国发布的《儿童权利公约》中确立了儿童四个方面的权利，即生存、发展、保护和参与社会生活的权利。1990 年 9 月，联合国讨论有关保护世界绝大多数儿童身心健康的问题，提出了保证儿童身心健康的一系列原则。各国都把学前阶段作为儿童身体生长与发育的关键时期，把培养儿童健康的身体作为学前教育机构的首要任务。

二、加快学前教育体系建设

各国十分重视探索和构建符合自己国情的学前教育体系。许多国家把学前教育作为国家学制的第一阶段。例如，印度将学前教育纳入正规学制系统。学前教育缴费方式也不尽相同，法国等国家实施全面免费，一些国家实行部分免费，日本采取多方合作的普遍缴费方式，我国正在全面、快速地推进普惠制幼儿园的建设。法国的学前教育具有义务教育性质，英、美两国部分年龄段的学前教育被纳入义务教育，但大多数国家还没有将学前教育纳入义务教育体系中。我国多名专家、学者多次建议将学前教育纳入义务教育阶段。

三、加大学前教育普及力度

基于对学前教育多元价值的认同，世界范围内幼儿入园率近年来呈现上升趋势，大力推进学前教育普及已成为国际学前教育事业改革和发展的共同趋势及核心目标，各国普遍将政策关注点和资源聚焦在学前最后一年教育，通过国际倡议、国家行动计划及立法等方式推进学前教育普及发展。针对普及学前教育，许多国家采取了如下行动：将提高处境不利学前儿童的入园率作为实现普及学前教育目标的突破点，通过建立以政府为主体的多元化学前教育服务体系，以多种方式协调学前教育服务体系快速扩容和质量保证之间的平衡；明确并强化政府主导职责，建立政府间责任共担机制；积极落实政府在学前教育规划、政策法律制定、财政投入、师资队伍建设、督导评估等方面的职责，形成多部门参与、协调合作的管理机制；将学前教育经费纳入政府预算且立法予以保障，以政府投入为重要支撑，投入力度不断提升；高度重视科研和评估，为学前教育的普及提供动力和依据。借鉴国际社会相关政策制定和执行的经验与教训，我国立足国情，从科学制定分步走的入园率目标、以政府为主体的多元资金投入模式及针对处境不利儿童的重点干预政策等方面制定了普及学前教育的政策。

四、推进学前教育办园体制改革

一些国家和地区大力发展公立学前教育机构，强化政府在学前教育供给中的主导责任，明确将学前教育纳入公共服务体系。一些国家制定并实施了学前教育免费制度，加大了政府投入力度，建立了以公立学前教育机构为主导力量的学前教育办园体制。很多以往以私立学前教育机构为主的国家，近年来明显加大了兴办公立学前教育机构的力度，促进了学前教育的普及和教育公平；建立了政府间举办和发展公立学前教育责任共担制度，优先建设公办幼儿教师队伍，引导并支持私立学前教育朝着多元化、非营利性方向发展。

五、强化学前教育质量监控与评价

近年来，中国、墨西哥、德国、美国、韩国、澳大利亚等国家通过立法、颁布质量标准、成立质量监督机构等途径，加强政府对学前教育质量的监控。例如，墨西哥颁布了《学前教育义务法》，德国制定了《日托机构的教育质量标准》，韩国成立了专门的学前教育署，澳大利亚发布了“2012 学前教育国家质量框架”，并成立了澳大利亚儿童教育与养护质量监督局。

与此同时，世界各国涌现了大量关于学前教育质量评价的研究。这些研究的对象非常广泛，从儿童发展水平到学前课程质量，从学前机构等级到学前教育的社会产出等都受到了不同层面的关注。2008—2011 年，美国健康与人类服务部的儿童与家庭署制定了学前教育质量评级与提升系统（QRIS），对美国 26 个地区的学前教育质量评级系统进行再评估，以了解该系统的实施效果。这些评价和元评估研究的丰硕成果既体现了美国国内学前教育从政策到实践的变革，也对国际学前教育的发展与研究产生了重大影响。我国高度重视学前教育质量评价工作，逐步建构具有中国特色的学前教育评价理论、工具与实践体系，以更好回应“加快建设高质量教育体系”的时代要求。近年来，在国家出台《深化新时代教育评价改革总体方案》的基础上，教育部又印发了《幼儿园保育教育质量评估指南》等文件，对开展幼儿园办学质量评价，促进我国学前教育事业快速、均衡、高质量发展具有非常重要的指导作用。

案例分析

我国拟制定学前教育法

《中华人民共和国学前教育法（草案）》于 2023 年 8 月 28 日提请十四届全国人大常委会第五次会议初次审议。该草案共八章 74 条，包括总则、规划与举办、保育和教育、教师和其他工作人员、投入与保障、管理与监督、法律责任、附则。

该草案具有哪些积极意义？可以促进我国学前教育哪些方面的发展？

分析如下：该草案主要从明确学前教育定位，补齐教育短板；健全规划举办机制，促进资源供给；规范学前教育实施，提高保教质量；加强教职工队伍建设，提升教师素质；完善投入机制，加强经费保障；健全监管体制，强化监督管理六个方面做出规定。该草案明确指出，发展学前教育要坚持政府主导，以政府举办为主，大力发展普惠性学前教育资源，引导和规范社会力量参与；幼儿园应当根据学前儿童身心发展规律和年龄特点，科学实施保育和教育活动，不得教授小学阶段的课程内容、采用小学化的教育方式；幼儿园应当把保护学前儿童安全放在首位，落实安全责任制相关规定；国家为家庭经济困难的适龄儿童接受普惠性学前教育提供资助。

岗位应用

一、案例分析

拆表的故事

有一天，一位朋友的夫人来看陶行知先生。陶先生热情地让她坐下，又倒了一杯茶给她，问道："怎么不带儿子一起来玩？"

这位夫人有点气呼呼地说："别提了，一提我就生气。今天我把他结结实实地打了一顿。"

陶先生惊异地问："这是为什么？你儿子很聪明，蛮可爱的哩！"朋友的夫人取出一个纸包，里面是被拆得乱七八糟的一块手表。这表成色还很新，镀金的表壳打开了，玻璃破碎，连秒针也掉了下来。她生气地说："陶先生，这表是才买的，竟被我儿子拆成这样，您说可气不可气！他才七八岁就敢拆表，长大了恐怕连房子都敢拆呢。"

陶先生听了笑笑说："坏了，恐怕中国的爱迪生被你枪毙了！"

夫人有点愕然："为什么呢？难道我这样做不对吗？"

陶先生摇摇头。

夫人又接着问："陶先生，您是大教育家，您说，这样的孩子该怎么教育呢？"

陶先生把拆坏的表拿过来，对夫人说："走，我们上你家去，见见这个小爱迪生。"

到了朋友家里，那个孩子正蹲在院子里的大树下，聚精会神地看蚂蚁搬家。夫人一见又来了气，正要骂他，陶先生立即劝住。

陶先生把孩子搀起来，搂在怀里，笑嘻嘻地问："你为什么要把妈妈的新表拆开来？能告诉我吗？"

孩子怯生生地望了妈妈一眼，低声说："我听见表里有嘀嗒嘀嗒的声音，想拆开看看是什么东西在响。我错了，不该把手表拆坏，不该惹妈妈生气。"

陶先生说："想拆开看看是什么东西在响，这没有错。但要跟大人说一声，不能自作主张。来，你跟我一起到钟表店去好吗？”

孩子又望望妈妈，说：“去店里干什么？”

陶先生说：“去看师傅修表啊，看他怎么拆，又怎么修，怎么装配。你不去吗？”

孩子高兴得跳起来：“我去！我去！”

陶先生拿着那只坏表，带着孩子一起到了一家钟表店。修表师傅看了看坏表，说要一元六角修理费。

陶先生说：“价钱依你，但我带着孩子看你修，让他长长知识。”师傅同意了。

陶先生和孩子站在旁边，满怀兴趣地看师傅修表。看他怎样把表拆开，并把零件一个个浸在药水里；又看他加油后，把一个个零件装配起来。从头到尾，整整看了一个多小时。全部装好后，师傅上了发条，表重新发出清晰的嘀嗒声。孩子高兴得叫起来：“响了，响了，表修好了！”陶先生临走又花一元钱买了一只旧钟，送给孩子带回去拆装。孩子连声说：“谢谢伯伯！伯伯真好！”

陶先生把孩子送到家后，孩子蹦蹦跳跳地跟妈妈说：“伯伯买了一只钟，让我学习拆装呢！”

孩子妈妈不解地问：“还让他拆啊？”

陶先生笑笑说：“你不是问我，这样的孩子该怎么教育吗？我的办法是，把孩子和表一起送到钟表店，请修表师傅修理。钟表店成了课堂，修表师傅成了先生，令郎成了速成学生，修理费成了学费。孩子好奇心得到满足，或许他还可以学会修理咧。”陶先生停顿了一下，接着说：“孩子拆表是因为好奇心，孩子的好奇心其实就是一种求知欲，原是有出息的表现。你打了他，不是把他的求知欲打掉了吗？与其不分青红皂白地打一顿，不如引导他去把事情做好，培养他的兴趣。我们应该学习爱迪生的母亲，理解、宽容孩子，鼓励孩子去动手动脑，这样，更多的‘爱迪生’们就不会被打跑、赶走了。”

孩子妈妈恍然大悟，不好意思地笑了，诚恳地说：“陶先生您说得对，太谢谢您了，我今后一定照您说的做。”

你如何看待陶行知先生的做法？

二、调查发现

采访幼儿园一线教师，了解她们在实践教学中是否遇到过类似的问题，以及她们是如何践行陶行知先生“教学做合一”的教育理念的？

国考聚焦

一、真题分析

（一）单项选择题

1. “做人，做中国人，做现代中国人”这一教育目的的提出者是（　　）。（2021年上半年《保教知识与能力》）

A. 张雪门　　B. 陶行知　　C. 陈鹤琴　　D. 张宗麟

2. 世界上第一部论述学前教育的专著是（　　）。（2012年上半年《保教知识与能力》）

A.《母育学校》　　B.《爱弥儿》

C.《社会契约论》　　D.《学记》

3. 我国第一所公立幼稚师范学校——江西实验幼师的创办者是（　　）。（2012年上半年《保教知识与能力》）

A. 陈鹤琴　　B. 陶行知　　C. 黄炎培　　D. 张雪门

4. 陶行知的生活教育理论注重“教学做合一”，强调（　　）。（2014年上半年《保教知识与能力》）

A. 做是中心　　B. 学是中心

C. 教与学是中心　　D. 教是中心

5. 杜威认为，学校生活的组织中心是（　　）。（2014年下半年《保教知识与能力》）

A. 教材　　B. 家长　　C. 教师　　D. 儿童

6. 陶行知创立的培养幼教师资的方法是（　　）。（2018年上半年《保教知识与能力》）

A. 讲授制　　B. 五指活动

C. 感官教育　　D. 艺友制

（二）简答题

1. 谈谈杜威关于教育本质的理解。（2011年下半年《保教知识与能力》）

2. 简述加德纳的多元智能理论的主要观点、智能种类及教育启示。（2014年下半年《保教知识与能力》）

二、模拟训练

（一）选择题

1. 下列现象中，不属于教育现象的是（　　）。

A. 妈妈教孩子洗衣服　　B. 初生婴儿吸奶

C. 成人学开车　　D. 木匠教徒弟手艺

2. 有关教育的描述，错误的是（　　）。

A. 动物界中诸如老猫教幼仔捉老鼠、老鸭教小鸭游水等也是教育

B. 教育是人类社会特有的社会性活动

C. 学校教育与其他教育活动相比较，具有可控性强等特点

D. 教育的基本要素有教育者、受教育者、教育内容和教育物资

3. 广义的学前教育的年龄阶段是（　　）。

A. 0～3岁　　B. 3～6岁　　C. 0～6岁　　D. 0～8岁

4. 1903年我国创办的第一所学前教育机构，其位于（　　）。

A. 南京　　B. 上海　　C. 福州　　D. 武昌

文档：项目一 岗位应用 国考聚焦 参考答案.png

（二）简答题

1. 简述学前教育的发展趋向。

2. 简述蒙台梭利的学前教育思想。

项目二 2

幼儿园教育的目标、任务与原则

【学习导航】

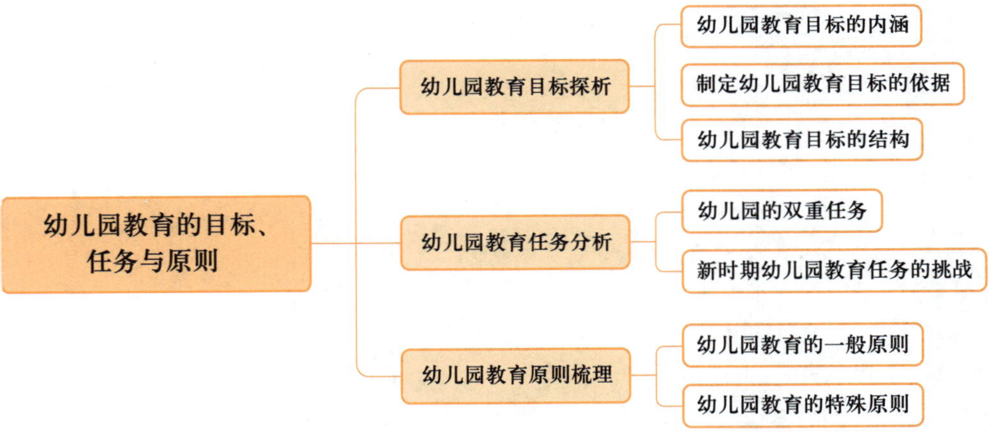

【学习目标】

素质目标：

□ 关心爱护幼儿，关注学前教育动态；具有为学前教育事业奉献的职业理想；树立为国家培养社会主义事业接班人和建设者的职业理想。

认知目标：

□ 掌握幼儿园教育的目标、任务与原则。

能力目标：

□ 能运用学前教育的基本原则分析学前教育的现象，并且针对存在的问题提供适宜而科学的建议。

情境导入

幼儿教师到底应该教什么，“玩”不是学习吗？

有位妈妈表示：“儿子上幼儿园快5个月了，只做了几个手工，学会唱几首儿歌，其他什么也不会。问他到底学了些什么，他说今天又玩了游戏，同年龄段的小孩都会认字了，我真有点儿担心！”不少家长对孩子在幼儿园里的学习很是关心，常常问孩子：“今天都学了些什么呀？”孩子如果回答“玩”，家长就不太满意，甚至认为幼儿园不负责任。

你是否认同家长的观念？如何从专业的角度解答家长的疑惑？

学习任务

任务2-1　幼儿园教育目标探析

问题引领　很多幼儿家长认为幼儿园是为小学学习打基础的，因此认为幼儿园的教育目标应该是促进幼儿智力发展，要以讲授知识为主，对于这种观点你怎么看？

广义的教育目的是指存在于人的头脑之中的对受教育者的期望和要求，是社会对人才培养的要求。狭义的教育目的是指由国家提出的教育总目的、各级各类学校的教育目标及课程与教学等方面对所培养人的要求。《中华人民共和国教育法》中规定：教育必须为社会主义现代化建设服务、为人民服务，必须与生产劳动和社会实践相结合，培养德智体美劳全面发展的社会主义建设者和接班人。学前教育是我国教育体系的重要组成部分，是教育目的的具体化。国家教育目的制约着学前教育的任务和原则。幼儿园教育既是学前教育的重要内容，又是学前教育的重要阶段，其教育目标自然要服从并体现国家教育目的的要求。

一、幼儿园教育目标的内涵

微课：幼儿园教育目标与幼儿园教学活动目标有什么区别?

幼儿园教育目标是国家教育目的在幼儿园教育这一阶段的具体化，是国家对幼儿园提出的培养人的规格和要求，是全国各级各类幼儿园统一的指导思想。幼儿园教育作为我国教育体系的重要组成部分，其目标必须服从国家教育目的的统一指导。

幼儿园教育目标应贯彻国家的教育方针，按照保育与教育相结合的原则，遵循幼儿身心发展特点和规律，实施德智体美劳等全面发展的教育，促进幼儿身心和谐发展。

根据幼儿的身心发展特点，幼儿园教育应是保育与教育的结合。2016 年版《幼儿园工作规程》(以下简称《规程》)第五条指出幼儿园保育与教育的主要目标有四个。

(1)促进幼儿身体正常发育和机能的协调发展，增强体质，促进心理健康，培养良好的生活习惯、卫生习惯和参加体育活动的兴趣。

(2)发展幼儿智力，培养正确运用感官和运用语言交往的基本能力，增进对环境的认识，培养有益的兴趣和求知欲望，培养初步的动手探究能力。

(3)萌发幼儿爱祖国、爱家乡、爱集体、爱劳动、爱科学的情感，培养诚实、自信、友爱、勇敢、勤学、好问、爱护公物、克服困难、讲礼貌、守纪律等良好的品德行为和习惯，以及活泼开朗的性格。

(4)培养幼儿初步感受美、表现美的情趣和能力。

二、制定幼儿园教育目标的依据

幼儿园教育目标是依据我国教育目的，结合幼儿园教育的性质和任务提出的。幼儿园要依据我国教育目的，体现我国的政策法规要求和文件精神，遵循社会对幼儿园教育的基本要求，符合《规程》提出的幼儿园任务与《纲要》对幼儿园教育的基本要求。同时，制定幼儿园教育目标还要依据幼儿身心发展的特点和可能性。

幼儿的发展是一个持续、渐进的过程，同时表现出一定的阶段性特征。每个幼儿在沿着相似进程发展的过程中，各自的发展速度和到达某一水平的时间不完全相同。每个幼儿来自不同的家庭，有不同的教育背景，因此作为教育者要充分理解和尊重幼儿发展进程中的个别差异，支持和引导他们从原有水平向更高水平发展，按照自身发展的速度和方式达到预期目标，切忌用一把“尺子”衡量所有幼儿。

三、幼儿园教育目标的结构

我国的教育目的是各级各类教育的总目标。幼儿园教育目标是国家规定的保育与教育的目标，是阶段性教育目标。各幼儿园的教育目标是根据国家对幼儿教育的要求，结合本园的具体情况制定的具有一定特色的目标。从教育目的向下，是目标的逐级分解和细化。

（一）幼儿园领域目标

《纲要》指出：幼儿园的教育内容是全面的、启蒙性的，可以相对划分为健康、语言、社会、科学、艺术五个领域。

1. 健康领域目标

（1）身体健康，在集体生活中情绪安定、愉快；

（2）生活、卫生习惯良好，有基本的生活自理能力；

（3）知道必要的安全保健常识，学习保护自己；

（4）喜欢参加体育活动，动作协调、灵活。

2. 语言领域目标

（1）乐意与人交谈，讲话礼貌；

（2）注意倾听对方讲话，能理解日常用语；

（3）能清楚地说出自己想说的话；

（4）喜欢听故事、看图书；

（5）能听懂和会说普通话。

3. 社会领域目标

（1）能主动地参与各项活动，有自信心；

（2）乐意与人交往，学习互助、合作和分享，有同情心；

（3）理解并遵守日常生活中基本的社会行为规则；

（4）能努力做好力所能及的事，不怕困难，有初步的责任感；

（5）爱父母、长辈、老师和同伴，爱集体、爱家乡、爱祖国。

4. 科学领域目标

（1）对周围的事物、现象感兴趣，有好奇心和求知欲；

（2）能运用各种感官，动手动脑，探究问题；

（3）能用适当的方式表达、交流探索的过程和结果；

（4）能从生活和游戏中感受事物的数量关系并体验到数学的重要及有趣；

（5）爱护动植物，关心周围环境，亲近大自然，珍惜自然资源，有初步的环保意识。

5. 艺术领域目标

（1）能初步感受并喜爱环境、生活和艺术中的美；

（2）喜欢参加艺术活动，并能大胆地表现自己的情感和体验；

（3）能用自己喜欢的方式进行艺术表现活动。

（二）幼儿园年龄阶段目标

《3—6岁儿童学习与发展指南》（以下简称《指南》）目标部分分别对3~4岁、4~5岁、5~6岁三个年龄段末期幼儿应该知道什么、能做什么、大致可以达到什么发展水平提出了合理期望，指明了幼儿学习与发展的具体方向。各级各类幼儿园要结合本园特色构建学年目标。例如，在“健康领域目标2：情绪安定愉快”中[①]，不同年龄段幼儿的目标如表2-1-1。

表2-1-1 不同年龄段幼儿的目标

3~4岁以下	4~5岁以下	5~6岁
1. 情绪比较稳定，很少因一点小事哭闹不止。 2. 有比较强烈的情绪反应时，能在成人的安抚下逐渐平静下来	1. 经常保持愉快的情绪，不高兴时能较快缓解。 2. 有比较强烈的情绪反应时，能在成人的提醒下逐渐平静下来。 3. 愿意把自己的情绪告诉亲近的人，一起分享快乐或求得安慰	1. 经常保持愉快的情绪，知道引起自己某种情绪的原因，并努力缓解。 2. 表达情绪的方式比较适度，不乱发脾气。 3. 能随着活动的需要转换情绪和注意力

案例分析

天才训练营和EMBA授课班

苏州一家幼儿天才训练营宣称，只要经过训练营一年的调教，就能让每个孩子百分之百变为超智儿童，儿童将变得能言善道，识字率提高25倍以上，达2 000~3 000字；能掌握加、减、乘、除运算，甚至能进行简单的分数与小数计算，综合智商提升至130以上。

上海等地的幼儿EMBA授课班、天才训练营等机构设置的课程包括沟通学、科技学、生物学、创造力、数学、创意文学、自然科学、地球科学、演讲和戏剧艺术、经

① 李季湄，冯晓霞.《3~6岁儿童学习与发展指南》解读［M］.北京：人民教育出版社，2013：291.

济学、天文学、目标与生活体验 12 门学科，3~5 岁的孩子将在两年内学完这些课程，或者可以选择半年、一年的课程。学习这些课程，需要 2 万元。据称，这 12 门创新学科全部根据 MBA 教学理念精心设置，专门培养 3~6 岁孩子的知识实用能力、沟通能力、创造力等六大能力，与成人 MBA 在培养方向上是一致的。EMBA 授课班的学习环境不是一般早教机构可以媲美的，多使用触摸式计算机荧屏。

（根据网络资料整理）

请结合幼儿园教育目标辨析天才训练营和 EMBA 授课班的教育方式是否正确，并说明为什么。

分析：本案例中的训练营采用的是“知识就是智力”的营销理念。然而“天才”“神童”是无法制造出来的。幼儿早期智力开发确实对其智力发展有一定程度的影响，但是“经过短期训练就能制造出一个神童”的营销理念是缺乏科学依据的。我国幼儿园教育目标明确规定：“对幼儿实施德智体美劳等方面全面发展的教育，促进其身心和谐发展。”本案例中的天才训练营和 EMBA 授课班仅仅注重对幼儿智力的开发，限制孩子的全面发展，对幼儿来说，比知识更重要的还有探索欲望、想象力和创造力、人际交往能力、自信心、坚持力等学习品质。

任务 2-2　幼儿园教育任务分析

问题引领　某幼儿园对于放学后晚接孩子制定了这样的管理办法：晚于 5 点 30 接孩子，就将按 10 元/小时的价格收费。家长对此非常不满意，认为他们已经缴纳幼儿保教费，为什么晚接孩子还要额外收费？你怎么看待这个问题？

一、幼儿园的双重任务

我国幼儿园的任务是对幼儿实施保育和教育，同时面向幼儿家长提供科学育儿指导。

（一）对幼儿实施保育和教育

对幼儿实施保育和教育是我国幼儿园的主要任务。保育指为幼儿提供良好的生活环境和条件，给予幼儿精心的照顾和保护，保障幼儿的身体和心理健康。教育则指通过各种教育教学活动，促进幼儿的身体、智力、情感、社会性等方面的发展，培养幼儿的良好品德、行为习惯和学习能力。在实施保育和教育的过程中，幼儿园需要遵循幼儿身心发展的特点和规律，采取科学的教育方法和手段，促进幼儿的全面发展。具体来说，幼儿园的保育和教育包括以下几个方面。

1. 生活护理

幼儿园需要为幼儿提供良好的生活环境和条件，包括卫生清洁、安全保障、适宜的饮食和睡眠时间等。幼儿园还需要对幼儿进行生活技能的指导和训练，如洗手、穿衣、吃饭等，培养幼儿的自理能力。

2. 保健教育

幼儿园需要向幼儿传授基本的保健知识和技能，如预防传染病、保持个人卫生、应急处理等。同时，幼儿园还需要对幼儿进行健康教育，培养幼儿的健康意识和自我保护能力。

3. 教育教学

幼儿园需要根据幼儿的年龄特点和教育目标，制订教育教学计划和内容，设置各种教育教学活动。这些活动包括游戏、音乐、绘画、早期阅读等，旨在激发幼儿的兴趣和潜力，培养幼儿的学习能力和良好品德。

（二）为家长提供科学育儿指导

微课：幼儿园如何指导家长科学育儿?

家长是幼儿成长过程中的重要伙伴，对幼儿的教育和成长具有不可替代的作用。因此，幼儿园需要与家长密切合作，共同促进幼儿的发展和成长。在提供科学育儿指导方面，幼儿园可以采取以下措施。

1. 定期举办家长会

幼儿园可以定期或不定期举办家长会，向家长介绍幼儿园的教育计划和要求，同时听取家长的意见和建议，共同商讨幼儿的教育和发展问题。

2. 发放家长手册

幼儿园可以编制并发放家长手册，向家长介绍幼儿园的教育理念、管理制度、教育教学计划等，同时向家长提供一些科学育儿知识和方法，引导家长正确地教育幼儿。

3. 开展家长培训

幼儿园可以针对不同年龄段的幼儿和不同需求的家长，开展各种形式的家长培训，如亲子沟通、幼儿心理、幼儿健康等方面的培训，提高家长的教育水平和育儿能力。

4. 组织亲子活动

幼儿园可以组织各种形式的亲子活动，如亲子运动会、亲子游戏、亲子阅读等活动，促进家长与幼儿的互动和交流，增强亲子关系。

5. 提供个别指导

幼儿园可以根据家长的需求和幼儿的特点，为家长提供个别指导，如针对幼儿的行为问题、学习困难等进行指导，帮助家长更好地了解幼儿，促进幼儿的发展和成长。

总之，幼儿园为家长提供科学育儿指导是幼儿园双重任务的重要内容之一，可以帮助家长更好地了解和教育幼儿，同时可以提高幼儿园的教育质量和效果。

案例分析

幼儿接晚了，还要额外付费吗？

某幼儿园对于放学后晚接孩子制定了这样的管理办法：晚于 5 点 30 接孩子，就将以 10 元 / 小时的价格收费。家长对此非常不满意，认为他们已经缴纳幼儿保教费，为什么晚接孩子还要额外收费？你觉得幼儿园的做法是否妥当？

分析：首先，幼儿园制定这样的管理办法是出于对幼儿的安全和管理的考虑。幼儿园的幼儿需要在规定的时间内被接走，以确保他们的安全和管理的有序。如果家长经常晚接幼儿，那么可能会对幼儿园的日常管理造成一定的困扰，如果需要额外安排人员等待家长来接幼儿，那么可能会增加幼儿园的管理成本。

然而，幼儿园也要理解家长对此的不满。家长已经缴纳了幼儿保教费，可能认为幼儿园应该承担因晚接幼儿而产生的额外费用。如果幼儿园坚持要额外收费，则可能会导致家长与幼儿园之间产生矛盾。

幼儿园应该与家长进行沟通和协商，寻找一个双方都能接受的解决方案。例如，幼儿园可以与家长协商制定一个合理的晚接幼儿收费标准，或者只有在特定的条件下才需要额外收费。同时，幼儿园也应该考虑提高服务质量，如提供更准确的接送时间通知、提供晚接幼儿的临时托管服务等，以提高家长对幼儿园的满意度。

二、新时期幼儿园教育任务的挑战

随着社会发展、人口政策的变化，幼儿园教育任务面临更多新的挑战。

（一）社会变迁与人口变化的挑战

社会变迁带来的家庭结构变化、城市化进程加快等导致幼儿教育需求多样化，幼儿园需要灵活应对这些变化。同时，随着生育政策调整和人口老龄化，学前教育供需关系可能出现波动，如何确保幼儿园高质量发展成为新时期幼儿园教育面临的新挑战。

（二）幼儿综合素质培养的挑战

随着社会的发展和教育的进步，家长和社会对幼儿园教育的需求从传统的照顾为主转变为更加注重幼儿的全面发展，包括智力开发、情感培养、社交能力、创新思维、身心健康等方面。幼儿园教育需要关注培养幼儿的综合素质，包括注重培养幼儿的自主性、探究能力和创新思维，以及注重幼儿的兴趣爱好和个性化发展等。

（三）教师专业素养提升的挑战

幼儿园教师是幼儿教育的关键因素，教师的专业素养和教育能力直接影响教育质量及幼儿的身心发展。时代进步与社会需求变化，对幼儿园教师专业素养提出了更高要求。因此，幼儿园需要加强教师队伍的建设，提高教师的专业素养和教育教学能力，同时要注重师德建设，加强教师的社会责任感和使命感，为幼儿提供更好的教育服务。

（四）教育教学模式创新的挑战

随着社会的发展和教育理论的更新，幼儿园需要不断创新教育模式和方法，尤其是要利用现代化信息技术手段推动幼儿园教育教学模式改革与教育教学方法创新，以适应时代发展的需求和幼儿身心发展的特点。这需要幼儿教师不断学习新的教育理论和方法，积极探索数字化时代背景下幼儿园教育教学的新模式和新方法。

（五）家园共育需求增强的挑战

随着社会的不断发展和幼儿教育要求的不断提高，加强家庭与幼儿园之间的合作愈发重要。如何有效建立家园沟通机制、有效地开展家园共育工作、共同承担幼儿教育的责任、形成良好的教育合力成为一大挑战。特别是随着家庭教育环境的变化，幼儿园需要更加注重与家长的沟通和合作，共同促进幼儿的发展。同时，幼儿园需要根据家庭教育的需求和特点，调整教育内容和方式，为家长提供更好的育儿指导和支持。

综上所述，新时期幼儿园在执行教育任务时面临的挑战涵盖了多方面的内容，需要通过持续的教育改革和创新实践加以应对。

任务 2-3　幼儿园教育原则梳理

问题引领　午休结束，大班的孩子们起床了，孩子们各自在穿衣服、叠被子。这时，龙龙走到李老师身边，很不好意思地说："李老师，我出汗了。"看到他那紧张的样子，李老师意识到，他可能尿床了，但又不好意思对老师说。李老师随他来到床前，看到被子确实湿了好大一片。李老师安慰道："出汗了没关系，一会儿老师帮你把被子晾干了就行了，你先去拉尿。"过了一会儿，李老师悄悄地把龙龙带到无人的消毒室里，帮他换上了干净的裤子，龙龙腼腆地笑着说："谢谢李老师！"

你认为李老师的做法好吗？在幼儿园教育中，我们应该遵循哪些原则呢？

幼儿园教育原则是教师在向幼儿进行教育时必须遵循的基本要求。幼儿园教育原则包括两个部分：一般原则和特殊原则。

一、幼儿园教育的一般原则

（一）爱护幼儿，尊重幼儿的原则

1. 爱与尊重是教育幼儿的前提

幼儿首先是一个独立的个体，是一个尚在发育中的人，对外在世界充满无限的好奇，其成长过程中一定会出现这样或者那样的问题。作为教育者要尊重幼儿的想法和做法，包容幼儿的错误，给予幼儿家人般的关爱。爱与尊重有利于更好地开展教育，因此爱与尊重是一切教育的前提。

2. 保障幼儿的合法权益

《规程》中指出："幼儿园教职工应当尊重、爱护幼儿，严禁虐待、歧视、体罚和变相体罚、侮辱幼儿人格等损害幼儿身心健康的行为。"幼儿具有一定的权利，因此我们应该尊重其人格尊严，坚持幼儿优先，保障幼儿的合法权利，尊重幼儿成长的特点和规律，关注个体差异，促进幼儿身心全面发展。

3. 保证幼儿作为学习主体的地位

幼儿有自己的思想，作为教育者在教育过程中应关注和重视幼儿的想法，在保教工作中应做到以幼儿为主体，调动幼儿学习的主动性和积极性，发展幼儿的主观能动性。

（二）促进幼儿全面发展的原则

1. 幼儿的全面发展是整体的发展而不是片面的发展

幼儿园的任务是贯彻国家的教育方针，按照保育与教育相结合的原则，遵循幼儿身心发展特点和规律，实施德智体美劳全面发展的教育，促进幼儿身心和谐发展。幼儿的发展是一个整体，要注重领域之间、目标之间的相互渗透和整合，促进幼儿身心全面协调发展，而不应片面追求某一个方面或几个方面的发展。

2. 幼儿的全面发展是个性的发展

每个幼儿来自不同的家庭，有不同的教育背景和经历，存在着一定的差异。作为教育者，要在秉承全面发展理念的基础上，关注幼儿个体差异，实施个性化的教育，使每个幼儿在全面发展的基础上实现个性化发展。

思维碰撞　你是如何看待“孩子是脚，教育是鞋”这句话的？

（三）面向全体与个别对待相结合的原则

《规程》中指出：“面向全体幼儿，热爱幼儿，坚持积极鼓励、启发引导的正面教育。”幼儿的发展是一个持续、渐进的过程，在发展中表现出一定的阶段性和差异性。作为教育者，要充分理解和尊重幼儿发展水平、能力、经验、学习方式等方面的差异，选择不同的教育活动形式和方法，因材施教，努力使每个幼儿都能获得满足和发展。同时，应当为有特殊需要的幼儿提供更多的帮助和指导。

二、幼儿园教育的特殊原则

（一）保教结合的原则

微课：幼儿园进餐活动中如何体现保教结合？

3~6 岁幼儿身心发展的特点和水平决定幼儿教师在开展日常生活及教育活动时要遵循保教结合的原则。教师和保育员要时刻关注幼儿，有意识地保中施教、教中施保，促进幼儿健康发展。

保育与教育是幼儿园的两项重要工作。保育侧重于照顾幼儿的生活，保证幼儿身体发育和机能的协调发展。教育侧重于幼儿能力的培养。两者看似各司其职，实则是相互融合、不可分割的。例如，新生入园如厕环节，部分幼儿不习惯幼儿园的设施设备，出现频繁如厕和不敢如厕等问题，对此教师应及时发现幼儿的异常，积极主动地与幼儿和家长沟通，找到原因。如果幼儿不适应或者害怕设施设备，则教师应陪伴幼儿如厕，慢慢让幼儿适应环境，养成在幼儿园如厕的好习惯；如果教师因发现幼儿频繁如厕或者拉尿裤子而不断地谴责幼儿，则幼儿会更加害怕如厕，恶性循环会给幼儿的身体和心理带来一定伤害。只有身心健康发展，才能保障幼儿能力的提升和精神状态饱满。

思维碰撞　幼儿说：“我喜欢上幼儿园，因为在幼儿园可以玩游戏，我一天不玩游戏，心就碎成了一片片的。”你怎样看待幼儿园游戏？

（二）以游戏为基本活动的原则

《规程》指出：“幼儿园应当将游戏作为对幼儿进行全面发展教育的重要形式。”幼儿喜爱游戏，甚至认为游戏是他们的全部生活。克鲁普斯卡娅指出：“游戏对于儿童更有着特殊的意义，游戏对于他们是学习，游戏对于他们是劳动，游戏对于他们是严肃的教育形式。”幼儿学习的特点是以直接经验为基础，通过直接感知、实际操作和亲身体验的方式获取经验，游戏能最大限度地满足幼儿的学习需求，因此教育者要珍视游戏的独特价值，在保教活动中遵循以游戏为基本活动的原则，促进幼儿的发展。

（三）教育的活动性和活动的多样性原则

幼儿园教育应该遵循幼儿的身心发展规律和特点，以活动为基础开展教育，活动应该是多种多样的，使幼儿在多样化的活动中得到发展。应当根据幼儿园教育目标、幼儿的实际水平和兴趣来确定教育活动内容，循序渐进地选择、组织和实施教育活动。教育活动的组织形式应当灵活多样，根据教育内容采用集体活动、小组活动和个人活动等形式，相互结合、相互补充，为每个幼儿提供充分参与活动的机会，满足幼儿多方面发展的需要，促使每个幼儿在自己原有水平基础上向更高水平发展。教育活动组织与实施过程应注重鼓励、支持幼儿主动探索、实践操作、合作交流和表达表现，重视过程培养，不应片面追求结果。

思维碰撞　有人说：“幼儿园只有集体教学才是教育”。你认同这种观点吗？为什么？

（四）发挥幼儿园一日活动整体教育功能的原则

幼儿园一日活动是指幼儿园每天进行的各种保育和教育活动，既包括游戏活动、教学活动和生活活动，也包括自由活动和区域活动。教育者应充分发挥幼儿园一日活动的教育价值和教育契机，有针对性地对幼儿开展教育活动。

1. 树立一日活动皆教育的理念

《规程》指出：“幼儿一日活动的组织应当动静交替，注重幼儿的直接感知、实际操作和亲身体验，保证幼儿愉快的、有益的自由活动。”陶行知的“生活即教育”理念认为：“生活教育是生活所原有、生活所自营、生活所必需的教育。”教师的重要任务是通过生活来实施幼儿教育。“孩子们吃什么？”“怎样穿？”“一天睡几个小时？”等生活问题都是教育的内容，教育与生活密切相关。无论是吃喝拉撒睡等生活活动、过家家等游戏活动，还是有组织的教学活动，都具有一定的教育价值。在吃喝拉撒睡这种看似无价值的活动中，可以培养幼儿良好的生活、卫生习惯，促进健全人格的形成，使幼儿受益终身。

2. 各种活动必须有机统一

幼儿园的活动不是孤立存在的，都有其存在价值，各环节都指向幼儿园教育目标，发挥整体的教育价值，促进幼儿的身心健康发展。在生活活动中，帮助幼儿养成良好的生活与卫生习惯，提高自我保护能力，形成使其终身受益的生活能力和健康生活方式。在教学活动中，帮助幼儿逐步养成积极主动、认真专注、不怕困难、敢于探究和尝试、乐于想象和创造等良好的学习品质。在游戏活动中，促进幼儿身体、语言、情感和社会性等方面的发展。只有各项活动有机统一，才能培养出德智体美劳全面发展的人。

幼儿园教育的一般原则和特殊原则都是幼儿园教育需要遵循的基本原则。各条原则是相互联系、不可分割的，教育者应该在深刻体会每条原则的基础上综合运用。

岗位应用

一、案例分析

你尊重孩子了吗？（2021年全国学前教育专业教育技能竞赛）

要举行家长开放日活动了，在活动前我给自己定下了一个原则：要面向全体孩子，让家长看到我对每个孩子的关注。活动当天，孩子们发挥良好。不过也有例外，如彤彤。彤彤是个比较安静的孩子，在活动中她总会安静地倾听和思考，在环境熟悉且时间充裕时，她也会举手回答问题。但她胆子较小，在有生人的场合不愿意多讲话。举行家长开放日活动的当天，她一直缄默不语，但我发现她操作非常细致、认真，操作结果也很好。展示活动开始了，我对小朋友们说：“这次请没有举手的小朋友来展示。

彤彤做得很认真，我们就请彤彤来介绍吧。”彤彤妈妈很是高兴，推着彤彤上去展示。然而，彤彤却表现得很为难，扭捏了半天。最后，禁不住妈妈的强烈要求及我的热切目光，彤彤终于上去展示和介绍了。但她过分紧张，声音很小，说完之后便逃也似地回到座位，与平时的沉着、有序相差甚远。尽管我和其他孩子、家长及时给予了她热烈的掌声，但我看到，在后面的活动中彤彤一直没有抬头。见此情景，我不由对自己的做法有了疑惑：我的初衷当然是好的，但我尊重孩子了吗？为什么引导幼儿主动参与反倒让幼儿不愉快？

请分析为什么引导幼儿主动参与反倒让幼儿不愉快？

二、调查发现

采访幼儿教师，了解他们在教育、教学和游戏过程中，是否陷入过类似困境。他们是如何在尊重幼儿自主性的基础上介入幼儿的活动的？

国考聚焦

一、真题分析

（一）单项选择题

1. 下列哪一种不属于《3—6岁儿童学习与发展指南》倡导的幼儿学习方式？（　　）（2015年下半年《保教知识与能力》）

A. 强化练习　　B. 直接感知　　C. 实际操作　　D. 亲身体验

2.《幼儿园教师专业标准（试行）》规定，我国幼儿园教师专业标准的基本理念是（　　）。（2016年下半年《保教知识与能力》）

A. 师德为先，幼儿为本，能力为重，知识为主

B. 幼儿为本，能力为重，知识为主，终身学习

C. 幼儿为本，师德为先，能力为重，终身学习

D. 师德为先，幼儿为本，知识为主，终身学习

3. 幼儿园的（　　）双重任务是我国幼儿园的一大特色，也是我国幼儿园的社会使命。（2012年上半年《保教知识与能力》）

A. 发挥幼儿园一日活动整体教育功能　　B. 以游戏为基本活动

C. 教育的活动性和活动的多样性　　D. 保育和教育

4. 关于幼儿园教育任务最准确的表述是（　　）。（2018年上半年《保教知识与能力》）

A. 促进幼儿智力发展　　B. 促进幼儿身心快速发展

C. 促进幼儿社会性发展　　D. 促进幼儿身心全面和谐发展

5. 幼儿园艺术教育的主要目标是（　　）。（2018年上半年《保教知识与能力》）

A. 发展幼儿的艺术技能　　B. 培养幼儿的艺术感受和表达能力

C. 丰富幼儿的艺术知识　　D. 拓展幼儿的逻辑思维能力

6. 与幼儿园保育和教育目标表述不符的是（　　）。（2020年上半年《保教知识与能力》）

A. 培养正确运用感官和语言交往的基本能力

B. 培养幼儿初步感受美、表现美的情趣和能力

C. 调练幼儿的体育运动技能

D. 促进幼儿身体正常发育和机能的协调发展

7. 有的幼儿擅长绘画，有的幼儿善于动手制作，还有的幼儿很会讲故事，这体现的是幼儿（　　）。（2013年上半年《保教知识与能力》）

A. 能力发展速度的差异　　B. 能力水平的差异

C. 能力发展早晚的差异　　D. 能力类型的差异

8. 某教师针对不同发展水平的幼儿提供了不同难度的操作材料，这遵循了（　　）。（2013年上半年《保教知识与能力》）

A. 活动性原则　　B. 直观性原则　　C. 整体性原则　　D. 因材施教原则

9. 教师对幼儿说："不准乱跑，不准插嘴，不准争吵……"这样的话语，所违背的教育原则是（　　）。（2017年下半年《保教知识与能力》）

A. 正面教育　　B. 保教结合　　C. 因材施教　　D. 动静交替

10. 下列选项中针对幼儿个体差异的教育观点，不妥的是（　　）。（2018年下半年《保教知识与能力》）

A. 应关注和尊重幼儿不同的学习方式与认知风格

B. 应支持幼儿富有个性和创造性的学习与探索

C. 应确保每个幼儿在同一时间达成同样目标

D. 应对有特殊需要的幼儿给予特别关注

（二）简答题

为什么不能把《3—6岁儿童学习与发展指南》作为一把"尺子"来衡量所有的幼

儿？请说明理由。(2015年下半年《保教知识与能力》)

二、模拟训练

(一) 单项选择题

1. 我国学前教育的特殊原则是(　　)。

A. 独立自主性原则　　B. 发展适宜性原则

C. 保教结合原则　　D. 综合性原则

2. 幼儿园的双重任务指幼儿园对幼儿实施保育和教育，以及(　　)。

A. 为家长提供科学育儿指导　　B. 为幼儿健康成长提供条件

C. 为小学教育提供基础　　D. 对幼儿进行照看

3. 教育要促进每个儿童在原有基础上的发展是(　　)原则的要求。

A. 教育的活动性　　B. 尊重儿童人格尊严

C. 以游戏为基本活动　　D. 面向全体，重视个别差异

(二) 简答题

实习生小赵发现，在教学活动中，教师总是请固定的几个幼儿发言，有些幼儿茫然端坐，从不举手，她疑惑地询问一个不举手的幼儿，得到的回答是："反正举了手老师也不会叫我。"请从幼儿园教育原则和教育公平的视角论述该现象。

文档：项目二 岗位应用国考聚焦参考答案

(三) 论述题

请结合加德纳的多元智能理论分析当前我国幼儿园中普遍存在的"特色园""兴趣班"现象。

模块二

学前教育的基本要素

本模块主要介绍学前教育相关的基本要素，包括学前教育与儿童发展、学前教育与幼儿教师、幼儿园环境的基本内容。作为未来学前教育相关工作的从业者，我们要对儿童有充分的认识和了解，进而树立科学的儿童观；对幼儿教师的角色能合理地定位，知道成为一名合格的幼儿教师需要具备哪些素质和能力，进而寻找合适的途径实现专业成长；了解幼儿园环境的特点和作用，并学习如何为幼儿创设良好的幼儿园物质环境和精神环境，从而更有利于他们在园的学习和生活。

本模块知识的学习将有助于我们更好地认识学前教育，形成良好的教育理念，从而为未来的事业打下坚实的基础。

项目三

3

学前教育与儿童发展

【学习导航】

- 学前教育与儿童发展
  - 学前儿童发展基本知识学习
    - 学前儿童发展的含义
    - 学前儿童发展的特点
    - 学前儿童发展的理论基础
  - 学前儿童发展影响因素探析
    - 遗传因素
    - 环境因素
    - 自身内部因素
  - 儿童观与科学儿童观
    - 儿童观的含义
    - 儿童观的演变
    - 科学儿童观

【学习目标】

素质目标：

□ 热爱幼儿教育事业，树立正确的儿童观；树立主动关心、关注、关爱幼儿成长与发展的意识。

认知目标：

□ 了解儿童发展基本知识；掌握儿童发展影响因素；知道科学儿童观的内容。

能力目标：

□ 能在实践中运用科学儿童观分析、处理和解决有关儿童发展的问题。

情境导入

从师幼互动中看儿童观

在某上午的加餐环节中，每个小桌长代表本桌找老师领取圣女果。一个小男孩来取圣女果时，保育员王老师准备帮小男孩数好，主班杨老师说："每个人3颗圣女果，你们桌上有几个人，就取多少。"很明显，对于小班的孩子来说，这是一个不太容易完成的数数任务。令人惊奇的是，小男孩一手抓了3个，放在盘子里，又准备去抓。杨老师开始引导他："对，再抓3个，一只手不够就两只手一起抓，要抓几个？"小男孩有点不知道要抓几个了，王老师开始着急："再数3个呀。"一边说一边往小男孩手里塞，态度有些不耐烦。分完后，发现小男孩少数了一个人，便开始斥责："你们桌子上不是有5个人吗？怎么就数了4份？不想让谁吃啊？"小男孩说道："刚刚老师说没有贝贝的。"原来是贝贝的家长嘱托杨老师不让自己的孩子吃圣女果，当两个老师都忘记的时候，小男孩还记得。

在这段师幼互动情境中，保育员王老师的儿童观是怎样的？

学习任务

任务3-1　学前儿童发展基本知识学习

问题引领　为什么所有的儿童都是先学会抬头，再学会翻身、学会坐、学会爬、学会站、然后学会走？为什么同样是12个月，有些幼儿已经学会走，有些幼儿还在练习站立？学前儿童发展具有什么特点？有哪些理论基础？

一、学前儿童发展的含义

儿童发展是指儿童在成长过程中生理和心理有规律地进行量变及质变的过程。

生理发展是指儿童机体的正常生长和发育，包括形态的增长和功能的成熟。心理发展是指儿童的认知、情感、意志和个性等方面的发展。儿童生理发展和心理发展是密不可分的，儿童的年龄越小，生理发展和心理发展的相互影响就越大。

二、学前儿童发展的特点

微课：新生入园后经常哭闹，怎么办?

在儿童的不同发展阶段，由于先天遗传因素的影响、脑的发展水平不同、生活条件和教育条件的变化及所参与的实践活动的差异，个体的心理发展过程表现出不同于他人的个体特征，而且随着发展，这些个体特征会逐渐成熟稳定，并且具有其鲜明的独特性。但从发展心理学的研究来看，儿童在发展过程中仍会呈现出一些基本的、共同的或普遍的特点。

（一）整体性

儿童是一个整体的人，以其整个身心来感知、体验和享受成长的过程。教育者面对的是一个活生生的整体的人，因此，无论是生活还是教学，都应该以儿童的整体发展为主。正如杜威所说："我们所需要的是儿童整体的身心和整个心灵来创造学校，并以更圆满发展的心灵，甚至更健全的身体离开学校。"教育者要做到认知因素与非认知因素、意识与潜意识、科学与艺术的统一。

（二）定向性和顺序性

个体的身心发展在正常的条件下总是指向一定的方向并遵循一定的先后顺序，而且这种顺序是不可逆的、不可逾越。大量的研究及事实表明，个体发展都是从简单到复杂，都要经过由一般到特殊、由头到脚、由中间向四周的过程。例如，身体的发展遵循从头部、躯干向四肢（首尾律）、从中心部位向全身边缘（近远律）的发展规律；行为的发展遵循先爬后行再跑的发展规律；记忆的发展遵循从机械记忆到意义记忆的发展规律；思维的发展遵循从具体思维到抽象思维的发展规律；情感的发展遵循先有喜、怒、惧等一般情感，在此基础上与社会规范、要求相结合，又分化出道德感、理智感等一些高级情感的发展规律；心理的发展遵循由中间到四周的发展规律，他们往往从认识自己到认识周围的人、从认识自己身边的物体到认识学校和社会。

（三）连续性和阶段性

儿童个体的身心发展是一个由低级向高级逐渐演进的过程，高级的身心发展是在低级的身心发展的基础上进行的，具有连续性、积累性。儿童身心发展时刻都发生着变化，随着量的积累，到了一定程度，就会发生质变，从而使儿童身心发展呈现阶段性，每个阶段都具有其典型的阶段特点。例如，婴儿期主要在于身体的生长发育，幼儿期则是智力发展与个性形成的启蒙时期。把握各发展阶段的年龄特点，将有助于教育者顺利地开展教育活动。这些阶段又按一定的顺序相互联系，前一阶段是后一阶段必要的准备，并为后一阶段所取代，后一阶段是前一阶段的必然发展趋势。发展阶段并非阶梯式的，而是有一定程度的交叉和重叠。在一定的社会和教育条件下，儿童发展的顺序、过程、速度大体上是稳定的，但是在不同的社会条件和教育条件下，儿童身心发展在一定限度内可以变化，儿童身心发展具有稳定性和可变性。

（四）不平衡性

人类个体发展不是等速的，也不是千篇一律按照一个模式进行的。关键期和危机期就是发展不平衡的表现。发展的不平衡性具体表现在两个方面。一是同一方面发展的不平衡性。例如，人的身高、体重在出生后1年发展最快，之后发展相对缓慢，到青春期又高速发展。二是不同方面发展的不平衡性，有的方面较早达到较高水平，有的方面则要成熟得晚些。例如，感觉与直觉在青少年期之前已发展到相当的水平，而逻辑思维要到青年期才有相当程度的发展。

（五）个体差异性

虽然个体的发展有普遍的规律与共同的模式，但在正常发展的范围内，个体发展的差异性仍是十分显著的。例如，在语言方面，有的幼儿在七八个月的时候就能说出清晰的词，而有的幼儿则要到将近两岁或是超过两岁才能说出一些简单的字词；在动作方面，俗语虽有“三翻、六坐、八爬”之说，但不同的幼儿之间会有两三个月的差别，有些幼儿甚至在同龄幼儿还没有学会爬的时候就学会了走。即便是同一个幼儿，在不同的发展时期差异也是十分明显的。有的在这一个阶段发展比别的幼儿快，而在下一个阶段发展又相对比较慢。究其原因，可能是遗传与成熟水平的差异造成的，也可能是后天环境与教育的不同造成的。

思维碰撞　通过学习儿童发展的特点，是否改变了你对儿童的一些看法？请思考并说一说。

三、学前儿童发展的理论基础

关于儿童发展的系列问题，不同的心理学流派有不同的解释。儿童的认知与行为发展、情绪情感发展、个性与社会性发展的过程、动力和影响因素等，在不同的理论流派中占有不同的地位。

（一）精神分析理论

精神分析学派是现代西方心理学的主要流派之一，代表人物为弗洛伊德和埃里克森。精神分析是从治疗人的心理障碍发展起来的。为了达到治疗的目的，弗洛伊德重视探索人的动机和行为根源，从而弥补了传统心理学的不足，改变了心理学的研究趋向。

弗洛伊德（1856—1939 年）是 19 世纪末 20 世纪初奥地利著名的精神病学家和精神分析学派的创始人。弗洛伊德认为梦是人们在睡眠中试图满足愿望和解决问题的产物，因而对梦的解析是了解人的无意识的一个窗口。弗洛伊德通过解析精神病患者的梦境，获得了大量关于人格异常的人的幼年生活资料。通过分析，他认为幼年的生活经验对人格发展有重要影响，并提出了一套关于人格发展的理论。精神分析理论强调性本能、潜意识与情感在心理发展中所起到的作用，认为心理的发展具有阶段性，而其在生命最初几年的发展，则具有十分重要的意义，任何成人阶段表现出来的行为都能在个体的早期经验中找到根源。因此，对儿童早期经验的关注显得尤为重要。

埃里克森（1902—1994 年）是美国心理学家，是新精神分析学说的重要代表人物。他接受了弗洛伊德的人格结构理论，但他并不主张把一切活动和人格发展的动力都归结为生物学方面的原因，而强调人格发展会受特定文化背景的影响和制约。因此，他认为人格的发展包括机体成熟、自我成长和社会关系形成三个不可分割的过程。埃里克森把人格发展看作一个经过八个阶段的过程，每个阶段都有其特殊的目标、任务和冲突，各阶段互相依存，后一阶段发展任务的完成依赖于早期冲突的解决，个体解决每个冲突的方式对个体的自我概念及社会观都会有很大的影响。早期阶段中问题的不良解决所造成的损失，可能会在后期的阶段中得到修正，但往往会对个体一生的发展造成间接影响。

（二）行为主义理论

行为主义学派创立于 20 世纪初期，是西方心理学的主要流派之一，华生、斯金纳是行为主义学派不同时期的代表人物。该学派的学习理论主要是联结论和刺激－反应论。这一学派的基本观点是：学习是环境刺激与学习者行为反应之间的联结过程。行为主义学派注重学习的外部条件对学习的影响，又注重学习者对环境的行为反应。

美国心理学家华生（1878—1958 年）是行为主义理论的创始人。华生否认遗传在个体成长中的作用，认为一切行为都是刺激（S）－反应（R）的学习过程，通过刺激可以预测反应，通过反应可以推测刺激。他认为环境和教育是行为发展的唯一条件。因此，学习本质上是刺激与反应之间的联系。早期行为主义理论强调客观与实证，把重点从对意识的过多关注转向行为研究，注重刺激与反应间的可预测关系，有助于促进我们对儿童行为发展进程的了解，但华生排斥对中间心理过程的研究，因此早期行为主义理论难以解释个体高级心理过程的发展机制。华生过分强调环境和教育的作用，虽然在行为矫治方面有独到的实际意义，但否定了儿童自身在发展中的主动性和能动性，否定了心理发展的阶段性和年龄特征。

美国心理学家斯金纳（1904—1990 年）传承了华生的行为主义基本信条。与华生不同的是，斯金纳用操作性条件作用来解释行为的获得。斯金纳认为人或动物为了达到某种目的会采取一定的行为，当这种行为的后果对他有利时，这种行为就会在以后重复出现；当这种行为的后果对他不利时，这种行为就会减弱或消失。有目的地改变行为的后果，可以修正他人的行为。斯金纳提出的强化理论分为正强化和负强化两种类型。这一理论不仅适合用于对儿童的新行为进行塑造，还对不良行为的矫正有指导意义。

知识链接

正强化与负强化

斯金纳认为动物的学习是随着一个强化作用的刺激而发生的，进而他提出了操作性条件反射理论。

斯金纳提出的强化理论分为两种类型：正强化和负强化。正强化指在行为之后呈现一种积极刺激，功能是鼓励有利的行为、增加行为出现的次数。负强化指在行为出现后消除厌恶刺激，功能也是鼓励有利的行为、增加行为出现的次数。负强化不是惩罚，惩罚指通过呈现厌恶刺激降低行为发生的频率，二者有明显的区别。消退就是对儿童的不良行为予以忽视，不予以强化。

（三）皮亚杰认知发展理论

皮亚杰认知发展理论把重心放在智力发展、认知过程、个人完成某种逻辑运算的能力上。皮亚杰对制约儿童发展的各种因素进行了分析，他认为影响心理发展的因素主要有四种：成熟、自然经验、社会经验和平衡。他将儿童发展分为四个阶段：感知运动阶段（0~2 岁）、前运算阶段（2~7 岁）、具体运算阶段（7~11、12 岁）、形式运算阶段（11、12 岁以后）。

知识链接

儿童发展的四个阶段

1. 感知运动阶段（0—2 岁）

感知运动阶段儿童的认知发展主要是感觉和动作的分化，其认知活动主要是通过探索感知觉与运动之间的关系获得动作经验，形成图式（一种用来组织、描述和解释经验的概念网络和命题网络，通常把其理解为一种结构）。手的抓取和嘴的吸吮是他们探索周围世界的主要手段。在这一阶段，儿童逐渐形成了客体永久性。客体永久性，即当某一物体从儿童视野中消失时，儿童知道该物体依然存在。儿童大约 9—12 个月时获得客体永久性。

2. 前运算阶段（2—7 岁）

儿童在感知运动阶段获得的感知运动图式在前运算阶段开始内化为表象或者形象图式，语言的发展使得儿童的表象日益丰富，其认知活动不局限于感知活动，但此阶段思维仍受具体知觉表象的束缚，难以从知觉中解放出来。这一阶段儿童的思维具有不可逆性、相对具体性和以自我为中心性。

3. 具体运算阶段（7—11、12 岁）

具体运算阶段的标志是守恒概念的形成，儿童思维具有可逆性，开始独立组织各种方法进行正确的逻辑运算，但还是离不开具体事物或者形象的支持。

4. 形式运算阶段（11、12 岁以后）

处于形式运算阶段的儿童根据假设对各种命题进行逻辑推理的能力不断发展，其思维具有可逆性、补偿性和灵活性。

（四）维果斯基心理发展理论

维果斯基认为心理发展是指一个人的心理在环境与教育的影响下，在低级的心理机能的基础上逐渐向高级的心理机能转化的过程。因此，维果斯基的观点同皮亚杰的观点有很大的不同，维果斯基更关注儿童所处的社会文化历史环境，并且强调心理机能的改变是一个不断内化的过程，即将社会文化的外部活动形式转化为内在的心理结构。

知识链接

“最近发展区”理论

维果斯基的研究表明，教育对儿童的发展能起到主导作用和促进作用，但需要确定儿童发展的两种水平：一种是已经达到的发展水平；另一种是儿童可能达到的发展水平，表现为“儿童还不能独立地完成任务，但在成人的帮助下能够完成这些任务”。这两种水平之间的距离就是“最近发展区”。

在维果斯基看来，教学的可能性是由学生的“最近发展区”决定的，教育者不应只看到儿童现今已达到的发展水平，还应该看到处于形成状态的、正在发展的水平。因此，维果斯基强调教学不能只适应发展的现有水平，走在发展的后面，而应适应“最近发展区”，走在发展的前面，并最终跨越“最近发展区”而达到新的发展水平。

思维碰撞　皮亚杰与维果斯基都谈到了儿童发展与教学的关系，他们的观点有何异同？在教学设计中如何运用两位心理学家的理论？

（五）格赛尔的成熟势力说

格赛尔（1880—1961 年）是美国的心理学家和儿科医生，主张遗传决定论。他用双生子爬楼梯实验证明儿童学习应基于生理的成熟，支配儿童心理发展的因素有二：成熟与学习。格赛尔更重视成熟，认为成熟与内环境有关，而学习则与外环境有关。他认为成熟是发展的重要条件，决定机体发展的方向和模式，因此成熟是推动儿童发展的主要动力。成熟势力说认为个体的心理发展具有方向性，如动作的发展遵循由上向下、由中心向边缘的发展规律。发展取决于成熟，而成熟的顺序取决于基因决定的时间表。因此，年龄便成为心理发展的主要参照物。格赛尔的成熟势力说帮助研究儿童和从事学前教育的人树立重视儿童成长和长远发展的观念。

知识链接

格赛尔的双生子爬楼梯实验

格赛尔曾经做过一个著名的实验：被试者是一对出生 46 周的同卵双生子 A 和 B。格赛尔先让 A 每天进行爬楼梯训练，6 周后，也就是出生后第 52 周，A 爬 5 级楼梯只需要 26 秒。在出生后第 53 周，没有经过任何训练的 B 爬 5 级楼梯需要 45 秒，格赛尔再对 B 连续进行两周爬楼梯训练，到出生后第 55 周，B 爬上 5 级楼梯只需要 10 秒。尽管 A 比 B 早训练了 7 周，训练时间也是 B 的三倍，但是在出生后第 56 周和 3 岁时，格赛尔发现，A 和 B 的爬梯成绩惊人地相似。

格赛尔分析说，出生后第 46 周就开始练习爬楼梯为时尚早，训练只能取得事倍功半的效果；从出生后第 53 周开始练习爬楼梯，时间非常恰当，训练就能达到事半功倍的效果。

任务 3-2 学前儿童发展影响因素探析

问题引领 天天3岁，刚上幼儿园小班。妈妈十分希望天天能够成为书法家，每天强迫天天练习写字，有时候只有连续写上一个小时才允许天天休息。可天天连笔都拿不稳，每天这么长时间的练习让天天苦不堪言，出现抵触情绪。你觉得这种做法是否有利于儿童的发展？为什么？

影响儿童心理发展的因素有很多，归纳起来有遗传因素、环境因素和自身内部因素等，学前教育必须考虑儿童身心发展的特点和水平，现代学前教育科学也将关注点放在这些因素是如何对儿童的心理发展产生影响上。

一、遗传因素

遗传因素是指从上一代继承下来的生理解剖特点，主要包括人体的形态、构造、血型、神经系统等，是儿童从亲生父母那里继承的与生俱来的特质，是心理发展的物质前提，影响着儿童心理发展的速度和水平。

（一）遗传因素为儿童心理发展提供了物质前提

遗传因素中最重要的是大脑和神经系统在解剖上的特点，人类共有的遗传特性使得儿童具备形成人类心理的前提条件。一个生来就是全色盲的儿童，无法辨别颜色，更无法成为画家。

（二）遗传因素奠定了儿童心理发展个别差异的最初基础

遗传因素的不同是造成个体差异的重要基础，它促成了每个儿童心理发展的不同可能性。例如，有音乐天赋的儿童往往其父母也有着较高的音乐水准。当然，不可否认个体后天努力和勤奋对取得成功的作用，但是如果能充分利用遗传因素，优先发展优势基因，则可以起到事半功倍的效果。然而遗传因素对人的发展不起决定作用，它不能预定或决定儿童最终的发展。例如，一个生来有健全听觉器官的儿童，如果没有适宜的环境或教育，则他很难成为一名音乐家。

（三）生理成熟对儿童心理发展的制约作用

生理成熟是指身体结构和机能生长发育的程度及水平，是儿童进入下一成长阶段并习得新技能的生理基础。儿童在每个年龄阶段表现出来的特点都是建立在大脑和身体成熟的基础之上的。例如，只有儿童的发音器官成熟，具备了发音的条件，并储存了一定的词汇量，才能开口说话。

总之，遗传因素是儿童心理发展的生物前提，不同的心理行为受遗传制约的程度不同。遗传在一定的程度上会影响儿童的心理健康和人格形成，但是遗传只是奠定了儿童生理与心理发展的先天基础，并不能决定儿童的发展过程和未来能够到达的高度。

二、环境因素

环境因素对儿童发展的影响主要体现在以下两个方面：一是环境为儿童的遗传因素创造了条件，让发展潜能得以实现；二是社会生活条件和教育制约着儿童心理发展水平与方向。儿童在特定生活条件下接受教育者的引导，朝着特定的方向发展，并受条件限制表现出不同的发展水平。

微课：活动中个别孩子不守规则，怎么办?

环境包括自然环境和社会环境。水、光、土壤、大气等属于自然环境，儿童的社会背景、家庭状况、人际关系等属于儿童成长的社会环境。社会环境中对儿童影响最大的是家庭、幼儿园和社会文化。

（一）家庭

家庭是儿童成长的第一个重要环境，是他们身心健康发展的沃土。父母是儿童的第一任教师，父母的一言一行对他们产生着巨大的影响。家庭教养方式、亲子关系、环境氛围、父母的教养态度等对儿童早期和以后的发展有着显著的影响。父母与孩子之间早期的亲子关系质量影响着孩子日后的在同伴、师生、婚姻等关系中的交往。稳定和谐的亲子关系，可以让儿童充满安全感，这种最初的社会化的情感连接有助于儿童未来对世界的积极探索。

有研究表明，夫妻关系不和或者家庭结构不完整等情况，都有可能对儿童的认知、行为、情绪、心理发展等方面造成影响。例如，父母长期吵架会导致儿童出现情绪和社交障碍；农村的留守儿童长期见不到父母，容易产生焦虑与抑郁等情绪或攻击性行为。因此，如何优化家庭环境，维持温暖有爱的家庭氛围，让儿童在宽松民主的家庭中成长已经成为家长们面临的重要的问题。

此外，父母的经济社会地位也间接影响儿童的发展，如果家庭的经济状况欠佳，则会影响居住条件、生活环境、儿童的受教育情况、父母的情绪等，进而对儿童的发展产生一定的负面影响。经济状况较好的家庭也可能出现一些危机，如父母忙于工作而忽视对儿童的陪伴和教育，这些儿童容易出现焦虑、抑郁等情绪问题。

（二）幼儿园

幼儿园是有目的、有计划、系统地对幼儿进行教育的场所。幼儿园教师通过制订合理的教学计划、创设丰富的教学环境、开设富有特色的教学活动，有针对性地促进儿童的身心发展。在儿童教育工作中，以教师为主导，以学生为主体，通过激发儿童兴趣，充分发挥儿童的主动性、独立性和积极性，根据儿童身心发展特点和个体差异性，因材施教，使儿童身心得到全面的发展。幼儿教师在构建和谐的师生关系的同时要重视家园合作，让家长保持和幼儿园同步的教育理念，儿童所在的社区也要跟幼儿园、家庭充分配合，发挥社区在儿童发展中的重要作用。

进入幼儿园后，同伴关系慢慢取代亲子关系成为儿童生活中的主要社会关系，儿童喜欢与同伴交流，并在这个过程中学习人际交往技巧。良好的同伴关系有助于儿童的社会性发展，帮助儿童形成正确的自我意识，建构完整的人格。

（三）社会文化

社会文化是个体心理发展必须依赖的外部条件，除家庭和学校外，儿童心理行为发展还与所处的社会环境、自然环境和文化环境密切相关。社会环境、自然环境和文化环境是指由一定的社会生活方式所决定的生活条件及文化因素，如儿童常接触的亲戚、朋友、邻居、小伙伴，以及社会信息、社会风气等。社会文化环境在个体的心理行为发展过程中起着重要的作用，它在遗传和成熟的基础上决定了个体心理发展的现实性，也制约着儿童心理发展的水平和速率，是儿童产生个性差异的重要条件。一个正常健康的儿童，心理行为发展的可能性十分广阔。研究表明，丰富的社会环境比贫乏的社会环境更有利于儿童的心理发展。

三、自身内部因素

遗传和环境是儿童发展过程中重要的影响因素。遗传为儿童发展提供了物质条件，环境使得儿童的发展潜力得以实现、个性得到塑造。除了遗传和环境的影响，儿童的主观能动性也起着重要作用。

儿童有着各自不同的需要、兴趣、爱好、性格和能力，这些成分之间是相互联系、相互影响的。儿童根据自身的需要和兴趣发展相应的能力。例如，有的儿童喜欢跳舞，练习舞蹈会比其他儿童更加投入，遇到困难更能坚持。儿童的个体差异性导致每个儿童在自身能力倾向方面表现不同，如有的善于表达、有的善于思考，最终展现出不同的个性。

不同气质和性格的儿童活动的积极性不同。有的儿童反应快、易冲动，表现积极主动，能够完成多变且强度较高的任务；有的儿童安静、内敛，动作反应比较迟缓，但往往具有更强的耐力，可以长时间坚持做一件事而不感到厌烦。性格开朗的儿童遇到困难挫折能很快恢复，重新振作；性格内向的儿童则需要很久才能释怀，并有可能一蹶不振。针对不同性格和气质的儿童，要采取适宜的方法加以引导，发扬其性格中积极的一面，克服消极的一面。

儿童内部的心理矛盾是推动他们发展的根本原因。儿童内心原有的心理水平不能满足新的心理需求，就会产生新的更高层次的心理水平。新的心理需求与原有心理水平的矛盾推动儿童心理的发展，这样的矛盾状态成为促进儿童发展的动力。儿童的心理水平和心理需求是相互依存、相互联系的。一方面，儿童只有在原有的心理水平上才会产生新的心理需求，如果给儿童呈现的知识大大超出他们原有的基础水平，则不会激起儿童的兴趣，儿童便不会调动自身的积极性参与学习。另一方面，儿童形成特定的心理水平又离不开相应心理需求的产生。例如，有的父母非常溺爱孩子，凡事都为其包办完善，导致孩子的自理能力差；而有些父母非常忙没有时间管孩子，这些孩子不得不独立自主，成为主导自己生活的小主人。学前教育的任务就是根据儿童原有的能力水平，对他们提出适当的高阶要求，让儿童内部产生新的矛盾，进而成长为更为成熟的个体。

任务 3-3　儿童观与科学儿童观

问题引领　主班老师正在组织集体游戏，小米独自一人在植物角里专注地看树叶上的水珠，助教老师发现后，连忙去请他参加集体活动，但小米说“我不去，我想看水珠”，助教老师说“水珠有什么好看的，我们的游戏可好玩了”，小米依旧不为所动。这时主班老师走过来对小米说：“小米，还是先和大家一起玩吧，你的小伙伴都想跟你一起搭城堡呢。等游戏结束，你还是可以过来看水珠，然后请你把观察到的分享给我们大家好吗？”

两位老师对待幼儿的方式体现了其各自的儿童观，他们的做法你更赞同谁？你是怎么看待儿童的呢？

一、儿童观的含义

儿童观是成人对儿童的看法和态度的总和。儿童观涉及儿童的特点、权利与地位，儿童期的意义，以及教育和儿童发展之间的关系等。对儿童的看法和态度不同，对儿童的教育方法和教育行为也就不同。因此，儿童观是学前教育领域理论研究和实践探究需要关注的重点内容，树立科学儿童观是做好教育工作的前提。

二、儿童观的演变

儿童观是特定时代与社会的产物。人类在不同的发展时期，具有不同的儿童观。

（一）儿童是“小大人”

儿童是“小大人”的观点认为，儿童是“缩小”的大人，儿童与大人没有什么不同，即使有，也只是身高和体重的区别而已。由于古代的生产力水平低下，人们希望儿童能快点长大，加入到成人的队列中来进行劳作，所以人们总是用成人的标准来要求儿童。

人类从史前社会进入文明社会后，生存的环境依然十分恶劣，获取必要的食物、克服疾病的困扰、与自然界做斗争、防范其他族群的侵犯、维持自身的生存都是相当艰巨的任务。因此，儿童也被当作一支重要的生产力，往往要跟随成人劳动，接受军事训练，并在活动中接受教育。这时儿童的特殊性尚未被发现、被重视，他们仅仅作为社会的成员存在。正因如此，儿童被置于权力结构之中，他们成为国家或父权的附属物。例如，斯巴达人把身体孱弱或有残疾的新生儿弃之荒野；在古罗马“家长制”下，父亲对子女操有生杀予夺的大权。既然儿童无异于成人，那么就可以把对待成人的方式移植到儿童的教育之中。与王权社会刑罚盛行相对应，在教育中，对犯有错误或不认真学习的儿童广泛采用体罚的方式，用特制的教具击打儿童的身体，以贯彻成人的意志，产生顺从的儿童。这种情况在各国教育史上普遍存在。

（二）儿童是“白板”

儿童是“白板”的观点认为，刚出生的儿童就像一块白板，成人可以对其任意塑造，就像一个空瓶，成人可以任意往里面填塞，把各种知识、经验灌输进去，而不考虑儿童的感受。儿童的成长是周围环境的产物，是消极被动地接受外界刺激的结果。

知识链接

洛克的“白板说”

洛克反对天赋观念论，认为人生下来没有既定的善念，也没有恶念，头脑是一块空白的板块，上面没有任何观念和记号，一切观念和记号都来自后天的经验。一切知识都来源于经验是洛克认识论的基本原则，也是其基础和出发点。在他看来，天赋观念论者所说的那些天赋的原则和观念，实际上也都是从经验中得来的。

（三）儿童是“花草树木”

文艺复兴运动对人权的倡导，使人们从全新的角度审视儿童。人们开始把儿童看作有独立存在价值的个体，认识到儿童有自己的权利、思想、情感、需要等，提出不应用成人的标准衡量儿童，儿童应该加倍珍惜童年的生活。尊重儿童纯洁美好、独立平等的自然本性。儿童是花草树木，他们的生长发展是按照自然法则运行的，教育者扮演的角色是“园丁”，每个儿童的成熟都有内部的时间表，要在恰当的时间学习特定的内容，成人不能强迫儿童学习、揠苗助长。

知识链接

儿童的伟大发现

文艺复兴和启蒙运动是欧洲近代史上两次大的思想解放运动，催生并发展了人文主义。在文艺复兴运动中，人文主义学者将矛头指向封建主义和天主教神学体系，热情歌颂人的价值和尊严，宣扬人的解放和个性自由，肯定现实生活的价值。特别是文艺复兴运动后期，出现了一些新的人文主义教育观。这些观念对儿童观的改变产生了深远的影响，也导致人们对儿童的认识发生变化。沿着人文主义者开创的道路，法国思想家卢梭成为儿童的伟大发现者。1762 年，卢梭的《爱弥儿》问世，这部里程碑式的巨著树立了儿童发现和解放的旗帜，宣告了现代儿童观的诞生。在这部著作中，卢梭在人类历史上第一次提出要把儿童当作儿童看待，“在人生的秩序中，童年有它的地位：应当把成人看作成人，把孩子看作孩子”。卢梭反对只将儿童期视为成人的准备期的观点，认为儿童也是独立的人，儿童期有独特的价值。卢梭对儿童抱有一种乐观主义的态度，他在《爱弥儿》中开篇就指出：“凡是出自造物主之手的东西，都是好的，一到人的手里，就全变坏了。”卢梭深信儿童生来是纯洁的、善良的，一切错误与罪恶都是后天环境造成的。他从这种性善论出发，认为教育就要顺应儿童的天性，让儿童率性发展，反对把种种约束加在儿童身上。

（四）儿童是“私有财产”

儿童是“私有财产”的观点认为，儿童是父母婚姻的结晶，产生于母体，归父母所有，是父母的隶属品；父母可以左右儿童的命运，控制儿童的生活，决定儿童的一切事情，要求儿童学习许多其并不感兴趣的课程，把儿童培养成为他们认为的最理想的人，压制儿童，让儿童唯命是从；儿童特别是男童被认为是家庭的希望、传宗接代的工具、家庭和家族的附属品、父母的“私有财产”，儿童与其抚养人之间的关系只是一种依附关系。

（五）儿童是“未来的资源”

儿童是“未来的资源”的观点认为，儿童是国家最宝贵的财富，是国家潜力最大的资源、未来的资源和劳动力；对儿童进行教育，就是对未来进行最有价值的投资，这种投资利国利民，只有多投资，才能获得高产出。

（六）儿童是“有能力的主体”

儿童是“有能力的主体”的观点认为，人类的童年时期长于大多数动物的童年时期，这为儿童以后的发展奠定了良好的基础。儿童在体力、智力、情感、社会性、道德等方面，都不同于成人，他们是正在发展中的人。不能因为儿童弱小、需要保护就轻视他们、让他们被动发展；儿童是有能力的、积极主动的权利主体，应有主动发展自己潜能的机会，在出生、发育、成长的过程中成为自主的行动者，表达自己的主张和意见，行使自己的权利。

知识链接

杜威的儿童观

杜威指出，我们不能用成年期作为一个固定的标准来衡量儿童期。杜威对成人和儿童进行了区分：成人是社会中掌握了群体知识和习惯的成熟的人；儿童是处于一种未成熟的状态的人，这种未成熟状态是儿童的主要特征。但这并不意味着儿童是被动的，相反，在发展方面，儿童是主动的。杜威认为，未成熟状态代表有生长的可能性。1899 年，杜威在《学校与社会》中明确提出了儿童中心论的思想，他批判学校的重心在儿童之外，着力推行一种变革，或者说是一种革命，即教育要以儿童为中心，教育的一切措施要围绕儿童设计和安排。在卢梭肯定了儿童的特殊性的基础上，杜威进一步指出儿童具有主动生长和发展的能力。

思维碰撞　你欣赏哪种儿童观？为什么？

三、科学儿童观

科学儿童观就是人们对儿童的正确看法、观念和态度的总和，主要包括以下几个方面的含义。

微课：怎么理解"从一米高度看世界"？

（一）儿童具有独立的人格和尊严

儿童和成人一样，应当得到尊重，享有生存、生活和学习的权利。世界学前教育组织颁布的《童年宪章》中指出："所有的儿童都有权享受一个安全、快乐和健康的童年；所有的儿童需要在家庭里成长，在那里有特别亲密的成人，让他们体验爱和关怀；所有的儿童有权在安全并有激励性的环境里游玩、成长和学习，不受伤害、没有烦恼；所有的儿童需要得到机会和支持，逐渐形成对自己和别人宽容、谅解的态度……"教师只有尊重儿童的人格和尊严，维护儿童的地位和权利，才能让儿童感到自己存在的独特价值和意义。

（二）儿童期具有独特的价值

儿童期是个体生命发展的重要时期，是人的身心成长的关键阶段，它奠定了人后期发展的基础。陈鹤琴指出："人生一切的活动都要在儿童期内发展。"儿童期是发展个人的最好机会，言语、习惯、道德、能力在儿童期学习最速、养成最易、形成最全、发展最快。儿童期的儿童应该得到成人的尊重和保护，使儿童拥有快乐的童年生活。因此，教育应带给儿童一个幸福而有意义的童年，并以此为基础，成就他们幸福而美好的人生。

（三）儿童具有个体差异性和独特性

每个儿童都是一个独立的、完整的生命个体，和其他儿童在各方面存在着差异。加德纳提出多元智能理论，这些智能在相当程度上彼此独立存在，这种独立性意味着即使有很高的某一种智能，也不一定有着同样程度的其他智能。意大利的马拉古奇在他的诗歌《其实有一百个》中指出孩子是由一百组成的，孩子有一百种语言，一百双手，一百个念头，一百种思考、游戏、说话的方式；有一百种聆听的方式，一百种惊讶和爱慕的方式；还有一百种欢乐，一百个世界。成人应当认识儿童的个体差异，尊重儿童的个体差异，只有这样才能做到因材施教，保证每个儿童个性的充分发展。

（四）儿童具有强烈的好奇心和求知欲

儿童天生对事物具有强烈的好奇心和旺盛的求知欲，这一特性成为儿童探索世界万事万物的强大动力，儿童在探索过程中能有所发现、有所发明，促进创新思维、创造能力、探究能力的发展。因此，教师要认真呵护儿童的好奇心和求知欲，并给予正确的引导，使儿童的学习兴趣得到很好的培养，使其健康成长。

从本质上讲，学前儿童的学习就是做事，做自己需要的事、感兴趣的事、力所能及的事。做事的核心就是获得有益的经验，教师需要理解儿童的发展特点、兴趣需要、学习过程，树立科学儿童观，随时为儿童提供学习的材料、时间和空间，注重保教结合，将教育灵活渗透到儿童的日常活动中，充分利用日常活动中的各种契机，对儿童进行随机教育，将保教结合原则落到实处。

思维碰撞　作为一名幼儿教师，请结合科学儿童观的相关知识，谈谈你将怎样将科学儿童观落实到自己与儿童的相处中。

岗位应用

一、案例分析

“孩子王”与“暴力王”

4岁的果果是幼儿园的“孩子王”，他也喜欢带着小朋友们一起玩，小朋友们也愿意跟他一起玩。果果还是一个名副其实的“暴力王”，暴力的语言和行为是他解决小朋友间矛盾与冲突的办法。很多家长都担心果果会伤害自己的孩子，跟教师说要开除果果。

请你运用儿童观的相关知识表述你的观点和建议。

二、调查发现

以小组为单位，每组选择一名幼儿教师作为调查对象，并记录调查内容。

调查内容：您是怎么看待儿童的？您怎么看待儿童观与教育行为的关系？您平时是怎么践行科学儿童观的？能举几个例子吗？

国考聚焦

一、真题分析

（一）单项选择题

1. 杜威认为学校生活的组织中心是（　　）。（2014年下半年《保教知识与能力》）

A. 教材　　B. 家长　　C. 教师　　D. 儿童

2. 最早提出“以儿童利益为首要考虑”这一原则的文件是（　　）。（2016年下半年《保教知识与能力》）

A.《适合儿童生长的世界》　　B.《3~6岁儿童学习与发展指南》

C.《中华人民共和国未成年人保护法》　　D.《儿童权利公约》

3. 对杜威“教育及生长”的正确理解是（　　）。（2020年上半年《保教知识与能力》）

A. 教育以儿童的本能和能力为依据　　B. 儿童的生长以教育目标为依据

C. 教育以促进教师的专业成长为基础　　D. 教育应促进儿童的身体发育

4. 班杜拉的社会认知理论认为（　　）。（2020年下半年《保教知识与能力》）

A. 儿童通过观察和模仿身边人的行为学会分享

B. 操作性条件反射是儿童学会分享的重要学习形式

C. 儿童能够学会分享是因为儿童天性本善

D. 儿童学会分享是因为成人采取了有效的惩罚措施

（二）简答题

简述班杜拉社会学习理论的重要观点。（2015年上半年《保教知识与能力》）

二、模拟训练

（一）选择题

1. 幼儿是自主建构的个体，是客观世界的主动探索者和发现者。这说明幼儿（　　）。

A. 是有巨大潜能的人

B. 发展具有差异性

C. 是自然性和社会性相统一的完整个体

D. 是自主构建的学习个体

2. 儿童最早发展的是身体中部的动作，然后是双臂和腿部的动作，最后是腕、手及手指的动作，这表明儿童动作发展遵循了（　　）。

A. 首尾律及近远律

B. 近远律及大小律

C. 近远律及从无意识到有意识的规律

D. 首尾律及从无意识到有意识的规律

3. 儿童身心发展差异性产生的自然物质基础是（　　）。

A. 遗传差异　　B. 教育差异　　C. 环境差异　　D. 物质差异

4. “给我一打健全的儿童，我可以用特殊的方法任意地加以改变，或者使他们成为医生、律师，或者使他们成为乞丐和盗贼……”这种片面的观点突出强调的是（　　）对儿童心理发展的作用。

A. 遗传因素　　B. 生理成熟　　C. 环境和教育　　D. 先天因素

（二）案例分析题

文档：项目三 岗位应用国考聚焦参考答案

小佳父母看到许多小朋友参加课外兴趣班，于是也自做主张给小佳报了好几个，可小佳很抗拒。父母为了让小佳能参加兴趣班，绞尽脑汁，甚至用威逼利诱的方法让小佳服从。

问题：（1）小佳父母的做法对吗？请用科学儿童观分析材料。

（2）试提出合理的建议。

项目四

4

学前教育与幼儿教师

【学习导航】

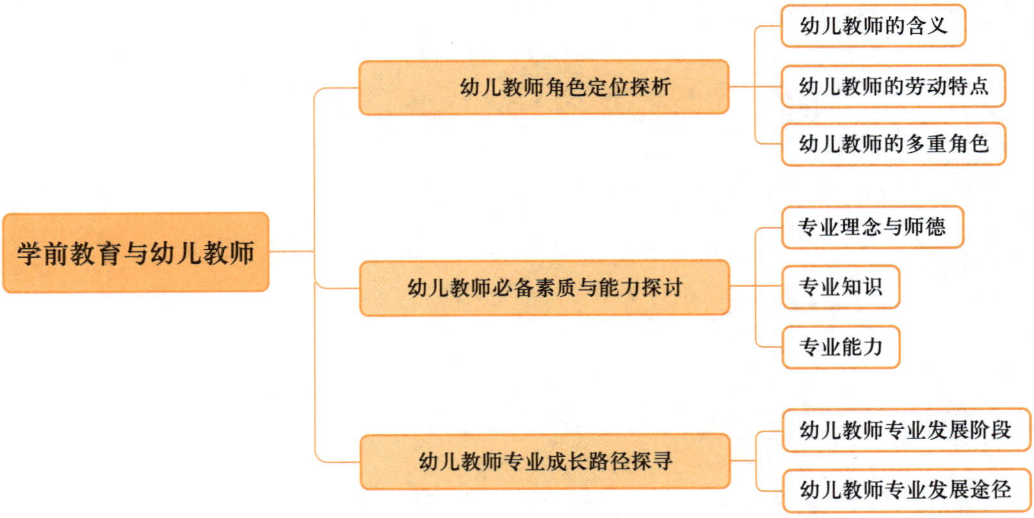

【学习目标】

素质目标：

□ 主动培养幼儿教师必备素养；具备促进自身专业成长和终身学习的意识。

认知目标：

□ 理解并掌握幼儿教师的劳动特点及角色定位。

能力目标：

□ 在与幼儿的相处中能找准自己的角色定位，建立和谐的师幼关系。

情境导入

如何看待幼儿教师?

有人认为，幼儿教师就是带孩子的保姆，管好孩子的吃喝拉撒，别让孩子磕着、碰着就行；有人认为，幼儿教师的工作很简单，就是教孩子一些简单的知识，不需要多高的文化水平，也不需要多精的专业水准，随便谁都能够胜任。

你怎样看待幼儿教师的工作?幼儿教师是否具有专业性?

学习任务

任务 4-1　幼儿教师角色定位探析

问题引领　乐乐在益智区搭积木，他搭建的“桥”总是倒，几次失败后，乐乐有点气急败坏了。周老师静静地来到乐乐身边，乐乐看到老师来了，委屈地哭起来：“周老师，我的桥总是倒。”“那我们一起来试试看。”周老师温和地说。不一会儿，周老师和乐乐一起成功搭建了一座积木小桥。

在这里，周老师是一种什么样的角色?你认为幼儿教师有哪些角色?

一、幼儿教师的含义

教育是一种社会现象。从广义上来讲，只要是影响人身心发展的社会实践活动都可以被称为教育，可以说从人类诞生起，就有了幼儿教育，也就有了幼儿教师。幼儿教师是指受社会委托，在幼儿教育机构中对 3~6 岁幼儿进行启蒙教育，促进其身心发展的专门人员。

幼儿教师成为职业始于 19 世纪中叶。1840 年，福禄贝尔创办了世界上第一所幼儿园，自此有了专门的幼儿教师。此后，随着专门化的社会学前教育机构的建立和发展，幼儿教师成为一种职业并逐渐走向规范。

1903 年，我国设立了第一所幼儿教育机构——湖北幼稚园。当时，幼儿教师被称为“保姆”，主要由“节妇”经过培训而来。20 世纪 50 年代，我国幼儿教师开始被称为“教养员”“保教员”，但社会上习惯称为“阿姨”。1995 年，《教师资格条例》颁布后，“幼儿教师”这个词开始被广泛使用。

幼儿教师与其他教师一样，担负着培养人、造就合格社会公民的职责。随着科技的发展，现在很多教学设备进入幼儿教育机构，如广播设备、电视机、多媒体设备等，大大提高了教育质量，但是这些教学设备只能为幼儿教师的工作锦上添花。幼儿的成长离不开幼儿教师的直接影响，幼儿教师的言传身教所起到的感化、陶冶作用是任何教学设备都不能替代的。随着教育科学的不断发展，幼儿教师的专业化程度越来越高。

二、幼儿教师的劳动特点

任何一种职业的劳动都有自己的独特之处，幼儿教师也有它独特的劳动特点，这与其劳动对象有密切的关系。

（一）劳动对象的主动性和幼稚性

幼儿教师的劳动对象是幼儿，幼儿是有意识的、主动发展的人。在教育过程中，他们既是教育的客体，又是学习和发展的主体。幼儿不是消极被动地接受教育，而是通过自身的内部作用来主动选择和接纳外界的影响，形成自己的认知结构，发展情感，形成个性。幼儿教师必须了解幼儿，针对幼儿的发展水平，激发幼儿主动活动的兴趣和积极性，不断调整教育的内容和方法。

幼儿身心发展的水平很低，身体各器官还不够成熟，思维形象具体，知识经验还很贫乏，辨别是非的能力较差，有许多天真和幼稚的表现。幼儿的发展需要幼儿教师的正确引导。幼儿教师的细心观察、照顾、引导对幼儿的发展具有积极影响。

（二）劳动手段的主体性和示范性

幼儿教师与其他职业最大的不同点在于劳动手段的主体性。在教育教学过程中，幼儿教师通过自身的知识、智慧、品德来影响幼儿，幼儿教师自身学识的高低、品德修养的好坏会直接对幼儿产生影响，幼儿教师首先得把教育内容融会贯通，把其中包含的知识、技能、世界观和思想感情转化为自己的东西，并在了解幼儿知识水平和心理状况的基础上进行加工，然后去教育幼儿，从而对幼儿产生影响。在幼儿教师的劳动中，无论是教育教学的过程，还是对儿童的影响，教师都具有很强的主体性。

幼儿天真烂漫、善于模仿且易受暗示，对幼儿教师有一种特殊的信任和依恋的情感，他们的学习往往是通过对幼儿教师的模仿来进行的，模仿是幼儿最重要的学习方式。因此，幼儿教师的劳动手段具有强烈的示范性，不管自觉还是不自觉，在幼儿的日常生活、游戏、学习活动中，幼儿教师的思维方式、言谈举止、行为习惯等都在潜移默化中对幼儿起着示范作用。

（三）劳动任务的复杂性和全面性

幼儿教师劳动的复杂性受多种因素的影响，包括幼儿的主体性，幼儿教师劳动任务的全面性、复杂性等。幼儿园的教育目标是对幼儿进行德智体美劳全方位的教育，并促进幼儿身心和谐发展。要想使每个幼儿都能健康活泼地成长，幼儿教师不仅要对每个幼儿进行语言、社会、科学、健康、艺术五大领域的教育，在促进其发展的过程中还要注意采用游戏化的方式。

幼儿的发展受到遗传、环境、教育与人的主观能动性等多种因素的影响，因此幼儿教师要协同多种因素，并在有限的时间内完成综合教育的任务。幼儿由于身体发育还不完善，对外界的适应能力和对疾病的抵抗力较差，容易感染疾病和受到损伤。这就要求幼儿教师在做好教育教学工作的同时，做好班级管理和卫生保健工作，让儿童身心能够得到全面、健康的发展。可见，幼儿教师的劳动任务具有复杂性和全面性。

（四）劳动过程的创造性和灵活性

幼儿教师的劳动对象是幼儿。幼儿处于成长变化较快的时期，他们来自不同的家庭，接受不同的家庭教育，有着不同的个性特点及需要，因此幼儿个体差异性比较大。幼儿教师在教育教学活动中需要创造性地选择不同的教育方法和内容，并整合各种教育资源，创设良好的环境，不断根据具体情况的变化灵活进行调整。在幼儿的一日生活、游戏和学习探究活动中，随时可能发生突发或偶发事件，因此幼儿教师要正确分析判断，创造性地发现教育契机，有效促进幼儿的发展。

在现代社会中，教育手段和教学理论的更新迭代很快。幼儿教师要善于运用现代化的教育手段和教学理论，寻求和探索新的教育内容及有效的教育方法，并根据不同的情况创造性地加以运用，以达到良好的教育效果。幼儿教师只有使自身的教育教学活动富有创造性，才能培养幼儿的创造性需要、创造性品格和创造性思维。

（五）劳动周期的长期性和间接性

幼儿教师从事的是人才的奠基工作，幼儿教师的影响可能贯穿幼儿的一生。“十年树木，百年树人。”幼儿是不断成长发展的个体，这种成长发展是渐进的、反复的。因此，幼儿教师在教育教学过程中，要注意幼儿的保育和教育是一个长期的过程。这就要求幼儿教师具有锲而不舍、坚韧不拔的精神，要进行反复的教育、训练和熏陶，不能急于求成。幼儿教师还要注意整合各种教育因素，与家长做好家园沟通，以免负面因素抵消了幼儿教师的教育效果。

幼儿教师的劳动不能直接创造物质财富，而是以幼儿为中介实现其劳动的价值。幼儿教师的劳动并没有直接贡献于物质产品的生产，其劳动的结晶是幼儿，综合体现在幼儿的品德、学识和才能的不断发展上，待幼儿将来走上社会，由他们来为社会创造财富。

思维碰撞　根据你对幼儿教师职业的了解，你认为应如何最大化地实现幼儿教师的职业价值？

三、幼儿教师的多重角色

微课：有人认为幼儿园教师的工作就是带幼儿玩游戏，你怎么看？

幼儿教师的角色是指其在学前教育过程中所扮演的社会身份，是学前教育对从事幼儿教育工作的人在行为上的总的期盼和要求，幼儿教师具有教育者、合作者和研究者三种基本角色。在幼儿教师的多种社会性角色中，引导幼儿健康成长的教育者这一角色是占第一位的。

（一）幼儿教师是幼儿学习的支持者、合作者和引导者

《纲要》指出："教师应成为幼儿学习活动的支持者、合作者、引导者。"

（1）幼儿教师是幼儿学习活动的支持者。这体现在两个方面：一方面，幼儿教师依据学前教育的目标，遵循幼儿身心发展特点及学前教育规律，制订科学的活动方案和计划，合理安排幼儿的一日生活、游戏和学习活动，组织班级常规保教和卫生工作，创设适宜的环境，从而促进幼儿全面、和谐发展；另一方面，在幼儿园一日活动中，幼儿随时都可能会产生问题、遇到困难，但由于幼儿的年龄特点和经验限制，他们往往不会解决问题与排除困难，这就需要幼儿教师的适时介入与支持。幼儿教师要通过观察、倾听、分析幼儿的活动，把握幼儿活动的方向，以游戏伙伴的身份进入幼儿的活动中，为幼儿提供支持与帮助，使幼儿的活动能顺利有效地进行。

（2）幼儿教师是幼儿学习活动的合作者。师生是平等的伙伴，师生之间的关系是对话关系，师生之间的交往主要以幼儿感兴趣的话题、项目为内容。可见，幼儿教师在教育教学中与幼儿之间是合作关系，幼儿教师是幼儿成长的合作者和促进者。幼儿教师不应以"居高临下的命令，灌输的方式"教育幼儿，而应以合作者的角色，

平等地参与幼儿的探索活动，与幼儿共同进行经验交流、情感共享。幼儿教师应以关怀、合作和开放的态度与幼儿相处，营造温暖、宽松、和谐的学习氛围。

（3）幼儿教师是幼儿学习活动的引导者。幼儿教师不仅要组织好幼儿园的一切活动，更应充分发挥引导者的角色。如果幼儿教师一味担当组织者和知识输出者的角色，就会扼杀幼儿的想象力和创造性，使幼儿失去认识世界的兴趣。因此幼儿教师在教育活动中应扮演好引导者角色，不能依照自己的意愿而强行组织幼儿参与活动。当幼儿在活动中遇到困惑，寻求不到答案或无法通过自己的探究而解决问题时，幼儿教师就应以引导者的角色出现，积极引导，使幼儿获得启发、得到发展。幼儿教师对待幼儿不独断专行，也不放任自流，应细心观察、分析幼儿的行为，既要尊重幼儿的主体性，顺应其自由探究的需求，又要不断整合幼儿教育经验及各种教育资源，创设适宜的环境氛围，运用科学有效的方法引导幼儿身心沿着正确、健康的方向发展，充分发挥幼儿教师的引导作用。

案例分析

好玩的影子游戏

在一个阳光灿烂的午后，孩子们饭后散步来到了操场上。浩浩站在宁宁身后，低着头，两脚不停地在地上踩踏着，边踩边“咯咯”地笑着说：“哈哈！宁宁，我踩到你了。看，我在踩你的头。”宁宁回过头，看了眼地上，立马反应过来了。她迅速地一闪，然后赶紧追到浩浩身后，也去踩他的影子。其他孩子纷纷模仿起来，相互追逐着玩踩影子的游戏。浩浩跑到了树荫下：“哈哈，影子不见啦！”浩浩大声喊。宁宁抬头看看，好像发现了什么似地说：“这里有大树，大树把阳光都挡住了，影子就不见了。”说完，她笑着往前跑了几步：“快看，影子又出现了！”孩子们不停地在阳光和树荫下面跑来跑去，看着自己影子的变化。雨辰没有参与游戏，她默默地站在一旁，在太阳下对着自己的影子，一会儿举起手，一会儿踢踢脚，一会儿又侧过身弯弯腰。

我在旁边静静地观察着，没有参与他们的游戏，也没有采用任何语言指导或暗示。

下午起床后，我组织了一场关于影子的讨论。我问：“中午散步，我看见你们在玩踩影子的游戏，为什么有的人跑到树底下去了？”浩浩和宁宁抢着说：“周老师，影子会跟着人跑，跑到树底下，影子就不见了。”“为什么跑到树底下影子就会不见？”我装作不解地问。“大树也会有影子呀，我们站在树荫下，就看不见自己的影子了。”宁宁赶忙说。浩浩站起来，补充道：“因为大树的影子把人的影子盖住了。”我继续问：“哦？那怎么会有影子呢？”孩子也七嘴八舌地说：“有太阳光的地方，就有影子”“灯光下也会有影子的”“影子是黑色的”。话题一打开，孩子们兴趣盎然。我故作神秘地问："影子都是黑色的吗？我要是穿着这身红衣服，站在太阳下，影子会是红色的吗？"大家捂着嘴大笑起来："不可能，影子都是黑色的呀。"我继续问："你们能看见影子的眼睛、嘴巴、鼻子吗？"孩子们露出思考的表情，雨辰不紧不慢地说："影子的眼睛、嘴巴、鼻子是看不见的，只有在镜子里才能看到。"我问："为什么看不到呀？"雨辰两只手上下比划着说："影子只能照到人的轮廓。"我说："真的吗？下次你们也去试试，仔细看看。"①

本案例中的幼儿教师所扮演的角色主要有哪些？

分析：在本案例中，幼儿通过自发的游戏发现了影子的有趣之处，幼儿教师没有打断他们，让他们自由玩耍，在游戏中探索。在游戏玩耍中幼儿教师尊重了幼儿的主体性，顺应了幼儿自由探究的需求。游戏结束后，幼儿教师组织幼儿讨论之前的踩影子的游戏，在讨论时，幼儿教师并不急于把影子相关的知识讲给幼儿，而是为幼儿创设适宜的讨论环境，通过集体谈话，引导幼儿分享在游戏中的发现。在本案例中，幼儿教师充分发挥了引导者的角色，积极引导幼儿探索发现影子的秘密，使幼儿在讨论交流中获得启发、得到发展。

（二）幼儿教师是幼儿园其他工作人员及家长的合作伙伴

幼儿教师的专业活动和专业成长离不开与其他教师、幼儿园管理人员、保育人员、后勤人员及家长的合作交流，他们只有成为良好的合作伙伴，才能一起做好幼儿的保教工作。

作为合作伙伴的幼儿教师，在工作过程中应尊重其他同事，善于发现和学习其他教师、职工的优点，掌握一些人际交往的方法，和其他同事建立良好的合作关系。作为家园共育的践行者，幼儿教师和幼儿家庭要多交流，主动向家长了解幼儿出生与成长情况和个性特征，在教育过程中，要让家长了解幼儿在园一日生活及具体表现，还可以利用"家长进课堂"等方式让家长参与教育的过程，另外应该向家长传递科学的教育理念和方法，提高其养育孩子的能力。陈鹤琴指出："幼稚教育是一种很复杂的事情，不是家庭一方面可以单独胜任的，也不是幼稚园一方面能单独胜任的，必定是两方面共同合作方能得到充分的功效。"家园合作是做好学前教育的一项重要内容，幼儿教师应做好家园合作的联系者。

思维碰撞　离园时，周老师对天天妈妈说："天天妈妈，今天进行游戏活动时，天天到处乱跑，不遵守游戏规则，还搞破坏，你要配合我们，回家多说说他。"面对这么多人，天天妈妈感到有些难堪，于是无所谓地说："没关系，反

① 周悦. 有趣的光影世界［J］. 东方娃娃·保育与教育，2020（1）：23-26.

正我们对他没有要求，随他去吧。”

在本例中，幼儿教师与家长的沟通有效吗？如果是你，你会怎么和家长沟通？

（三）幼儿教师是幼教事业的研究者

在幼儿园的保教工作中，幼儿教师常常要使用观察、记录、统计、归档、推理等方法对其保教实践进行分析和反思，以得出概括性的结论，提升专业水平，因此，幼儿教师也是一位研究者。当然，幼儿教师的研究更多地体现在对自身的保教实践活动进行科学、理性的反思方面，这是一种教研活动。从这个角度来讲，幼儿教师的研究工作主要包括三个层次：一是反思保教情境中各种技能与技术的有效性；二是针对保教实践中出现的问题，把学前教育理论应用于保教实践，以便做出决策；三是针对幼儿园教育活动中的师生关系、人际交往等，反省保教实践中的价值、伦理和道德问题。

幼儿教师不仅要具备专业知识和能力，能够有效组织并实施幼儿的保教活动，引导幼儿的发展，还要具备研究的意识和一定的研究能力。幼儿教师应关注最新研究成果及国外教育教学经验，观察、研究幼儿行为的发展特点，针对保教工作中的现实需要与问题，以一种变化发展的态度、研究者的视野，不断进行研究与创新。

任务 4-2　幼儿教师必备素质与能力探讨

问题引领　刘颖是一名学前教育专业的大一学生，当她在课程表上看到“学前儿童卫生与保健”的课时，有点惊讶：我们不是当老师吗，怎么还需要学卫生与保健呢？

你认同刘颖的想法吗？你认为幼儿教师需要具备哪些素质与能力？

幼儿教师必备素质是幼儿教师在保教活动中表现出来的，决定其保教效果、对幼儿身心发展有直接影响的所有品质的总和。2012 年 2 月，教育部正式印发了《幼儿园教师专业标准（试行）》（以下简称《专业标准》），在“师德为先、幼儿为本、能力为重、终身学习”的理念下，从专业理念与师德、专业知识、专业能力三个维度对合格幼儿教师的专业素质提出了基本要求，并从 14 个领域对三个维度的要求进行了界定。

微课：新教师职业角色转换困难，怎么办？

一、专业理念与师德

《专业标准》注重幼儿教师的职业理想与职业道德教育，强调增强幼儿教师育人的责任感与使命感。《专业标准》针对幼儿教师的专业理念与师德，主要从“职业理念与认识”“对幼儿的态度与行为”“幼儿保育和教育的态度与行为”“个人修养与行为”四个领域提出了20个基本要求。

（一）专业理念

教师的专业理念是指教师对职业的理解和认识。理念不同，行为表现就不同。幼儿教师的专业理念主要表现在如下几个方面：一是了解学前保教工作的重要意义，认同幼儿教师职业的角色定位和职责，具有职业理想和敬业精神，勤业、敬业、为人师表；二是认同学前教育专业的专业性和独特性，注重自身专业发展；三是正确认识幼儿的地位、权利，尊重幼儿的独立人格和个体差异，用发展的眼光看待幼儿，尊重幼儿的学习方式和爱好，乐于采用恰当的教育方式和教育手段，最大限度地挖掘他们的认知和发展潜力，提供和创造发展的空间；四是建立科学的教学观和儿童观。

（二）师德

幼儿教师的师德主要包括热爱幼儿和学前教育事业，团结同事、尊重家长，以及具备良好的身心素质和个人修养。

1. 热爱幼儿和学前教育事业

苏联教育家苏霍姆林斯基曾经说过：“一个好教师意味着什么？意味着他是这样的人，他热爱孩子，感到跟孩子交往是一种乐趣，相信每个孩子都能成为一个好人，善于跟他们交朋友，关心孩子的快乐和悲伤，了解孩子的心灵，时刻都不曾忘记自己也曾经是个孩子。”这就是说，热爱幼儿是幼儿教师最基本的职业道德，只有真心地爱幼儿，才会关心、理解、倾听幼儿的心声，才能成为一个受幼儿喜爱的好教师。

幼儿教师的职业道德以对幼儿和幼教事业的热爱为核心，这是幼儿教师需要具备的首要素质。《专业标准》中明确提到：要“关爱幼儿，尊重幼儿人格”，要“富有爱心、责任心、耐心和细心”“热爱学前教育事业，具有职业理想，践行社会主义核心价值体系，履行教师职业道德规范，依法执教”。只有热爱幼儿和幼教事业，把它作为自己的职业理想，幼儿教师才能获得足够的动力，真正促进幼儿的全面发展。热爱幼教事业，对幼儿充满爱心，对教育充满热情，这是幼儿教师必备的职业行为准则。

案例分析

一位叫洋洋的小朋友在幼儿园毕业几年后，随他的妈妈专门回来看我。这位家长说洋洋的自信心就是从一幅画中获得的。原来，在一次美术活动中，洋洋把他的画拿给我看。我看后对他说："你画得真好，老师小时候可画不出你这样的作品。"这句话留在了他心中，他的自信心就这样被点燃了。

（根据网络资料整理）

2. 团结同事、尊重家长

幼儿的全面发展仅靠幼儿教师一个人是无法实现的，还须和幼儿园其他教师与管理人员密切配合、共同协调。幼儿教师只有具有合作互勉的团队精神及集体观念，才能更好地工作，促进幼儿的全面发展。幼儿教师要做好工作，除注重同事之间的团结协作外，家园沟通也必不可少。幼儿教师应理解并尊重每个幼儿的家长，善于听取他们的意见，帮助他们了解学前教育的要求与内容。家长的信任与支持能够促成良好的家园合作，让幼儿教师的工作得以更好地展开，同时让幼儿得到更好的发展。

知识链接

家长工作秘诀

秘诀一：家长工作的最高目的是使幼儿更好地发展。幼儿教师要明确幼儿教师与家长不是对手，而是共同教育幼儿的合作伙伴，二者共同的行为目标就是使幼儿更好地发展。如果幼儿在某个方面出现了问题，那么不要首先责怪家长，更不能当着幼儿的面批评家长，幼儿教师要做的是尽快想办法解决问题。

秘诀二：通过家长影响幼儿更有时效性。幼儿教师与家长在沟通中谈及幼儿教育的问题，要使家长获得科学的育儿理念和方法。基于家长与幼儿之间的亲情关系，在很多时候，家长对幼儿成长的影响力要大于幼儿教师。对于这一点，幼儿教师一定要有清醒的认识，当自己的教育对某个幼儿无效的时候，不妨试试先用自然渗透的方式影响幼儿的家长，通过幼儿家长的思想态度影响幼儿。

秘诀三：在夸奖中谈及幼儿的问题。幼儿教师与家长交谈的时候，要先谈幼儿的优点和长处，并表示喜欢这个幼儿，很关心其成长，再明确指出幼儿成长中的问题，真诚地与家长共同商量对策。这就要求幼儿教师平时应有意识地观察幼儿的行为，做好观察记录，既能真实地讲出幼儿的优点和长处，也能准确地说出幼儿身上的缺点和不足，使家长深切感受到幼儿教师对幼儿的关注和热爱。

秘诀四：及时问候请假的幼儿。如果某个幼儿因事或因病没有来幼儿园，那么幼儿教师一定要记得打个电话问候一声。这一声问候是很有力量的，能让家长感动于幼儿教师认真细致的工作态度，提升家长对幼儿教师和幼儿园的信任度，这会为良好家园关系的建立打下基础。

秘诀五：宽容家长的简单粗暴。每个家长看到子女受了委屈，都会失去一些理智，会讲难听的话、做过分的事。作为幼儿教师，一定要宽容，再宽容，等大家心平气和了再讲道理。

（根据网络资料整理）

3. 具备良好的身心素质和个人修养

身体健康和心理健康是人们正常生活、工作、学习的基本条件。幼儿教师的身体和心理状态会直接影响幼儿的成长。幼儿教师应具有健康的身体和心理，培养乐观向上、热情开朗、勤于学习、不断进取的个性品质；做到举止文明、衣着得体、语言规范；在日常生活中做到严于律己，注重提升个人修养，有高尚的道德品质，以身作则，做好幼儿的表率。

二、专业知识

《专业标准》中规定幼儿教师的专业知识分为幼儿发展知识、幼儿保教知识、通识性知识三个领域，共 15 个基本要求。

（一）幼儿发展知识

《专业标准》对幼儿发展知识的基本要求如下。

（1）了解关于幼儿生存、发展和保护的有关法律法规及政策规定。

（2）掌握不同年龄幼儿身心发展特点与规律和促进幼儿全面发展的策略与方法。

（3）了解幼儿在发展水平、速度与优势领域等方面的个体差异，掌握对应的策略与方法。

（4）了解幼儿发展中容易出现的问题与适宜的对策。

（5）了解有特殊需要幼儿的身心发展特点及教育策略与方法。

“幼儿发展知识”指的是学前教育专业的教育理论知识，是幼儿教师开展保育和教育活动所必备的专业知识。幼儿发展与教育理论类的专业知识包括幼儿卫生与保健、幼儿发展心理学、学前教育理论等。幼儿教师对幼儿进行教育的重要依据是了解不同年龄段幼儿身心发展的特点和规律。通过学习这些知识，幼儿教师可以了解和掌握各年龄段幼儿身心发展的特点，掌握学前教育发展的规律和促进幼儿发展的教育策略与方法，并根据幼儿身心发展规律、学前教育发展的规律及原则，科学、适宜、有效地开展保教工作。

（二）幼儿保教知识

《专业标准》中对幼儿保教知识的基本要求如下。

（1）熟悉幼儿园教育的目标、任务、内容、要求和基本原则。

（2）掌握幼儿园各领域教育的学科特点与基本知识。

（3）掌握幼儿园环境创设、一日生活安排、游戏与教育活动、保育和班级管理的知识与方法。

（4）熟知幼儿园的安全应急预案，掌握意外事故和危险情况下幼儿安全防护与救助的基本方法。

（5）掌握观察、谈话、记录等了解幼儿的基本方法，以及教育心理学的基本原理和方法。

（6）了解 0~3 岁婴幼儿保教和幼小衔接的有关知识与基本方法。

幼儿教师的劳动具有全面性和综合性，幼儿园教育任务和内容也是全面和综合的。因此，幼儿教师需要掌握一些基本的保育知识，如幼儿生理，幼儿生活常规，幼儿卫生保健知识和常见病（包括常见传染病）的症状、预防、隔离及护理知识，保教结合的原则及教育方法，幼儿园安全知识，意外事故的预防知识及应急措施等。这些幼儿保育知识是幼儿教师所必须掌握的。

案例分析

幼儿园的传染病

李先生向媒体爆料：4 岁的儿子就读于 H 幼儿园中一班，10 月被传染了 1 次疱疹性咽峡炎，11 月 27 日又被传染了疱疹性咽峡炎。此后，中一班有 6 名幼儿被确诊疱疹性咽峡炎，有 4 名幼儿得了手足口病，其他班级先后有 47 名幼儿患有类似的传染病。据悉，自 10 月 8 日起 H 幼儿园就有幼儿得了疱疹性咽峡炎，但 11 月 28 日之前家长们都没有收到任何与传染病相关的提醒信息。期间幼儿园组织过多次全园性的集体活动。中一班暴发传染病的消息是家长们在群里看见不少孩子都在请假，互相问询后才知道的。于是，家长们纷纷找幼儿园讨说法①。

分析：在本案例中，H 幼儿园对传染病的危害认识不足，疱疹性咽峡炎和手足口病的传染性很强，很容易在局部暴发流行，是幼儿园应该重点防治的传染病。一旦发现传染病患者或者疑似传染病患者，幼儿园应及时通知家长、做好防控，并上报疾控部门。但 H 幼儿园既没有通知家长，也没有及时报告疫情，更没有第一时间控制疫情，还

---

① 梁坤. 传染病袭莫要慌，依法应对渡难关［J］. 东方娃娃 · 保育与教育，2020（2）：19–20.

多次组织全园性的集体活动，致使疫情扩散。因此，H幼儿园应该就此次传染病事件承担相应的法律责任。

（三）通识性知识

《专业标准》中对通识性知识的基本要求如下。

（1）具有一定的自然科学和人文社会科学知识。

（2）了解中国教育基本情况。

（3）具有相应的艺术欣赏与表现知识。

（4）具有一定的现代信息技术知识。

学前教育内容涉及非常广泛，因此幼儿教师应具备的文化基础知识范围也相当广泛，主要包括：人文、社会领域的知识，如文学、历史、哲学、经济、法律等方面的知识；自然科学领域的知识，如数学、物理、化学、天文、地理、生物等方面的知识；艺术欣赏与表现知识，如音乐、美术、戏剧、舞蹈、电影、摄影、建筑、雕塑等方面的知识；还有办公软件的使用、上网搜索、课件制作等现代信息技术知识。要使幼儿健康成长，并将他们培养成对社会有用的人才，幼儿教师必须掌握这些通识性知识，用深入浅出、幼儿可接受的表达方式将这些知识传授给他们。幼儿教师只有具备了一定的通识性知识，才能够有效地激发幼儿的求知欲和学习兴趣。作为教育从业者，幼儿教师应对自身所从事的教育行业的情况有一定的了解和把握，只有这样才能更好地理解并把握幼儿园课程，真正做好学前教育。

三、专业能力

《专业标准》中规定幼儿教师的专业能力分为环境的创设与利用、一日生活的组织与保育、游戏活动的支持与引导、教育活动的计划与实施、激励与评价、沟通与合作、反思与发展七个领域，共27个基本要求，综合起来就是职业技能素质与教育能力素质。

（一）环境的创设与利用

《专业标准》对环境的创设与利用的基本要求如下。

（1）建立良好的师幼关系，帮助幼儿建立良好的同伴关系，让幼儿感到温暖和愉悦。

（2）建立班级秩序与规则，营造良好的班级氛围，让幼儿感到安全、舒适。

（3）创设有助于促进幼儿成长、学习、游戏的教育环境。

（4）合理利用资源，为幼儿提供和制作适合的玩教具与学习材料，引发和支持幼儿的主动活动。

营造良好的学前教育环境是一种调动幼儿积极性和创造性的教育手段，包括物质环境和精神环境。幼儿是生活在环境中的人，他们会受到环境的影响，他们对一切事物都感到好奇、新鲜，并且幼儿对事物有着非常敏感的感受力。因此，学前教育环境的创设和利用极为重要。幼儿教师应为幼儿创设良好的物质环境和愉悦的精神环境。例如，通过建立良好的师幼关系、同伴关系、班级秩序与规则，营造温暖、愉悦、安全舒适的氛围；合理利用资源，创设适宜的教育环境，促进幼儿成长、学习、游戏。幼儿教师要有效地调控环境，利用环境激发幼儿的想象力和创造力，丰富幼儿的经验，提升幼儿的技能，促进幼儿全面发展。

（二）一日生活的组织与保育

《专业标准》中对一日生活的组织与保育的基本要求如下。

（1）合理安排和组织一日生活的各环节，将教育灵活地渗透到一日生活中。

（2）科学照料幼儿日常生活，指导和协助保育员做好班级常规保育及卫生工作。

（3）充分利用各种教育契机，对幼儿进行随机教育。

（4）有效保护幼儿，及时处理幼儿的常见事故，在危险情况下优先救护幼儿。

幼儿园的一日活动是丰富多彩的，既有生活活动，又有学习活动和游戏活动；既有集体活动，又有小组活动和个人活动；既有室内活动，又有室外活动……要使幼儿一天的生活有序进行，幼儿教师就必须具有组织管理各种活动的能力，否则就无法胜任本职工作。幼儿教师要善于依据幼儿保教目标和本班幼儿的身心特点，制订教学计划，妥善安排本班的保教活动，使幼儿在活动中得到全面发展。例如，幼儿教师在组织幼儿小组活动和个别活动时，要根据幼儿的兴趣爱好、知识经验、言语动作、思维想象等方面的差异，以及活动内容的变化，灵活地对幼儿进行分组，使幼儿的组合始终处于一种动态过程中，并从幼儿个性、年龄差异和活动特点的不同实际出发，指导幼儿的小组活动和个人活动。同时，因为幼儿年龄小，尚不能保护自己，所以幼儿教师要保障幼儿的安全。

（三）游戏活动的支持与引导

《专业标准》中对游戏活动的支持与引导的基本要求如下。

（1）提供符合幼儿兴趣需要、年龄特点和发展目标的游戏条件。

（2）充分利用与合理设计游戏活动空间，提供丰富、适宜的游戏材料，支持、引发和促进幼儿的游戏。

（3）鼓励幼儿自主选择游戏内容、伙伴和材料，支持幼儿主动地、创造性地开展游戏，充分体验游戏的快乐和满足。

（4）引导幼儿在游戏活动中获得身体、认知、语言和社会性等多方面的发展。

幼儿的活动都是通过游戏进行的，幼儿教师应具有支持和引导幼儿进行游戏活动的能力。幼儿教师应提供符合幼儿兴趣需要、年龄特点和发展目标的游戏条件，充分利用与合理设计游戏活动空间，提供丰富、适宜的游戏材料，并以游戏伙伴的身份进入儿童的活动，成为活动的支持者，鼓励幼儿自主选择游戏内容、伙伴和材料，支持幼儿主动地、创造性地开展游戏，充分体验游戏的快乐和满足，引导幼儿在游戏活动中获得身体、认知、语言和社会性等多方面的发展。

思维碰撞　小班幼儿午睡起床后，因为有的小朋友还没睡醒，有的小朋友不会自己穿衣服，所以大家总是等着幼儿教师来给自己穿衣服。幼儿教师也很苦恼，明明已经示范了很多遍，也鼓励大家自己穿，可是小朋友们好像对自己穿衣服这件事情并不感兴趣，也不愿尝试。采用什么办法能让穿衣服这件事情变得像玩游戏一样有趣？

（四）教育活动的计划与实施

《专业标准》中对教育活动的计划与实施的基本要求如下。

（1）制订阶段性的教育活动计划和具体活动方案。

（2）在教育活动中观察幼儿，根据幼儿的表现和需要，调整活动，给予适宜的指导。

（3）在教育活动的设计和实施中体现趣味性、综合性和生活化，灵活运用各种组织形式和适宜的教育方式。

（4）提供更多的操作探索、交流合作、表达表现的机会，支持和促进幼儿主动学习。

幼儿的学习活动是丰富幼儿认知、促进幼儿发展的最重要的形式，而促进全班幼儿全面发展是幼儿教师的中心工作。因此，幼儿教师应具备良好的设计和实施教学活动的能力。

（五）激励与评价

《专业标准》中对激励与评价的基本要求如下。

（1）关注幼儿日常表现，及时发现和赏识每个幼儿的点滴进步，注重激发和保护幼儿的积极性、自信心。

（2）有效运用观察、谈话、家园联系、作品分析等多种方法，客观地、全面地了解和评价幼儿。

（3）有效运用评价结果，指导下一步教育活动的开展。

教育评价是幼儿教师在工作中必不可少的内容。对于幼儿评价，幼儿教师应关注幼儿日常表现，及时发现和赏识每个幼儿的点滴进步并随时展开评价，评价可以是在活动之中及时进行的。例如，幼儿教师肯定集体教学活动中幼儿的大胆发言，表扬在体育游戏中坚持完成折返跑的幼儿，等等。评价可以是阶段性的，如在家园联系册上对幼儿某一阶段的表现展开评价。评价的最终目的是促进幼儿的发展，因此幼儿教师在评价时，要注意方式方法和措辞，尽量从正面展开，尽可能评价幼儿的具体而真实的某件事情、某个做法、某种表现。

（六）沟通与合作

《专业标准》中对沟通与合作的基本要求如下。

（1）使用符合幼儿年龄特点的语言进行保教工作。

（2）善于倾听，和蔼可亲，与幼儿进行有效沟通。

（3）与同事合作交流，分享经验和资源，共同发展。

（4）与家长进行有效沟通合作，共同促进幼儿发展。

（5）协助幼儿园与社区建立合作互助的良好关系。

沟通能力是幼儿教师必备的专业能力之一。幼儿教师的沟通对象包括幼儿、幼儿家长和同事等。幼儿教师与幼儿进行良好的沟通不但有助于了解幼儿，建立融洽的师幼关系，而且为鼓励幼儿发表自己的看法、促进其与幼儿教师交流、锻炼幼儿的语言和交往能力提供了机会。幼儿教师与幼儿的沟通不仅包括言语沟通，还包括非言语沟通，如身体语言，即目光、表情、姿势等。

此外，幼儿教师要具有与家长沟通的能力。家长是重要的教育资源，幼儿教师与家长的配合，有助于形成教育合力，有效开展幼儿教育。例如，在给幼儿介绍“生命是怎么来的”时，幼儿教师想到班里有一位家长是妇产科医生，于是邀请这位家长来班里开展了一次生动形象的“家长课堂”，给幼儿留下了深刻的印象。幼儿教师要具有与同事合作交流的能力，具有协助幼儿园与社区建立合作互助的良好关系的能力，各方分享经验和资源，共同促进幼儿发展。

（七）反思与发展

《专业标准》中对反思与发展的基本要求如下。

（1）主动收集分析相关信息，不断进行反思，改进保教工作。

（2）针对保教工作中的现实需要与问题，进行探索和研究。

（3）制订专业发展规划，不断提高自身专业素质。

《礼记》云：“学然后知不足，教然后知困。知不足，然后能自反也；知困，然后能自强也。故曰：教学相长也。”意思是只有通过学习才能知道自己的不足，只有担任教学工作才会真正感到困惑。知道不足，才能回头鞭策自己；感到困惑，才能不断努力钻研。因此，教与学是相互促进的。

反思能力是教师必备的能力，教师只有在教学的过程中，才会有更深切的感受，教师想教给学生的和学生最后获得的，往往并不是完全一样的。幼儿教师也是这样，想教给幼儿哪些知识、技能、习惯，并不一定如幼儿教师所愿。因此，幼儿教师需要主动收集、分析相关信息，针对保教工作中的现实需要与问题，进行探索和研究、反思与总结，从而不断提高专业素质，促进专业成长。

任务 4-3　幼儿教师专业成长路径探寻

问题引领　某幼儿园的田园长坚持每个月组织老师们进行教学研讨，有机会就鼓励老师们去进修学习，她说：只有老师不断学习进步，孩子们才能更幸福。

你赞同她观点吗？你知道有哪些方法能促进幼儿教师的专业成长呢？

一、幼儿教师专业发展阶段

微课：刚进园工作的小张老师想快速成为一名优秀教师，该怎么做？

幼儿教师的专业成长是指幼儿教师在保教工作中，参与各种学习活动及反省思考，在专业知识、能力及态度等方面达到《专业标准》要求的过程。

幼儿教师的专业成长是一个长期的、动态的发展过程，需要经历一系列的发展阶段。许多国内外学者对教师专业发展阶段进行了研究，我国学者叶澜提出了“自我专业发展意识”与“自我更新”取向教师专业发展理论。该理论把教师的专业发展划分为五个阶段，同样适用于幼儿教师。

（一）非关注阶段

非关注阶段是接受正式幼儿教师教育之前的阶段。处于这一阶段的人，只有从教的潜在可能，没有专业意识，也谈不上专业发展，但这一阶段的经验对今后真正从事幼儿教师工作的影响不可忽视。这一阶段可以从接受正式师范教育开始，一直追溯到其孩提时代。

（二）虚拟关注阶段

虚拟关注阶段是在校学习的阶段，也是职前培养阶段。这一阶段的人对教育教学的认识带有某种虚拟性，这些准幼儿教师们周围的一切环境和活动安排都是针对师范生的。通过见习、实习等活动，他们开始对自己原有的经验和专业认识进行反思，逐步建构自己的专业意识和专业素养。

（三）生存关注阶段

生存关注阶段又称求生阶段，一般指初入教师行业的1~2年。环境的变化、角色的转换，激起初任教师强烈的关于自我发展的忧患意识，迫使他们特别关注专业发展中的最低要求——具有组织专业活动的生存技能。这一阶段的幼儿教师迫切需要在教学技巧上获得指导，在精神上获得肯定与鼓励。

（四）任务关注阶段

在任务关注阶段，幼儿教师由关注生存技能，转为更多地关注教学，目光聚焦在更广范围的专业发展上，由关注“我能行吗”转为关注“我怎样更好”。大多数幼儿教师自觉地参加各种幼儿教师专业发展活动，努力形成自己的教学风格。

（五）自我更新关注阶段

自我更新关注阶段的幼儿教师能够自觉地进行自我规划，以谋求最大限度的自我发展。他们已不满足于关注教学技巧、教学方法等细节，而是对教育问题给予整体、全面的关注，重视对自身教育理念的梳理和澄清，在教育教学中追求卓越。

二、幼儿教师专业发展途径

幼儿教师专业发展途径主要包括职前教育和职后培训。

（一）职前教育

职前教育指的是作为学前教育专业的学生，在高等师范院校接受专业学习的过程。作为幼儿教师专业发展的重要途径，职前教育不仅是新教师走上工作岗位、适应工作要求的前期准备，还是幼儿教师个人夯实专业基础、积累经验的过程，对于幼儿教师专业理念的养成、专业知识理论的获得及专业能力的培养等具有重要意义。

当前，我国高等师范院校都设置了完善的人才培养方案，建构了科学合理的课程体系，同时整合课程内容，重视实践性课程，强化实践环节，安排参观、见习、实习等实践教学活动。因此，学前教育专业的学生在校学习期间，应认真学习每门课程，在见习与实习过程中，细心观察幼儿的行为及幼儿教师的教育教学行为，做好反思总结，逐步树立正确的儿童观、教育观和教师观，形成先进的学前教育理念。

（二）职后培训

学前教育专业的学生进入工作岗位、成为幼儿教师后，都会面临适应期和发展期两个阶段。适应期的幼儿教师主要面临的问题有角色的转化、间接经验到直接经验的转化、理论与现实的融合等。面对这些问题，很多幼儿园采取了许多相关手段予以帮助和干预，如开展集中培训、新老教师“师徒帮带”，使新幼儿教师尽快适应教育教学工作，缩短成长周期，加快专业成长的速度。发展期的幼儿教师已掌握了教育教学技术，适应了现实环境，但在未来的职业生涯中可能面临其他问题，如如何将实践保教经验上升为理论并转而指导实践。他们会重新评估幼儿教师职业，审视学前教育的价值。有些幼儿教师会因长期从事幼儿园教育教学工作而缺乏热情，甚至产生职业倦怠。这就需要对这一时期的幼儿教师进行职后培训，如课程进修、实践反思等。幼儿园应营造一种积极的学习氛围，促使幼儿教师不断学习与反思，不断优化自身的知识结构，形成自主专业发展的需要和意识，使幼儿教师的专业成长真正成为可能。

思维碰撞　作为一名幼儿教师，你觉得在适应期应如何尽快转化角色？进入发展期后，有时会出现职业倦怠，你将如何应对？

岗位应用

一、案例分析

中班建构游戏：土楼

中班建构游戏活动“土楼”观察分析

请扫码观看案例视频，分析视频中教师的角色定位。

二、调查发现

采访一线幼儿教师，了解他们在专业成长过程中所遇到的困境，并思考有哪些解决办法。

国考聚焦

一、真题分析

1. 幼儿教师要能接住幼儿抛来的“球”，并用恰当的方式把“球”抛回给幼儿，让活动能持续下去，这里所体现的幼儿教师角色是（　　）。（2019年上半年《保教知识与能力》）

A. 幼儿学习活动的指导者

B. 幼儿学习活动的管理者

C. 幼儿学习活动的设计者

D. 幼儿学习活动的合作者

2. 幼儿园教师应该是（　　）。（2018年下半年《保教知识与能力》）

A. 幼儿学习的引导者、决策者和管理者

B. 幼儿学习的支持者、合作者和引导者

C. 幼儿学习的引导者、传授者和控制者

D. 幼儿学习的管理者、决策者和传授者

3. 下列不属于幼儿教师工作职责的内容是（　　）。（2017年下半年《保教知识与能力》）

A. 观察了解幼儿，制订教育工作计划

B. 指导调配幼儿膳食，检查食品安全

C. 创设良好的教育环境，合理组织教育内容

D. 与家长保持经常联系，共同完成教育任务

4. 幼儿教师最重要的素质是（　　）。（2013年上半年《保教知识与能力》）

A. 知识丰富　　B. 会讲故事　　C. 热爱幼儿　　D. 会弹琴画画

5. 洗手时，东东突然叫了起来：“洗手液溅进我的眼睛里了！”这时幼儿教师首先应该做的是（　　）。（2021年下半年《保教知识与能力》）

A. 用流动水冲洗眼睛　　B. 用干净的纸或软布擦眼睛

C. 找保健医生　　D. 拉开眼皮吹一吹

6. 幼儿教师引导幼儿擤鼻涕的正确方法是（　　）。（2017年上半年《保教知识与能力》）

A. 把鼻涕吸进鼻腔

B. 先捂住一侧鼻孔，再轻擤另一侧

C. 同时捏住鼻翼两侧擤

D. 用手背擦鼻涕

7.《幼儿园教师专业标准（试行）》规定，幼儿教师专业标准的基本理念是（　　）。（2016年下半年《保教知识与能力》）

A. 师德为先，幼儿为本，能力为重，知识为主

B. 幼儿为本，能力为重，知识为主，终身学习

C. 幼儿为本，师德为先，能力为重，终身学习

D. 师德为先，幼儿为本，知识为主，终身学习

二、模拟训练

（一）选择题

1. 王老师在给小朋友们讲故事时，讲到“大象用鼻子把球卷起来”时，用手做出“卷”的动作；说到“大象把球扔到河里去了”，又用手做出“扔”的动作。小朋友们跟着做动作，脸上洋溢着笑容。这表明幼儿教师的劳动具有（　　）的特点。

A. 复杂性　　B. 示范性　　C. 长期性　　D. 创造性

2. 儿童具有好模仿的特点。这表明幼儿教师的劳动具有（　　）的特点。

A. 复杂性　　B. 示范性　　C. 长期性　　D. 创造性

3. 幼儿教师在做好教育教学工作的同时，也要做好管理和卫生保健工作，使幼儿的生理和心理得到和谐发展。这表明幼儿教师的劳动具有（　　）的特点。

A. 示范性　　B. 创造性　　C. 长期性　　D. 全面性

4. 人们常说“教学有法，但无定法”。这表明幼儿教师的劳动具有（　　）的特点。

A. 长期性　　B. 连续性　　C. 示范性　　D. 创造性

5. 幼儿教师在教学过程中，对各种突发情况能做出及时而智慧的反应，即具有教育机智。这表明幼儿教师的劳动具有（　　）的特点。

A. 复杂性　　B. 示范性　　C. 专业性　　D. 创造性

6. 在实践中，幼儿教师与幼儿交往时常常很难预测他们的问题，难以预料在交往互动中将会发生什么情况。这需要幼儿教师具备（　　）。

A. 反思和监控能力　B. 民主儿童观　　C. 完整教育观　　D. 教育机智

7.“动人以言者，其感不深；动人以行者，其应必速。”这句话表明幼儿教师的劳动具有（　　）的特点。

A. 长期性　　B. 复杂性　　C. 示范性　　D. 专业性

8. 在幼儿园的一日活动中，当幼儿遇到困难时，幼儿教师应适时介入，为幼儿提供帮助，使幼儿的活动顺利有效地进行。这表明幼儿教师（　　）。

A. 是幼儿学习的支持者　　B. 是幼儿学习的引导者

C. 是幼儿学习的指挥者　　D. 是幼儿活动的参与者和合作伙伴

9. 下列关于幼儿教师角色定位的说法，不正确的是（　　）。

A. 是幼儿学习的支持者　　B. 是幼儿学习的引导者

C. 是幼儿学习的指挥者　　D. 是幼儿活动的参与者和合作伙伴

10. 幼儿教师不仅要向幼儿传授科学文化知识，还要培养幼儿良好的思想品德，并促进其心理健康发展。这表明幼儿教师的劳动具有（　　）的特点。

A. 示范性　　B. 复杂性　　C. 主体性　　D. 创造性

（二）案例分析题

音乐响起，游戏结束了。许多小朋友随手把积木往地上一扔，打算离开，还有些小朋友直接推倒了自己的“作品”，积木撒落一地。陈老师见状，灵机一动，假装哭泣：“呜呜，呜呜，积木宝宝好伤心啊，没有人带它回家……”她一边将积木送到了对应的积木箱，一边说：“我们一起送积木宝宝回家吧！”小朋友们看到后，纷纷加入送积木宝宝回家的行动中。

文档：项目四 岗位应用国考聚焦参考答案

请评析本案例中幼儿教师的角色定位是否适宜，并说明原因。

项目五

5

幼儿园环境

【学习导航】

- 幼儿园环境
  - 幼儿园环境基本知识学习
    - 幼儿园环境的概念与分类
    - 幼儿园环境的特点
    - 幼儿园环境对幼儿发展的重要作用
    - 幼儿园环境创设的原则
  - 幼儿园物质环境创设
    - 幼儿园物质环境概述
    - 幼儿园物质环境创设内容
  - 幼儿园精神环境创设
    - 幼儿园精神环境概述
    - 幼儿园精神环境营造

【学习目标】

素质目标：

□ 树立大环境观；具有环境育人的意识。

认知目标：

□ 理解幼儿园环境的概念、特点及其对幼儿发展的重要作用；掌握幼儿园环境创设的原则。

能力目标：

□ 能结合幼儿园实际情况进行室内、户外物质环境和精神环境的创设。

情境导入

幼儿园绿地“变形记”

星星幼儿园的大型体育器械场地曾经长满厚实的绿草，这些草大部分属于易生长、好种养的品种。几年前，幼儿园觉得那些植物过于“土气”，于是幼儿园全体教师牺牲了休息时间对这些野草进行清理，迎来了场地沙土化和水泥化。后来，为追求园林化，幼儿园引进高级草坪，却只能看不能踩，常种常秃。之后，又换成人造地毯，弹性差、不安全，并且费用昂贵。最后，不得不还原成沙地。许多人开始时常怀念那些曾经覆盖在场地上的厚实的野草。

幼儿园环境创设应该遵循哪些要求？

学习任务

任务 5-1　幼儿园环境基本知识学习

问题引领　当你走进一所幼儿园，认真观察室外与室内环境后，就能对幼儿园环境有个大概的了解。幼儿园环境可以从哪些角度进行分类？幼儿园环境有何特点作用和要求？

一、幼儿园环境的概念与分类

（一）幼儿园环境的概念

《教育大辞典》中关于“环境”的解释是：① 直接和间接影响个体的形成与发展的全部外在因素，包括先天环境（胎内环境）和后天环境（自然环境、社会环境）；② 以人的主体为中心，围绕自我的事物，包括外部环境和内部环境，外部环境包括先天环境和后天环境，内部环境包括生理环境和精神环境[①]。

相对一般环境而言，幼儿园环境是一种特殊的教育环境。幼儿园环境的概念有广义和狭义之分。广义的幼儿园环境是指幼儿园教育赖以进行的一切条件的总和，它既包括幼儿园内部小环境，又包括幼儿园外的家庭、社会、自然、文化等大环境。狭义的幼儿园环境是指在幼儿园中，对幼儿身心发展产生影响的物质与精神要素的总和，包括物质环境和精神环境。本书所描述的幼儿园环境是狭义的。

（二）幼儿园环境的分类

幼儿园环境是一个复杂的体系，可以从多个维度进行分类[②]。

（1）从幼儿活动的形式来分类：幼儿园环境包括语言环境、运动环境、劳动环境、游戏环境等。

（2）从幼儿园保教结合、保教并重的特点来分类：幼儿园环境包括保育环境和教育环境。

（3）从幼儿的生活、安全、活动和交往的需求来分类：幼儿园环境包括生存环境、安全环境、活动环境和交往环境等。

（4）从幼儿园课程的结构及特征来分类：幼儿园环境包括物质空间环境、组织制度环境和文化精神环境等。

（5）从幼儿园一日活动的主要类型来分类：幼儿园环境包括生活活动环境、游戏活动环境和学习活动环境等。

（6）从环境中构成内容的性质差异来分类：幼儿园环境分为物质环境与精神环境两大类。

本书主要从环境中构成内容的性质差异对幼儿园环境进行分类，即分为物质环境和精神环境。幼儿园的物质环境是幼儿园内对幼儿发展有影响作用的各种物质要素的总和，包括幼儿园内的各种场所、设施，如沙池、绿地、游戏设施、教学设施及园舍建筑等。幼儿园的精神环境是幼儿园内对幼儿发展产生影响的一切精神因素的总和，主要包括教师的教育观念和行为、幼儿园人际关系、幼儿园文化氛围等。

---

① 顾明远. 教育大辞典（增订合编本）［M］. 上海：上海教育出版社，1998：604.

② 袁爱玲. 幼儿园教育环境创设［M］. 北京：高等教育出版社，2010：5.

二、幼儿园环境的特点

思维碰撞　仔细观察幼儿园环境之后，你认为幼儿园环境与其他校园环境相比有什么特别之处？如何把握它的特点？

幼儿园作为专门的学前教育机构，有如下特点。

（一）安全性

安全性是幼儿园环境的首要特点。因为幼儿年龄小，生活能力及对环境的适应能力较差，自我保护能力不够，所以安全是幼儿园环境的重要因素。幼儿园环境的安全包括物质环境安全和精神环境安全。

物质环境安全主要包括：① 应保证室外有足够的活动空间，室内采光和通风良好；② 活动室的布置、材料的投放、各类器材的挑选、设备的安放等都应该注意安全性。例如，电线、开关、插座、消毒液等应放置在幼儿伸手不可及的地方；应避免幼儿接触的剪刀、钳子、小刀过于锋利等。另外，体育器材、游乐设施等要定期检查维修。

幼儿园的精神环境也要体现安全性。和谐的精神环境会让幼儿感到轻松愉悦。例如，亲密和谐的师幼关系，会为幼儿创造宽松、平等、自由的氛围；友好的同伴关系，会带给幼儿温暖、信任和安全感。

（二）教育性

幼儿园作为专门的学前教育机构，其环境是在教育目标的指引下，针对幼儿的特点，有目的、有计划地创设的。幼儿园环境不仅要起到美化作用，更是教育者实现教育意图的重要中介，教育者把教育思想、教育意图隐含在环境中，让环境“说话”，从而触发幼儿应有的行为。为了保证环境的教育性，在创设环境时必须让环境的每个部分都有利于幼儿德智体美劳全面发展。同时，在创设环境时应目标明确，应以教育目标为依据来创设环境。对于一切干扰环境的教育性的因素要坚决抵制，如环境的商业化色彩、不良文化的侵入等。蒙台梭利曾说“在教育上，环境所扮演的角色相当重要，因为孩子从环境中吸取所有的东西，并将其融入自己的生命中”，这是环境的教育性的最好写照。

例如，幼儿园开展“十月一日国庆节”主题活动，在创设主题墙时可以插入国旗、国徽的图案，描绘全国地图，画上长城、黄河、长江等的壮丽景象，让幼儿了解祖国的象征和美丽河山，激发幼儿的爱国情感。幼儿园的建筑外观设计也可以体现环境的教育性，如建筑造型、墙绘、标语，幼儿每天看到这些造型美观的楼房、充满童趣的墙绘、彰显办园理念的标语，其身心就会潜移默化地受到影响。

（三）童趣性

微课：幼儿园环境如何才能最快吸引幼儿的眼球?

幼儿园是幼儿生活和学习的场所。幼儿天真无邪、纯洁好奇的特性决定了幼儿园的环境应具有童趣性的特点。幼儿园环境的童趣性包含两层含义。一层含义指幼儿园的环境应具有趣味性，包括设计形式和内容。幼儿园的环境应结合幼儿的年龄特征，根据幼儿身心发展的特点、幼儿的兴趣和爱好，采用多种形式、多种材料布置环境，以丰富多彩的内容、活泼可爱的形象、变化多样的形式、鲜艳亮丽的色彩，增强趣味性，激发幼儿融入其中的兴趣和积极性。另一层含义指幼儿园的环境应是幼儿自己的环境，是幼儿的趣味性而非成人的趣味性。因此，在进行环境创设时要引导幼儿积极参与，体现幼儿主人翁的角色，将幼儿喜爱的元素和事物真正融入环境中。

（四）可控性

幼儿园环境是由幼儿园管理人员、幼儿教师和幼儿共同创设的，具有一定的可控性。一方面，幼儿园的园舍建筑、室内空间、区角布置、室外场地、游戏设施和各种教具玩具等物质环境都是幼儿园管理人员和幼儿教师精心设计与选择的；另一方面，幼儿园的文化氛围、人际关系等精神环境都是由幼儿教师和幼儿共同营造的。幼儿教师要根据教育教学的要求和幼儿的特点，有效地调控环境中的各种要素，维护环境的动态平衡，使之保持在最适合幼儿发展的状态。例如，幼儿园的环境可以随着季节、节日、活动主题的变化而变化，使幼儿对环境保持新鲜感，使环境保持吸引力，使幼儿与环境之间产生积极互动，从环境中获得新知识、新经验、新发展。

三、幼儿园环境对幼儿发展的重要作用

思维碰撞　环境影响人的发展，这是古今中外的一个教育命题。环境是有生命的、灵动的，它会改变幼儿的心情与感受，影响幼儿的行为方式和思维方式。请结合实例，思考幼儿园环境对幼儿发展有哪些方面的影响。

我国古代的教育思想中有关于环境与人的关系的论述。孔子认为“性相近也，习相远也”，意为人的先天禀性是很接近的，但后天的生活环境、学习环境等的影响导致习性差异很大。墨子认为“染于苍则苍，染于黄则黄……故染不可不慎也”，以染丝为喻，强调环境会对人们的思想、品行等产生重要的浸染作用，因此要慎重选择和创造良好的环境，使自己受到良好的熏染。荀子认为“蓬生麻中，不扶而直；

白沙在涅，与之俱黑”，意为好的环境能够造就人，污秽环境使人变坏，这明确告诫我们要重视环境对人的塑造作用。

西方的教育思想中也有关于环境对人的发展产生影响的重要主张。洛克认为“环境对幼儿的成长与发展有深刻的影响。尤其是幼儿习惯的养成，常受后天环境的主宰”。因此，他主张不可不注重幼儿的发展环境。卢梭认为“人格是内存的、必然的、独立的，幼儿有一种潜在的发展可能性”，因而他强调教育应为幼儿创造良好的环境，使这种可能性得以实现。福禄贝尔认为“教育场所是一块自由的园地”，要为幼儿提供一个自由的环境。蒙台梭利认为“我们教育体系最根本的特征是对环境的强调”，要“为幼儿提供一个有准备的环境”“营造美的环境与温馨的氛围”。杜威主张“在学校中应该为学生准备相应的环境”。

中外教育家、思想家的这些观点和主张深刻揭示了环境对幼儿发展的重要性。我们要充分发挥环境中的有利因素，克服消极因素，为幼儿创造一个良好的环境，以更好地促进幼儿的身心健康发展①。

（一）可以制约幼儿的行为

在幼儿园里，幼儿教师按照教育教学设计和规则要求幼儿参加各种集体活动，形成一种特定的学习氛围，即使有的幼儿不习惯集体活动，也会受到活动环境气氛的感染，约束幼儿的行为，使其自控能力和自制能力得到发展。

（二）能够激发幼儿的创造潜能

瑞吉欧教育的创始人马拉古奇认为“环境是幼儿的第三位老师”。幼儿的成长离不开环境，环境常常能激发幼儿的好奇心和求知欲，促使他们在直接操作和积极探索过程中与环境互动。幼儿教育家蒙台梭利研究发现，适应环境是幼儿一切智能成长的原因。因此，幼儿园环境在激发幼儿的创造潜能方面有重要的作用。

（三）能够促进幼儿身心全面发展

幼儿园的空间布置、教学游戏设施、活动材料等为幼儿提供了有规律和有秩序的物质环境，有利于引发、支持幼儿的游戏和各种探索活动，有利于引发、支持幼儿和周围环境之间积极的相互作用，从而促进幼儿身心、智力和社会情感的发展。同时，师幼之间、同伴之间的积极互动，营造了和谐的人际关系，使幼儿感到宽松、自由、被尊重、被接纳，从而有利于幼儿的身心和谐发展。

---

① 袁爱玲. 幼儿园教育环境创设［M］. 北京：高等教育出版社，2010：7–8.

（四）可以调节幼儿的负面情绪和心理状态

幼儿是不断成长和发展的个体，在成长过程中会遇到各种客观和主观的矛盾。这些矛盾除通过自身和幼儿教师的努力与协调获得解决外，幼儿园的各类物质环境和精神环境因素的参与也能起到调节的作用。例如，有些幼儿偶尔会表现出一些反常行为，这有可能是他们对心情压抑的发泄，这可以让他们的负面情绪在游戏活动的环境中得到缓解。同时，幼儿教师和同伴的关心也可以使幼儿心理状态得到改善。

四、幼儿园环境创设的原则

思维碰撞 有的幼儿园活动室空间狭窄，玩具杂乱且陈旧，幼儿时常发生碰撞；有的幼儿园区角材料一学期没有更换过一次，幼儿毫无兴趣；有的幼儿园像“花园”，而不是“乐园”，幼儿感受不到快乐……针对这些情形，我们应该如何创设受幼儿喜爱且有利于其成长的幼儿园环境?

幼儿园环境创设的原则是创设幼儿园环境时应遵循的基本要求。在环境创设过程中，只有认真贯彻这些原则，才能更好地发挥环境的教育价值。幼儿园环境创设的原则如下。

（一）目标导向性原则

目标导向性原则指环境的创设要体现其教育性目标，即创设的环境要能够满足幼儿全面发展的需要，环境创设的目标应与幼儿园教育目标保持一致。幼儿园环境是幼儿园教育的一部分，在创设幼儿园环境时，要考虑它的教育性，应使每处环境创设的目标与幼儿园总体教育目标和主题活动目标相一致。有的幼儿园虽然也重视环境创设，但在很大程度上只是追求美观，为的是布置环境，或者只是盲目地提供材料，对环境的教育性考虑很少。要体现环境为教育目标服务的宗旨，应该从以下两个方面考虑。

1. 幼儿园环境创设要有利于教育目标的实现

幼儿园教育目标是促进幼儿的全面发展，因而在创设环境时应全面兼顾对幼儿德智体美劳五个方面的教育。幼儿教师不仅要注重幼儿认知活动环境的创设，还要重视幼儿健康、社会、审美教育等环境的创设。

2. 要依据幼儿园教育目标对环境创设做系统规划

环境创设应根据教育目标的变化而做出相应的改变。幼儿教师创设环境时，应把教育目标落实到月计划、周计划及其每个具体的活动中。例如，9 月开学时，正值秋季，幼儿园可以设计一个以秋天为主题的活动，目的是使幼儿认识秋天，了解秋天，积累有关秋天的生活经验，那么这一主题活动的环境创设就应表现秋天的多彩景物、丰收景象、天气特点、节日意义等鲜明特色。

（二）发展适宜性原则

发展适宜性原则指幼儿园环境创设要符合幼儿的年龄特点及身心健康发展的需要，主要体现在以下两个方面。

1. 幼儿园环境创设应与幼儿身心发展需要相适宜

幼儿天性好奇，有强烈的探索欲望，因此幼儿教师应为幼儿创设问题情境，使幼儿能发现问题、解决问题，提高其思维水平和动手能力；幼儿喜欢动手操作，幼儿教师应提供各种材料，任幼儿自由搭建、制作；幼儿喜欢游戏，因此幼儿教师应组织各类游戏活动；幼儿知识经验少，需要学习感性知识，如需要感知雨，幼儿教师就应给幼儿准备雨伞、雨衣、雨靴，这样下雨时幼儿可以在雨中散步；如果幼儿需要感知春天，幼儿教师就应组织观察活动，让幼儿观察春天的动物、植物，人们在春天的生活生产方式；如果幼儿需要阅读，幼儿教师就应提供各种各样的故事书、绘本画册，以开阔幼儿眼界，培养幼儿阅读的兴趣。

2. 幼儿园环境创设应与不同年龄阶段的幼儿身心发展特征相适宜

不同年龄阶段的幼儿表现出不同的身心发展特征，即使是同一年龄阶段的幼儿，在兴趣、能力、学习方式等方面也存在很大差异，因此幼儿园环境创设应适应幼儿的这种差异。例如，小班幼儿喜欢玩平行游戏（即幼儿各玩各的，彼此玩的游戏相同），就应该提供较多的同品种的玩具；中大班幼儿象征性游戏水平较高，提供的玩具材料可以是一物多用的；幼儿的小肌肉动作发展较差，可提供一些串珠、拼插、剪贴的材料，让幼儿进行练习；有的幼儿大肌肉动作发展差，幼儿教师可以提供脚踏车、攀登架等，让幼儿进行练习。幼儿身心发展特征会随着其年龄增长而发展变化，因此幼儿园环境创设不是一次就可以完成的，它是一个不断变化的发展过程。

（三）安全性原则

安全性原则主要指幼儿园的园舍建筑、设施设备、活动场所、玩教具等物质条件必须符合国家颁布的相关卫生标准和安全标准，对幼儿的身体或精神没有危险和安全隐患。例如，幼儿园的整体建筑不能超过三层，以平房最佳。建筑物必须坚固、安全，建材必须经久耐用，以具备防风、防震、防水、防火的功能。其中楼高、楼梯台阶高度、护栏等都应符合国家相关标准，并应经常检修维护。幼儿园的设施设备的设计应符合幼儿的年龄特点，楼梯扶手应设靠墙一边的幼儿扶手；幼儿桌椅、柜子的角应为弧形；卫生间应设计为幼儿专用的；活动室的电器设备应放置在幼儿够不着的地方；玩具教具应安全、卫生，严禁使用有毒、有害的材料（其指标应符合国家相关标准）。另外，室外活动场所的安全也很重要。游戏器材要安全耐用，要定期检修维护，如滑梯、秋千、索道等；室外地面要平整无障碍物，防止幼儿跌倒或摔伤。

知识链接

幼儿园的安全要求（节选）

第十二条　幼儿园应当严格执行国家和地方幼儿园安全管理的相关规定，建立健全门卫、房屋、设备、消防、交通、食品、药物、幼儿接送交接、活动组织和幼儿就寝值守等安全防护和检查制度，建立安全责任制和应急预案。

第十三条　幼儿园的园舍应当符合国家和地方的建设标准，以及相关安全、卫生等方面的规范，定期检查维护，保障安全。幼儿园不得设置在污染区和危险区，不得使用危房。幼儿园的设备设施、装修装饰材料、用品用具和玩教具材料等，应当符合国家相关的安全质量标准和环保要求。入园幼儿应当由监护人或者其委托的成年人接送。

第十四条　幼儿园应当严格执行国家有关食品药品安全的法律法规，保障饮食饮水卫生安全。

——节选自《幼儿园工作规程》第三章

（四）幼儿主体性原则

幼儿主体性原则是指幼儿园环境创设要体现幼儿在环境中的设计、支配和管理的主体地位。幼儿是幼儿园环境的主人，不仅应参与环境的布置，还应参与环境的设计，对环境有着绝对的支配权和管理权。教育者要有让幼儿参与幼儿园环境创设的意识，认识到幼儿园环境的教育性不但蕴含于环境之中，而且蕴含于环境创设的过程中。传统的幼儿园环境创设由幼儿教师起主导作用，幼儿只是配合幼儿教师去做，即使有幼儿参与，也仅限于将幼儿的作品拿来作为环境的点缀，并没有体现幼儿的主体地位。因而创设出来的环境只是体现了幼儿教师的喜好和意愿，并没有反映幼儿的兴趣和需求，对幼儿也就没有吸引力。

因此在幼儿园环境创设过程中，一定要重视幼儿的主体地位，遵循幼儿主体性原则，在环境的设计、使用、评价、管理等方面突出幼儿的主体性，给予幼儿选择和表现的机会。例如，设计彩绘墙饰，由于幼儿都喜欢涂鸦，可以专门为幼儿预留一面墙让他们随意涂画，也可以让幼儿集体完成一幅大型壁画，画出他们心中的世界或美好的事物，让幼儿收获作为主人翁的成就感。

（五）开放性原则

开放性原则指创设幼儿园环境时，不仅要考虑幼儿园内环境要素，还要重视园外环境要素，要做到园内环境和园外环境有机结合，协同一致地对幼儿施加影响。利用开放的教育环境对幼儿进行教育，是教育者应该树立的环境教育观。例如，幼儿园要求幼儿学习基本的生活自理技能，如自己穿脱衣服和鞋袜等，本来幼儿在园是可以做到的，但是回到家时家长认为孩子穿得慢，耽误时间，于是直接帮幼儿穿上，这说明家长没有意识到家庭教育环境是幼儿园环境的延伸，两者应保持一致。因此，幼儿园应采取积极的态度，主动与外界结合，让家庭、社区成员进一步了解幼儿和幼儿园，使幼儿园教育获得家庭、社区的支持和配合，从而有针对性地对幼儿进行教育。同时，促使家长和社区成员从幼儿教师那里学到教育知识及技能，改善自身的教育观念和行为。

幼儿园与家庭、社区在环境共创方面的合作主要体现在两个方面：一是选择、利用外界环境中有价值的因素教育幼儿；二是控制与削弱消极因素对幼儿的影响。例如，请交警来幼儿园模拟操作，给幼儿介绍交通安全知识；请家庭教育做得好的家长制作反映幼儿一天生活情景的录像，播放给幼儿观看；带幼儿到社区参观，参加社区的文化活动等。

（六）经济性原则

经济性原则指创设幼儿园环境时应考虑幼儿园自身经济条件，勤俭节约，因地制宜。要坚持“低费用、高效益”的经济性原则，充分利用周围资源，就地取材。在保证安全、卫生的前提下，废物利用、一物多用，不浪费资源，不盲目攀比，不追求高档豪华。例如，图书架主要用来放置图书，我们可以取几根木条，做成可以放书的许多小格，钉在墙上，幼儿易拿易放，又不占地方，墙边再放几把小椅子，幼儿看书也方便。又如，废旧纸盒、挂历纸、一次性纸杯、易拉罐等都可以用来制作手工作品装饰环境。此外，乡村幼儿园可以用现成的树枝、麦秸秆、稻草、竹子等装饰环境，既经济又实用。

（七）变化性原则

陈鹤琴曾说“儿童的兴趣是由于环境的刺激而产生的”。在幼儿园环境创设方面，要求有“变”，要有季节性、时间性，要根据自然现象和社会情况创设不同的环境，使幼儿园的环境与自然、社会相配合，使之更贴近幼儿的生活经验，并以经常变化的新奇环境刺激幼儿。同时幼儿园环境的设计还应根据活动主题的不同而变化。例如，布置“我们的城市”主题墙饰时，应展现城市中的事物和景象，如高楼大厦、汽车、高铁、地铁、川流不息的人和车、闪烁的霓虹灯等；而布置“美丽的春天”主题墙时，则应展现蓝天、碧草、红花、绿树，还有飞舞的蝴蝶、欢快的小鸟等。

（八）艺术性原则

艺术性原则指幼儿园的环境应是清洁整齐、自然美观的，在色彩和形式上富有美感，能激发幼儿美的情趣，在潜移默化中陶冶情操。良好的幼儿园环境应该具有很强的艺术性。首先是视觉上的形式美，如整齐、对称、匀称。其次是色彩美，如颜色明亮鲜艳、纯净自然。最后是环境的造型特点，如圆浑、夸张、简洁。

案例分析

“高大上”的环境创设

有的幼儿园在创设物质环境过程中，购买大量价格高昂的成品玩具，追求高档，幼儿教师花费大量心血布置了五彩缤纷的墙饰，甚至还买来一些名画进行装饰，环境的布置非常明显地体现了幼儿园中幼儿教师的特长和喜好。面对这些“高大上”的环境创设材料，幼儿教师时刻提醒幼儿注意爱护，甚至很多时候不让幼儿使用这些材料，只有当有人来参观时，才拿出来让幼儿操作。这种“高大上”的环境一旦布置好之后，整个学期甚至整个学年基本不会变动。此外，有的幼儿园小班、中班、大班环境布置得非常雷同，当人置身其中时，如果不看班级标识牌，就根本无法判断是小班、中班，还是大班。

问题：结合幼儿园环境创设的原则方面的知识，分析本案例中的现象主要违背了哪些原则，并说明理由。

分析：本案例中描述的情况，违背了经济性原则、幼儿主体性原则和发展适宜性原则。

（1）经济性原则指创设幼儿园环境应考虑不同的地区、园所的实际情况，做到因地制宜、勤俭办园。贯彻经济性原则具体要做到少花钱多办事。案例中，“幼儿园在创设物质环境过程中，购买大量高昂的成品玩具，追求高档，幼儿教师花费大量心血布置了五彩缤纷的墙饰，甚至还买了一些名画进行装饰……”这违背了经济性原则。

（2）幼儿主体性原则指幼儿园环境的创设过程是幼儿与教师共同合作、共同参与的过程。幼儿园环境的创设过程应该是一个积极的教育过程。幼儿园环境创设本身的教育意义主要体现在：培养幼儿的主体精神，发展幼儿的主体意识，培养幼儿的责任感。幼儿参与幼儿园环境的创设，能切实体验到自己做的事对集体的影响，从而培养幼儿的合作精神。案例中，“面对这些‘高大上’的环境创设材料，幼儿教师时刻提醒幼儿注意爱护，甚至很多时候不让幼儿使用这些材料，只有当有人来参观时，才拿出来让幼儿操作。”这违背了幼儿主体性原则。

（3）发展适宜性原则指幼儿园环境创设要符合幼儿的年龄特征及身心健康发展的需要，促进每个幼儿全面、和谐地发展。从一般年龄特征来看，小班、中班、大班幼儿在身心发展特点上的差异性是非常明显的，其身心发展所需要的环境也不尽相同。因此，幼儿教师要根据幼儿不同的年龄特征为其提供适宜的发展环境。案例中，“这种‘高大上’的环境一旦布置好之后，整个学期甚至整个学年基本不会变动。此外，有的幼儿园小班、中班、大班环境布置得非常雷同，当人置身其中时，如果不看班级标识牌，就根本无法判断是小班、中班，还是大班。”这违背了发展适宜性原则。

知识链接

幼儿园环境创设的总体要求

环境是重要的教育资源，应通过环境的创设和利用，有效地促进幼儿的发展。

（1）幼儿园的空间、设施、活动材料和常规要求等应有利于引发、支持幼儿的游戏活动和各种探索活动，有利于引发、支持幼儿与周围环境之间积极的相互作用。

（2）幼儿同伴群体及幼儿园教师集体是宝贵的教育资源，应充分发挥这一资源的作用。

（3）教师的态度和管理方式应有助于形成安全、温馨的心理环境；言行举止应成为幼儿学习的良好榜样。

（4）家庭是幼儿园重要的合作伙伴。幼儿园应本着尊重、平等、合作的原则，争取家长的理解、支持和主动参与，并积极支持、帮助家长提高教育能力。

（5）充分利用自然环境和社区的教育资源，扩展幼儿生活和学习的空间。幼儿园同时应为社区的早期教育提供服务。

——节选自《幼儿园教育指导纲要（试行）》第三部分第八条

任务 5-2　幼儿园物质环境创设

问题引领　幼儿园有很多可视的物体，如建筑物、游乐设施、各类活动室等，它们共同构成幼儿园的物质环境。请具体说出几种幼儿园的物质环境要素，并思考幼儿园物质环境创设有哪些基本要求。

一、幼儿园物质环境概述

（一）幼儿园物质环境的概念

广义的幼儿园物质环境是指对幼儿园教育产生影响的一切自然环境与人工环境中物质要素的总和，它包括自然风光、各类建筑、社区绿化、家庭物质条件、居室空间安排、室内装潢设计等。狭义的幼儿园物质环境是指幼儿园内对幼儿发展有影响作用的各种物质要素的总和，它包括园舍建筑、园内装饰、场所布置、设施设备条件、教学器材、玩具与学具、图书音像资料、空间的设计与利用及各种材料的选择与搭配等。

（二）幼儿园物质环境的作用

幼儿园物质环境对幼儿的认知和身心发展等具有重要作用。幼儿的认知是在与周围物质环境相互作用的过程中不断发展的。只有接触物质环境，幼儿才可能感知、观察和动手操作物体，才可能认识物体的特征，掌握各种使用方法，探究动作与物体变化之间的关系，并尝试解决问题。因此，幼儿园物质环境对锻炼幼儿的感知力、观察力和注意力，激发幼儿的好奇心和探究兴趣，丰富幼儿的想象力，培养幼儿的动手能力、动脑能力和创造意识，都具有重要作用。

（三）幼儿园物质环境的基本要求

幼儿园物质环境是幼儿园教育赖以进行的基础，因地制宜、经济实用、安全舒适、和谐美观是幼儿园物质环境创设的基本标准。《规程》中对幼儿园物质环境创设的相关要求做了明确规定。

值得注意的是，在幼儿园物质设施设备创设方面，好的材料和玩教具，除安全、卫生、美观、耐用外，还应具有多功能性和多变化性，幼儿可以用多种方法进行创造性的玩耍。有些昂贵的玩教具，玩法固定，又容易损坏，并且没有太大的利用价值，这样的玩教具就不应购买。另外，在实际应用中，可以充分利用一些自然材料和废旧物质来布置及装饰环境，这是符合幼儿特点的，并且能够满足活动需要。

知识链接

幼儿园物质环境创设的相关要求

第六章　幼儿园的园舍、设备

第三十四条　幼儿园应当按照国家的相关规定设活动室、寝室、卫生间、保健室、综合活动室、厨房和办公用房等，并达到相应的建设标准。有条件的幼儿园应当优先扩大幼儿游戏和活动空间。

寄宿制幼儿园应当增设隔离室、浴室和教职工值班室等。

第三十五条 幼儿园应当有与其规模相适应的户外活动场地，配备必要的游戏和体育活动设施，创造条件开辟沙地、水池、种植园地等，并根据幼儿活动的需要绿化、美化园地。

第三十六条 幼儿园应当配备适合幼儿特点的桌椅、玩具架、盥洗卫生用具，以及必要的玩教具、图书和乐器等。

玩教具应当具有教育意义并符合安全、卫生要求。幼儿园应当因地制宜，就地取材，自制玩教具。

第三十七条 幼儿园的建筑规划面积、建筑设计和功能要求，以及设施设备、玩教具配备，按照国家和地方的相关规定执行。

——节选自2016版《幼儿园工作规程》

二、幼儿园物质环境创设内容

思维碰撞 9月1日幼儿园的小朋友就要入园了，园长提前一周带领幼儿教师布置幼儿园的室外环境和各活动室环境。假设你是该园的幼儿教师，你应该怎样规划室外空间？怎样设置活动区域？如何投放各类区角材料？

幼儿园物质环境主要是指幼儿园内影响幼儿身心发展的物质形态的教育条件，其创设内容主要包括幼儿园空间环境的总体规划、室内空间布置、墙饰布置、室外环境设计、区角环境创设等。

（一）幼儿园空间环境的总体规划

广义的幼儿园空间环境是由若干自然因素和人工因素有机构成的，是幼儿教师与幼儿紧密联系、相互作用的物质空间。其中自然因素包括阳光、空气、地形、山石、水体和花草树木等；人工因素包括建筑物、空间分割、内部空间大小、形状、装饰等人为内容。狭义的幼儿园空间环境主要由幼儿园的园门、围墙、户外环境、教学区、活动区、生活区等部分构成。建筑物的设计、功能区的分割组合和利用、艺术饰品的布置等，都需要总体规划，这主要是建筑设计和装饰人员要考虑的，本项目不具体讲这一内容。总之，幼儿园空间环境的创设要反映不同国家、不同地区的建筑特点、文化传统、风俗风貌、教育理念、思想习惯、生活方式及幼儿园教育教学的要求。

幼儿园的整体设计布局应充分体现“以幼儿发展为本”的教育理念。在设计规划时，遵循安全性、教育性、童趣性、互动性、艺术性的原则，使幼儿能感受到美的气息并能融入这个环境之中，从而接受美的教育、美的启迪。

（二）室内空间布置

本项目所涉及的室内空间环境主要指幼儿园主体建筑物的内部环境，包括门厅、楼梯、走廊、活动室。

1. 门厅

门厅是幼儿园所有进出人员的必经之地，其环境创设的影响面比较大。因此，这一区域的环境创设应尽力反映本园的水平和特色。门厅一般空间较大，可以采用大型装饰壁画，组织幼儿和幼儿教师进行绘画、剪纸、手工制作等集体创作；可以设置橱窗、展柜展示幼儿的美工作品；可以设计体现幼儿园办园理念的大型宣传画报，摆放特色雕塑或其他造型艺术品。总之，门厅设计要和建筑艺术设计统一起来，力求达到整体协调的视觉效果（图 5-2-1）。

2. 楼梯

沿着楼梯的墙面可以绘制图画，用剪贴、手绘等方法制作专门的墙饰；楼梯扶手可以悬挂各种手工艺品；在楼梯的转角处可以摆放花草植物或幼儿的艺术作品；楼梯的角落可以布置成植物角、娃娃家等小型区角；楼梯的台阶上可以用彩色的纸带写上数字或提示标签；楼梯的护栏也可以涂成彩色，既美观又可以提示幼儿小心上下楼梯。

3. 走廊

走廊是幼儿经常经过的地方。因此，可以利用走廊陈设帮助幼儿学习一些生活和科学小常识；可以粘贴或悬挂幼儿的绘画和手工作品；可以设计大型墙饰。走廊的空间可以根据面积大小分割为展示区和小型活动区。走廊如图 5-2-2 所示。

图 5-2-1　门厅

图 5-2-2　走廊

4. 活动室

幼儿园的活动室分为多功能活动室和专用活动室。多功能活动室一般面积比较大，可以开展游戏、体育、观摩、表演活动，也可以展示幼儿作品。专用活动室是幼儿园根据教育教学需要专门设置的有着特定功能的活动室，如阅览室、美工室、实验室、音乐室等。这类活动室和幼儿园的特色教学相关，功能单一，面积较小。

活动室一般是公共的，各班级都可以使用。这就要求在创设各类活动室时，要使其具有一定的兼容性，既能满足不同年龄段幼儿的差异性需求，又能满足同一年龄段不同班级幼儿的多元化需求。例如，阅览室既要有适宜小班幼儿阅读的图画书，又要有适合大班幼儿阅读的有少量文字的图书；科学室既要有为小班幼儿准备的简单材料，又要有为大班幼儿准备的相对较复杂的材料。

另外，活动室的环境创设要体现丰富性。专门设置的活动室与班级内的活动区是不同的，其功能具有更强的丰富性，拥有能够表现该领域内容更丰富、更全面的材料，为幼儿提供挖掘某个方面潜能的更大机会。例如，音乐室既要有教学需要的钢琴、小鼓等乐器，又要有播放音乐的多媒体设备；既要有开展音乐游戏活动可用的各种道具，又要有开展表演活动可用的镜子、舞台等。

（三）墙饰布置

幼儿园墙饰（墙壁装饰）是幼儿园环境创设的重要部分，会对幼儿的思想行为产生潜移默化的影响。好的墙饰不仅能美化教室，为幼儿营造一个愉悦、美好的学习生活环境，还能辅助幼儿教师教学。

1. 常规墙饰

常规墙饰主要是指针对幼儿园各区域所做的装饰性和功能性墙饰，包括“班标”“红花榜”“家园联系栏”“每周食谱”“活动计划表”“作息时间表”、午睡墙、活动区域提示及各类宣传栏等。对于不同功能的室内环境，选择的内容要有所区别，以突出各部分的功能特征。例如，午睡室墙面宜选择简洁、温馨、安静的题材；“班标”“红花榜”等一些提示性墙饰可以是颜色鲜艳的、夸张的造型，便于幼儿识别；幼儿园走廊、楼梯及外墙面的装饰内容应重点考虑幼儿园整体环境设计的要求。由于常规墙饰保存时间较长，各方面的要求也较高，通常由幼儿园整体规划完成。“活动计划表”常规墙饰如图 5-2-3 所示。

图 5-2-3　“活动计划表”常规墙饰

2. 主题墙饰

主题墙饰主要是指在幼儿园各班级中，以各学期相关教育内容为主题的各类墙饰设计，主要包括教育主题墙饰，如以四季、节日、节气等为主题的墙饰；区角设计，如图书角、娃娃家、植物角等；环境图示设计等。主题墙饰的设计与教育教学内容有关，体现相关阶段教育教学内容，在学期教学中其整体的设计风格和内容都要有明确的呼应与协调。同时，主题墙饰会因学期教学目标的改变而更换。主题墙饰以幼儿发展的需要为目的，紧紧围绕主题教育目标和内容，发挥幼儿的主体作用，充分调动幼儿与家长参与的积极性，引导他们与主题内容积极互动，让幼儿在这种交互过程中得到满足，丰富对有关主题内涵的理解，并激发对主题深入探究的兴趣。金色的秋天主题墙饰如图 5-2-4 所示。

图 5-2-4　金色的秋天主题墙饰

3. 互动墙饰

互动墙饰是指让幼儿参与墙饰的准备和制作、由师幼互动共同完成的一种墙饰制作形式。它是一种由幼儿教师引领幼儿，以教师为主导、幼儿为主体、寓教于乐的综合教育活动设计。

互动墙饰着重引导幼儿参与展示的设计，以幼儿发展的需要为目的，紧紧围绕教育目标和教学内容，发挥幼儿的主体作用，充分调动幼儿参与的积极性，共同创设幼儿所喜爱的与之产生互动的墙面环境。互动墙饰能最大限度地发挥墙饰的教育作用，不再局限于墙饰的美化设计。

（四）室外环境设计

微课：安吉游戏教育理念下的幼儿园环境该如何创设？

幼儿园的室外环境主要指幼儿园教室以外的空间环境，包括园门及外墙、园区绿地、户外活动场地等。

1. 园门及外墙

园门是幼儿园给人的第一印象，往往也是幼儿园对外形象的代表。园门及外墙的设计应该与幼儿园的整体环境和建筑风格相协调，并能体现幼儿园的教育特色。当前，很多幼儿园形成了自己的教育特色，如果在园门及外墙的外观设计上能反映某些特点，则更能突出办园特色，彰显办园理念。例如，设置“园标”造型、“园训”字样等。总之，幼儿园的园门及外墙设计要美观、简洁、有创意。园门及外墙如图 5-2-5 所示。

2. 园区绿化

园区绿化可以净化空气、美化环境，使幼儿园生机盎然，并起到保护环境、促进身心健康的作用。创设幼儿园绿化最基本的方法是广植树木、多种花草。以花草为主，乔灌木为辅，园地边界宜采用乔灌木搭配种植，以形成幼儿园与外界的隔离带，并使主体建筑在绿化的环境中格外醒目。在幼儿园内部则应种植花卉和地被植物，适当点缀乔灌木，便于幼儿活动和鉴赏。

在幼儿园户外场地中可种植大片绿茵草地，让幼儿尽情玩耍和运动；在室外运动场地中可种植高大乔木，这样既不影响幼儿进行器械活动，又可遮阳，避免烈日暴晒。在屋顶平台上也可适当创设绿化，一方面可减少屋面在夏天的热辐射，降低室内温度；另一方面可为幼儿的屋顶活动提供良好的活动环境。另外，选择幼儿园种植的植被时应留意季节效果，力求春有花、夏有荫、秋有果、冬有青，让幼儿园四季都有美丽的景象。园区绿化如图 5-2-6 所示。

图 5-2-5　园门及外墙

图 5-2-6　园区绿化

幼儿园还可以创设一些人工建造的设施，让幼儿奔跑、游戏、攀爬等。例如，让幼儿在树林间穿梭嬉戏；在小丘、山坡上上下攀爬；在饲养种植园地里照顾动物和植物；在草坪上观察昆虫等。特别注意，幼儿园在进行环境绿化时，应严格遵守国家关于幼儿园“不应种植有毒、带刺的植物”的规定，幼儿教师要提高防范意识。

3. 户外活动场地

《规程》中规定：“幼儿园应当有与其规模相适应的户外活动场地，配备必要的游戏和体育活动设施，创造条件开辟沙地、水池、种植园地等，并根据幼儿活动的需要绿化、美化园地。”幼儿园的户外活动场地主要包括游乐设施区、体育活动区、戏水玩沙区、种植养殖区等。

（1）游乐设施区。游乐设施区（图 5-2-7）是幼儿园的基础设施区域之一，主要设置大型游戏器械，深受幼儿喜爱。户外游戏活动以大肌肉运动为主，能促进幼儿身体动作技能的发展，帮助幼儿形成健康的体魄和良好的行为习惯。因此，游乐设施应放置在软质地面上，包括沙地、草坪、塑胶地垫等。安全是设置各类游乐设施必须高度重视的。具体如下：第一，活动器械必须符合国家安全标准；第二，必须定期检查、维修设施，做好日常维护工作，及时消除事故隐患。

（2）体育活动区。体育活动区（图 5-2-8）主要由运动场和固定器械组成，常见的有跑道、操场、儿童运动器等。固定器械要根据幼儿的年龄特点、器械的功能、场地空间等进行设置。体育活动的场地区域应根据幼儿园的自然场地条件，划分为不规则的形状，以便充分利用场地。同时，应考虑幼儿流动的特点及活动需要，合理安排区域内的各活动点，满足幼儿健康教育的需要。有条件的幼儿园还可以建游泳馆、足球场等专项体育活动场地。

图 5-2-7　游乐设施区

图 5-2-8　体育活动区

（3）戏水玩沙区。戏水玩沙是幼儿非常喜爱的游戏活动，是幼儿跟自然亲密接触的机会。戏水玩沙区的造型应讲究实用性，高度以适应幼儿的身高为标准。在戏水区可以放一些活动器件，如橡胶圈、小船等，增加游戏的趣味性。在玩沙区可以提供铲子、塑料小桶、玩具挖掘机等。注意：所有的器械、材料必须无棱角、无锋刃，保证幼儿使用时的安全。

（4）种植养殖区。在种植区可以提供一些材料和工具让幼儿参与种植，如常见的蔬菜和花卉，通过播种、浇水、施肥、收获的过程，让幼儿体验劳动的辛苦与收获的快乐。在养殖区可以饲养一些性情温和、外形可爱的小动物，如小白兔、小乌龟、小蝌蚪等，并为它们建造漂亮的小房子，通过喂养它们，看着它们长大，培养幼儿爱护小动物的情感。

（五）区角环境创设

1. 区角设置的基本要求

（1）根据幼儿年龄特点设置区角。第一，应根据不同年龄段幼儿的身心特点，投放不同层次的活动材料，做到有的放矢。第二，根据幼儿发展的不同需求引导幼儿开展系列区角活动，促进幼儿综合素质的发展。

要设置建构区，结合小班幼儿善于模仿的心理特点和小肌肉群不够发达的生理特点，为他们提供体积大、便于取放、类别相同的建构材料；而大班幼儿动手能力强、思维敏捷，因此在提供建构材料时，要注重多样性和精密性，以满足他们的探究和自主发展的需求。

要设置角色游戏区，应注意针对性，角色简单、分工明确的娃娃家应设在喜欢模仿、社会经验欠丰富的小班，利于培养幼儿的交往能力；超市购物可锻炼幼儿的分类、计数、交往等综合素质，其角色游戏区可设在中大班；医院、邮局、理发店、银行这些社区的服务设施是幼儿在日常社会生活中经常接触到的，便于幼儿的社会性成长，其角色游戏区可设在大班。

（2）根据幼儿兴趣点设置区角。区角活动是一种以幼儿为主体，以幼儿教师的指导、支持为辅的活动。在区角活动中，我们会发现幼儿的已有经验、能力、兴趣及性格各有不同，会表现出不同的兴趣点。例如，有的区角男孩喜欢，有的区角则是女孩的天地；有的喜欢科学区，有的则喜欢美工区。随着年龄的增长，幼儿的兴趣点不断地转移。因此，我们应根据幼儿不同的兴趣点设置不同的区角。

2. 常用区角的环境创设

（1）生活区。生活区的主要活动是睡眠和盥洗，通过各种模仿性操作与练习，发展幼儿编、系、扣、穿、夹、洗等基本生活操作能力，培养幼儿讲卫生、规律作息的生活习惯。在生活区应创设在相对安静的区域，床铺、被褥应是幼儿专用的，要安全、舒适、卫生；卫生间应符合幼儿的身体、身高等要求。

（2）图书区。图书区（图 5-2-9）是幼儿进行阅读的区域，通过阅读图书、讲幼儿故事、讨论图书内容，培养幼儿的理解能力和语言表达能力。

（3）美工区。美工区（图 5-2-10）是幼儿进行绘画和手工制作的区域，通过撕、

图 5-2-9　图书区

图 5-2-10　美工区

贴、剪、画、捏、做等手工操作，发展幼儿的动手操作能力，以及欣赏美、表现美和创造美的能力。美工区应设置在安静、光线充足、有水源的区域。在创设环境时，要注意区域内颜色、形状和图案的空间安排，应简洁美观，色彩鲜亮和谐，符合幼儿的审美情趣。在美工区要准备制作工具和器材，如纸张、笔墨、颜料、调色板等绘画工具，剪刀、订书机、胶水、绳线等装订工具，以及幼儿穿的绘画罩衣、清洁用的抹布、清洁剂、扫帚、垃圾桶等用品。在美工区还可以设置展示栏和作品角，用来展示幼儿的美工作品，提高幼儿对美工的兴趣。

（4）科学区。科学区是幼儿进行科学探索的区域，可以通过各种科学小游戏及数学操作活动，培养幼儿对科学探索的兴趣，发展幼儿数学认知能力和动手操作能力等。在科学区应设置在安静和阳光充足的区域，以便于幼儿进行观察和探究。科学区最好与图书区邻近，便于幼儿查阅资料。在科学区应放置各类科学器材，如地球仪、磁铁、放大镜、镊子、钳子、剪刀、测量工具等，以及书写记录工具，如纸、笔、笔记本等。

（5）建构区。建构区是利用积木、积塑插件等培养幼儿的空间知觉，发展幼儿的空间想象力、动手操作及交流合作能力的区域。建构区应远离图书区、科学区等较安静的区域，可以与角色游戏区相邻，面积应较大，以便于幼儿有足够的空间进行创造。在建构区不宜放置桌椅，以避免积木、玩具等材料掉至桌椅下面。地面可以铺些地毯或地垫，以便于幼儿坐在地上搭建。

创设建构区应注意材料的投放。要给小班、中班、大班幼儿提供不同性质的活动材料，包括成品、半成品、原始材料、废旧物等，材料要适时更新和补充。投放的材料主要有积木、积塑、玩偶，还有各种废旧材料，如纸盒、纸片、易拉罐、泡沫等。现在乐高积木很受幼儿的喜爱，可以适当投放。

（6）角色游戏区。角色游戏区是幼儿开展角色游戏的场所。角色游戏是根据幼儿的兴趣和喜好，通过模仿各种社会活动，运用想象，创造性地反映现实生活的一种游戏。这类游戏能促进幼儿学习各种社会性行为，发展交往能力，培养幼儿的主动性、独立性和创造性。幼儿园常见的角色游戏区有娃娃家、美发屋、超市、服装店、美食城、蛋糕房、菜市场、小医院等。

角色游戏的主题较多，相应的区域环境设置也应不同。应尽量设计一个仿真的环境，让幼儿有身临其境的感觉，极大地激发幼儿参与游戏的兴趣。微缩型的仿真环境加上各种小道具，符合幼儿的思维特点，有助于游戏的开展和推进，使幼儿获得较真实的体验。同时根据游戏目标和不同年龄段的幼儿发展水平，以及实际需要投放不同层次的活动材料。针对小班幼儿主要投放形状相似的成品玩具，种类较少，但数量要多，避免幼儿为争抢玩具而发生争吵。中班、大班幼儿想象力更加丰富，游戏主题多样化，因此需要提供半成品或废旧材料，而且材料要多样，经常更换，以满足幼儿的游戏需要。

3. 材料投放的总体要求

（1）注重自然资源、废旧资源的开发与利用。自然资源主要包括花、草、落叶、树枝、稻草、果实、种子、泥巴，以及各类花生壳、瓜子壳、开心果壳等，各种丰富活动的材料都可以运用在建构区、科学区、美工区等区域中。废旧资源主要包括泡沫、各种纸板、废旧装饰纸、易拉罐等。

（2）注重材料的安全性和艺术性。区域材料的制作和投放，要坚持安全第一的原则。选择无毒、无味、对幼儿无伤害隐患的制作原料，并且制作前要进行彻底的清洁消毒，材料应是圆滑的、柔软的、无尖角的。在保障安全的基础上，注意材料包装和制作的艺术性。选择彩纸、丝带、质地柔软的绒布、包装纸、美工纸等辅助材料进行装饰、改造和艺术加工，注意操作材料的色彩搭配和操作便利性。

（3）注重材料的目标性和探究性。幼儿教师投放材料的丰富程度直接关系到幼儿的活动质量，活动区材料投放应该是丰富多彩的。但是，投放丰富的材料并不等于材料越多越好，多则滥，滥则泛。幼儿注意力具有不稳定性，过多、过杂的材料投放易使幼儿分心。在投放材料时，应考虑材料与活动目标的关系，根据近阶段的主题目标和幼儿的活动需求及时投放活动材料，做到有的放矢。加强材料投放的针对性、目的性和科学性，并依据对幼儿活动的观察，定期更换与补充材料。投放的材料要能引发幼儿动手、动脑，支持幼儿与活动环境的积极互动，引导幼儿根据自己的兴趣爱好对客观事物进行动手操作和动脑思考，突出其探究性。

（4）注重材料的层次性和动态性。不同的幼儿有着不同的兴趣、爱好和个性，甚至相同年龄的幼儿也存在着能力上的差异，而且发展速度也不一样。因此我们在提供材料时应体现层次性，千万不能“一刀切”，既要考虑“吃不了”的幼儿，又要兼顾“吃不饱”的幼儿，尽可能多地提供有较强操作性、趣味性、可变性的材料吸引幼儿进行主动探索，使每个幼儿都能在适宜的环境中获得发展。材料的提供应体现动态性，不能一成不变，要根据教育目标和幼儿的发展需求，定期或不定期地进行调整、补充。例如，图书区要经常更新图书，以满足幼儿的阅读需要，因为大部分幼儿不会反复翻看一本书。

案例分析

不受幼儿喜欢的区域活动

区域活动开始了，幼儿们根据自己的喜好自由地选择了不同的区域开始玩游戏，幼儿教师发现创想区一个人也没有，于是说：“创想区谁愿意去玩啊？”可是没有人理睬。幼儿教师耐心地再次询问："今天谁愿意去玩纸箱啊？"这时，有一个幼儿举手说："我去吧。"接着几个幼儿也陆续地响应去创想区玩。可是没一会儿创想区的游戏就结束了。见此情况，幼儿教师把整个游戏的过程和玩法全部讲给了他们，并给他们几个人分配了不同的角色，在幼儿教师的指导下创想区里的"纸箱加工厂"游戏总算顺利地开展起来了。在区域活动进行到一半的时候，幼儿教师发现创想区里乱成一团，跑过去一看，幼儿们正在玩"开小汽车"的游戏，他们看到幼儿教师来又赶紧玩起了纸箱，嘴里却不停地说"一点儿都不好玩"。

请根据幼儿们的反应对这位幼儿教师的游戏区设置是否合理进行分析，并提出建议。

分析：区域活动本身具有自由、自选、独立而协作的优势，可在本案例中，没人愿意去创想区，是幼儿教师介入，和幼儿商讨后幼儿才去创想区游戏的。出现如此情况的原因有两个。① 投放材料不合理。在投放材料的过程中，发现幼儿的兴趣已经不高了，但没有及时地调整材料，材料比较单一，并且投放材料时没有考虑到个体差异。② 幼儿教师指导不完善。在区域活动中，幼儿教师是观察者、引导者，应支持、鼓励幼儿自发地探索和操作材料，并根据幼儿在区域中的表现，随时给予一定的帮助、指导。

针对本案例中的问题，提出以下建议。

（1）对材料重新进行调整。① 材料太单一，而且没有层次性，幼儿教师要观察、评估每个幼儿的发展状况，根据教育目标为不同发展水平的幼儿提供不同层次的材料，让幼儿在与材料的互动中积累各种经验。② 针对幼儿的兴趣投放材料，随着幼儿游戏水平的提高，幼儿教师要及时补充、调整材料，根据幼儿的兴趣和需要，改进或摒弃不适合的材料，开发挖掘新材料，使投放的材料更具有针对性，更符合幼儿的发展水平。

（2）在区域活动中发挥幼儿的创造性。在区域活动中，幼儿教师要注意为幼儿提供丰富多彩的、具有启发性的活动材料，从而解放幼儿的头脑和手脚，给予幼儿足够的自由度，使幼儿充分地表现自我，勇于创新。

（3）指导要得当、适时、有针对性。在观察指导的时候，幼儿教师要给幼儿一定的发挥空间和宽松的环境，便于他们讲述需求、困难等。要仔细倾听幼儿的"秘密"，要站在幼儿的视角去想、去看问题，只有这样才能更有效地推进幼儿开展游戏活动。

任务 5-3　幼儿园精神环境创设

问题引领　观察发现：有的幼儿少言寡语、胆小怕事；有的幼儿活泼可爱、能唱会跳。试从幼儿园精神环境的角度分析导致幼儿行为表现不同的原因？

一、幼儿园精神环境概述

（一）概念

幼儿园精神环境是幼儿园环境的另一种形态，也称幼儿园心理环境。广义的幼儿园精神环境是指对幼儿园教育产生影响的整个社会的精神因素的总和，包括社会政治、经济、文化、艺术、道德、风俗习惯、生活方式、人际关系等。狭义的幼儿园精神环境是指幼儿园内对幼儿发展产生影响的一切精神因素的总和，主要包括幼儿教师的教育观念和行为、幼儿园人际关系、幼儿园文化氛围等。

（二）幼儿园精神环境对幼儿发展的影响

幼儿园精神环境较之于幼儿园物质环境，对幼儿的影响是潜在且深远的。它决定幼儿的“自我”能否被发掘、发展和完善；决定幼儿的先天潜能能否最大限度地实现；决定幼儿的创造能力、应变能力能否有效地形成；影响幼儿的社会性发展和道德品质培养。

微课：幼儿在陌生环境中表现胆怯，教师该如何引导？

1. 良好的幼儿园精神环境对幼儿发展的影响

良好的幼儿园精神环境具有人际关系和谐、制度规范明确、文化氛围健康向上等特点。良好的幼儿园精神环境能使幼儿产生积极愉悦的情绪，有助于形成活泼开朗的性格和积极向上的个性；有助于幼儿思维活跃和智力开发；有助于幼儿获得良好的交往技能和养成优良的行为习惯。积极健康的精神环境是促进幼儿创造性、认知能力、道德、情感、社会行为等方面发展的重要因素。

2. 不良幼儿园精神环境对幼儿发展的影响

不良的幼儿园精神环境会使幼儿情绪低落，产生恐惧感和不安全感。这既影响幼儿的身体健康状况，又会使幼儿形成孤僻、胆怯、自卑的性格，对幼儿的个性、行为习惯和人格产生消极影响，甚至影响幼儿想象力、创造力及各种智力能力的发展。

二、幼儿园精神环境营造

思维碰撞　童童是个有思想、有个性的小朋友。幼儿教师刚与他接触时觉得很难与他沟通，几乎无从下手，但是经过几天观察，发现他其实很聪明，一遇到新鲜事物就会发问，好奇心很强，而且他与小朋友相处得很好。但是他不愿意上课。上第一节课时，他的兴趣不大，只坐了几分钟。上第二节课时，幼儿教师课前与小朋友做了三个游戏，这吸引了他的注意力，他也加入了游戏。这时幼儿教师表扬了他，还给他贴上了五角星，他非常高兴，幼儿教师又告诉他："你以后好好上课，我每节课都给你贴小星星。"那天放学以后，幼儿教师就表扬了他，让他做班上的值日生，他的兴趣马上高涨起来。后来，幼儿教师与他成为"好朋友"。下课时他会与幼儿教师玩、聊天，现在也愿意上课了，有时还提出好多问题。小朋友和幼儿教师都夸他进步大，也都越来越喜欢他了。

本案例中的幼儿教师采用哪些方法改变了童童？还有哪些策略可以营造幼儿园良好和谐的精神环境？

（一）幼儿教师的教育行为和观念是幼儿园精神环境营造的关键因素

幼儿园精神环境的营造关键在于幼儿教师。幼儿教师适宜的教育行为、正确的教育观念、稳定的精神素质、积极的情感态度，能为幼儿营造一个宽松、和谐、民主的环境，能激发幼儿的学习兴趣，培养幼儿的想象力和创造力。

1. 关爱幼儿，给幼儿一个有安全感的环境

幼儿从家庭进入幼儿园，自然会缺乏安全感。幼儿教师应像父母一样关心、爱护幼儿，细心照顾幼儿生活的方方面面，经常拥抱、抚摸孩子，让幼儿感到家人般的温暖。鼓励和帮助幼儿参加幼儿园的各项活动，让他们在幼儿园自由快乐地生活和学习。同时，幼儿教师应对每个幼儿予以同样的热情和亲切，让每个幼儿感受到幼儿教师真诚的爱，从而信任幼儿教师，增加安全感。

2. 尊重幼儿，给幼儿一个形成独立人格的环境

幼儿教师要尊重幼儿的人格尊严、保护幼儿的合法权益，使幼儿的自尊心、人身权利获得应有的尊重和保障，从而使幼儿的独立性、自主性、创造性得到发展，为幼儿活泼开朗的性格、积极健康的情绪的形成奠定基础。因此幼儿教师要公平公正地对待幼儿，消除偏爱意识，不能只对那些所谓聪明、乖巧、听话的幼儿进行表扬，这样容易使这些幼儿产生骄傲情绪，形成自私、任性、以自我为中心的性格；而那些内向、胆小、相貌平平的幼儿就会被忽视，形成自卑、孤僻、懦弱的性格，

甚至失去人格和自尊。

3. 感化幼儿，给幼儿一个温暖快乐的环境

幼儿教师每天和幼儿一起生活、学习，因而幼儿教师的一言一行、情绪的好坏和变化都呈现在幼儿面前，这不仅影响幼儿现在的情绪情感，如快乐、积极、热情抑或悲伤、消极、冷漠等，还会影响幼儿未来的情绪情感，决定幼儿在未来是一个积极热情、感情丰富、合群的人，还是一个消极冷漠、感情贫乏、孤僻的人。因而幼儿教师要经常保持乐观、积极、开朗、热情的精神状态，鼓舞、激励、感染幼儿，助力幼儿形成良好的情绪情感和个性品质。

案例分析

老师，你是不是说错了

晨间活动的时候，有一个幼儿（5岁半）突然提出一个问题："为什么蚕蛾这么久了还不出来呢？"经她一说，其余的幼儿也表现得很有兴趣，便纷纷议论起来。另一个幼儿说："已经过了很多天了，为什么蚕蛾还不出来？"原来教室的自然角养了蚕，幼儿目睹了蚕虫吐丝结茧的过程，幼儿教师曾说过大约过两个星期，蚕蛾便会咬破蚕茧走出来。他们在日历上把预定的日期标注出来，但预定的日期已经过了一个星期，仍看不到蚕茧有什么变化。其中一个幼儿问幼儿教师："梁老师，你是不是说错了？"

假设你是那位梁老师，当幼儿对你说的话提出疑问时，你会怎样处理？请用精神环境中因材施教的原理去分析。

分析：

（1）适宜采用因材施教的精神环境主要体现为"九多"：幼儿教师对幼儿多支持、多肯定、多接纳、多表扬、多鼓励、多关注、多信任、多自由、多自主，这是形成融洽、和谐、健康精神环境的必要条件。

（2）如果幼儿教师过分看重自己的权威，面对幼儿的质疑设法加以辩护，甚至对幼儿表现不好的态度，就会不利于幼儿的探索，也不利于和谐精神环境的创设。

（3）研究表明：生活在温暖、支持环境中的幼儿，容易形成积极的个性特征、良好的交往技能和学习习惯，这种精神环境也是幼儿创造性、道德、自尊心、社会行为及使用工具的能力等方面发展的关键变量。因此，幼儿教师要肯定幼儿的想法，在表扬他们善于观察的同时，对幼儿做出适当的引导，引导他们寻找蚕蛾还没有出来的原因，如会不会跟天气、季节有关等，以帮助幼儿学会对事物进行质疑与探究，努力找出答案。

总之，只有在自由、安全的心理条件下，幼儿的潜能才能得到更好的展现。

（二）幼儿园的人际关系是幼儿园精神环境营造的决定性因素

幼儿园的人际关系是幼儿园精神环境的核心，影响着幼儿园整个精神环境的营造，主要包括师幼关系、同伴关系、同事关系、家园关系等。幼儿园的人际关系的构建有利于幼儿适应幼儿园的集体生活，帮助其克服分离焦虑，形成安全感和信任感，体验幼儿园集体生活的乐趣；还有利于幼儿适应社会，促进社会性的发展。幼儿置身于幼儿园的各种人际环境中，与同伴、教师共同参加游戏和学习活动，学会互相合作，了解社会行为规范，逐步形成自己的社会精神特征。同时，在良好的人际环境中，幼儿不但可以学习人际交往的方式和技巧，而且可以克服自身个性品质中的缺陷，如任性、粗暴、自私、孤独、胆怯、自卑等性格问题。

1. 建立良好的师幼关系

《纲要》中指出："建立良好的师生、同伴关系，让幼儿在集体生活中感到温暖，心情愉快，形成安全感、信赖感。"构建良好的师幼关系，要树立正确的儿童观、教师观和教育观。现代新型的师幼关系应该是和谐、民主、平等、对话式的关系。

（1）要树立以幼儿为本的儿童观。尊重、关爱幼儿，既要尊重幼儿的人格与兴趣爱好，也要尊重幼儿的选择和缺点。要用包容和欣赏的眼光对待每个幼儿。所谓包容就是容纳他人的缺点，欣赏就是容纳他人的优点。要热爱全体幼儿，注重个体差异性。同时要注意培养幼儿的爱心，教育幼儿学会爱别人，引导幼儿互相关心和体贴，有困难大家一起想办法解决，形成和谐、融洽、温馨的班级气氛。

（2）要创设一个宽松的交流环境。幼儿教师要以积极、主动、热情、平等的态度与幼儿交流，营造一个轻松、温暖、信赖、安全的交流环境，只有这样幼儿才能无拘无束、畅所欲言，师幼之间的关系才会更加深入和融洽。交流的方式可以是语言式的，也可以是非语言式的。其中要重视非语言的交流方式，如微笑、点头、拥抱、抚摸、下蹲等，这些动作有时比言语更能表达对幼儿的关心和爱护，更能增进幼儿和幼儿教师之间的情感。

（3）要转变教师角色，树立正确的教师观。现代幼儿教师的角色是多重的，包括教育者、幼儿游戏的合作者、幼儿的第二任母亲、幼儿的知心朋友，同时还是幼儿的保护者、管理者和支持者，因此幼儿教师要正确定位自己的角色，充当好各角色，带领幼儿成长和发展。

2. 创建友好的同伴关系

同伴关系是幼儿园的人际关系中又一重要关系。在同伴交往中，幼儿可以与同伴分享兴趣和快乐，一起参加学习和游戏，一起交流知识和经验，一起获得情感的发展。具体如下。

（1）为幼儿创造交往的空间。首先，提供更多自由活动的时间，引导幼儿建立自己的交往对象。例如，在晨间活动、课间休息、餐后散步等时间段，幼儿可以选择兴趣相投、性格相似的同伴一起聊天，做活动。其次，安排更多集体活动、班级活动，引导幼儿与其他幼儿交往和合作，让幼儿通过与同伴合作解决问题，形成团结协作、互相谦让等品质。

（2）在实践中提高幼儿的交往能力。首先，通过各类游戏和活动，让幼儿学会如何对待同伴、关心同伴、善待同伴，增进同伴之间的友谊。其次，鼓励幼儿主动与同伴交往，学习说话的方式，掌握沟通的技巧，如微笑待人、主动招呼同伴、与同伴分享玩具、勇于承认错误、宽容对待同伴的缺点等，从而扩大幼儿的朋友圈。

3. 搭建和谐的家园关系

家园关系是幼儿园精神环境中的大环境。幼儿教师与家长的合作和交流是创设大环境、和谐人际关系、促进家园共育的重要方式。具体如下。

（1）建立与家长的情感联系。幼儿是幼儿教师与家长联系的纽带，幼儿教师要像幼儿的父母一样关心、爱护幼儿，关注幼儿的健康、学习等方方面面。家园之间要架起一座情感与沟通的桥梁，“为了孩子的一切，一切为了孩子”，为了这个共同的目的，幼儿教师与家长之间需要相互尊重、平等合作。幼儿教师要积极主动地与家长联系沟通，虚心听取家长的意见和建议，共同探讨幼儿的健康发展。要邀请家长多参加幼儿园的教育活动、亲子活动，对家长的教育理念和方式进行必要的指导。

（2）注意与家长沟通的方式和技巧。首先，要以平等的态度对待家长，相互尊重，这是幼儿教师与家长沟通交流的基础。以诚恳的合作态度，实现与家长的相互理解、相互支持，通过多种途径、采用多种方式进行沟通，力求达到教育思想和观念的统一。其次，要充分了解每个幼儿的家庭状况，尊重家庭隐私，这是幼儿教师与家长沟通交流的关键。对不同情况的家长，要采取不同的交流方式，以期达到更好的沟通效果。

（三）幼儿园的文化氛围是幼儿园精神环境营造的灵魂因素

幼儿园文化是幼儿园生存与发展的内涵，是幼儿园精神环境的重要组成部分。它体现了幼儿园办学的理念、幼儿教师的精神风貌和保教的质量。因此，良好的文化氛围是幼儿园精神环境营造的灵魂因素。

1. 师德为先，提高幼儿教师的职业道德水平

幼儿教师的职业道德和行为规范是幼儿园文化环境建设的根本。幼儿园要通过多种途径和方式提高幼儿教师的道德水平、政治修养，使其真正做到爱国守法、爱岗敬业、关爱幼儿、为人师表、终身学习等，使幼儿教师的师德修养不断得到提升，使幼儿教师受到社会的尊重、家长的信任、幼儿的喜爱。

2. 凸显特色，体现幼儿园的办学理念

要结合幼儿园的区域特色和资源优势，在先进的幼儿教育理论的指导下，通过物质环境的创设彰显幼儿园的办园理念。例如，可将当地的历史故事、文化名人、神话传说、建筑风格、特色资源等，利用宣传栏、主题活动、建筑造型等呈现在幼儿园内，营造具有历史底蕴和思想内涵的文化氛围。

3. 寓教于乐，创设轻松愉悦的活动氛围

幼儿教师要根据幼儿身心发展的规律和特点，同时结合幼儿的兴趣爱好和需求，组织各类教学活动和游戏活动，在轻松愉悦的环境下指导幼儿学习。尤其是在游戏活动中，幼儿教师要做好观察者、指导者、合作者，给幼儿创造一个宽松、自由的环境，充分尊重幼儿的天性和创造性，引导幼儿自主、自发地玩游戏。同时多组织区域活动，给幼儿自主选择活动的机会，发挥幼儿的个性特长，促进其个性发展。

知识链接

诺尔特《学习的革命》（节选）

如果一个孩子生活在批评之中，他就学会了谴责。

如果一个孩子生活在敌意之中，他就学会了争斗。

如果一个孩子生活在恐惧之中，他就学会了忧虑。

如果一个孩子生活在怜悯之中，他就学会了自责。

如果一个孩子生活在讽刺之中，他就学会了害羞。

如果一个孩子生活在耻辱之中，他就学会了负罪感。

如果一个孩子生活在鼓励之中，他就学会了自信。

如果一个孩子生活在忍耐之中，他就学会了耐心。

如果一个孩子生活在表扬之中，他就学会了感激。

如果一个孩子生活在接受之中，他就学会了爱。

如果一个孩子生活在认可之中，他就学会了自爱。

如果一个孩子生活在承认之中，他就学会了要有一个目标。

如果一个孩子生活在分享之中，他就学会了慷慨。

如果一个孩子生活在诚实和正直之中，他就学会了真理和公正。

如果一个孩子生活在安全之中，他就学会了相信自己和周围的人。

如果一个孩子生活在友爱之中，他就学会了这世界是生活的好地方。

如果一个孩子生活在真诚之中，他就会头脑平静地生活。

岗位应用

一、案例分析

评析“我是光盘宝贝”主题环境创设

主题背景： 班上的幼儿大部分是独生子女，生活条件优越，加之受到家长溺爱，在幼儿园里有挑食、剩饭的现象。有的幼儿不爱吃香菇、青菜等，有挑食习惯；还有的幼儿吃一两口就不吃了，剩下大半碗饭菜。

针对这种情况，幼儿园李老师进行了“我是光盘宝贝”主题环境创设，目的是让幼儿了解粮食来之不易，养成不挑食、不浪费、爱惜每粒粮食的良好习惯。

材料： 硬纸壳、蓝色丙烯颜料、粉色丙烯颜料、卡纸、魔术贴等。

做法： 幼儿吃完饭，找到自己的小碗及相对应的照片和名字，自己动手贴出自己的“小碗”，如图5-3-1所示。

问题： 请运用幼儿园环境创设的相关理论评析“我是光盘宝贝”主题环境创设。

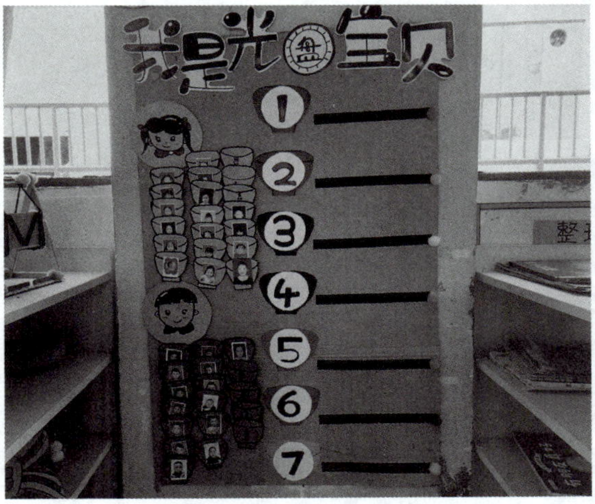

图5-3-1　“我是光盘宝贝”主题环境创设

二、调查发现

以某幼儿园的一个班为调查对象，观察并记录班级里的师幼关系和同伴关系，评价并分析该幼儿园在营造精神环境方面的做法。

国考聚焦

一、真题分析

（一）单项选择题

1．幼儿园环境分为物质环境和（　　）。（2012年上半年《保教知识与能力》）

A．社会环境　　B．精神环境　　C．城市环境　　D．局部环境

2．在幼儿园环境创设中，使用易于识别的生活行为规则标识图最主要的目的是（　　）。（2017年上半年《保教知识与能力》）

A．美化环境　　B．便于幼儿看图说话

C．便于幼儿认识各种符号　　D．便于幼儿习得生活技能和行为准则

（二）简答题

1．简述幼儿园环境创设的原则。（2012年上半年《保教知识与能力》）

2．作为幼儿教师，如何在保教活动中营造良好的心理氛围？（2017年上半年《保教知识与能力》）

（三）论述题

什么是幼儿园环境？为什么幼儿园教育中要强调创设良好的幼儿园环境？请联系实际说明。（2017年下半年《保教知识与能力》）

（四）材料分析题

材料1：图5-3-2是大班美工区的一个墙面环境设计，请分析它在促进幼儿学习方面的积极作用。（2013年上半年《保教知识与能力》）

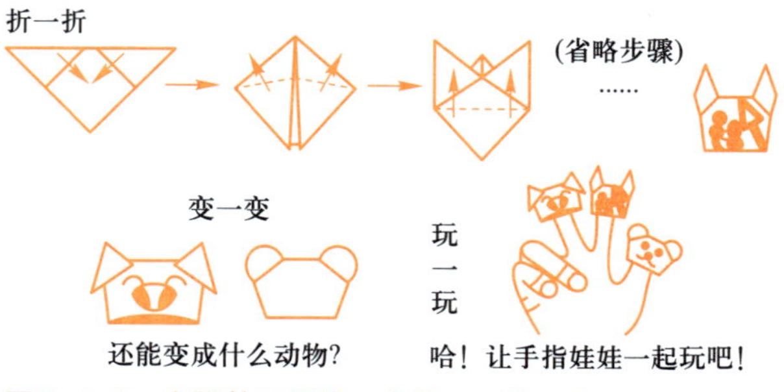

图5-3-2　大班美工区的一个墙面环境设计

材料2：幼儿园大（一）班开展识字比赛，幼儿教师为此创设了班级墙面环境，如图5-3-3所示。（2014年上半年《保教知识与能力》）

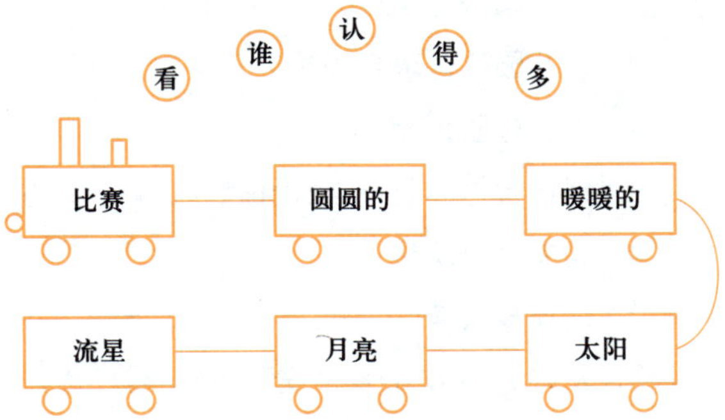

图5-3-3　班级墙面环境

问题：请根据创设环境基本原则，对材料（图5-3-3）中的识字比赛环境创设进行解析。

材料3：幼儿教师为了帮助大班幼儿了解春天的季节特征，同时在其中渗透数学教育，专门制作了一套"春天"的拼图（图5-3-4），拼图底板是若干道10以内的计算题，每块图形的正面是春天景色的一部分，背面是计算题的得数（图5-3-5），幼儿教师希望幼儿根据计算题与得数的匹配找到拼图的相应位置。然而，材料投放后，幼儿教师却发现许多幼儿不用做计算题就能轻松完成拼图，也未对图片中的季节特征产生观察与探究的兴趣。（2017年上半年《保教知识与能力》）

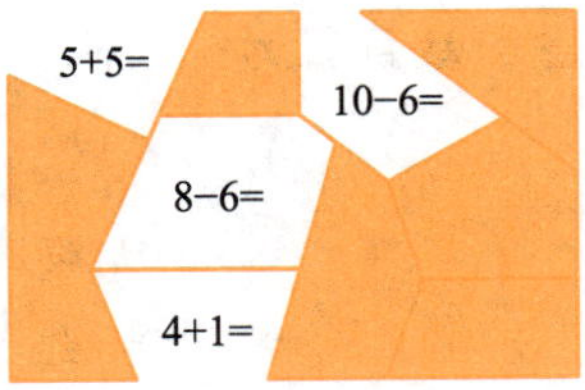

图5-3-4　"春天"的拼图

图5-3-5　图形的正反面

问题：（1）请从幼儿获得科学经验的角度，分析这一拼图材料的投放对达成教学目标是否适宜？为什么？

（2）该材料在设计上存在什么问题？请提出改进建议。

二、模拟训练

（一）单项选择题

1. 从狭义上理解，幼儿园环境是指（　　）。

A. 幼儿园心理环境

B. 幼儿园生活环境

C. 幼儿园教育的一切外部条件

D. 幼儿园内影响幼儿身心发展的一切因素

2. 幼儿园的环境创设主要指（　　）。

A. 安装塑胶地板

B. 创设合格的物质条件和良好的精神环境

C. 购买大型玩具

D. 选择较清净的场所

3. 从幼儿活动的形式分，幼儿园环境应当包括语言环境、运动环境、劳动环境和（　　）。

A. 精神环境　　B. 保育环境　　C. 游戏环境　　D. 教育环境

4. 从幼儿的生活、安全、活动和交往的需求分，幼儿园环境应当包括（　　）、安全环境、活动环境和交往环境。

A. 物质环境　　B. 生存环境　　C. 精神环境　　D. 游戏环境

5. 从环境中构成内容的性质差异分，幼儿园环境可分为（　　）。

A. 物质环境和精神环境

B. 保育环境和教育环境

C. 生存环境、安全环境、活动环境和交往环境

D. 物质空间环境、组织制度环境和文化心理环境

6. 幼儿教师的教育理念、教育行为、人际关系和情感氛围属于幼儿园环境中的（　　）。

A. 广义环境　　B. 物质环境

C. 精神环境　　D. 教育环境

7. 幼儿园的活动室、室外活动场地、各种设备和活动材料、空间结构与环境布置等属于幼儿园环境中的（　　）。

A. 教育环境　　B. 物质环境　　C. 精神环境　　D. 活动环境

8. 一所幼儿园能否成为真正的儿童乐园，主要取决于幼儿园的（　　）。

A. 物质环境　　B. 精神环境　　C. 保育环境　　D. 教育环境

9. 幼儿园环境的特点包括（　　）。

A. 教育性和可控性　　B. 启发性和可控性

C. 求知性和启发性　　D. 教育性和启发性

10. 幼儿园环境与外界环境相比具有可控性，即幼儿园环境的构成处于（　　）的控制之下。

A. 教育者　　B. 保育员　　C. 园长　　D. 社会

11. 幼儿教师根据教育的要求及幼儿的特点，有效地调控环境中的各种要素，维护环境的动态平衡，使之始终保持在最适合幼儿发展的状态，这是幼儿园环境（　　）特点的体现。

A. 可控性　　B. 教育性　　C. 启发性　　D. 求知性

12. 环境是重要的教育资源，幼儿园应通过环境的创设和利用，有效促进幼儿的发展。幼儿园环境的教育价值主要有（　　）。

① 启发幼儿智力　② 提高审美能力　③ 促进幼儿社会性发展

A. ①②　　B. ②③　　C. ①③　　D. ①②③

13. 创设的环境要能够满足幼儿全面发展的需要，环境创设的目标应与幼儿园教育目标保持一致。这是幼儿园环境创设（　　）原则的要求。

A. 目标导向性　　B. 发展适宜性　　C. 幼儿主体性　　D. 开放性

14. 环境与教育目标相一致的原则指环境创设要体现环境的（　　）。

A. 优美性　　B. 多样性　　C. 教育性　　D. 目的性

15. 幼儿园环境创设要符合幼儿的年龄特征及满足幼儿的身心健康发展的需要，促进每个幼儿全面、和谐地发展。这体现了幼儿园环境创设的（　　）原则。

A. 目标导向性　　B. 发展适宜性　　C. 幼儿主体性　　D. 开放性

16. 在布置幼儿园的墙面时，幼儿教师与幼儿一起开动脑筋、共同讨论、动手制作，最后把墙面布置得很漂亮。这体现了幼儿园环境创设的（　　）原则。

A. 目标导向性　　B. 发展适宜性　　C. 开放性　　D. 幼儿主体性

17. 在幼儿园环境创设中，要把大、小环境有机结合在一起，实现学校与家庭、社区的合作。这体现了幼儿园环境创设的（　　）原则。

A. 经济性　　B. 幼儿主体性　　C. 开放性　　D. 变化性

18. 创设幼儿园环境应考虑不同地区、不同条件园所的实际情况，做到因地制宜。这体现了幼儿园环境创设的（　　）原则。

A. 开放性　　B. 幼儿主体性　　C. 变化性　　D. 经济性

19. 幼儿园环境创设的基本要求主要有（　　）。

A. 舒适度、适宜度、和谐　　B. 宽松度、适宜度、和谐

C. 宽松度、建构性、和谐　　D. 舒适度、建构性、适宜性

（二）简答题

1. 简述幼儿园环境的特点和对幼儿发展的重要作用。
2. 简述幼儿园环境创设的原则。
3. 简述幼儿园区角环境创设材料投放的基本要求。
4. 简述幼儿园精神环境营造的策略。

（三）材料分析题

分析以下两个场景的环境创设，回答问题。

场景一：某幼儿园的运动场上摆放着攀爬网、独木桥、高跷、跳袋、小推车等运动器具，幼儿们自由选择器具后开始玩了起来。通过观察发现攀爬网、独木桥被“冷落”，较少幼儿喜欢玩。

过了一会儿，一个叫圆圆的幼儿对好朋友哲哲说：“我们一起去玩攀爬网好吗？”哲哲皱着眉头说：“不要，我害怕。”圆圆又指着稍矮一些的独木桥说：“那我们一起去玩那边的独木桥吧，这个矮一点儿，你该不怕了吧！”哲哲还是一脸为难的样子说：“我不想去，还是你自己去吧。”说着就去玩小推车了。就这样圆圆只能独自一人去玩了……一连好几天，虽然幼儿教师不断地鼓励幼儿，但是在运动时段像圆圆那样去攀爬网运动的小朋友较其他地方少许多。

场景二：在提供运动器械的基础上，幼儿教师们增加了一些小道具，包括瓢虫帽子、软布小花、软塑积木、用纸板箱制作的猫咪、钓竿及幼儿绘制的小鱼等，创设出给小猫喂鱼（设置了独木桥）、瓢虫种花（设置了攀爬网）、造高楼等游戏情境。经过观察发现这三项活动参与的幼儿人数不相上下。幼儿教师有意地观察了圆圆和哲哲，起先是圆圆邀请哲哲：“我们去抓小鱼给小猫吃好吗？”哲哲欣然应允，两人打扮成捕鱼人，提着鱼篓，手拉手跑了过去。这次哲哲勇敢地蹲在窄窄的独木桥上，努力抓起了一条大鱼，当他把鱼喂进小猫的嘴里时，脸上露出开心的笑容。接着他主动对圆圆说：“我们去当小瓢虫好吗？”他们一同来到了瓢虫种花的地方，戴上瓢虫帽，把自己装扮成小瓢虫，背上负重的小包，勇敢地向“小山”（攀爬网）跑去……

问题：两个场景中的环境设计有何不同？你赞同哪种设计？请说明理由。

文档：项目五 岗位应用国考聚焦参考答案

（四）实践训练

1. 走进一所幼儿园，观察并评价其环境创设，模拟创设一个角色游戏区环境。
2. 以一个班为对象，观察并记录一个班的师幼关系和同伴关系，并做简略评价。

模块三

学前教育的实施

本模块主要介绍学前教育具体实施过程中涉及的相关知识，主要内容包括幼儿园课程、幼儿园保教活动、幼儿园班级管理及幼儿园教育评价。本模块呈现的内容是在学前教育实施过程中幼儿教师每天都会遇到的具体问题，具有很强的操作性和实践性。

通过学习本书前两个模块，我们了解学前教育的基础知识和基本要素，为更好地学习本模块打下基础。作为学前教育专业的学生，未来将从事学前教育相关工作，将来在具体工作中，不管是和幼儿一起游戏、设计一次教学活动、进行班级管理，还是进行教育评价等，我们最终的目的都是更好地提高学前教育的实施效果，更好地促进幼儿的成长和发展。学生学好本模块的知识，有助于将前两个模块学到的理论知识落到实处，在实施过程中更加有章可循。

项目六 6

幼儿园课程

【学习导航】

- 幼儿园课程
  - 幼儿园课程基本知识学习
    - 课程与幼儿园课程的概念
    - 幼儿园课程的形态
    - 幼儿园课程的性质与特点
  - 幼儿园课程设计与实施
    - 幼儿园课程目标
    - 幼儿园课程内容
    - 幼儿园课程实施
    - 幼儿园课程评价
  - 国内外经典幼儿园课程模式分析
    - 五指活动课程模式
    - 行为课程模式
    - 蒙台梭利课程模式
    - 瑞吉欧课程模式
    - 海伊斯科普课程模式

【学习目标】

素质目标：

□ 树立科学的幼儿园课程观。

认知目标：

□ 掌握幼儿园课程的性质与特点；了解国内外经典幼儿园课程模式；掌握幼儿园课程设计的相关知识。

能力目标：

□ 能根据所学知识尝试制定幼儿园课程目标、选择幼儿园课程内容、组织幼儿园课程实施、完成幼儿园课程评价。

情境导入

小明妈妈的疑惑

小明该上幼儿园了，为了让小明早些适应幼儿园的学习，小明妈妈提前做了些功课。她看了幼儿园的课程表，发现一天只有一次集体教学活动，时间是20分钟，其他时间的安排是游戏、户外活动、区域活动等。小明妈妈有些疑惑，幼儿园一天的课程就只有20分钟吗？其他时间都在玩儿？

小明妈妈为什么会有这种疑惑？

通过本项目的学习，学生将理解幼儿园课程的概念、形态，掌握幼儿园课程的性质与特点，了解国内外经典幼儿园课程模式，掌握幼儿园课程设计的有关知识，学会制定幼儿园课程目标、选择幼儿园课程内容、组织幼儿园课程实施并正确开展幼儿园课程评价，树立科学的幼儿园课程观。

学习任务

任务6-1　幼儿园课程基本知识学习

问题引领　有几个幼儿在一起玩耍。A幼儿说，我们老师每天都会和我们一起玩游戏；B幼儿说，我们老师每天都会给我们讲故事；C幼儿说，我们老师每天都会和我们一起唱歌、跳舞；D幼儿说，我们老师还会带我们一起去看蚂蚁搬家呢！

从幼儿们的对话中，你能获得什么信息？幼儿园课程该如何开设呢？

一、课程与幼儿园课程的概念

（一）课程的概念

课程是教育领域使用非常普遍的一个教育术语。我国学者关于课程的概念的说法各不相同，综合来看，大致可以分为以下几种。

1. 课程即教学科目

把课程视为教学科目这种看法由来已久。我国古代儒家“六艺”，即礼、乐、射、御、书、数，就有将这些教学科目当作课程的意味。欧洲中世纪初期学校中的“七艺”，即文法、修辞、辩证法、算术、几何、天文、地理，也有将科目当成课程的意味。在日常生活中，我们经常会听到这样的问题：“下节课是什么课？”“你哪门课程考得最好？”这里的课程指的就是教学科目，如语文、数学、音乐、体育等。学校课程表中安排的“课”、教师所上的“课”都是基于这一意义的。

2. 课程即教学计划

国家、地方、学校和教师都会给学生规定教学内容或教学大纲，而这些内容或大纲是写进计划之中的，这些教学计划往往被视为课程，它包括课程目标（培养什么样的人）、课程内容（提供什么样的学习经验）、课程组织（如何组织这些经验）及课程评价（如何检验课程目标的实现）。各级各类学校的教学计划构成了各级各类学校的课程，对各个年级的教学安排就是各个年级的课程。

3. 课程即预期的教育教学目标或学习结果

认为课程即预期的教育教学目标或学习结果的课程观关注的是教育者试图达成的一些教育教学目标。教育教学目标的选择和制定是课程的核心任务，整个课程都围绕目标展开，目标既是选择和组织教学活动的指南，又是监控、评价教育教学结果的标准。

4. 课程即学校组织的学习活动

认为课程即学校组织的学习活动的课程观关注学生的学习过程，它认为学习是学生主动的行为，学生的学习取决于自己做了什么，而不是教师教了什么。因此，课程的重心应放在学生的行动层面，通过组织学生感兴趣的学习活动促进学生的个性发展。

5. 课程即学生获得的学习经验

认为课程即学生获得的学习经验的课程观关注学生实际获得的学习结果，是指学生在与学校环境的相互作用中所形成的经验、体验、感悟。毕竟学科、计划或者活动最终的落脚点都是学生，只有学生最终得到的经验才具有实际意义。

以上每种课程的概念都有各自独特的看问题的角度和关注重点，都涉及课程的某些本质属性，因此都有一定的合理性。对我们来说，重要的不是去建立标准化的课程概念，而是通过各种概念全面了解课程，理解其实质。

（二）幼儿园课程的概念

幼儿园课程是课程的下位概念，它与其他教育阶段课程存在一定的区别，这是由幼儿园阶段的教育目的和任务，以及教育对象的身心发展特点决定的。关于幼儿园课程的概念，有不少学者给出过相关论述。

张雪门认为，幼儿园课程就是给3~6岁的孩子所能够做且喜欢做的经验的预备。

张宗麟认为，从广义的角度来说，幼儿园课程就是幼儿在幼儿园一切的活动。

陈鹤琴认为，幼儿园应该给幼儿提供一种充分的经验……应该把幼儿能够学习且应该学习的东西有选择地组织成系统，应该以幼儿的两个环境（自然环境和社会环境）为中心组织幼儿园课程。

结合幼教先驱对幼儿园课程的概念的论述，可以看出幼儿的经验、活动、生活应该成为幼儿园课程关注的重点。目前学术界对幼儿园课程的统一看法是：幼儿园课程是实现幼儿园教育目的的手段，是帮助幼儿获得有益的学习经验、促进其身心全面和谐发展的各种活动的总和。也就是说，幼儿在园的一切活动都属于幼儿园课程的范畴。

思维碰撞　幼儿在幼儿园进行的谈话活动、游戏活动、户外活动等非集体教学活动，能帮助幼儿获得哪些有益的学习经验？举例说明。

二、幼儿园课程的形态

课程形态指的是课程的存在和表现形式。按照不同的分类标准，可以把课程分成不同的类型：按照课程内容的组织方式，可以分为学科课程、综合课程和活动课程；按照课程的呈现形式，可以分为显性课程与隐性课程；根据课程设计、开发与管理的不同主体，可以分为国家课程、地方课程与校本课程等。这里主要介绍在学前课程史上影响较大的几种幼儿园课程的形态。

（一）学科课程

学科课程又被称为分科课程，指的是根据培养目标和科学发展水平，从各门学科中选择适合一定年龄阶段幼儿的发展水平的知识，组成的教学科目。学科课程将科学知识加以系统组织，使教材依一定的逻辑顺序加以编排，注重幼儿在学习过程中知识和技能的掌握。

（二）综合课程

综合课程是指打破传统学科课程的知识领域，整合两个或两个以上的学科领域构成的课程。在幼儿园课程领域，综合课程是以主题或单元为核心的课程形式，其把教育的主体、客体、中介，以及家庭、社会环境等各种教育要素综合起来，以五大领域的核心经验为主导线索，对幼儿实施教育。综合课程倡导的综合是合理的综合，并非东拼西凑；是有效的综合，通过综合能最大限度地促进幼儿的发展；是适度的综合，根据幼儿的学习特点、课程进度进行合理安排。

案例分析

吴老师设计的主题活动课程

桑植县的吴老师为中班的幼儿们设计了一个主题活动课程：魅力家乡桑植。她设计了三个单元，分别是“桑植景色美如画”“桑植特色美食汇”“桑植文化传千里”。

在“桑植景色美如画”这个单元里，吴老师设计开展“我是桑植小导游”（语言、社会活动）、“美丽的九天洞”（艺术活动）、“游览烈士公园”（社会实践）、“神奇的石钟乳”（科学活动）和“桑植的桥”（建构区）等具体活动。

在“桑植特色美食汇”这个单元里，吴老师设计开展“葛根与葛粉的变形记”（科学活动）、“桑植美食我会‘做’”（艺术活动）、“一起打糍粑”（亲子活动）和“桑植美食一条街”（角色区）等具体活动。

在“桑植文化传千里”这个单元里，吴老师设计开展“桑植是个好地方”（音乐活动）、“听听贺龙的故事”（语言活动）、“我是澧水小卫士”（社会活动）、“小小桑植花灯设计师”（手工活动）和“围鼓围鼓响起来”（音乐区）等具体活动。

按照课程内容的组织方式，分析吴老师设计的主题活动课程属于哪种课程形态。

分析：吴老师设计的主题活动课程以家乡桑植为大主题，设计了关于景色、美食、文化的三个单元，并设计了包含五大领域的活动，如区域活动、亲子活动、社会实践等。她的设计打破了传统学科课程的知识领域，把教育的主体（幼儿教师和幼儿）、客体（家乡桑植的景色、美食、文化）、家庭及社会环境等各种教育要素进行综合，对幼儿实施教育。这是一种典型的综合课程。

（三）活动课程

活动课程又被称为经验课程，是指以活动或经验为中心设计的课程形态，强调幼儿的兴趣和需要，其根本目的在于丰富和完善幼儿的经验。活动课程选择与幼儿生活有关的、幼儿感兴趣的社会生活问题及学科知识作为课程内容，将这些内容通过一个个活动转化为幼儿的经验，采用多元化的方式方法和手段促进幼儿主动地参与活动，在与环境的互动中获得经验和促进自身的发展。活动课程的基本着眼点是幼儿的兴趣和动机，它取消了传统的分科教学、上课的形式，强调幼儿教师要为幼儿创设有意义的教育环境及丰富适宜的操作材料，通过区域学习、游戏、社会实践等活动，让幼儿在活动中充分发挥主体性，进行有意义的学习。幼儿园开展的种植课程、养殖课程、爬树体验课程等，都属于活动课程范畴。

案例分析

我们的菜地

当幼儿发现有一块空地可以给他们当菜地后，郑老师组织幼儿对这块空地进行划分并搜集材料，试一试、看一看哪些材料适合用来搭建菜地。幼儿找来了建构材料中的长木块、“百草园”里的砖头和石头、陶泥区的瓦片。幼儿齐心协力，将搜寻到的材料搬运到空地，并运来了水和沙土，尝试动手搭建。采用长木块搭建的幼儿提出：“我发现长木块拼搭在一起有的时候会倒，但是倒水进去不会流出来。”采用砖头搭建的幼儿表示：“我们这组的砖头很牢固，不会倒，水和沙土也不会流出来。”用瓦片搭建的幼儿指出：“我们这组用的是瓦片，一开始会倒，后来我们想到一个方法——把瓦片前后错开，这样就不会倒了，而且水也不会流出来。”采用石头搭建的幼儿则直接指出：“我们这组的石头一直倒，石头不能用。”①

按照课程内容的组织方式，分析本案例中的课程属于哪种形态。

分析：在本案例中，幼儿通过多种途径寻找身边可搭建的材料，分工寻找材料，合作运输材料，通过动手尝试得出结论，最终确定搭建菜地的材料——既牢固又不会渗水的瓦片和砖头。幼儿教师在这一过程中追随幼儿的兴趣，鼓励幼儿大胆搜集材料，放手让幼儿去尝试、探索，让幼儿在活动中充分发挥主体性，进行有意义的学习。这是活动课程的体现。

思维碰撞　在实际生活中，幼儿园使用较多的是哪种课程形态？学科课程、综合课程、活动课程这三种形态是不是完全对立的？请举例说明。

---

① 郑晓薇. STEAM 教育理念下幼儿园种植区活动的探索与实践——以大班特色活动“我们的菜地”为例［J］. 亚太教育，2023（10）：11-13.

三、幼儿园课程的性质与特点

幼儿园课程的性质与特点是由幼儿身心发展的规律与特点及幼儿教育的性质所决定的。明确幼儿园课程的性质与特点，有利于学生从本质上把握幼儿园课程。

（一）幼儿园课程的性质

1. 基础性

幼儿园课程的基础性可以从两个角度来解释：一是教育体制的角度；二是人的发展的角度。

从教育体制的角度来看，幼儿园教育是学校教育的最初环节。《规程》第一章“总则”中指出：“幼儿园是对 3 周岁以上学龄前幼儿实施保育和教育的机构。幼儿园教育是基础教育的重要组成部分，是学校教育制度的基础阶段。”这就非常清楚地指明了幼儿园教育在整个教育体制中的位置，幼儿园教育是整个学制教育的基础。

从人的发展的角度来看，幼儿园课程的对象是 3~6 岁的幼儿，此时的幼儿正处于人生发展的起始阶段。在这个阶段，幼儿的身体迅速发育，心智逐渐萌生，个性开始萌芽。他们的生命正在接受人类社会文化的熏陶，经历着社会化的过程。在这个阶段所获得的学习经验（如情感态度、基础能力、基本习惯等）不仅影响幼儿当时的发展，还会对幼儿之后的人生产生影响。为幼儿提供经验的幼儿园课程为幼儿一生的成长奠定基础，因而具有基础性。

2. 非义务性

我国现行教育法律规定，小学阶段和初中阶段是义务教育阶段，幼儿园教育不属于义务教育阶段的范畴，因此，幼儿园课程也就有了非义务性。幼儿园课程不是强制性和普遍性的课程，没有像中小学课程那样统一编写的教材，也没有统一的作业与考试的形式和要求。幼儿园课程是灵活多样的，需要教师根据幼儿的实际情况因时、因地设计。当然，幼儿园课程的灵活性并不意味着随意性，幼儿园需要根据国家颁布的指导性文件，如《纲要》《指南》，结合自身的情况设计课程。

3. 适宜发展性

幼儿园课程的功能和价值体现在对幼儿身心全面和谐发展的适宜上。促进幼儿在原有基础上的发展是幼儿园教育的根本，幼儿园课程要为幼儿一生的发展奠定良好的基础，因此，幼儿园课程要适合幼儿的身心发展客观规律与学习特点。幼儿园课程目标的制定、内容的选择、课程的实施与评价等都要以适宜幼儿发展为依据。

当然，幼儿园课程要积极促进幼儿的发展，而不是一味迎合、迁就甚至落后于幼儿的发展。幼儿园课程的设计应该在幼儿的“最近发展区”内，让幼儿跳一跳，可以够得着。这在《指南》中有明确体现，“目标部分分别对 3~4 岁、4~5 岁、5~6

岁三个年龄段幼儿应该知道什么、能做什么、大致可以达到什么发展水平提出了合理期望，指明了幼儿学习与发展的具体方向”。

（二）幼儿园课程的特点

1. 游戏性

游戏是幼儿的基本活动形式，也是幼儿的基本学习途径。游戏能够促进幼儿认知、情感、社会性和动作技能的发展，使幼儿在游戏中反复地经历观察、辨别、探索、模仿、记忆、想象、归纳、创造等认知过程，促进幼儿认知结构的不断丰富。《规程》第五章“幼儿园的教育”中明确指出，幼儿园教育要“以游戏为基本活动，寓教育于各项活动之中”。

在幼儿园课程中，游戏与教育是辩证统一的。幼儿的游戏中蕴含丰富的教育价值，能让幼儿在其中生动活泼、积极主动地学习与发展。因此，幼儿的游戏活动本身就是幼儿园课程的重要形式，即我们常说的“游戏活动教育化”。此外，即使是幼儿教师专门组织的教育教学活动，也要强调其游戏性，要让幼儿在感兴趣的游戏中学习，即“教育活动游戏化”。总之，游戏符合幼儿的年龄特征，能够满足幼儿身心发展的需要，因此幼儿园教育要贯穿于游戏之中。

案例

勤洗手对幼儿来说很重要，但是要让幼儿掌握正确的洗手方法却不容易。于是有幼儿教师把七步洗手法编成了一首儿歌：“两个好朋友，手碰手；你背背我，我背背你；来了一只小螃蟹，小螃蟹；缩起八条螃蟹腿，螃蟹腿；举起两只大钳子，大钳子；我和螃蟹点点头，点点头；螃蟹和我握握手，握握手。”幼儿跟随着儿歌的步骤洗手，儿歌唱完了，手也洗好了。洗手的过程对幼儿来说就像做游戏，很有趣。

2. 生活化

幼儿处于人生早期发展阶段，各方面的知识和能力都不足，他们需要成人在生活照顾、身体保健与锻炼、知识学习、能力发展等方面提供帮助。因此，对于幼儿来说，除认识周围世界、启迪其心智的学习内容外，一些基本的生活和做人所需要的态度与能力也是需要学习的，如基本的生活自理能力、文明卫生习惯、自我意识、人际交往技能等。这么广泛的学习内容不可能仅靠幼儿教师专门设计和组织的教学活动来完成，也不可能只通过“口耳相传”的教学方式来进行。幼儿必须在生活中学生活，在交往中学交往，在做人中学做人。幼儿园课程融合在幼儿一日生活的各种活动与环节之中，包括集体活动、小组活动、自选活动、转换过渡活动，收拾整理、进餐、盥洗、午睡及入（离）园等。例如，某幼儿园一日生活流程如下。

晨间活动：7∶40—8∶20

营养早餐：8∶20—8∶50

晨谈活动：8∶50—9∶00

教学活动：9∶00—9∶30

课间操：9∶30—10∶10

户外活动或游戏：10∶10—11∶20

餐前活动：11∶20—11∶45

营养午餐：11∶45—12∶15

散步：12∶15—12∶25

午睡、起床后的区域自选活动：12∶25—14∶30

区域或游戏活动：14∶30—16∶00

户外活动：16∶00—16∶30

离园活动：16∶30—17∶30

3. 直接经验性

3—6 的幼儿的思维是具体形象的，他们主要是通过各种感官认识周围世界的，幼儿只有通过感官和动作直接接触并操作事物，才能理解它们。幼儿这种具有行动性和形象性的认知方式与认识特点，决定了幼儿园课程必须让幼儿主动参与，让幼儿产生直接经验。在这种学习过程中，幼儿获得的不仅是关于事物特征的直接经验，还有认识事物的一系列方法。

4. 潜在性

幼儿园课程与中小学课程的根本不同在于幼儿园课程的潜在性或隐蔽性特征。

在中小学，潜在性课程或隐性课程也是存在的，但显性课程发挥主导作用。课表、教材、作业等都是显性课程的表现形式，学生非常明了教师的教育意图和自己的角色意识与行为目标。因而，中小学课程的外显性是十分突出的。

幼儿园教育也是有目的、有计划的教育。幼儿园课程也有明确的目标和学习领域。幼儿身心发展的特点，使得幼儿园课程不体现在课表、教材、课堂教学或作业中，而是蕴含在环境、生活、游戏和各种活动中。这些课程都是教师根据幼儿身心发展的规律和水平精心设计的，但幼儿感受更多的是环境、材料和活动，而不是其背后的教育意图、教育目的和教育期望。也就是说，幼儿园课程通过环境、材料和活动，潜移默化地发挥促进幼儿健康全面和谐发展的作用。

任务 6-2　幼儿园课程设计与实施

问题引领　端午节快到了，朱老师设计了一堂“浓情端午”的课。在课上，她用了 10 分钟给小班的孩子们讲了屈原一生壮志未酬，投江以身殉国的故事，剩下 10 分钟让孩子们画粽子。

你觉得朱老师的课堂设计如何？如果是你，你会怎么设计呢？

从静态的角度来看，幼儿园课程设计是依据一定的课程目标，选择一定的内容、方法、组织形式，制订的对幼儿施加教育影响的方案。从动态的角度来看，幼儿园课程设计是一个分析教育问题、解决教育问题的过程。幼儿园课程设计主要包含幼儿园课程的目标、内容、实施及评价四个方面。

一、幼儿园课程目标

课程目标是教育目的在教育过程中的具体化，它指明了学习者通过课程学习应该达到的成就。课程目标是选择、安排其他课程要素的依据和标准，对整个教育教学过程起着导向作用。幼儿园课程目标的确定，使幼儿园课程设计的方向得以明确，课程内容的选择和组织及课程的实施和评价等方面与课程目标成为一个有机的整体。

（一）幼儿园课程目标制定的依据

课程目标必须建立在科学性和合理性之上。目前，对于幼儿园课程目标制定的依据比较一致的看法是，其需要满足幼儿发展、社会发展和知识发展的需要。

1. 幼儿发展的需要

幼儿园课程的服务对象是幼儿，最终目标是促进幼儿的和谐发展，幼儿发展的需要是课程目标制定的最基本依据。幼儿园课程目标在设计时必须要考虑幼儿的兴趣、需要，尤其是学习与发展的基本规律和特点，只有这样才会建立对幼儿发展的合理期望，实施科学的保育和教育，让幼儿度过快乐而有意义的童年。《指南》从健康、语言、社会、科学、艺术五大领域明确了幼儿应达到的目标。幼儿园课程只有建立在对幼儿研究的基础上，才可以帮助我们确定哪些目标对于幼儿来说是可能的、适宜的。

2. 社会发展的需要

幼儿发展总是与社会发展交织在一起，幼儿的成长本身就是一个由自然人向社会人转化的过程，他们生活的家庭、社区、幼儿园等都会受到社会环境的影响。另外，学前教育一个重要的任务就是为幼儿积极适应未来社会的生活做准备。因此，当今社会发展的需要必然是幼儿园课程目标制定的一个重要依据。在制定幼儿园课程目标时应与时俱进，既要考虑国家的各种政策法规，又要考虑当今社会经济、文化发展的现状，把握社会发展的变化，提高幼儿教育对社会的适应性。例如，在北京冬奥会、新冠疫情等社会大事件发生时，幼儿园所组织的活动必然要考虑社会发展对幼儿的影响。

3. 知识发展的需要

知识是人类智慧的结晶。随着科技的发展、社会的进步，知识也在进行不停地存储与更迭。对于幼儿来说，哪些内容最有价值、应该学什么知识也是幼儿园课程目标制定的依据。知识一般来说相对具有两种价值，学术专业价值和一般发展价值。幼儿的年龄特点和幼儿园课程的性质决定了幼儿园课程注重的是知识的一般发展价值。从知识的角度来看，幼儿园课程目标制定需要考虑的问题如下：这个学科知识里哪些是幼儿在其成长过程中必不可缺的核心知识经验？这些知识经验能够促进幼儿哪些方面的发展？如何结合幼儿的身心发展特点，通过适合幼儿学习的方式，将学科知识转化为幼儿的知识体系？

在确定幼儿园课程目标时，需要综合考虑三个方面的需要，只有把幼儿发展的需要、社会发展的需要及知识发展的需要结合起来，才能制定科学的、适宜的幼儿园课程目标。

（二）幼儿园课程目标的结构

美国教育学家布鲁姆为建立教育目标体系提供了一个比较规范化、清晰化的标准，他以人的身心发展的整体结构为框架，将教育目标分为认知、情感、动作技能三大领域。每个领域又包含儿童发展的不同内容：认知领域包括知识、理解、应用、分析、综合、评价等；情感领域包括兴趣、态度、价值观、适应性等；动作技能领域包括感知动作、动作协调、运动技能等。幼儿园课程目标的结构广泛借鉴了布鲁姆的目标分类学理论，将认知、能力、情感作为幼儿园课程目标的重要组成部分。在制定幼儿园课程目标时要考虑幼儿的全面发展，保证幼儿在认知、能力、情感等方面得到全面提高。

（三）幼儿园课程目标的表述

微课：怎样正确表述幼儿园课程目标?

幼儿园课程目标是对幼儿学习结果的预期，它既对教育行为起导向作用，又是检验教育效果的标准。因此，幼儿园课程目标的表述要准确、清晰。

幼儿园课程目标可以从不同的角度来表述。

从幼儿教师的角度表述幼儿园课程目标，要指明幼儿教师应该做的工作或应该努力达到的教育效果。常用“培养……”“教会……”“引导……”“要求……”等方式来表述。例如，教会幼儿穿袜子的正确方法；培养幼儿节约用水的好习惯；鼓励幼儿大胆地表达自己的想法；等等。

从幼儿角度表述幼儿园课程目标，要指明幼儿通过学习应达到的发展水平。常用“感受……”“理解……”“喜欢……”“能够……”等方式表述。例如，能辨别不同物体的声音；喜欢参加集体活动；愿意表达自己的想法；等等。

需要注意的是，我们在表述幼儿园课程目标的时候，需要统一从一个角度来表述，对于这两种表述角度，更多的人倾向于使用后者。因为它可以让教师将教育活动的关注点更多地放在幼儿的“学”上，减少教师对自己“教”的关注。

（四）幼儿园课程目标的分类

幼儿园课程目标按其性质可以分为行为目标和表现性目标。

（1）行为目标。行为目标是一种用可观察到的或可测量的幼儿的行为来表述的课程目标。它具体、明确，具有客观性和可操作性的特点。例如，发展动手能力—提高手部动作的灵活性—会用剪刀剪纸条；发展动作的协调性—发展正确的身体姿势和节奏感—能跟着节拍做操。我们可以看到上述目标的表述越来越具体，操作性越来越强。

行为目标一般包括三个构成要素：第一，核心行为，是指期待幼儿能够做到的某种行为，往往要用一个操作性的动词表示，常用的有“说出”“比较”“指认”“区分”等，如“能够表达自己的意见”。第二，行为产生的条件，是指核心行为发展的条件或背景，如“能够在集体面前表达自己的意见”。第三，行为表现的标准，是指核心行为表现可接受的程度，如“能够在集体面前声音洪亮地表达自己的意见”。

在幼儿园课程中，知识技能的传授、行为习惯的训练可以使用行为目标的表述方式，但是情感态度类目标则难以使用这种方式。

（2）表现性目标。与行为目标相对，表现性目标描述的是幼儿身心的一般变化，而非某种特定行为。例如，喜欢参加集体活动；有求知欲；情绪愉快；等等。

因为幼儿表现性目标描述的是幼儿身心的一般变化，所以它比较适合中长期目标和难以用具体行为表述的情感态度类目标。在实际工作中，我们应根据目标的内容来合理地表述目标。

思维碰撞　在大班“神奇的树宝宝”这个主题活动中，孙老师设计的目标是：① 认识常见的树木，了解树木对大自然的作用，认识到保护树木的重要性；② 能够掌握一些爱护树木的方法，培养保护环境意识；③ 萌发爱护树木、热爱大自然的情感，以及对大自然的求知欲和探索之情。

请问孙老师的目标表述合理吗？

二、幼儿园课程内容

微课：促进孩子情绪稳定的课程内容，怎么选？

课程目标确定之后，面临的问题是选择什么样的课程内容作为实现课程目标的载体。如果说课程目标解决的是为什么学、为什么教的问题，那么课程内容解决的是学什么、教什么的问题。幼儿园课程目标决定了在选择课程内容时既要考虑幼儿身心发展的特点与规律、社会的期望与要求，又要精选适合幼儿学习的知识经验，要以终身学习、可持续发展为指导，最终促进幼儿身心全面、和谐发展。

（一）幼儿园课程内容的要素

课程内容可以理解为一整套以教学计划的具体形式存在的知识、技能、价值观念和行为，它们是根据社会为学校制定的目标而设计的。具体来说，幼儿园课程内容包括以下要素。

1. 关于周围世界（包括自己）的浅显而基本的认知经验

幼儿园课程内容能够帮助幼儿认识自己生活的环境，是幼儿智力发展、能力提高、情绪情感发展的基础和前提。幼儿需要掌握的基础知识应包括以下内容。

（1）生命活动必需的知识，如与幼儿健康、安全相关的知识。

（2）有利于幼儿解决基本生活、交往问题的知识，如规则的意义、基本的行为规则等。

（3）有利于幼儿认识自己生活环境的知识，如自然和社会中常见的事物的名称、属性等。

（4）为今后学习系统学科知识奠定基础的知识，如基本的数、量、形、时间和空间等。

（5）为成为未来社会高素质公民奠基的知识，如简单的环保知识等。

2. 关于基本活动方式的行动经验

人类的活动可以分为生产劳动、社会交往和科学实验。每类活动都有一些基本的方式方法和原理原则。基本活动方式是每个人都需要掌握的，它可以提高人的生存能力，也可以让人体验到获得成功的快乐。

幼儿的基本活动可以分为生活、交往、学习等，还可以分为自我服务、身体锻炼、游戏、观察、探索、交流、表达等。每类活动都有一些基本的方式方法和技能技巧，如参与到同伴的活动中去的方式、能够让别人接受自己的方式。

3. 关于发展智力、提高能力的经验

发展幼儿的智力和提高幼儿的能力是幼儿园教育的主要目的之一，它在课程内容中应占有相当大的比例。

幼儿的智力和能力常常表现在解决问题上，并且在解决问题的过程中得到发展。幼儿的问题常常出现在生活游戏和交往中。例如，起跳点不一，如何比较谁跳得远？又如，鱼缸里的水变少了，是不是被鱼喝掉了？这些问题构成了幼儿学习的内容。将幼儿常常遇到的或者感兴趣的且有价值的问题作为幼儿园课程内容，有利于激发幼儿学习的积极性，有利于发展幼儿的智力和提高幼儿的能力。

4. 对待世界（包括自己）和活动的情感态度

情感态度是伴随着活动过程而产生的体验，类似的体验积累得多了，就形成了比较稳定的倾向性。从根本上讲，情感态度不是教出来的，更多的是潜移默化的结果。

环境的同化作用、经验的情绪效应和理智的分析是情感态度形成的主要途径。环境的同化作用主要表现为他人的评价会不知不觉地影响幼儿，使幼儿持有与之相同的观点。经验的情绪效应指幼儿对让自己体验到愉悦、自信、满意等积极情绪的事物抱有积极态度，对让自己体验到愤怒、恐惧、焦虑、自卑等消极情绪的事物抱有消极态度。理智的分析指当幼儿认识并真正理解了某一事物的实际含义时，会根据自己或事物形成特定的情感态度。

思维碰撞　饭后让幼儿漱口不是件容易的事，怎样才能让幼儿对饭后漱口有正确的认识？

（二）幼儿园课程内容选择的原则

幼儿园课程内容范围广泛，如何选择适宜的幼儿园课程内容，使幼儿能够有效地学习？《纲要》中明确提出了幼儿园课程内容的选择应该遵循的三个原则：第一，既适合幼儿的现有水平，又有一定的挑战性；第二，既符合幼儿的现实需要，又有利于其长远发展；第三，既贴近幼儿的生活来选择幼儿感兴趣的事情和问题，又有助于拓展幼儿的经验和视野。基于这三个原则，在选择幼儿园课程内容时，应遵循以下具体原则。

1. 目标性原则

课程内容是实现课程目标的手段，因而课程内容的安排要有助于课程目标的实现。在选择幼儿园课程内容时应注意以下几点。

（1）要有目标意识。选择内容时，首先需要考虑选择这一内容是为了实现什么目标，这就需要对备选内容的教育价值进行分析：这一内容是否有助于目标的实现？实现这一目标是否有更合适的内容？

（2）正确理解目标和内容的关系。目标和内容并非一一对应的关系，一项目标的实现往往需要多项内容的学习。因此围绕某一目标选择内容时，需要考虑还有哪些内容可以促进这一目标的实现。同样，一项内容也可能指向多项目标，因此在选择某一内容时，需要考虑这一内容还可以实现哪些目标。

（3）情感态度类目标的达成需要给予幼儿相应的经验。有些目标（如自信心的培养）没有直接与之对应的内容，难以通过教或学让幼儿获得相应的发展，这就需要幼儿教师通过控制课程内容的难度，指导学习的方法，引导幼儿获得成功的经验。

思维碰撞 孙老师是小班的主班教师，她想让幼儿们知道，幼儿园是一个集体，每个小朋友在集体中都要遵守规则。请你为这个目标的实现选择一些合适的内容。

2. 适宜性原则

适宜性原则指幼儿园课程内容既要符合幼儿现有的发展水平，又要能够促进幼儿的发展。过难或过易的内容都不利于幼儿的学习与发展，只有幼儿“跳一跳，够得着”的内容才是恰当的，也就是说在“最近发展区”内的内容是适宜的，因而幼儿教师要在基于幼儿的水平、着眼于其发展的前提下确定幼儿园课程内容。

同一年龄阶段的幼儿既有共同的“最近发展区”，又有各自不同的“最近发展区”，因此幼儿园课程内容的选择既要适合幼儿的一般年龄特点，又要适合幼儿的个体差异。

3. 生活化原则

幼儿容易对学习生活中的相关事物产生学习的兴趣和积极性，也容易对其进行理解和掌握。因此，幼儿园课程内容应回归幼儿的生活，在幼儿的生活中寻找适合的内容。但生活化的课程内容不等于生活本身，课程内容应基于生活而又高于生活。

4. 兴趣性原则

幼儿教师在选择幼儿园课程内容时，要从幼儿感兴趣的事物中寻找富含教育价值的内容。幼儿学习的知识应该是能够在生活中应用的知识，只有这样的知识才是有意义的，他们才会感到有兴趣，才能增强自信心，并养成积极的学习态度。有些课程内容幼儿不感兴趣，但是从幼儿长远的发展来看是有必要的，那么就需要教师巧妙地引导，使之转化为幼儿的兴趣。

5. 基础性原则

基础性是幼儿教育的基本特征。幼儿园课程内容应该反映人生发展最基本的问题。事实证明，越是基础的内容越是具有长远的发展价值。基础性的参考标准主要有：是否与幼儿现在的生活、学习有直接联系，是否必须现在学，是否是人类知识中的基本内容且是今后学习必须具备的知识，是否具有巨大的应用性和迁移性。

6. 兼顾均衡与优先原则

幼儿园课程内容的选择要实现学前教育总目标，即促进幼儿德智体美劳各方面的发展。但不同群体、不同个体与理想目标各方面的差距可能不是完全一样的。在选择内容时，特别要注意幼儿园课程内容各部分之间的比例要适当，但也要遵循“目标缺失优先”原则。例如，不少调查发现，大城市的幼儿的小肌肉动作发展较好，大肌肉动作发展较差；而农村、山区的幼儿恰恰相反。因此在不同地区甚至不同班级，在选择幼儿园课程内容时，重点都要有所不同，以发挥教育“长善救失”的作用。

三、幼儿园课程实施

幼儿园课程实施是将编制的幼儿园课程计划付诸教育实践的过程。它是幼儿教师和幼儿亲身参与与体验课程的过程，是课程的再调整活动。幼儿园课程实施是幼儿园教师根据《纲要》等文件的要求，从本地、本园的条件出发，结合本班的实际情况，制订切实可行的工作计划，并灵活地执行，以达到预期的教育目的和课程目标。

（一）幼儿园教育教学计划

幼儿园教育教学计划是幼儿园依据幼儿园教育目标和课程标准，有计划地、系统地设计、组织和安排各类教育教学活动的过程。幼儿园教育教学计划包括以下几个方面的内容：幼儿教师按课程要求有计划、有目的地设计和组织的教育活动；幼儿在园一日生活安排与组织；幼儿自选活动的提供与指导；幼儿园教育环境创设与利用；家长工作与社区联系；等等。

幼儿园教育教学计划可依据课程目标或教育目标分为以下几种类型：班级计划、学期计划、月（周）计划、日计划、具体教育教学活动计划等。在这几个层次中，具体教育教学活动计划与幼儿的关系最紧密，对幼儿的身心发展产生直接的影响。这些计划之间的相互关系与课程目标的层次关系是一致的，上位计划对下位计划具有指导和约束作用，下位计划是对上位计划的具体化。

（二）幼儿园教育活动的组织形式

从幼儿参与活动的规模来看，幼儿园教育活动的组织形式可以分为集体活动、小组活动和个别活动三类。

1. 集体活动

集体活动是全班幼儿在同一时间内做相同事情的活动，一般在幼儿教师的组织和直接指导下进行。集体活动的优点是效率高，有利于培养幼儿的集体感和纪律性；缺点是由于幼儿人数多、个别差异大，难以满足每个幼儿的需要，难以让每个幼儿积极参与。

2. 小组活动

小组活动是将幼儿分成几个小组，以小组为单位进行的活动。小组活动有利于幼儿主动积极地操作材料，有利于幼儿与同伴、教师交流、讨论、合作和分享经验，有利于幼儿按自己的速度和方式做事。小组活动应以幼儿的主动学习为主，而幼儿教师的责任更多的是观察、了解幼儿，给予幼儿适当的、必要的引导与帮助。

小组活动的组织形式可以是在全班集体组织背景下的分组，包括同一内容、同一要求、同一方法的分组，以及同一主题、不同内容的分组；也可以是面向一组幼儿组织活动，让其他幼儿在不影响该组幼儿学习的前提下自由选择区域进行活动，然后轮换。

3. 个别活动

个别活动可以是由一个幼儿教师面对一两个幼儿进行的指导，也可以是幼儿自发、自由的活动。幼儿教师的指导一般在幼儿的自选活动中进行，幼儿教师作为同伴参与幼儿的活动，与个别幼儿互动，或是针对个别幼儿的特殊情况进行有针对性的专门辅导。

幼儿园教育活动的三种组织形式都有各自的特点，应根据需要合理安排，灵活运用。《规程》中明确指出："教育活动的组织应当灵活地运用集体、小组和个别活动等形式，为每个幼儿提供充分参与的机会，满足幼儿多方面发展的需要，促进每个幼儿在不同水平上得到发展。"

（三）幼儿园课程实施的途径

幼儿园课程实施是通过多种途径实现的，具体包括以下几种。

1. 生活活动

幼儿园课程必然要通过幼儿一日生活的各环节来体现。幼儿在园的一日生活中，生活活动占据了最长的时间，具体包括盥洗、进餐、睡眠、交往等。这些日常的生活活动隐含了巨大的教育价值，是幼儿园课程实施的重要途径。

2. 游戏活动

游戏是幼儿最喜欢也是最适合其年龄特点的活动，对幼儿的身心发展具有重要意义。《纲要》中明确指出，幼儿园要以游戏为基本活动，幼儿园课程要更贴近幼儿的实际发展水平，贴近幼儿的学习特点，贴近幼儿的生活及兴趣与需要，必须以游戏为突破口走近幼儿，实现课程的价值。

3. 教学活动

教学活动是有目的、有计划地设计和安排的，以幼儿的集体学习为主要形式，引导幼儿获得有益学习经验的过程。它的目标明确、内容精选、计划性强，其中教师组织作用明显。这类活动可以帮助幼儿获得新知识、新技能，可在短时间内有效提升幼儿的知识经验水平。在集体教学活动中，幼儿要学会倾听和表达，遵守集体活动规则，学习与同伴交往的技巧，这些对于幼儿的社会性发展和入学准备都具有积极的意义。

4. 环境创设

幼儿园的环境创设作为隐性课程是课程实施的有效途径。这里的环境既包括物质环境，也包括精神环境。《纲要》中明确指出："环境是教育的重要资源，应通过环境的创设和利用，有效地促进幼儿的发展。"如何创造一个生动、丰富、有利于幼儿主动学习的支持性环境，是幼儿园课程在实施过程中需要重点解决的问题。

5. 家园合作

幼儿教育家陈鹤琴先生曾经说过："幼儿教育是一件很复杂的事情，不是家庭一方面可以单独胜任的，也不是幼儿园一方面可以单独胜任的，必定是两方面共同合作方能得到充分的功效。"家庭是幼儿生活、学习的主要场所，幼儿园课程理念和目标实现过程中要充分利用家长资源，只有幼儿园教育与家庭教育形成合力，才能真正有效促进幼儿的发展。

思维碰撞　有个幼儿教师跟同事聊天，她很苦恼：幼儿在幼儿园会自己吃饭、自己穿衣服，可一回到家里就变得什么都不会了——吃饭是奶奶喂，衣服是妈妈穿。这是怎么回事？在幼儿教师和家长的合作上，你有什么建议？

四、幼儿园课程评价

课程评价是对课程做出价值判断的过程。幼儿园课程评价是幼儿园教育活动的重要反馈机制，是提高教育质量的必要手段。幼儿园课程评价的目的是促进幼儿及幼儿教育的发展。通过幼儿园课程评价，幼儿教师可以了解课程的适宜性、有效性，而这些信息又可以帮助幼儿教师及幼儿教育的管理者不断调整和改进课程，从而提高教育质量，促进幼儿的发展。

（一）幼儿园课程评价的主体

评价主体即评价者。目前，我国幼儿园课程评价已由单一的行政评价转向管理者、教师、幼儿及家长的多元评价。《纲要》指出，幼儿园教育工作评价实行以教师自评为主，园长及有关管理者、其他教师和家长等参与评价的制度。评价主体的多元化避免了评价的片面性，对提高教育质量、促进幼儿发展是非常有利的。

（二）幼儿园课程评价的客体

评价客体即评价的对象，主要包括课程实施方案、课程实施过程、课程实施效果三个方面。这三个方面的评价如下。

1. 课程实施方案评价

课程实施方案评价主要考察和评定幼儿园是否以科学的、先进的课程理论为指导，所持有的基本理念及所强调的主要价值取向是否与幼儿园所在的社会文化背景及幼儿园教育实际情况相契合；考察和评价幼儿园课程的结构是否合理，课程的各组成部分是否在课程理念的统合下形成一个协调的整体，并能发挥其整体功能。

2. 课程实施过程评价

课程实施过程评价主要考察和评定课程实施过程中的诸多动态因素。主要包括师生互动的质量、幼儿在课程活动中的反应（主动性、参与程度、情绪表现等）、幼儿教师的态度和行为（对幼儿的控制程度、管理方式、教育机智和技巧等）及幼儿园环境的创设和利用等。

3. 课程实施效果评价

课程实施效果评价主要对幼儿发展、教师行为这两个方面做出评价。

（1）对幼儿发展的评价包括：掌握与课程有关具体知识的情况；幼儿学习后的态度、方法、行为等方面的积极变化，以及这些变化与课程目标的符合程度；产生了哪些非预期的效果等。

（2）对幼儿教师行为的评价包括：幼儿教师从设计、准备直到实施每个阶段所进行的各项教育教学工作的技巧和态度；幼儿教师自身成长与发展变化；幼儿教师是否为幼儿提供了适宜的学习经验，是否兼顾幼儿个体差异等。

（三）幼儿园课程评价的分类

根据不同标准可对幼儿园课程评价进行不同的分类，主要有以下几种。

1. 根据评价的功能和进行的时间分类

（1）诊断性评价。诊断性评价也称教学性评价、准备性评价，一般是指在某项教学活动开始之前对幼儿的认知、情感等状况进行的预测。通过这种预测可以了解幼儿的认知基础和准备状况，以判断他们是否具备开展教育教学活动所要求的条件，为开展因材施教提供依据，为确定课程计划、方案做准备。

（2）形成性评价。形成性评价也称过程性评价，指在课程系统运作、发展过程中收集课程各要素的相关资料，加以科学分析和判断，以此调整和改进课程方案，这是使正在运行中的课程更为完善的一种评价方式。例如，幼儿教师每隔一段时间就要对幼儿的身心发展状况进行一次测试，以便及时了解幼儿身心发展的情况，调整课程，促进幼儿更好地发展。

（3）终结性评价。终结性评价也称总结性评价、结果性评价，是一种对课程实施以后所获得的实际效果进行验证的评价方式。终结性评价是事后的评价，旨在验证课程的成功程度和推广价值，为各级各类决策者提供信息。

2. 根据评价中是否采用数量化的方式分类

（1）定性评价。定性评价是采用开放的形式获取评价信息，运用定性描述的方法做出结论的评价。如评出等级、写出评语等。

（2）定量评价。定量评价是指评价者收集被评价对象的数量性实证信息，用数量化指标显示评价结果的评价方式。

3. 根据评价主体分类

（1）自我评价。自我评价是指评价者对自己所进行活动的评价，如幼儿教师在一个教学活动后所进行的总结就是自我评价。自我评价的优点是方便易行，缺点是客观性较差，容易出现估计过高或过低的倾向。

（2）他人评价。他人评价是指除自身外的任何人或组织对该对象所进行的评价，如幼儿教师之间的互评、幼儿教师对幼儿的评价等都属于他人评价。

4. 根据评价的基准分类

（1）相对评价。相对评价是指在被评价者的集合中选取一个或几个对象作为基准，然后把被评价者与基准相比较，判断其是否达到基准所具备的特征及其程度的评价方法。例如，将班级中某幼儿的语言发展水平作为基准，把班里其他幼儿的语言发展水平逐一与基准进行比较，评价其达到程度及在其群体中的相对位置。

（2）绝对评价。绝对评价是指在被评价者的集合之外，确定一个评价的标准（被称为客观标准），在评价时，把被评价者与这个客观标准进行比较的评价方法。绝对评价以某种既定的目标为参照，而不是内部彼此间的比较，目的在于判断个体是否达到这些指标。例如，将3~4岁幼儿的身心状况与《指南》中的参考标准进行比较。

（3）个体内差异评价。个体内差异评价是指将被评价者的过去与现在进行比较，或将被评价者的各方面进行比较的评价方法。例如，将某幼儿入园初期的数概念发展水平与学期末的数概念发展水平相比较，判断幼儿的进步程度和教师的教学效果。

（四）幼儿园课程评价的原则

1. 客观性原则

客观性原则指对幼儿园课程的评价应实事求是，客观、真实地对待一切人和事。把通过观察、测量、访谈、问卷等方式搜集来的信息，如实地、不掺杂主观想法地记录下来，然后按照科学的标准进行分析和判断，做出合理评价。这是进行幼儿园课程评价应持的一种科学态度，也是达到课程评价目的的保证。

2. 发展性原则

不应把幼儿园课程评价仅仅作为对教师工作或幼儿发展水平的鉴定手段，进行幼儿园课程评价不是为了给教师贴标签，给幼儿分等级。幼儿园课程评价的最终目的在于发现课程中的问题，找出原因，提出改进的建议和措施，解决问题，调整改进和完善课程，不断提高教育质量，促进幼儿全面和谐发展。

3. 目标性原则

幼儿园课程有明确的目标，如要教给幼儿哪些知识、技能和技巧，要求幼儿形成哪些思想观点和信念，要求幼儿养成哪些行为和习惯等。幼儿园课程评价应以幼儿园课程目标为导向，当课程实施以后，判断这些目标是否实现及实现的程度如何。

4. 科学性原则

科学性原则要求幼儿园课程评价要有正确的指导思想和科学的评价标准，评价的指标要与《规程》的精神和原则相一致。评价结束后还要对评价结果进行科学的解释。正确把握科学性原则，应注意以下几点：一是把握评价的客观性，切忌主观臆断；二是把握信息的全面性，切忌依据片面的信息做结论；三是尊重被评价者个体的差异性，切忌在评价标准、方法上的“一刀切”现象。

任务 6-3　国内外经典幼儿园课程模式分析

问题引领　什么是课程模式？目前国内外经典的课程模式有哪些？各自有何特征？

课程模式是指根据某种思想和理论来确定课程教学目标，选择和组织课程教学内容、课程教学方法、课程教学管理手段，以及制定课程教学评价原则而形成的形式系统。不同的课程模式有不同的教育哲学和心理学基础，代表不同的课程组织结构和教学过程，反映课程与相关领域间的不同关系。课程模式应包括三个成分：一是课程模式的理论基础（包括反映有关教育目的的哲学、心理学观点，与幼儿的学习和发展相一致的教育目标的价值陈述等）；二是课程模式的管理政策和管理过程，涉及人员、设施、课程评价等；三是课程模式的内容和方法等。

在世界学前教育的理论与实践发展过程中，出现了许多的课程模式，每种课程模式都是在特定社会文化背景下产生的，都有其自身的精髓。常见的国内外经典幼儿园课程模式有五指活动课程模式、行为课程模式、蒙台梭利课程模式、瑞吉欧课程模式和海伊斯科普课程模式等。

一、五指活动课程模式

五指活动课程是由我国学前教育家陈鹤琴先生创编的。他以南京鼓楼幼稚园的课程编制为实验对象，根据研究结论提出了五指活动课程。课程内容由五个方面组成，它犹如人的五个手指头，是活的、可以伸缩的，也是整体的、连通的、互相联系的。五指活动在幼儿生活中结成一个教育的网，有组织、有系统、合理地编织在幼儿的生活中。陈鹤琴先生提出的“活教育”理论体系是五指活动课程模式的理论基础。

（一）五指活动课程的目标

做人：要有合作的精神、同情心和服务的精神。

身体：要有健康的体格，养成卫生习惯并有相当的运动技能。

智力：要有研究的态度、充分的知识和表意的能力。

情绪：能欣赏自然美和艺术美，培养快乐精神，打消惧怕的情绪。

（二）五指活动课程的内容

对课程内容的选择，陈鹤琴一贯倡导“活教材”的观点，要求幼儿园的课程内容要与幼儿的实际生活相结合，以五指活动来规定课程的内容，具体如下。

（1）健康活动：包括静养、饮食、睡眠、早操、游戏、户外活动、健康检查、散步等。

（2）社会活动：包括升降旗、朝夕会、周会、纪念日集会、每天的谈话及社会常识等。

（3）科学活动：包括植物的培植、动物的饲养、自然现象的观察、研讨、计数、当地自然环境的认知等。

（4）艺术活动：包括音乐（唱歌、节奏、欣赏）、图画、手工等。

（5）语文活动：包括故事、儿歌、谜语、图画书等。

（三）五指活动课程的组织

陈鹤琴主张幼儿园的课程组织应以幼儿身心的发展为依据。自然环境和社会环境这两种环境幼儿每天都会接触，应当成为幼稚园课程的中心。幼稚园可以从自然环境和社会环境中，选择儿童感兴趣且适合儿童的人、事、物作为中心，以主题单元来组织，各项活动都围绕单元进行，使各科之间构成内在联系，形成整体。这种课程内容组织的方法，陈鹤琴称之为“整个教学法”，即把幼儿应学的东西整个地、有系统地教给幼儿，后来被称为“单元教学法”。

（四）五指活动课程的编制

关于五指活动课程的编制，陈鹤琴提出了三种方法。

（1）圆周法：各班课题相同，而要求由浅入深。

（2）直进法：各班课题和要求均不相同。例如，小班研究猫和狗，中班研究羊和牛，大班研究狮和虎。

（3）混合法：各班课题和要求有相同也有不同。

在编制课程时，通常混合法运用最多。

（五）五指活动课程的实施

关于五指活动课程的实施，陈鹤琴强调以下三点：一是游戏式教学法，以自动代替被动，使幼儿在游戏、活动中学习，事半功倍；二是采用小团体的教学方法，区别对待，分组实施，使处于不同发展水平的幼儿都有长进；三是通过环境的创设和材料的提供引起幼儿的学习动机。此外，陈鹤琴还提出了比较法、比赛法、替代法、观察法等，通过多样化的方法，生动、形象、具体地对幼儿进行教育。在教学中以做为出发点，在做的过程中学，在做的过程中教，在做的过程中求进步。

二、行为课程模式

（一）行为课程的目标

行为课程模式是我国学前教育家张雪门先生创立的。张雪门认为幼儿园的课程目标是满足幼儿身心的需求，养成幼儿“扩充经验的方法与习惯”，培养其生活的能力与意识，从而使幼儿的身心得到全面的发展。

张雪门提出，课程要兼顾社会需要和幼儿身心发展的需要，将实现改造社会放在与关注幼儿需要同等重要的地位。张雪门把其幼儿教育定为改造民族的幼稚教育，拟定新的课程目标：铲除我民族的劣根性；唤起我民族的自信心；养成劳动习惯，客观看待问题；锻炼我民族为争中华之自由平等而奋斗之决心与实力。这确立了以社会需要为远景，以幼儿个体发展需要为近景的幼稚教育任务。

（二）课程内容

张雪门行为课程的内容就是幼儿生活的自然环境和社会环境中能为幼儿所接受并有助于其身心发展的各种经验。这些经验来源于三个方面：一是从幼儿本身个体发展上而得，二是和自然环境相接触而得，三是从社会交际而得。他将行为课程的内容划分为以下几个方面。

（1）幼儿自发的诸般活动，即幼儿自身发展中所进行的一些活动。

（2）幼儿的自然环境，即幼儿周围生活中一切有关自然界的事物与知识，如植物、动物、旅行、各种自然现象。

（3）幼儿的社会环境，即幼儿现在生活与未来生活相关的社会生活知识，如家庭、邻近的地方、各种职业活动等。

（三）课程的组织

张雪门认为行为课程的组织应注意以下几点。

（1）注重整体性。幼儿园课程不能像小学课程或大学课程那样，分为语文、数学、地理、生活等学科，各有各的统属，而应打破学科的界限，让各科科目都变成整体生活的一面，构成一种具体的整个活动。

（2）偏重幼儿个体发展。在组织幼儿园课程时，不能忽略社会的需求，但须极力注意幼儿现在的需要和能力。在幼儿教育阶段，应偏重于个体的发展。

（3）注重幼儿的直接经验。幼儿园的课程须根据幼儿的直接经验进行组织，虽然这种经验不如传授的经验整齐、经济，但对于幼儿来讲，直接学习的价值更大。

（四）课程实施

张雪门指出行为课程的要旨是以行为为中心，强调做，即行动的价值，提倡“做学教”融合。他反对给幼儿灌输抽象的“死知识”，要求重视幼儿的实际行动在课程实施中的作用。经过多年的实验研究及不断改进，他确立了用设计教学法来拟定行为课程计划的方式，并采用单元教学来进行，具体内容如下。

（1）动机。行为课程要引发幼儿主动学习的内在动机，要变环境为情境以激发兴趣，要引导幼儿设计活动以延续兴趣，还要为幼儿提供发表的机会以保持兴趣。

（2）目的。行为课程要有目的，这种目的不是幼儿自己学习的目的，而是幼儿教师希望幼儿在这一行为中所获得的效果。幼儿教师只有确定了教学目的，才能有效地指导幼儿在课程中的行为，教学才能有一定的标准。

（3）活动。为了达到教学目的，必须认真设计活动的要领、参加的人数、活动的时间和地点、每小段的程序等。这一步骤主要是计划预设活动，因此只做大体轮廓的估量，在之后的行为实践中，就应做详细的计划，以便符合实际需要。

活动如何开始、如何展开、如何结束是课程实施中一项极重要的工作。然而它只是行动的要点，尚缺乏具体的内容，因此必须拟定具体的活动流程，便于进行指导。在线索范围内，力求切合幼儿操作上的需要，进行必要的材料准备。虽然仍旧根据固有的各种科目拟定具体应用的工具和材料，但由于行为不是机械的，所以材料也要有一定的变化。

张雪门还建议采用“真实环境中的观察和体验”“模拟环境中的操作和演练”“真假参半环境中的交流和想象”的方法来实施行为课程。幼儿园行为课程提出以行动为中心，其基本思想就是“生活即教育”“行为即课程”，体现了教育生活化、生活教育化的基本理念。

三、蒙台梭利课程模式

蒙台梭利早年从事医学工作，研究智力缺陷儿童的心理和教育问题，取得了巨大成功。1907 年，她在罗马的贫民区开设了一所“儿童之家”，将对智力缺陷儿童的教育方法运用于正常儿童。蒙台梭利认为儿童具有发展的内在冲动力，在发展过程中存在敏感期和阶段性。迄今为止，蒙台梭利在幼儿教育中仍然有着广泛的影响，蒙台梭利课程被全世界许多国家选用。

（一）蒙台梭利课程的目标

蒙台梭利课程以培养幼儿成为身心均衡发展的人为目标，通过作业的方式，让幼儿自我纠正，把内在生命力表现出来，在作业过程中培养幼儿的注意力，使幼儿在为其设置的环境中成为特质的人。

（二）蒙台梭利课程的内容

蒙台梭利根据幼儿发展具有敏感期的特点，以感官教育为核心建立了一整套系统化的读、写、算、文化科学等课程内容，涉及日常生活练习教育、感官教育、语言教育、数学教育及文化科学教育五大方面。

（1）日常生活练习教育是蒙台梭利课程重要的组成部分。日常生活练习主要有三种类型：第一，幼儿的自我服务，包括穿脱衣服、刷牙、洗脸、梳头等活动；第二，幼儿初步的动作练习，如坐、走、站、抓握等；第三，管理家务的活动，包括扫地、拖地、擦桌子、倒垃圾等。这种练习的目的是培养幼儿的独立自主能力和精神，学习实际生活的技能，促进幼儿注意力、理解力、协调力、意志力的发展，以及良好生活习惯的养成。

（2）感官教育是蒙台梭利课程中最有特色的部分。它主要由 16 种系列感官教具组成，包括视觉、听觉、触觉、味觉和嗅觉等感官的训练，目的是让幼儿在考察、辨别、比较和判断的过程中提高自己的能力，增进经验。

（3）语言教育包括三个部分：一是听说的教育，包括口语经验的发展，如语言游戏、分类卡游戏等，口语表达与理解力的发展，如讲故事、背诵诗歌等；二是写的教育，包括书写预备和书写练习；三是读的教育，包括阅读练习与语言常识。

（4）数学教育旨在增进幼儿的逻辑思考能力、推理及解决问题等能力。蒙台梭利主张通过数学教具，帮助幼儿学习数学。在数学教育方面，除运动感觉教育的教具外，蒙台梭利还特意设计了一套数学教育的教具。

（5）文化科学教育的内容包括天文与地质、地理与历史、植物与动物及人类艺术等，它会随着各地的环境文化的不同而有所变化。

（三）蒙台梭利课程组织

蒙台梭利课程是以幼儿的内在需求为出发点，要求仔细观察幼儿并充分了解可以帮助他们发展的内容。课程内容的组织以教具为中心，教具依据幼儿的各敏感期设计，顺序性很清楚，幼儿只要按照自己的进度去操作，按自己的能力去发展即可。

教育过程的组织则以环境为基础，幼儿教师应为幼儿提供一个有准备的环境。蒙台梭利认为任何教育计划的施行，首要的就是提供真实自然且适合幼儿的环境，以激发幼儿自我知觉、自我支配的动机，做到自我发展。

四、瑞吉欧课程模式

（一）瑞吉欧课程的目标

瑞吉欧教育并不追求教育外在的目标，而是更注重其内在品质，也注重让幼儿、幼儿教师、家长都能生活得幸福愉悦。瑞吉欧课程的目标用其所描述的现今幼儿的内在特征来表达更为恰当，就是让幼儿“更健康、更聪明、更具潜力、更愿学习、更好奇、更敏感、更具随机应变的适应能力、对象征语言更感兴趣、更能反省自己、更渴望友谊”。

（二）瑞吉欧课程的内容

瑞吉欧没有明确规定好的课程内容，更没有预先设计好的教育活动方案。正如马拉古奇所说：“我们没有真的计划或课程，但是若说我们只依赖那种令人羡慕的技巧，像临时起意的课程，那也不正确，我们并不依赖机会，因为我们深信我们也可以期待某些我们尚未了解的事物。我们知道的是，与儿童一起共事，是三分之一的确定，以及三分之二的不确定与新事物……我们可以确定的是，儿童随时准备好要帮助我们，他们可以提供给我们想法、建议、问题、线索以及遵循的途径。”瑞吉欧课程的主题来自幼儿生活中的事物、现象与问题，来自他们的经验及所进行的活动。主题都是幼儿熟悉的，这样幼儿就可以根据自身的认知解决问题，设定探索的范围。

（三）瑞吉欧课程的组织

瑞吉欧的课程与教学主要是以项目活动方式展开的。所谓项目活动是指一群幼儿以小组形式，运用多种接近客观事物与主观经验的方式方法，对于真实的生活事件和日常情景中的现象所进行的长期而深入的探索活动。从课程发生来看，一个项目或可视为一次冒险的钻研活动，来源于成人的一个建议、幼儿的一个观点、一次突发的事件，如一次客人的来访或者下雨等。但每个项目探讨什么、怎么探讨、如何结束，都无法事先规定，它完全依赖于幼儿与教师双方的互动、沟通与交流。项目活动从设计上来看，主要是协助幼儿全面、深入地理解他们周围环境及经验中值得注意的事物与现象，使幼儿通过主题的探索活动获得与周围的人、事、物的互动，从而自主建构、积累一些知识、经验，发展幼儿的主动探索、自由创造、共享、对美的事物的敏感性等方面的情感与态度品质，让幼儿学会解决问题，从而幼儿可以自由地表达他们对世界的认识方式。

（四）瑞吉欧课程的实施

瑞吉欧课程围绕项目活动实施，具体内容如下。

（1）弹性计划。幼儿教师在开始项目活动之前只有一般化、笼统的目标，并不提前设计每个项目和每次活动的具体目标。幼儿教师依据他们对幼儿的了解及之前的经验，对活动开展做出一定的假设，依赖这些假设形成灵活的、适应幼儿兴趣和需要的目标。

（2）小组活动。项目活动是以小组的形式展开的。每个小组一般为3~5人，有时为2人。小组活动为每个幼儿提供机会，瑞吉欧工作者认为小组活动中幼儿之间应有适当的差异，只有这样才能产生交流与沟通，但这种差异不能太大，以免失衡。

（3）合作教学。瑞吉欧项目活动中体现出的是合作教学，即强调师幼合作对某一问题进行探讨研究。这一互动合作过程被瑞吉欧工作者比喻为“打乒乓球”游戏。幼儿教师必须能够接住幼儿“丢来的球”，并以一种让幼儿想要继续与教师玩、过程中有可能发展出其他游戏的方式把“球”抛回给幼儿。这种说法不仅仅说明了幼儿教师在教学中的地位，更形象地说明了幼儿教师与幼儿之间的合作关系。

（4）记录的支持。记录指幼儿教师通过持续、细心地观察，运用照片、录音、幻灯、录像、文字说明及实物等形式，从不同角度对幼儿在不同项目活动中的情况进行材料的收集、整理及记载。记录活动贯穿于项目活动的始终。

（5）多种语言的表达。在项目活动探究的过程中，教师鼓励幼儿运用视觉与图像语言来自由表达与相互交流，包括语言、绘画、雕刻、泥工、建造、肢体动作、表情等。瑞吉欧教育极力倡导让幼儿运用多种语言（尤其是视觉与图像文字）来表征他们对世界的认识。

在教学方法的选择上，瑞吉欧课程侧重研究、实验、交流、记录几种方法的采用。幼儿教师在瑞吉欧教育体系中扮演着重要角色，幼儿教师不是权威，不是传统意义上的知识、技能的拥有者、传授者，幼儿也不是被动地接受教师的语言文化传递，幼儿是行为活动的发起者、具体执行者，幼儿的兴趣、需要、经验是一切活动的出发点。

五、海伊斯科普课程模式

海伊斯科普课程始于 1962 年，由美国儿童心理学家戴维·韦卡特创立的海伊斯科普教育研究机构研制，是美国“开端计划”中第一批通过的帮助处境不利的学前儿童摆脱贫苦的学前教育方案，在全世界内得到推广和应用。海伊斯科普课程以皮亚杰的认知发展理论为基础，吸取了现代教育学和心理学的研究成果，是一种颇具特色的幼儿认知发展课程，其主导思想是让幼儿在主动的活动中学习并获得发展。

（一）海伊斯科普课程的发展历程

第一个阶段，海伊斯科普课程的设计者们关注为幼儿进入小学做好知识和技能学习方面的准备，有明确的教学目标。

第二个阶段，海伊斯科普课程的设计者们开始运用皮亚杰儿童发展理论组织课程的进程，强调根据每个幼儿的发展水平促进其发展。但是，在这一阶段幼儿还没有获得真正意义上的主动。

第三个阶段，海伊斯科普课程的设计者们将幼儿看成主动学习者，认定幼儿能在其自己计划、进行和反应的活动中获得较好的学习。这一阶段的总目标是认知性的，与上一阶段相比较，课程目标中增加了“主动学习”这一部分，具体的目标领域也发生了一些变化，并考虑了幼儿社会情感方面的目标。

（二）海伊斯科普课程的内容

海伊斯科普课程的内容主要围绕幼儿认知发展应获得的 49 条关键经验展开，幼儿教师在幼儿园一日的各种活动中为幼儿创设环境、提供条件，帮助幼儿在活动中逐步获得这些经验，以促成他们良好的发展。这 49 条关键经验是在概括皮亚杰有关前运算阶段的幼儿所具有的最重要的认知特征的基础上提出的，涉及幼儿认知发展的各领域：主动学习、语言、经验和表征、分类、排序、数概念、空间关系、时间关系等。这些关键经验可用来为全体幼儿计划活动，也可为个别幼儿的活动计划提供参考。

海伊斯科普课程的 49 条关键经验并不是零散的，它们之间有着密切的联系。在海伊斯科普课程任何实际的教学、学习活动中，它们都综合为一体，而不是以孤立的形式让幼儿来学习和运用。所有学前儿童的学习活动都必须建立在儿童对物体操作的主动性经验的基础上，而与言语和非言语表征有关的经验能进一步丰富这种主动性经验。因此，与空间、时间和逻辑概念有关的经验必须建立在主动的、具体的经验的基础上，而言语和非言语表征可用来思考与解释这些经验。例如，在一个活动中，幼儿教师给幼儿提供不同质地的布料，如果让幼儿自己感觉或使用这些布料，幼儿就是主动的。活动中幼儿教师与幼儿之间的谈话能反映出幼儿谈论不同材料的愿望，也能反映出幼儿教师对幼儿所强调的有关分类、排序、空间及时间关系中的关键经验。幼儿也可能通过非言语形式，如象征性地用布料来包裹东西，来表现他对这一经验的思考。

知识链接

海伊斯科普课程的 49 条关键经验（节选）

1. 主动学习方面的关键经验

让幼儿运用自己的各种感官来探索；通过直接经验探索关系；制作、转换和组合物体；根据自己的意愿选择材料和进行活动；获得使用工具和设备的技能；使用大肌肉进行活动；让幼儿自己做事，解决日常问题。

2. 语言运用的关键经验

与别人交流自己的有意义的经验；描述物体、事件和事物之间的关系；用语言表达情感；由幼儿教师把幼儿的口头语言记录下来并读给他听；从语言中获得乐趣，可采用念儿歌、编故事、倾听诗歌朗诵和故事讲述等方式。

3. 经验和表征的关键经验

通过听、摸、尝、闻认识物体；模仿动作；把图片、照片及模型与真实的场景和事物联系起来；玩角色游戏和装扮游戏；用泥、积木等材料造型；用不同的笔绘画。

4. 发展逻辑推理的关键经验

分类探究和描述事物的特征，注意并描述事物的异同，进行分类和匹配；用不同的方式使用和描述物体；描述事物所不具有的特征或不归属的类别；同时注意到事物的一个以上的特征（如你能找到既是红的又是木头做的东西吗？）；区别部分和整体；排序；比较（比较大小、轻重、软硬、长短、高矮、宽窄等）；根据某种特征来排列物体，并描述它们之间的关系（哪一个最长、哪一个最短等）；数概念；比较数和量；用一一对应匹配的方式来比较两个数群的数量（如篮子里的苹果的数量和小朋友的数量是否一样多）；点数物体和唱数。

5. 理解空间和时间的关键经验

理解空间的关键经验：装拆物体；重新安排一组或一个物体在空间的位置，并观察由此而产生的空间位置的变化；从不同的空间角度观察事物和场景；体验和描述物体的相对空间位置（如在中间、在旁边、在上面、在下面、在顶上等）；体验和描述物体与人的运动方向（如去、来自、进去、出来、朝向、远离等）；体验和描述事物之间与地点之间的相对距离（如靠近、邻近、远离、紧靠、相隔、在一起等）；体验和表征自己的身体（有什么样的结构、身体各部分的功能是什么等）；学习确定教室、幼儿园及周围环境中各种物体的位置；理解绘画和图片中所表征的空间关系；识别和描述各种形状。

理解时间的关键经验：制订计划和完成计划；描述和表征过去的事件；用语言推测将要发生的事件，并为此做好适当的准备；按信号开始或停止一个动作；识别、描述和表征事件的顺序；体验和描述不同的运动速度；在讲述过去和将来的事件时学习使用惯例的时间单位（如早晨、昨天、小时等）；比较时间的间隔（如短、长、新、旧、年轻、年老、一会儿、长时间等）；注意观察钟表和日历，并将其当作时间消逝的标记；观察季节的变化。

（三）海伊斯科普课程的组织原则

在根据关键经验安排活动，帮助幼儿主动学习时，海伊斯科普课程遵循了以下原则。

1. 从具体到抽象

让幼儿对真实、具体的事物进行操作、感知，当幼儿熟悉了那些事物后，就可以在这些事物不在眼前时将其重现出来，因为对事物的具体操作动作是幼儿言语表征、非言语表征及逻辑思考能力发展的必要条件。

2. 从简单到复杂

幼儿总是先进行简单的活动，在此基础上进一步将他们的动作复杂化。幼儿的主动学习是简单的行动不断地组合、协调而变得复杂的过程。这些动作将逐步内化，从而构成头脑内部富有逻辑性的思考。

3. 从此时此地到彼时彼地

幼儿的空间、时间概念还没有形成和发展起来，因此幼儿的学习应该从对周围事物的认识开始，否则他们就会感到难以接受与无法理解，从而失去学习的积极性与主动性，也就不会进行主动学习了。对幼儿的教育应该从他们眼前的事物入手，然后视幼儿的发展情况逐步引入不在他们眼前、但又能为他们理解与掌握的事物。

（四）海伊斯科普课程的实施

海伊斯科普课程的实施是由“计划—做—回忆”三个环节及其他活动组成的。“计划—做—回忆”这三个环节是课程实施的最重要部分，通过这三个环节，幼儿有机会充分地表达自己参与活动的打算，也能使幼儿教师密切地参与到整个活动过程之中。

计划：幼儿教师给予幼儿表达自己想法和打算的机会，通过让幼儿做他们自己决定做的事，使幼儿体验独立工作的感受及与成人一起工作的快乐。简单来说，就是教师和幼儿一起决定每天的活动内容。

工作：工作在日常生活中时间最长，在该时间段内，幼儿教师的身份应该是观察者、指导者、参与者与支持者。

回忆：在该时间段内，幼儿通过多种多样的适应身心发展的方式来描述他们的学习活动的经验，重温幼儿在活动中所遇到的问题。

（五）海伊斯科普课程中教师的作用

在海伊斯科普课程中，幼儿教师是课程的开发者，具体体现在制订教育计划的过程和制订教育计划的依据两个方面。同时，幼儿教师是幼儿课程学习的支持者、协助者和引导者。

岗位应用

一、案例分析

某幼儿园大班教师带小朋友到户外小花园玩。小朋友在草丛、小树旁发现了蜗牛，他们对这一小动物产生了浓厚的兴趣，纷纷跑去寻找。教师及时开展“寻找小蜗牛”实践活动。小朋友把找到的小蜗牛带回教室放在自然探索区，一连几天都跑去观察。“小蜗牛从硬壳里爬出来了”“小蜗牛有两对触角”“小蜗牛爬过的地方有一条长长的白线”“小蜗牛会吃树叶，它是不是害虫”……教师还将这些话题拓展成一个主题活动，与幼儿一起全面搜寻关于蜗牛的资料，建成一个主题网络，开展全面探索活动。

问题：上述材料中，教师是否遵循了幼儿园课程内容选择的原则？请结合相关知识阐述说明你的观点。

二、调查探究

请调查几所幼儿园小班的教学计划，分析在克服小班幼儿的分离焦虑这个方面，幼儿教师是如何设置课程目标、选择教学内容并组织与实施的？请尝试进行评价。

国考聚焦

一、真题分析

（一）单项选择题

1. 张雪门行为课程的理论基础是（ ）。（2023 年上半年《保教知识与能力》）

A. 杜威实用主义哲学　　B. 建构主义心理学

C. 人本主义心理学　　D. 行为主义心理学

2. 制订一日活动计划主要是依据（ ）。（2022 年下半年《保教知识与能力》）

A. 社会发展和幼儿身心发展的规律

B. 当地文化特点和本班幼儿身心发展状况

C. 本周计划和本班幼儿兴趣和需要

D. 幼儿园和班级的学期计划

3. 下列各项中，不属于课程四要素的是（ ）。（2021 年上半年《保教知识与能力》）

A. 课程设计　　B. 课程目标

C. 课程组织与实施　　D. 课程内容

4. 在教学过程中，王老师随机观察和评价幼儿的行为表现，并以此为依据调整指导策略，王老师采用的评价方式是（ ）。（2021 年下半年《保教知识与能力》）

A. 诊断性评价　　B. 标准化评价　　C. 终结性评价　　D. 形成性评价

5. 按照布鲁姆等人教育目标分类的观点，“了解青蛙的生长发育过程”属于（ ）。（2019 年上半年《保教知识与能力》）

A. 情感目标　　B. 认知目标　　C. 动作技能目标　　D. 行为目标

6. 下列说法中属于蒙台梭利教育观点的是（ ）。（2018 年下半年《保教知识与能力》）

A. 注重感官教育　　B. 注重集体教学的作用

C. 重视恩物的使用　　D. 通过游戏使自由与纪律相协调

7. 幼儿教师与家长沟通的根本目的是（　　）。（2021 年下半年《保教知识与能力》）

A. 让家长了解幼儿在园的表现　　B. 了解幼儿在家的表现

C. 家园合作，形成教育合力　　D. 完成园长交给的任务

（二）简答题

1. 论述幼儿园教育应“渗透于幼儿园一日生活的各项活动之中”的理由，并举例说明。（2022 年上半年《保教知识与能力》）

2. 列出幼儿园课程生活化的实施要求并分别举例说明。（2019 年上半年《保教知识与能力》）

3. 为什么幼儿园教育内容要贴近幼儿园生活？（2017 年下半年《保教知识与能力》）

（三）活动设计题

请根据下列素材设计一个大班的能涉及多个领域的系列活动。要求写出三个活动的名称、目标准备及主要的活动环节。（2017 年上半年《保教知识与能力》）

大班教室里收集了纸箱、纸板箱、鞋盒、牙膏盒、药品盒等数量众多的盒子，这些大大小小的盒子吸引了幼儿教师，发现很多幼儿利用盒子自发产生了很多活动，涉及各个领域，于是决定围绕纸箱、纸盒设计出系列活动推进幼儿的发展。

二、模拟训练

（一）选择题

1. 对于幼儿来说，进餐、盥洗、如厕、午睡等都是重要的学习活动，都属于幼儿园课程的内容。这体现了幼儿园课程内容选择的（　　）原则。

A. 生活化　　B. 游戏化　　C. 启蒙性　　D. 科学性

2. 课程内容必须紧紧围绕目标来选择，否则将会偏离方向，造成课程的无效。这体现了幼儿园课程内容选择的（　　）原则。

A. 适宜性　　B. 目标性　　C. 基础性　　D. 兴趣性

3. 把一项课程计划付诸实践的过程是（　　）。

A. 课程目标　　B. 课程评价　　C. 课程组织　　D. 课程实施

4. 幼儿园课程目标制定的依据不包括（　　）。

A. 幼儿发展的需要　　B. 知识自身的逻辑体系

C. 社会发展的需要　　D. 家长的需要

5. 以幼儿园课程评价的方法划分，可以将课程评价分为（　　）。

A. 形成性评价和终结性评价　　B. 定性评价和定量评价

C. 内部评价和外部评价　　D. 整体评价和局部评价

6. 五指活动课程是我国著名的幼儿教育家陈鹤琴先生创编的，其内容由五个方面组成。下列属于五指活动课程内容中的社会活动的是（　　）。

A. 健康检查　　B. 早操　　C. 手工　　D. 升降国旗

7. 作为课程的重要组成部分，（　　）的主要目的是改进和完善课程，为幼儿提供更适宜的教育机会和条件，促进幼儿和谐健康地发展。

A. 游戏　　B. 反思　　C. 总结　　D. 评价

8. 幼儿园课程实施的组织形式是（　　）。

A. 主题教学和领域教学活动　　B. 生活、游戏和教学活动

C. 集体、小组和个别活动　　D. 幼儿园、家庭和社会活动

9. 幼儿园课程的基本形式是（　　）。

A. 上课　　B. 游戏　　C. 活动　　D. 参观

10. 幼儿园课程的性质不包括（　　）。

A. 科学性　　B. 基础性　　C. 适宜发展性　　D. 非义务性

文档：项目六 岗位应用国考聚焦参考答案

（二）论述题

幼儿园课程与其他阶段的课程相比有哪些不同？它具有什么特点？

项目七

7

幼儿园保教活动

【学习导航】

- 幼儿园保教活动
  - 幼儿园生活活动
    - 幼儿园生活活动概述
    - 幼儿园生活活动组织实施的原则
    - 幼儿园各项生活活动的组织实施
  - 幼儿园教学活动
    - 幼儿园教学活动概述
    - 幼儿园教学活动的组织形式与常用方法
    - 幼儿园教学活动组织实施的原则
    - 幼儿园教学活动的组织实施
  - 幼儿园游戏活动
    - 幼儿园游戏活动概述
    - 幼儿园游戏活动的分类
    - 幼儿园游戏活动的组织实施

【学习目标】

素质目标：

□ 热爱幼儿教育事业，乐于组织开展幼儿园保教活动。

认知目标：

□ 了解幼儿园生活活动、教学活动和游戏活动的含义；掌握幼儿园生活活动、教学活动和游戏活动的组织实施形式。

能力目标：

□ 能运用幼儿园生活活动、教学活动和游戏活动相关知识，有效组织与指导幼儿的生活活动、教学活动和游戏活动。

情境导入

幼儿在园活动有哪些?

幼儿园针对幼儿父母做了一项问卷调查:“您认为幼儿教师是做什么的?在幼儿园一日生活中,您觉得幼儿教师和幼儿的活动主要有哪些?”很多人认为:幼儿教师就是帮助父母照看幼儿,解决父母的后顾之忧;在看护过程中,幼儿教师就是带着幼儿一起吃吃玩玩、睡睡午觉,让幼儿们感到快乐;除此之外,可能也教幼儿一点知识,培养和教育一下幼儿。

您觉得幼儿父母的看法正确和完整吗?幼儿在园的一日生活中,都有哪些活动?这些活动要如何组织和实施?

学习任务

任务 7-1　幼儿园生活活动

问题引领　小伟的午睡问题着实让老师头疼。每天中午,他一会儿仰着睡,一会儿趴着睡,不一会儿又侧着睡;别的小朋友刚睡着,他又起来上厕所。为此,老师采用了各种方法,可就是不管用。今天中午午休时间,小伟翻来覆去折腾了好一阵儿,终于安静下来。老师以为他睡着了,凑过去一看,他两只眼睛睁得溜圆,正在被窝里玩棉线。棉线是从被子上抽出来的,棉被上的拉链都被弄坏了。老师终于忍不住了,说:“小伟你今天要是不睡,以后就别午睡了!”看到老师生气的表情,小伟害怕得哭了起来。你觉得小伟老师的处理方法对吗?如果你是小伟的老师,那么你该如何处理此类情况?

一、幼儿园生活活动概述

（一）幼儿园生活活动的含义

幼儿园生活活动是幼儿在园活动的重要组成部分，是满足幼儿生命基本需要的活动，具体包括入园、离园、进餐、饮水、盥洗、如厕、睡眠、散步等活动。幼儿园生活活动的意义如下。

（二）幼儿园生活活动的意义

1. 培养幼儿良好的生活与卫生习惯

学前期是最容易养成各种习惯的关键时期。幼儿的可塑性强，从小形成某些好习惯将会终身受益。现代家长非常重视幼儿的智力开发，却往往容易忽略幼儿生活习惯的养成，包办代替的现象比较普遍，致使很多幼儿的生活习惯差和生活技能水平低下。幼儿园生活活动为幼儿提供了反复训练的机会，如饭前便后要洗手、定时定量进餐、按时午睡等，有助于幼儿良好的生活与卫生习惯的养成。

2. 培养幼儿良好的生活自理能力和劳动观念

生活自理能力和劳动观念可以在幼儿园生活活动中初步养成。幼儿是未来社会主义事业的建设者和接班人，他们必须是全面发展的人，必须具备开拓创新和辛勤劳动的精神。因此，从小培养幼儿独立的生活自理能力及热爱劳动的观念非常重要。在幼儿园生活活动中，幼儿教师可以通过让幼儿独立吃饭、穿衣、如厕、午睡等生活活动，提高幼儿的生活自理能力，培养他们自我服务的劳动观念。

3. 丰富幼儿多方面的认知经验

幼儿日常生活活动的内容非常丰富，可以帮助幼儿了解初步的饮食（水）、睡眠、排泄、盥洗、清洁等卫生常识及基本的安全知识，帮助幼儿学会多种保持卫生的技能，对于扩大幼儿的眼界，丰富幼儿的知识、经验，发展幼儿的智能有重要作用。例如，散步不仅能增进幼儿的健康，还能发展幼儿的观察力，启迪他们的求知欲望。

4. 培养幼儿良好的心理素质

幼儿园合理有序的生活活动不仅能够保证幼儿的身体健康，还有利于培养幼儿良好的心理素质。幼儿教师合理地组织幼儿的一日生活，能为幼儿营造良好的心理氛围，使幼儿保持愉快的情绪，获得规律的生活与充分的安全感，使幼儿在积极参加各项活动的过程中愉快、健康地成长。

（三）幼儿园生活活动与幼儿园其他教育活动的关系

1. 生活活动是幼儿园教育活动的重要组成部分

幼儿园教育活动形式多样，除生活活动外，还有教学活动、游戏活动与区角活动等，幼儿园不同的教育活动具备不同的教育意义。幼儿园生活活动是幼儿身体健康发展的前提和保障，是幼儿良好的生活习惯和个性形成的基础，是幼儿学会生存与学习的起步，是幼儿园教育活动不可缺少的组成部分。因此，幼儿教师不能顾此失彼，随意削弱或取消任何一种幼儿园教育活动，应该发挥每种活动的教育作用，促进幼儿的全面发展。

2. 幼儿园生活活动与幼儿园其他教育活动有机统一、不可分割

幼儿园各项教育活动不是分别、孤立地对幼儿产生影响的，而是在统一的教育目标指引下，形成合力，相互渗透，只有这样才能发挥整体教育功能。例如，培养幼儿的独立性需要在生活活动中注意培养幼儿自己穿衣、吃饭、如厕等自理能力；在教学活动中指导幼儿独立思考、有困难自己多动脑筋，让他们尽量自己完成学习任务；在区角活动或自由活动中鼓励幼儿自己设计游戏、自己想出办法来玩、主动与别人交往等。在幼儿生活活动中，幼儿教师既要充分捕捉生活活动中的教育因素，又要将教育目标隐藏在生活活动中，使幼儿在潜移默化中受到教育。

案例分析

勇敢去如厕

欢欢是个 4 岁的小女孩，从小班升到中班以后，老师发现欢欢在幼儿园从不喝水，也不上厕所。老师通过家访得知：欢欢刚入小班时，一次在幼儿园厕所里摔了一跤，腿也碰出了血，又尿湿了裤子，挨了老师批评，回家还被妈妈训斥了一顿。

针对欢欢这种对幼儿园厕所产生惧怕的心理，老师首先给全班上了一节“认识水”的常识课，让小朋友们了解水的用途，知道人体离不开水，而且在课上特别请欢欢发言，谈谈为什么要喝水。欢欢在课后终于皱着眉喝了第一次水。然后在欢欢有尿意时，一边鼓励欢欢，一边牵着欢欢，陪同她一起上厕所。然后，老师还给全班小朋友讲了《勇敢的小白兔》的故事，要求小朋友无论做什么事都要像小白兔那样勇敢，并有意安排几个小朋友在欢欢上厕所时帮助她，下台阶时扶她一把。终于，欢欢可以正常喝水、上厕所了，不仅拥有了健康的身体，也拥有了健康的心理。

分析：老师为了解决欢欢小朋友的如厕心理障碍，不但在教学活动中特意强调水对人体的重要性，而且在生活活动中耐心地鼓励与陪同欢欢，还用有趣的故事增加欢欢的勇气。可见，幼儿园里的教育活动各具作用，在进行任何一种保教行为时，各种

活动一定要相互配合，只有这样才能取得良好的效果。

二、幼儿园生活活动组织实施的原则

1. 保教结合原则

幼儿园生活活动是对幼儿实施保育的途径，也是进行教育的机会，保中有教，教中有保。幼儿生活习惯的形成和自理能力的培养是长期教育的过程，幼儿教师应根据生活活动的特点，坚持保教结合的原则，注重在生活活动中加以引导和培养，同时要结合生活活动的各个环节进行教育，以实现生活活动的目标，促进幼儿的全面和谐发展。例如，疫情时期，幼儿教师在培养幼儿勤洗手的卫生习惯时，可以结合新冠病毒的防疫知识进行，在生活活动中贯彻保教结合的原则。

2. 主体性原则

幼儿是实践活动的主体，幼儿教师应该认识到幼儿既是教育的主体，也是保育的主体。在生活活动中幼儿教师应该始终重视幼儿的主体地位，让幼儿在学习过程中体现出自主性、能动性、创造性。幼儿教师应该为幼儿提供形式多样、生动有趣的练习机会，引导幼儿主动活动，同时辅以讲解、示范和提示。通过让幼儿主动学习和反复练习，获得生活经验、提高自理能力、养成良好的卫生与生活习惯，这就是幼儿园生活活动组织实施的主体性原则。

案例分析

学会正确洗手

经过长时间教育，我发现班上大部分孩子洗手的方法还是不正确，手总是洗得不干净。于是，我让孩子们相互看看，摸摸自己的手和别人的手，比比谁的手干净，并让孩子们总结洗手的小诀窍。有的孩子说“要先用肥皂搓，再用水冲干净”，有的孩子说“洗手时要卷起袖子，不然会把衣服弄湿”。我搬来了娃娃家的“脸盆”“肥皂”“毛巾”等，请孩子们学习并练习洗手的正确步骤……终于，孩子们都能按照正确的步骤洗干净手了。

本案例中幼儿教师的做法体现了幼儿园生活活动组织实施的什么原则?

分析：活动是幼儿发展的基础和源泉，而幼儿是活动的主体，幼儿身心发展的特点决定了他们必须通过亲自活动或操作各种物体学习一些技能与养成习惯。本案例中幼儿教师正是通过幼儿的主体活动教会幼儿正确洗手，使幼儿养成了良好的卫生习惯。

3. 个别化原则

在生活活动开展过程中，幼儿教师既要面向全体，又要关注到个体差异，采用有针对性的方式方法，促进每个幼儿的发展。幼儿来自不同的家庭，每个家庭都有各自的生活习惯，因此幼儿教师应该尊重幼儿生活习惯的差异，忌讳“一刀切”的做法，促进幼儿健康发展。

案例分析

不抱玩偶了

草莓是中班刚转园的一位小朋友，她午睡时非常依赖自己的一个玩偶，老师为了让她尽快适应新的集体生活，温柔耐心地允许她抱着自己的玩偶入睡。过了一段时间，草莓不再依赖这个玩偶，可以独立午睡了。

本案例中幼儿教师的做法体现了幼儿园生活活动组织实施的什么原则?

分析：幼儿园在开展生活活动时，幼儿教师要了解幼儿、尊重幼儿，以幼儿为本。幼儿的发展具有个体差异性，幼儿园教育的任务是要为人终身的人格完善和为适应社会不断变化奠定基础。本案例中的幼儿教师能够根据幼儿的特殊需求而“特殊对待”，体现了幼儿园生活活动组织的个别化原则。

4. 一致性原则

幼儿园各年龄班的生活活动内容基本相同，但要求与目标在逐步提高，幼儿教师应该一致地、一贯地对幼儿加以培养。保教人员之间要相互协调、要求一致；幼儿园和家庭之间也要相互配合，步调一致地做好幼儿生活活动的指导，培养幼儿良好的生活与卫生习惯。

案例分析

老师的埋怨

星期一，A 老师埋怨说：“豆豆在家过了一个双休日，再回到幼儿园后，许多良好的行为习惯都退步了，不认真吃饭，乱扔东西，活动时喜欢说话，真不知孩子在家时家长是怎么教育的。”站在一旁的 B 老师颇有同感地说：“是啊，如果家长都能按我们的要求去教育孩子，我们的工作就好做多了！”

如何做到家园合作?

分析：幼儿园与家庭是平等的教育主体。在幼儿生活习惯养成过程中，幼儿教师一定要尊重家长，确立家长的主体地位，和家长相互支持、相互配合，从而达到家园教育的一致性。为此，幼儿教师可以在幼儿入园、离园时与家长及时交流，也可以通过家长联系簿联系家长，或通过开放日等活动与家长沟通，取得家长的支持与配合。

三、幼儿园各项生活活动的组织实施

（一）入园与离园的组织实施

为了保证幼儿愉快地度过在幼儿园里的每一天，入园与离园的组织实施尤为重要，它可以调整幼儿情绪，使幼儿感受到幼儿园生活的乐趣。

1. 入园的组织实施

（1）入园前的准备。幼儿入园前，幼儿教师要对本班活动室的卫生、安全进行检查，准备图书、教具、玩具，做好晨间接待的准备工作。

（2）晨间接待的组织。第一，幼儿入园时，幼儿教师要以饱满的热情接待幼儿和家长。第二，指导家长和幼儿做好晨检，了解幼儿的健康状况。第三，和家长进行简短的交流，做好与家长的交接工作，必要时给予一些家庭教育指导。

（3）入园组织的注意事项。第一，幼儿教师应态度热情，精神饱满。第二，培养幼儿仪容整洁入园的习惯。第三，培养幼儿有礼貌地向家长道别的习惯。第四，培养幼儿主动向教师陈述要求的习惯。第五，培养幼儿积极参加活动和值日生工作，遵守常规。

2. 离园的组织实施

（1）离园前的准备。第一，幼儿教师要组织幼儿整理活动室环境和自己的物品。第二，简要总结幼儿在园一天的表现。第三，安排集体性或分散的安静活动，让幼儿在自由活动中等待家长。

微课：幼儿不好好吃饭，怎么办?

（2）离园时的组织。第一，家长来到时，幼儿教师可用简短的语言向家长介绍幼儿在园的情况，交换教育幼儿的意见。第二，要安抚好不能按时离园的幼儿的情绪，引导他们进行一些等待活动，做好陪伴与安全工作。第三，做好个别特殊幼儿的交接，如生病的幼儿或当天表现比较异常的幼儿，应向家长详述幼儿的在园情况。有陌生人接幼儿时，要与家长联系确认后方可交接。第四，幼儿离园后，保教人员要做好环境的清洁卫生与消毒工作。

（3）离园组织的注意事项。第一，充分发挥离园环节的教育作用。第二，幼儿教师应严格执行幼儿接送制度，保证幼儿安全。第三，指导幼儿参加离园前的整理活动，使幼儿养成清洁环境和物品用过后放回原处的习惯。第四，指导幼儿学会检查自己的仪容和收拾自己的物品。第五，指导幼儿离园时向教师告别。

（二）进餐与饮水的组织实施

良好的进餐与饮水习惯可以保障幼儿的营养均衡与健康，促进他们的身体更好地成长。

1. 进餐的组织实施

（1）进餐前的准备。第一，进餐前半小时左右结束各种游戏活动，组织幼儿如厕、洗手，提醒幼儿洗手后保持手的清洁，不乱摸其他东西。第二，幼儿教师安排餐桌，分发碗筷、餐巾，可以安排中班、大班的值日生协助教师分发餐具。第三，在等待进餐时，可以放一些优美、轻松的音乐或故事，也可以开展一些语言或手指的安静游戏，合理安排过渡活动，创造愉快、安静的进餐气氛。第四，幼儿教师向幼儿介绍当天的食物，以此引起他们的食欲，帮助他们克服挑食和偏食的毛病，培养他们良好的饮食习惯。

（2）进餐过程的组织。第一，在进餐时，幼儿教师应认真细致地观察幼儿的进餐情况，如观察幼儿餐具的使用方法，特别是中班、大班幼儿筷子的使用方法和握法。第二，对于那些吃饭较慢的幼儿，不可以催促或采用比赛的形式变相催促幼儿加快进餐的速度。第三，根据幼儿饭量随时添饭。在幼儿添饭时，要求他们把碗里的饭吃干净、嘴里的饭咽干净。第四，对于饭量大、体型比较胖的幼儿，教师要提醒他们细嚼慢咽。对于饭量小、吃饭慢的幼儿，教师要注意个别照顾。对于对特殊食物过敏的幼儿，要及时与家长沟通。第五，在进餐过程中，针对小班幼儿应培养他们独立进餐的习惯，针对中班、大班幼儿应注重进餐习惯的养成。

（3）进餐结束的组织与指导。第一，要求幼儿收拾自己的餐具，放在指定的地方，先吃完饭的幼儿可以先离开。可以安排中班、大班的值日生帮助教师收拾、整理餐具。第二，进餐后，可以简单评价一下幼儿的进餐情况，培养幼儿爱惜粮食、珍惜粮食、吃饭整洁的良好品质与习惯。第三，让幼儿养成饭后洗手、漱口、擦嘴的好习惯。第四，餐后安排轻松安静的活动，如散步等。

2. 饮水的组织实施

（1）给幼儿的水杯做记号，将水杯放在固定位置。

（2）指导并提醒幼儿用自己的水杯接水，培养幼儿一人一杯的良好习惯。

（3）提醒幼儿喝多少接多少，不浪费水。

（4）指导幼儿自己排队接水，不拥挤。

（5）在一日活动的各环节中提醒幼儿随时喝水，养成饮水的好习惯。

（三）盥洗的组织实施

幼儿园的盥洗活动包括洗手、洗脸、漱口、如厕等。

1. 盥洗室的设置

（1）盥洗室的安排要合理，要有较宽敞的场所。

（2）幼儿的洗手池、便池、毛巾架等要适应幼儿的身高、体型。

（3）盥洗室内应常备肥皂、毛巾、卫生纸等物品。

（4）便池、水龙头的数量要足够幼儿使用。

（5）幼儿的盥洗设备、物品应与成人的分开。

（6）盥洗室的地面要防滑，挂物品的挂钩、钉子应钉在幼儿碰不到的地方，以防幼儿滑倒、撞伤。

（7）洗衣粉、消毒水等物品的放置要安全、隐蔽，以防幼儿误碰、误食等。

（8）盥洗室要保证干净无异味，定期消毒。幼儿的毛巾等物品要常洗、常晒、常消毒。

2. 盥洗活动的组织

（1）幼儿教师要帮助幼儿养成良好的盥洗习惯，教他们正确的盥洗技能，如洗手、洗脸的程序，使用便池的方法，以及中班、大班幼儿在便后自己擦拭的技能。

（2）合理安排幼儿盥洗的时间。

（3）在盥洗活动中，幼儿教师应对幼儿提出明确、具体的要求：有秩序地排队如厕、洗手，不推不挤；不在盥洗室内大声喧哗吵闹，不妨碍他人如厕、洗手，不在盥洗室内追跑嬉戏；不玩水和肥皂。

（4）洗手后要在水池中甩掉手上的水再离开，不把水甩在别人身上和地上。

（四）睡眠的组织实施

1. 睡眠前的准备

在幼儿睡觉前，幼儿教师应做好准备工作，为幼儿创设一个舒适、安静、温馨的睡眠环境。

（1）在幼儿睡觉前，开窗通风换气，并调节好室温。

（2）应根据季节及气温的变化适当调节被褥的厚薄，并及时通知家长为幼儿调换被褥。

（3）睡前应检查床铺上有无杂物。禁止幼儿将小绳、橡皮筋、串珠、纽扣等物品带进寝室，以免幼儿将之塞入鼻子、耳朵等造成危险。

（4）睡前提醒幼儿如厕。

（5）指导幼儿脱换、叠放衣服和鞋袜，指导幼儿盖好被子，保持自然正确的睡姿。

（6）睡前可以播放轻柔的音乐或为幼儿读故事，以帮助幼儿入睡。

2. 睡眠过程的组织

在幼儿睡眠过程中，幼儿教师要时刻关注他们的睡眠情况，如睡姿是否正确、是否盖好被子等。

（1）新入园的小班幼儿会有恋家、恋床、恋物等表现。对于这样有特殊需要的幼儿，幼儿教师可给予特殊关照，允许他们一开始保持自己的入睡习惯，并陪伴他们入睡，慢慢帮助他们改变这样的习惯。

（2）对于入睡晚和入睡困难的幼儿，幼儿教师应坐在他身边小声督促他尽快入睡。教师不应用恐吓或惩罚的方式要求幼儿入睡。对于爱做小动作的幼儿，幼儿教师可以握住他的小手帮他入睡。注意不要让他们影响其他幼儿。

（3）对于生病的幼儿，幼儿教师尤其要细心照顾，时刻关注他们体温的变化、是否咳嗽、是否呕吐等，细心护理。

（4）对于尿床的幼儿，要细心照顾，不可因此斥责幼儿或表现出不耐烦、厌恶等情绪。

3. 睡眠结束的组织

（1）睡眠结束后，可以让小班幼儿逐个起床，可以让身体弱需要睡眠的幼儿和入睡晚的幼儿多睡一会儿；要让中班、大班幼儿在规定时间内共同起床，并学习自己整理床铺。

（2）起床前，要提醒幼儿根据天气增减衣物。

（3）要鼓励先整理完床铺的幼儿，帮助其他幼儿整理床铺，可以让幼儿相互帮助整理衣物，如扣纽扣、拉拉链、系鞋带等。

（4）起床后应先让幼儿小便、喝水，稍做调整后，再组织幼儿进行户外活动。

（五）体弱、生病幼儿的护理

（1）及时与家长沟通幼儿情况。在幼儿入园时，幼儿教师要和家长进行简短交流，问清幼儿的详细情况，判断幼儿是否适合入园；准确记下幼儿吃药的时间和剂量；离园时，和家长简短交流幼儿在园的情况、用药情况等。

（2）对幼儿进行全日观察。保教人员要密切关注本班体弱、生病幼儿的情况，进行观察记录，对他们的体温变化、咳嗽情况等进行及时护理。

（3）在生活活动中给予幼儿特殊护理。在各项生活活动中，对于体弱、生病幼儿，幼儿教师及保育人员要进行特殊护理，如提醒生病幼儿多喝热水，进餐时不勉强劝食，加强心理疏导，等等。

案例分析

一个妈妈的求助

我的孩子（男孩）在幼儿园小班，因为午睡困难，老师要求我每天中午接他回家，下午不要来园了。为此，我感到很是焦虑，因为家里人没有时间和精力每天接回来看管半天。因此，为了让他在幼儿园能顺利午睡，我最近早晨5:00就喊他起床去跑步，可是这样大人很累孩子也很累。如果转园，则距离增加，会带来很多不便，我不知道该怎么办，想请教一下专家有没有什么好的办法。

分析：幼儿不愿午睡的原因包括生理原因（身体不适或没有午休习惯）、心理原因（分离焦虑）、环境原因（陌生的床与卧室等）。本案例中教师的行为会带来不良的影响，如加剧幼儿的焦虑感，从对午休抗拒发展为抗拒幼儿园，反而对午睡问题的解决无济于事。建议教师加强观察，找出问题所在，提高幼儿的认识，与幼儿单独谈话，让他明白中午睡觉有利于自己的成长，并抓住有利时机，积极鼓励他睡觉，适时地表扬他。除此之外还要与家长达成共识，让家长了解幼儿在园的情况，并请他们配合幼儿教师，在家中也让幼儿中午时睡觉，养成爱睡午觉的好习惯。

任务7-2　幼儿园教学活动

问题引领　小米上幼儿园快一个月了。一天，每天负责接送的爷爷在离园时向主班老师提出了自己的困惑："我经常看到孩子在户外玩游戏，你们也在群里发孩子们玩各种游戏的照片。你们上课教学的时间是不是太少了，这样孩子们能学到东西吗？"

对此，你将如何向家长解释？幼儿园的教学活动有哪些形式？又有着怎样的特点呢？

一、幼儿园教学活动概述

（一）幼儿园教学活动的概念

幼儿园教学活动是幼儿园教育的基本形式，是幼儿园课程实施的主要途径，是指幼儿教师从幼儿的兴趣和实际水平出发，根据幼儿园教育目标，有目的、有计划地组织和指导幼儿主动学习，以获取有利于其身心发展的经验的教育活动。

幼儿园教学活动不等于上课。上课（或集体教学）只是幼儿园教学活动的一种形式，幼儿园教学活动是渗透在幼儿园一日生活之中的，幼儿不仅在上课时学习，还在生活活动和游戏活动中学习。

幼儿园教学活动不等于游戏。游戏是幼儿园的基本活动，是幼儿主动学习的基本形式，是幼儿园教学的基本途径。游戏与幼儿园教学是包含关系，幼儿园教学应当渗透到包括游戏、生活活动等在内的幼儿园一日生活的各环节中去。

（二）幼儿园教学活动的意义

幼儿园教学活动是幼儿园教育活动的一种重要形式，是幼儿教师计划、设计和组织的专门活动，对幼儿的身心健康、和谐发展有重要意义。

1. 促进幼儿身体健康发展

在幼儿园教学活动中，幼儿教师通过各种幼儿园健康教育的内容，引导幼儿参加体育活动，练习生活卫生技能，了解安全、营养知识，从而增强幼儿的体质，使他们养成健身的习惯和技能，为其一生的发展奠定良好的身体基础。

案例分析

不负好“食”光

在幼儿园大班主题活动“不负好‘食’光——春食”教学过程中，幼儿教师引导幼儿通过视觉、触觉、嗅觉、味觉、听觉等感知春天食物（如草莓、艾草等）的色、香、味、质地，激发幼儿对食物的兴趣，使幼儿认识食物，接受新食物，培养幼儿良好的饮食习惯。幼儿教师还让幼儿参与食物（青团）的制备，并结合春分、谷雨等传统节气，让幼儿体验中华饮食文化。

分析：在幼儿园食育活动的开展与组织中，应采用多样化的教育方式循序渐进，其中，教学活动是必不可少的一种形式。在本案例的教学活动中，幼儿教师通过组织幼儿观察、操作等方式，帮助幼儿学习食物的营养知识与营养价值，引导幼儿积累食物的外形、生长过程等感性经验，通过示范、亲身体验等方式让幼儿养成良好的饮食行为习惯，学习餐桌礼仪和传统饮食文化，保证幼儿生命安全，促进其健康、快乐地发展。

2. 丰富幼儿的经验和知识，促进智力发展

幼儿教师通过幼儿园教学活动，为幼儿创设接触周围生活的环境，激发和引导他们观察周围世界，在帮助他们获得有关自然和社会现象的具体的、形象的、粗浅的感性知识的同时，激发他们的学习兴趣和求知欲望，使他们形成初步的有关时间、空间和周围物品的概念，锻炼他们的观察能力和思考能力，为幼儿智力的发展奠定坚实的基础。

3. 培养良好的行为习惯，为幼儿健全人格的形成奠定基础

幼儿教师通过各领域的教学活动，引导幼儿参加各种集体活动，体验与幼儿教

师、同伴共同生活的乐趣，学习初步的人际交往技能，学习、遵守生活和学习常规，懂得保持自身与环境卫生的知识及方法，学会热心助人等，从而培养幼儿良好的行为习惯，为他们今后健全人格的形成奠定基础。

4. 促进幼儿语言能力的提升

幼儿教师在教学活动中，可以通过形式多样的语言教育活动，有计划地对幼儿进行语言教育，使他们逐渐听懂成人的语言，发音清楚、正确，会说普通话，词汇丰富；培养幼儿清楚地回答问题、比较完整地表达自己想法的能力，促进幼儿语言能力的进一步发展。例如，秋天到了，幼儿教师带领中班幼儿到户外捡拾树叶，并描述自己捡到的树叶的形状。

5. 培养幼儿初步感受美、表现美的能力

幼儿教师在教学活动中，通过艺术等领域的教育活动，引导幼儿接触周围环境，以及生活中美好的人、事、物，丰富他们的感性经验，激发幼儿表现美、创造美的兴趣。教师在帮助幼儿初步感受美的同时，引导幼儿学习初步表现美的知识、技能，使幼儿形成初步表现美的能力。

（三）幼儿园教学活动的特点

1. 启蒙性

启蒙性指幼儿园教学活动的目标是为幼儿身心发展奠定基础。幼儿园是对幼儿进行启蒙教育的机构，幼儿的抽象逻辑思维还不够完善，认知发展水平低，在幼儿园教学活动过程中，幼儿教师会引导幼儿认知自我、认识世界、探索事物，这有利于幼儿的认知和思维能力的发展，同时有助于培养他们的创造力和创新意识。例如，在“沉浮”这节课中，幼儿教师提供了木片、铁片、石头子、树叶等，准备了一盆水，让幼儿动手操作发现水有浮力，观察有的东西在水里浮起来、有的东西在水里沉下去，从而粗浅地懂得沉浮的原理。

2. 整合性

整合性指幼儿园教学活动是综合性的，而非分科的、单一的。幼儿园教学活动涉及幼儿身体、认知、情感、社会性等各方面的发展，而不是某一方面孤立发展，因此幼儿园五大领域（健康、语言、社会、科学、艺术）的教育内容是相互渗透和联系的。

3. 趣味性

趣味性指幼儿园教学活动的内容和形式生动有趣，能吸引幼儿主动、活泼地参与学习活动。学前幼儿的注意力保持时间比较短暂，幼儿教师只有选择生动有趣及丰富多样的教学内容与形式，才能吸引幼儿的注意，激发他们的学习兴趣。游戏是幼儿园教学活动中最常使用的策略。

二、幼儿园教学活动的组织形式与常用方法

思维碰撞　张老师每次在组织中班孩子们吃点心的时候，会通过提问如“它们是什么颜色”“你有几块饼干”“哪个大一些”等引导幼儿认识食物，以及感知和理解数概念。此外，他知道孩子虽然不理解“摩擦力”，但会组织赛车游戏让幼儿在比赛中注意到“在不同材质路面上玩具车的车速是有变化的”。

张老师的做法你觉得好吗？这体现了幼儿园教学活动的什么特点？

（一）幼儿园教学活动的组织形式

幼儿园教学活动的组织形式主要有集体教学、小组教学、个别教学三种。

1. 集体教学

集体教学指全班幼儿共同参与，幼儿教师面向全体幼儿进行教学。集体教学能在短时间内提供大量共同经验，省时省力；注重教育内容的逻辑性、条理性，能够培养幼儿的集体意识、组织纪律性和自控力；但无法照顾到个别幼儿的学习特点与需要，难以让每个幼儿都参与。

2. 小组教学

小组教学指幼儿分小组进行活动，幼儿教师提供环境和材料，发挥间接指导的作用，幼儿自主探索。在小组教学中，幼儿之间协作的机会更多，可以充分表现自己，有利于培养独立、自主、协作等精神。小组教学对教师的教学组织能力与技巧有更高的要求，幼儿教师要能够细致地观察幼儿小组活动的情况，给予及时指导与帮助。

3. 个别教学

个别教学指幼儿教师面对一两个幼儿进行个别指导。个别教学有利于因材施教，能够发挥幼儿的主体性，但个别教学对师资、设备有更高的要求，对幼儿教师的教育技巧要求也更高。幼儿教师要在面向全体幼儿的基础上，有的放矢，个别化指导。

以上三种幼儿园教学活动的组织形式各有其独特功能与适用范围，在开展具体的教学活动时，幼儿教师要根据教学活动目标、内容及幼儿发展的实际情况进行灵活选择。

（二）幼儿园教学活动的常用方法

思维碰撞　在进行“认识 5 以内的数字”的数学活动时，一位幼儿教师只是在出示写有阿拉伯数字的卡纸后，让幼儿反复跟读、数手指认知；而另一位

幼儿教师给幼儿提供了一定数量的花朵模型让幼儿计数，并通过摘取香蕉的游戏帮助幼儿学习。你觉得哪位教师的教学方法更符合幼儿的年龄特征？在幼儿园教学活动中，常用的教学方法有哪些？

幼儿园教学活动的常用方法有直观法（观察法、演示法、示范法、范例法等）、口授法（讲述法、讲解法、谈话法等）、实践法（练习法、操作法、游戏法等）。

1. 直观法

直观法是幼儿园教学的主要方法。它是幼儿教师在教学过程中配合讲述、讲解向幼儿显现实物和教具或做示范性实验和表演，借以说明和印证所讲授知识的一种方法。直观法包括观察法、演示法、示范法、范例法等具体方法。

（1）观察法

观察法是指幼儿教师有计划、有目的地引导幼儿感知客观事物的一种方法。观察法包括个别物体观察、比较性观察、长期系统性观察等形式。观察活动可以是幼儿主动的、自发的，也可以是幼儿教师专门组织的。观察法是常识教学和美术教学采用的主要方法。例如，幼儿教师在小班科学领域“认识石头”的教学活动中，让幼儿分组观察（看、摸、捏、玩）石头，然后讨论石头的特征与作用。

（2）演示法

演示法是指幼儿教师在教学中向幼儿出示各种实物、教具、模型进行示范性操作的一种方法。例如，在“伞”的教学中，幼儿教师借助实物伞向幼儿介绍伞的结构、类别等。这种方法常与讲述法、谈话法一起使用。

运用演示法的要点如下。

① 要选择恰当的时机，激发幼儿的新鲜感。

② 使全体幼儿都能看清演示的对象，把注意力集中在对象的主要方面。

③ 辅以简明扼要的讲解和谈话，使演示的事物与所学的知识紧密结合，将个别的知识归纳成为完整的知识。

④ 技巧熟练、造型准确、程序正确、动作清楚、速度适宜。

⑤ 演示的时间要短，根据需要可向全班、小组或个人进行演示。

（3）示范法

示范法是指幼儿教师通过自己的语言、动作进行教学表演，为幼儿提供具体模仿的范例的方法。例如，幼儿教师在给幼儿讲故事时，讲到“大象用鼻子把狼卷起来”时，用手做出“卷”的动作；讲到“大象把狼扔到河里去”，用手做出“扔”的动作。在语言活动、科学活动的教学中，幼儿教师应经常运用语言示范，发展幼儿叙述、描绘、创造性讲述及朗诵能力；在美工、音乐、舞蹈、体育教学中则通过动作示范帮助幼儿掌握学习内容和动作。

运用示范法的要点如下。

① 进行动作示范时，要选择好位置，使每个幼儿都能看清楚。

② 示范动作要慢一些，而且要清楚、准确，并适当加以解释。

③ 进行语言示范时，要声音洪亮、吐字清楚、用词准确、速度适中，富有表现力。

（4）范例法

范例法是指按教学要求或者活动目标提供给幼儿一种可模仿的榜样的方法，榜样应是形象的、具体的。

范例对年龄越小的幼儿作用越明显。例如，在思想品德教育中，以优秀人物为范例；在教学过程中，向幼儿出示各种样品，如绘画样品、纸工样品、泥工样品等，供幼儿观察、模仿学习。范例法多用于美术、美工的教学。范例包括图片、模型、玩具、画册、实物标本，以及幼儿教师画或做的图画、手工和贴绒样品等。

运用范例法的要点如下。

① 教学中范例的大小以让每个幼儿看清楚为宜。

② 范例的难易程度要与幼儿实际水平相适应。

③ 范例要色彩鲜艳，画面清晰，形象突出，具有典型性。

④ 范例要多样化，具有一定的数量，能从不同角度反映事物的面貌，以开阔幼儿的思路，为其创造性表现提供基础。

2. 口授法

口授法是指通过幼儿教师的讲述和讲解，向幼儿描绘情境、叙述事实或解释概念、说明道理，使幼儿直接获得知识的教学方法。这是使用最广的教学方法，也是幼儿园教学活动中应用最为经常和普遍的一种方法。口授法包括讲述法、讲解法、谈话法等具体方法。

（1）讲述法

讲述法是指幼儿教师通过口头语言生动地叙述、说明、讲解教学内容的一种教学方法。这种方法在教育活动中应用广泛，不仅用于向幼儿传授新知识，还广泛用于各种活动的组织，是语言教学活动的常用方法。

运用讲述法的要点如下。

① 讲述的语言要正确、生动、形象、富有感情，能引起幼儿的兴趣，注意语言的速度、语音的变化、感情的色彩等。

② 讲述要简明扼要、重点突出。

③ 要运用幼儿化语言，让幼儿能听懂。

（2）讲解法

讲解法是指幼儿教师通过口头语言向幼儿解释和说明知识、材料、规定、要求等的教学方法。

运用讲解法的要点如下。

① 讲解要抓住重点、难点和关键，深入浅出，必要时可适当重复讲解。

② 幼儿教师讲解的语言要准确、清晰、简练、形象、生动、通俗易懂，符合幼儿的理解能力和接受水平，能引起幼儿的兴趣。

③ 讲解要条理清楚，便于幼儿记忆。

（3）谈话法

谈话法是指用提问、答问、讨论等方式进行教学的方法。幼儿教师可以通过提问，引导幼儿运用已有的知识经验回答问题，借以获得新知识，或检查知识、巩固知识。这种方法容易集中幼儿的注意力，激发幼儿积极的思维活动，发展语言表达能力，提高教学效果。

运用谈话法的要点如下。

① 要在幼儿已有的知识经验的基础上进行。

② 所提的问题须经过周密思考，要围绕主题紧扣教学目的，具体明确，富有启发性，既要面向全体幼儿，又要照顾个别幼儿的水平。

③ 问题要有逻辑性，以引起幼儿步步深入思考。

④ 教会幼儿注意听清问题，针对问题用响亮的声音回答，培养幼儿回答问题的能力和良好习惯。

⑤ 幼儿教师要耐心倾听幼儿的回答，及时肯定、补充。

⑥ 鼓励幼儿向幼儿教师提问。

3. 实践法

实践法是指幼儿教师在教育教学活动中，创设多种以幼儿为主体的实践活动，在实践活动中训练幼儿的各种感官，并进一步理解知识、巩固技能、加深记忆的一种教学方法。实践法包括练习法、操作法、游戏法等具体方法。

（1）练习法

练习法是指在幼儿教师的帮助、辅导下，通过重复的练习使幼儿熟练地掌握知识和技能的一种方法。它是巩固新知识，形成技能技巧和习惯的基本方法。运用练习法的要点如下。

① 使幼儿明确练习的目的、任务和具体要求，在理解的情况下自觉练习。

② 运用正确的练习方法，伴随讲解和示范，指出难点和易犯的错误，使幼儿获得有关练习方法和实际运用的清晰表象。

③ 根据练习材料的性质和幼儿的年龄特点，适当分配练习的分量、次数和时间。

④ 练习的方式要多样化，以激发幼儿练习的兴趣，避免单调、乏味的重复。

⑤ 练习中要先求正确后求熟练，逐步提高要求，及时评价指导，让幼儿知道练习的结果。

⑥ 加强个别辅导，及时纠正错误，以免形成习惯后不易纠正，对能力差的幼儿要多给予练习的机会和具体的帮助。

⑦ 鼓励幼儿进行创造，防止盲目模仿和机械重复。

（2）操作法

操作法是指幼儿通过亲自动手操作直观教具，在摆弄物体的过程中进行探索，从而获得知识、经验和技能的一种教学方法。

运用操作法的要点如下。

① 明确操作的目的。

② 为幼儿提供充足的操作材料，一般人手一份。

③ 给幼儿充分的操作时间去摆弄物体，去思考和探索，以达到操作的目的，充分发挥教具、材料的作用，切忌走过场。

④ 在幼儿动手操作之前，应向幼儿说明操作的目的、要求，以及具体的操作步骤、方法。

⑤ 在幼儿操作的过程中，幼儿教师要观察幼儿的操作情况，及时发现问题，引导幼儿积极思考和探索。

⑥ 要讨论操作的结果，帮助幼儿将他们在操作中获得的感性经验进行整理归纳，并明确概念。

⑦ 应根据不同的教学内容及不同年龄的幼儿提出不同的操作要求。

（3）游戏法

游戏法是指通过在幼儿教师的指导下进行有规则的游戏活动来进行教学的一种方法，是深受幼儿欢迎的一种教学方式。游戏法包括智力游戏、体育游戏、音乐游戏、语言游戏、综合游戏等形式。运用游戏法的要点如下。

① 游戏的内容要健康，要有益于幼儿的身心发展。

② 根据不同的教育目标和教育内容选择、创编不同形式的游戏。

③ 幼儿教师要重点指导幼儿遵守游戏规则，引导其克服困难，独立或与同伴合作完成游戏。

④ 幼儿教师应根据游戏的内容及形式的不同，采用不同的指导方法。

⑤ 在游戏中要注意培养幼儿的合作、谦让、友爱、互助等优秀品质。

三、幼儿园教学活动组织实施的原则

幼儿园教学活动组织实施的原则是指幼儿教师在组织实施幼儿园教学活动时必

须遵守的基本要求。

（一）思想性原则

思想性原则指在幼儿园教育教学活动中，幼儿教师要注意实施德育，促进幼儿的品德与社会性发展，贯彻完成幼儿园德育教育的任务，也就是说要寓德育于各项活动之中。

在幼儿园教学活动中贯彻思想性原则，就是要通过各种教学活动，运用多种教育手段和方法，遵循一定的准则，培养幼儿爱祖国、爱人民、爱劳动、爱科学、爱护公共财物，以及团结友爱、诚实勇敢、不怕困难、有礼貌、守纪律等优良品德、文明行为习惯和活泼开朗的性格。从小抓紧良好的品德教育，为培养有理想、有道德、有文化、有纪律的一代新人打下坚实的基础。例如，在“金色的房子”的教学中，通过讲述小姑娘放下各种顾虑，邀请动物朋友们来自己的房子里做客，从而收获了快乐与友谊的故事，幼儿教师可以教育幼儿要团结友爱、互帮互助，这体现了幼儿园教学活动的思想性原则。

（二）科学性原则

科学性原则指向幼儿传授的知识、技能应该是正确的、可靠的、符合客观规律的。教学内容的安排、教学组织形式的选择和教学方法的运用应符合幼儿的年龄特点和认识事物的规律，是切实可行的。也就是说，要保证幼儿园教育教学全过程的科学性。

幼儿期是一个人身心发展最迅速的时期，也是人一生中智力发展最快的时期。幼儿年龄小、经验少、判断力差、模仿性强，容易接受周围环境的影响和外部刺激，而这一时期形成的认识在大脑中会留下深刻的印象，对其进一步发展将产生深远的影响。如果在教育教学中违背科学性原则，不顾幼儿的年龄特点和认识事物的规律组织教学，向幼儿灌输一些似是而非、不切实际、非科学性的知识，则不仅会影响幼儿现在的进步，还会给以后的发展造成障碍。因此，对于开展幼儿园教育教学活动来说，坚持科学性原则是极其重要的，它既能让幼儿在发展的最佳时期获得大量正确、可靠的知识和技能，迅速提高其智力水平，又可为将来进一步提高奠定良好的基础。

案例分析

“对付”老虎

幼儿教师教幼儿认识老虎后，问：“小朋友，你们喜欢老虎吗？”幼儿说：“不喜欢，因为老虎会吃小白兔。”幼儿教师点头，继续问幼儿：“那我们想什么办法对付老虎呢？”在这一环节中，幼儿教师的做法是否合理？为什么？

分析：在这一教学环节中，虽然幼儿表达了对老虎吃小白兔的不喜欢，但作为幼儿教师，不能引导幼儿想办法“对付”老虎，因为这会传达错误信号，老虎是被列入《世界自然保护联盟濒危物种红色名录》的濒危动物。我们应当引导幼儿爱护动物、保护生态自然，本案例中的幼儿教师违背了幼儿园教学活动组织实施的科学性原则。

（三）发展性原则

发展性原则指幼儿园的教学活动要能促进幼儿个性的全面发展，即智力、体力、道德、意志、情感等的发展，使幼儿从现有的发展水平向“最近发展区”发展。

幼儿园应对幼儿进行促进德智体美劳全面发展的教育，使其健康活泼地成长，为进入小学打好基础，为造就一代新人打好基础。在教育教学过程中，无论偏重或忽视哪一方面，都不利于幼儿个性的全面发展。同时必须面向全体幼儿，把德智体美劳全面发展的教育贯穿于幼儿园的各项活动之中。

贯彻发展性原则，就必须在充分了解幼儿已有知识和理解能力、智力水平的基础上提出“略为超前”的适度教育要求，把幼儿发展的可能性与积极引导幼儿发展二者辩证地结合起来。也就是说，既不宜低估或迁就幼儿的年龄特点，错过发展的机会，又不可揠苗助长，超过发展的可能性，只有这样才能使幼儿在“最近发展区”获得尽可能的发展和提高。

（四）灵活性原则

灵活性原则指幼儿教师在教学过程中要根据各种因素的差异和变化，机智、灵活、富有创造性地组织活动。也就是说，保证幼儿园教育教学内容丰富多彩、形式活泼多样、方法灵活多变和过程随机应变。

在幼儿园教育教学全过程中，无论是教育环境的选择和创设，还是教育教学计划的制订和执行，幼儿教师都会遇到许多复杂多变的情况，而且幼儿的生理、心理、知识经验、认知能力等方面存在差异。因此，幼儿教师不但要认真研究幼儿教育的规律和特点，而且要认真研究幼儿的年龄特点和个性差异，正确估计幼儿的实际水平，深入了解不同幼儿的发展状况，结合本地区、本园的实际条件，制订出切实可行的计划，并随着各种因素的变化不断地调整计划。同时要灵活运用多种教育手段和方法，因地制宜，因材施教。只有这样才能充分利用任何一个教育机会，取得良好的教育教学效果。

（五）直观性原则

直观性原则指利用幼儿的各种感官和已有经验，通过各种直观手段吸引幼儿注意力，丰富幼儿的直接经验和感性知识，帮助幼儿形成正确的概念，获取知识和技能，发展智力。

幼儿的思维以具体形象思维为主，幼儿教师在教学活动过程中必须生动形象、自然活泼，只有这样才能激发幼儿的学习兴趣和积极性，集中幼儿注意力，帮助幼儿理解、接受和记忆，提高教学效果。

幼儿园教学活动通常运用的直观手段主要有以下几种。

（1）实物直观：包括观察实物、标本，实地参观，做小实验等。

（2）模具直观：包括观察图片、图书、玩具、模型、贴绒、教具、沙盘等。

（3）电化教育直观：包括观看幻灯、录像、电影、电视，聆听录音、唱片等。

（4）语言直观：指幼儿教师用生动、形象、准确的语言描述。

（5）动作直观：包括演示、示范、教态等。

案例分析

春、夏、秋、冬

某幼儿教师组织活动教大班幼儿认识春、夏、秋、冬四季，活动开始后，幼儿教师先用粉笔在黑板上写下了“春、夏、秋、冬”四个字，再给小朋友讲解四季的特征。

你认为这位幼儿教师的教学活动组织是否合理？为什么？

分析：不合理。幼儿的思维以具体形象思维为主，幼儿教师在教学活动中应该利用图片等直观教具引导幼儿讨论，使教学活动内容生动形象、自然活泼，只有这样才能激发幼儿的学习兴趣和积极性，帮助幼儿理解、接受和记忆，即应遵循直观性原则。

（六）启发性原则

启发性原则指在教学活动中幼儿教师必须善于启发诱导，充分调动幼儿学习的主动性和积极性，激发幼儿的求知欲望和探索精神，引导幼儿积极思考，提高幼儿主动获取知识和运用知识的能力。

幼儿教育的各种活动过程如果离开了幼儿的主动性和积极性，就收不到预期的教学效果。幼儿的年龄特点决定了他们还不能把学习的社会意义转化为学习的内在动机，其学习的主动性和积极性是与他们的兴趣、爱好、好奇心、求知欲望等紧密相连的。因此，要求幼儿教师善于启发诱导，引导幼儿仔细观察周围的事物，组织安排幼儿参加丰富多彩的活动，寓教育于具体、生动、形象的活动之中，促使幼儿对周围事物和现象产生热爱、兴趣、好奇心，产生学习知识的内在动机，主动地开动脑筋、思考问题。

（七）趣味性原则

趣味性原则指在教学活动中，幼儿教师必须使各教学环节充满趣味，以引起幼儿浓厚的学习兴趣，激发幼儿学习的积极性和求知欲，使幼儿在愉快的气氛中，带着喜悦的情绪，全身心地投入到活动中，获取知识和技能。也就是说，要寓教育于娱乐之中。

微课：集体活动中幼儿不积极参与互动，教师该怎么引导?

幼儿认识的发展尚处于无意性占优势的阶段，他们的学习往往受兴趣支配，而兴趣主要来自周围环境的影响和刺激，受好奇心理支配着。幼儿年龄越小，越缺乏活动的目的性，他们情绪不稳定，注意力不能长时间集中，不会做意志上的种种努力，完全依靠外界环境与教学中提供的各种积极刺激。因此，只有教育教学的内容、活动形式、方法等符合幼儿的特点，使他们能接受并产生感兴趣的刺激，才能激发幼儿参加活动的主动性和积极性，产生强烈的求知欲望。这就要求幼儿园必须结合幼儿特点组织实施教学活动。

四、幼儿园教学活动的组织实施

思维碰撞　有一天，中班的幼儿们吃完早饭后坐在教室里玩玩具。忽然一个幼儿大声说：“老师，墙上有蜘蛛！”老师走过去一看，果然在墙角上方有一只小蜘蛛。幼儿们都抬头看着墙角，叽叽喳喳地叫了起来：“我也看到了蜘蛛。”“老师，蜘蛛会不会掉下来？”你能根据材料的描述设计并实施合理、有趣的幼儿园教学活动吗？幼儿园教学活动一般分为哪几个部分？怎样才能组织实施一个完整的幼儿园教学活动？

幼儿园教学活动组织实施是指幼儿园教师与幼儿一起根据预先设计好的教学方案完成既定的教学任务的过程，包括开始部分、基本部分和结束部分。

（一）开始部分

开始部分是幼儿园教学活动的起点，关系到整个教学活动的完成效果，幼儿教师应该认真对待。幼儿园教学活动的开始部分要解决的主要问题是如何尽快将幼儿导入将要开始学习的主题，在较短时间内吸引幼儿的注意力，激发他们参与活动的兴趣，引导他们主动探究与思考。

为确保环节合理、有效，幼儿园教师可以采用以下方法开展教学活动。

1. 激趣导入

兴趣是幼儿参与活动最好的动力，运用激发兴趣的方式进行教学活动的导入是幼儿教师常用的策略。对低龄幼儿，幼儿教师可以借助玩具、材料、学具、生动夸张的语言及行为表演等外部因素的新奇性激发他们的兴趣；对于年龄稍大的幼儿，幼儿教师可以更多地借助对幼儿内在参与态度和情感的激发来增强他们参加活动的兴趣。

2. 游戏导入

游戏是幼儿最喜欢的活动方式，也是幼儿园教学的基本途径。在教学的开始部分，幼儿教师可以结合教学内容创设相应的小游戏，在游戏带来的愉快情绪中，将幼儿导入所学主题。幼儿教师应根据不同种类教学活动的特点，选择不同的语言游戏、音乐游戏、体育游戏等开启教学的开始部分。

3. 情境导入

在教学活动的开始部分，创设情境导入学习主题也是幼儿教师常用的导入策略。导入的情境可以是真实的生活情境，也可以是幼儿教师预设的相关情境。情境导入可以让幼儿尽快进入教学活动中，有利于幼儿调动已有的知识经验来思考和解决问题。

4. 问题导入

幼儿教师利用设计巧妙的问题激发幼儿学习的愿望，可以帮助他们尽快进入新的学习主题，这符合幼儿好奇好问的天性，能够有效地调动幼儿的参与热情，使他们在积极互动的问与答的活动中，自然而然地进入到学习主题中来。

不管是什么形式的导入，都要满足以下要求。

（1）精炼。导入时间不宜过长，以 3 分钟以内为宜。导语力求精练简洁、集中概括，不说空话、废话，不做毫无意义的重复，点到为止，切不可喧宾夺主。

（2）巧妙。导入重在引起幼儿的兴趣，有效地调动其活动的积极性，因此导语要依据活动内容力求巧妙、有趣，既能制造悬念，又富有吸引力和艺术感染力。

（3）准确。要针对活动的内容、特点和幼儿的实际，巧妙地设计导入方法和导语，并且语言准确鲜明，主干突出。

（二）基本部分的组织实施

基本部分是幼儿园教学活动的核心。在这一部分，幼儿教师要根据设计好的活动方案和幼儿的实际反馈，完成教学任务与目标，其成功与否取决于幼儿教师能否对教学进程巧妙把握、对师幼互动有效运用。要达到这一水平，需要幼儿教师日积月累，在实践中不断提升自己的教学水平。

1. 注意观察，捕捉契机

在教学过程中，幼儿教师无法预料幼儿的一切反应，如幼儿对幼儿教师的表达不理解、对幼儿教师设计的情境没有兴趣等。因此，幼儿教师在实施教学活动时，一定要注意观察，及时捕捉幼儿的反应，迅速、灵活地调整教学进程与策略，确保整个教学活动顺利开展。

2. 善于提问，推进进程

提问是幼儿教师在组织教学活动过程中最常用的教学方法。在教学过程中，幼儿教师可以通过提问，将幼儿的注意力一步步引向深入。幼儿教师还可以根据幼儿在活动过程中出现的新情况，提出新问题，引发师幼互动，启发幼儿思维。幼儿教师的提问策略是灵活多变的，可以是前置式提问，也可以是后置式提问；可以是设问，也可以是反问或追问；可以是开放式问题，也可以是封闭式问题。

3. 积极回应，引发互动

回应是指幼儿教师在教学活动开展过程中，对幼儿的言行给予及时的应答、反馈。这是一种积极的师幼互动，可以增进师幼关系，满足幼儿被关注的需求。幼儿教师要在教学活动过程中及时捕捉幼儿的各种反应，做出积极回应，可以即时回应，也可以让幼儿稍做等待。通过回应，幼儿的活动积极性能够得到很好的激发，有助于提高教学的有效性。

（三）结束部分

结束部分是幼儿园教学活动的收尾阶段，在这一部分，幼儿教师可以对幼儿的活动进行小结、评价，或展示活动的成果，也可以让幼儿参与归纳整理、总结和评价。收尾能否巧妙、完整，会影响整个幼儿园教学活动的效果。

1. 结束要求

首先，结束时间不宜过长，以 1~2 分钟为宜。其次，结束部分要做到首尾呼应、结构完整，水到渠成又留有悬念。“一个好的结束是下一个活动的开始”，因此要精心设计适宜而有效的结束方式。

2. 结束方式

在幼儿园教学活动结束过程中，幼儿教师常用的结束方式有总结归纳结束、自然结束、游戏表演结束、操作练习结束等。幼儿教师要根据具体的教学活动内容与教育领域等灵活采用不同的结束方式。

3. 活动延伸

活动延伸指当幼儿园教学活动结束后，幼儿教师在日常生活中引导、鼓励幼儿对学习内容继续进行探索、练习、巩固和运用。活动延伸并不是必要环节，可根据具体活动的情况决定是否开展延伸活动。

活动延伸可以延伸到游戏活动中，使半日活动或者一日活动成为一个有机联系的整体；可以延伸到区域活动中，使区域活动成为教学活动的自然延伸；可以延伸到家庭和社会活动中，真正实现幼儿园与家庭、社会的密切配合。在中班健康领域活动“小青蛙跳跳跳”活动结束后，幼儿教师说：“小青蛙们睡醒了，小朋友们想不想把小青蛙带回家呢？咱们一起到美工区，做一个小青蛙带回家吧。”于是把幼儿带到美工区，开展小青蛙折纸活动。

4. 活动评价

活动评价一般指在活动结束后由幼儿教师本人或其他幼儿教师对整个活动过程给予客观的评价，是幼儿教师教学活动必不可少的一个重要环节。活动评价可以围绕活动主题、活动目标、活动准备、活动过程等内容进行，评价的对象可以是教师在教学活动中的表现，也可以是幼儿的活动表现。

案例分析

投放“水果”

幼儿教师为小班幼儿制作了一列“小火车”，在每节车厢上分别贴了不同品种与数量的水果标签，要求幼儿能按标签投放“水果”。有的幼儿看看标签，可以往不同的车厢装进与标签品种一样的“水果”，每节车厢都装满了“水果”；有的幼儿看着标签，用手点数标签上的“水果”，然后拿出相应品种和数量的“水果”放进车厢；有的幼儿看看标签，可以取出相应品种和数量的“水果”放进车厢，然后自己检查并自言自语：“嗯，都放对了。”

本案例对我们组织开展类似活动有哪些启示？

分析：幼儿教师在进行数学教学活动时，可以通过游戏和实物操作引导幼儿感知与理解数与数量的关系，利用生活和游戏中的实际情境，引导幼儿理解数的概念。结合日常生活与需要，让幼儿手口一致地点数物体，得出物体的总数，并为幼儿提供按数取物的机会，鼓励幼儿尝试自己解决生活中的数学问题。另外，针对幼儿的不同发展水平，幼儿教师在教学活动中要因材施教，针对不同水平的幼儿进行有区别的教育。

任务 7-3　幼儿园游戏活动

问题引领　有家长说：“这家幼儿园天天让孩子玩，什么都不教。不教拼音，不教写字，孩子连字都认不了几个，学费真是白交了！”你赞同这位家长的说法吗？幼儿最喜欢的活动是什么？它和幼儿园其他活动相比有什么特点？

一、幼儿园游戏活动概述

（一）幼儿园游戏活动的含义

幼儿园游戏是幼儿主动开展或参与的，没有外在目标，具有虚构性和假想性的快乐活动。游戏是幼儿最喜爱的一种活动，是饶有趣味的玩乐活动。“玩”是游戏的具体行为，“乐趣”是从游戏中得到的体验和情感。

（二）幼儿园游戏活动的特征

幼儿园游戏活动作为幼儿的基本活动方式，具有以下几个基本特征。

1. 幼儿园游戏活动是一种纯粹的行为，具有非功利性

幼儿园游戏活动的首要特征就是没有外在目的，不能直接获益。幼儿在游戏中追求的是玩的过程，而不是游戏的结果，没有明显的外在目的，这是游戏和其他活动最大的区别。相对于劳动而言，游戏没有明显的社会实用价值和目的，游戏本身就是目的，而不是达到其他目的的手段。

2. 幼儿园游戏活动是一种快乐的行为，具有愉悦性

幼儿园游戏活动对幼儿来说是自由和快乐的活动，无目的、无责任给幼儿带来轻松和愉悦的体验，这是游戏最重要的一个特点。例如，幼儿在简单的追跑活动中，就能体验同伴相处的愉快感和满足感，快活、有趣等是游戏最大的特点。

3. 幼儿园游戏活动是一种自发的行为，具有主动性

幼儿园游戏活动是幼儿自发的行为，即幼儿参与游戏活动是出于自己的兴趣和愿望，而非外在的命令与强迫。游戏就是幼儿的本能活动，占据了活动的主要来源，而学习与劳动通常是按照成人的要求做的，具有被动性。

4. 幼儿园游戏活动是一种假想的行为，具有虚构性

幼儿园游戏活动是以模仿现实生活的某一侧面为基础并加入想象的一种假想性活动，幼儿在玩游戏时有明确的假想性和虚构性。例如，玩过家家他们会主动承担爸爸、妈妈、孩子的角色，模拟出日常生活中的各种情景。

（三）幼儿园游戏活动的作用

游戏是促进学龄前儿童发展的最好活动形式。在幼儿园游戏活动中，幼儿的身体、认知、社会性、情感等都会得到极大的锻炼，因此游戏可以促进幼儿和谐全面地发展。

1. 对幼儿身体发展的作用

游戏可以促进幼儿的生长发育，促进幼儿骨骼肌肉的成熟，锻炼幼儿的运动技

能和技巧，还有利于幼儿内脏和神经系统的发育。另外，游戏的愉快体验对幼儿身体健康发展也有很重要的作用。

2. 对幼儿认知发展的作用

游戏可以丰富、巩固幼儿的知识。例如，幼儿在游戏中对游戏材料的摆弄、操作，有利于丰富、巩固对有关物体性质及物体与物体之间关系的认识。同时，由于游戏来源于幼儿的生活，游戏内容本身就携带有丰富的信息，幼儿游戏的过程就是丰富、巩固知识的过程。游戏有助于幼儿注意力、观察力、判断力的培养。在游戏中，幼儿会不断地移动、触摸、聆听、观察，这些感官刺激有助于幼儿各项能力的发展。此外，游戏还可以激发幼儿的创造力和思考力。幼儿的创造力在游戏中表现得十分明显，如一个 3 岁的幼儿在唱歌时会把杯子拿在手里当话筒，这就是创造力的充分体现。

3. 对幼儿社会性发展的作用

幼儿在游戏中既有现实伙伴之间的交往，也有角色间的交往，在这些交往中幼儿的社会性得以发展。幼儿在分工与合作的过程中，逐渐掌握与人相处的技巧，学会如何尊重他人。游戏都有自己的规则，幼儿在游戏中只有遵守规则才有机会继续游戏。例如，在“红绿灯”游戏中，幼儿要遵守红灯停、绿灯行的游戏规则。幼儿还会在游戏中逐渐学会如何制定规则，甚至他们会根据自身的理解修改规则，这样会让幼儿对规则有更进一步的了解，有利于幼儿理解，更好地适应社会各项规则。游戏有助于幼儿从他人角度去思考问题，尤其在角色游戏中。例如，在“娃娃家”游戏中，扮演“妈妈”的幼儿需要从妈妈角度去说话、想问题，还要关心自己的孩子，还要给“爸爸”安排任务，这就有助于消除幼儿“以自我为中心”的倾向，把自己融入周围生活之中。

4. 对幼儿情感发展的作用

开展幼儿园游戏活动有利于幼儿情感的发展。游戏能够帮助幼儿解决情绪问题，在试验性的、没有恐惧的情境中，学习应对焦虑和各种冲突的方法。游戏是幼儿表现情感的一种重要方法。幼儿在游戏时往往会全神贯注、无拘无束，显露出自己的本性。游戏是幼儿克服情绪紧张的一种手段，幼儿可以在游戏中放松身心，解决问题，同时消除愤怒情绪，也可以在游戏中学会移情，获得愉快的情绪体验。

二、幼儿园游戏活动的分类

可以采用多种方式对幼儿园游戏活动进行分类，包括按照幼儿认知发展特点分类，按照幼儿社会性特点分类，按照幼儿游戏的内容与性质分类。

（一）按照幼儿认知发展特点分类

根据皮亚杰的认知发展理论，结合幼儿在各阶段的认知发展特点，我们将游戏分为以下四种。

1. 练习性游戏

练习性游戏是游戏发展的最初形式，也被称为机能性游戏或感觉运动游戏，是处于感知运动阶段的幼儿常进行的一类游戏。练习性游戏的动因在于感觉或运动器官在使用过程中所获得的快感，游戏只是幼儿为了获得某种愉快体验而单纯重复的某种活动或动作，它既可以是徒手游戏，也可以是操作物体的游戏，如婴儿反复摇晃或抓、丢玩具。

练习性游戏往往以独自游戏或各自游戏的形式发生，随着幼儿年龄的增长，这类游戏的比例逐渐下降。

2. 象征性游戏

象征性游戏是处于前运算阶段的幼儿常进行的一类游戏。象征性游戏的主要特征是“假装”，即幼儿对事物的某些方面做“想象的改造”，包括用一物代替另一物，如用积木当作电话；用某个动作代表真实的动作，如张开两臂作“飞机状”；用自己假装是别人或虚构的角色，如假扮爸爸、妈妈等。

象征性游戏是学前儿童的典型的游戏形式，在幼儿 2 岁以后开始大量出现，在幼儿 4 岁以后进入比较成熟的发展阶段。

案例

花花“做妈妈”

花花最近热衷“做妈妈”，每天妈妈下班后都要求妈妈扮演她的宝宝。她会要求“宝宝”回家后洗手，然后她假装用杯子倒水给“宝宝”喝，还会陪“宝宝”搭一会儿积木，给“宝宝”唱歌，如果“宝宝”看手机超过一定时间，则要限制其看手机和平板。她会问“宝宝”是不是饿了，想吃什么，假装给“宝宝”做饭，等等，这些情境基本上是她自己生活的缩影。

3. 结构性游戏

结构性游戏又称建构游戏或造型游戏，是指幼儿使用积木、泥、沙、金属或塑料构件等多种材料进行建构，反映现实生活的游戏，常见的幼儿用积木盖房子、搭桥梁等都属于结构性游戏。

结构性游戏（图 7-3-1）大致发生在幼儿 2 岁左右，随着幼儿生活经验的丰富和能力的增强不断趋于复杂，从单人游戏逐渐变为多人游戏，从简单的堆叠变成明

图 7-3-1　结构性游戏

确的构型。

4. 规则性游戏

规则性游戏是一种由 2 人以上参加的、按一定规则进行的游戏。规则可以是由成人事先制订的，也可以是按照故事情节制订的，还可以是幼儿按他们假设的情节自己规定的。这类游戏一般是在幼儿 4~5 岁发展起来的，如体育竞赛、棋类游戏、智力竞赛等。这类游戏可以一直延续到成人。

（二）按照幼儿社会性特点分类

按照幼儿社会性特点，幼儿园游戏活动可以划分为以下四种。

1. 独自游戏

独自游戏是幼儿独自玩耍、尚没有玩伴意识时期的一种游戏情形。处于独自游戏阶段的幼儿往往旁若无人地玩着自己的玩具。例如，小班的幼儿在角色区角各玩各的，没有互动。这类游戏一般出现在 0~2 岁。

2. 平行游戏

平行游戏是两个或两个以上的幼儿在一起玩的游戏，他们操作同样的或相似的玩具，开展同样的或相似的游戏，他们不设法影响或改变同伴的游戏活动，各玩各的，有时幼儿相互模仿，但相互间没有任何联系，无意支配别人的游戏活动，没有合作行为，没有一起玩的倾向。平行游戏主要表现为相互模仿、给取玩具、微笑、搭话。例如，男孩各自玩各自的玩具汽车，并且没有合作行为；女孩各自玩各自的洋娃娃，相互之间没有任何联系。这类游戏一般出现在幼儿 2~3 岁。

3. 联合游戏

联合游戏又被称为分享游戏。它是由多个幼儿一起进行的，开展同样的或类似的游戏，没有分工，也没有按照任何具体目标或结果组织活动。幼儿行为的社会性仅仅体现为同伴交往，而不是游戏合作。例如，在游戏中搭建楼房的过程中，明明向军军借了三角形积木。

4. 合作游戏

合作游戏是幼儿后期出现的较高级的游戏形式，是一种包含共同需要、共同计划、共同协商的游戏活动。开展这类游戏的幼儿之间有分工、协作，有领头者，也有随从者。这类游戏具有组织意味，有明显的集体意识，有共同遵守的规则。这类游戏离不开相互的配合，一般要到幼儿 3 岁以后才会出现，在幼儿 5~6 岁得到发展，反映了幼儿社会性发展日渐成熟的趋势。例如，在医院角色区，幼儿协商分配角色，有的扮演医生，有的扮演护士，有的扮演患者，大家共同按照想象的情节进行角色扮演就是典型的合作游戏。

（三）按照幼儿游戏的内容与性质分类

我国幼儿园一般按照幼儿游戏的内容与性质，将游戏分为创造性游戏和规则性游戏两大类。

1. 创造性游戏

创造性游戏是幼儿以想象为中心，主动地、创造性地反映现实生活的游戏。创造性游戏是幼儿期典型的、特有的一种游戏，包括角色游戏、结构游戏和表演游戏三种。

（1）角色游戏。角色游戏是幼儿通过扮演角色，运用想象，创造性地反映个人生活印象的一种游戏。它通常有一定的主题，如家庭、商店、医院等，因此又被称为主题角色游戏。

角色游戏有两个明显的特点：幼儿对现实生活的印象是角色游戏产生的源泉，因此，角色游戏具有表征性；角色游戏的支柱是幼儿的想象活动，因此，角色游戏具有创造性。

（2）结构游戏。结构游戏又称建构游戏，是利用各种结构材料或玩具（如积木、积塑、沙石、泥、雪、金属材料等）进行建构活动的游戏。结构游戏具有创造性、可操作性和造型性等显著特点。

随着科学技术的发展，结构游戏无论是在材料、玩法上还是在结构造型上，都发生了很大的变化，具体来说，结构游戏包括以下几种。

① 积木游戏：用各种积木或其他代用品作为游戏材料进行的结构游戏。积木的式样很多，有大、中、小型积木，有空心或实心型积木，有动物拼图积木，等等。

② 积竹游戏：将竹子制成各种大小、长短的竹片、竹筒等，然后用它们进行构造物体的游戏。积竹可构造“坦克”“火车”“飞机”，还可构造“桥梁”“公园”，我国南方盛产竹子，积竹游戏前景广阔，大有可为。

③ 积塑游戏：用塑料制作的各种形状的片、块、粒、棒等部件，通过接插、镶嵌组成各种物体或建筑物模型的游戏。积塑轻便耐用，便于清洁。

④ 金属构造游戏：以带孔眼的金属片为主要的建造材料，用螺丝结合，建造各种车辆及建筑物的模型的游戏。

⑤ 玩沙、玩水、玩雪的游戏：沙土是一种不定型的结构材料，便于幼儿随意操作。幼儿也可利用水、雪玩划船、堆雪人、打雪仗等游戏。玩沙、玩水、玩雪的游戏是一种简便易行的结构游戏，在城市、农村都可以广泛开展。

⑥ 拼棒游戏：用火柴棍、塑料管、冰棒棍或用糖纸搓成纸棍等作为游戏材料，

拼出各种图形的一种游戏。

⑦ 拼图游戏：用木板、纸板、塑料或其他材料制成不同形状的薄片并按规定方法进行拼摆的一种游戏，如可拼摆动物的房屋、故事情节的画面等。传统的用七巧板拼图就属于这类游戏。

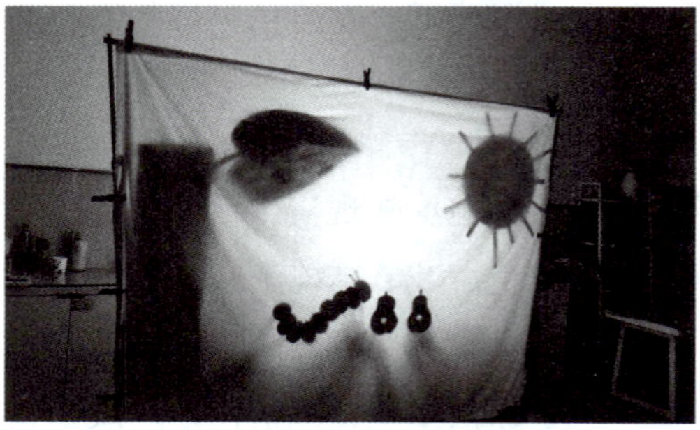

图 7-3-2 影子戏表演

（3）表演游戏：幼儿按照文学作品中的情节扮演某一角色，再现文学作品的一种游戏。这类游戏具有表演性、自娱性、自创性等特点。表演游戏主要分为桌面表演、木偶表演、影子戏表演（图 7-3-2）、戏剧表演。

2. 规则性游戏

规则性游戏是成人为发展幼儿的各种能力而编写的、有明确规则的游戏。规则性游戏包括体育游戏、智力游戏、音乐游戏等。

（1）体育游戏。体育游戏是以发展动作为主的游戏，能培养幼儿勇敢、坚强、遵守规则等优良品质。在游戏中，幼儿的大肌肉群和小肌肉群都可以得到锻炼。体育游戏有角色、情节和竞赛的规则，因此，能够培养幼儿的意志力、优良品质和规则意识，对幼儿智力发展有积极作用。

（2）智力游戏。智力游戏是为发展幼儿智力而设计的规则游戏。这类游戏以生动有趣的形式使幼儿在积极愉快的情绪中增进知识和发展智力，具有丰富的内容，种类繁多，如感官游戏、比较异同游戏、分类游戏、推理游戏、记忆游戏、计算游戏、语言游戏、纸牌和棋类游戏等。

（3）音乐游戏。音乐游戏是幼儿教师根据音乐教育的任务设计和编制的规则游戏。幼儿在音乐伴奏或歌曲伴唱下进行游戏，可以发展幼儿的音乐感知能力和动作表现能力。这类游戏生动有趣，深受幼儿的欢迎。

知识链接

幼儿游戏理论

剩余精力说：由英国哲学家斯宾塞提出，他认为游戏是幼儿发泄其过剩精力的过程。

生活准备说（练习说）：由德国生物学家、新达尔文主义者格罗斯提出，他从进化论出发，认为游戏是幼儿为将来生活所做的准备。

游戏欲望说：由荷兰生物学家拜登代克提出，他认为游戏是幼儿欲望的表现。

社会情绪表现说：由奥地利心理学家、精神分析学派的创始人弗洛伊德提出，他认为游戏是幼儿满足欲望和抚平创伤的手段。

认知动力说：由瑞士心理学家皮亚杰提出，他认为游戏是幼儿学习新的复杂事件的方法。

社会性活动说：以苏联心理学家维果斯基为代表，认为游戏是一种有目的、有意识的社会性活动，是幼儿的一种特殊的实践形式。

三、幼儿园游戏活动的组织实施

思维碰撞　在中班角色游戏中，有幼儿提出要玩“打仗”游戏，他们在材料柜里翻出好久不玩的玩具吹风机当“手枪”，用仿真型灯箱当“大炮”，玩得不亦乐乎。李老师看到此情景非常着急，连忙阻止：“这是理发店的玩具，不能这样玩。”李老师的阻止行为是否合适？应该怎样组织实施幼儿园的各类游戏活动？

（一）幼儿园角色游戏的组织实施

1. 丰富幼儿的相关经验

幼儿在角色游戏中模仿和想象的素材来自他们的生活经验，因此丰富幼儿的生活经验，就能够丰富角色游戏的主题、情节和内容；反之，幼儿在角色游戏中积累的经验也能对其适应生活、健康成长起到积极作用。因此，一方面，幼儿教师要采用参观、讨论、阅读等多种方式丰富幼儿的相关生活经验，促进游戏深入发展；另一方面，幼儿教师应及时发现、归纳幼儿在游戏中获得的经验，如在游戏中如何与同伴合作、如何大方自信地表演等，引导幼儿将其运用到实际生活中，以使游戏的功能得到充分发挥，促进幼儿健康发展。

微课：新教师如何组织幼儿开展角色游戏活动?

2. 善用游戏材料进行指导

在角色游戏中，幼儿对具体直观的游戏材料往往比对语言更有兴趣，巧妙、恰当地运用游戏材料可以激发幼儿的游戏兴趣，给幼儿带来游戏灵感，因此，幼儿教师应该充分发挥游戏材料的作用，以游戏材料为媒介指导幼儿游戏。幼儿教师投放游戏材料的目的要明确，投放材料前要对幼儿游戏的需要、已有经验和兴趣有所了解，对游戏材料投放后幼儿的操作情况、材料对游戏的支持情况等有所预想，要引导幼儿了解每种游戏材料的功能、玩法，在此基础上，还要鼓励幼儿一物多玩，充分发挥游戏材料的价值。

3. 把握游戏的指导时机

幼儿教师要仔细观察幼儿的游戏过程，了解幼儿的游戏情况，在最恰当的、幼儿最需要的时刻给予支持。通常出现以下几种情况时，教师要把握好指导时机，适时介入。

（1）在出现不安全因素时，如使用危险物品进行游戏，或者在游戏时出现危险动作，幼儿教师必须在第一时间介入指导。

（2）在幼儿兴趣减弱时，如因游戏玩法单调重复幼儿兴致缺缺，或者幼儿不知道该怎么继续深入游戏，幼儿教师要及时介入指导。

（3）在幼儿面临解决不了的问题或者发生纠纷、寻求帮助时，幼儿教师要及时介入指导。例如，“医院”里来了新患者要求住院，可是没有床位了，大家都不知该如何解决，这时幼儿教师要介入游戏，并协助幼儿解决问题，将游戏进行下去。

（4）在出现不健康内容时，幼儿教师也要及时介入指导。角色游戏中可能会出现一些不健康或不适合幼儿的内容，如打麻将、赌博、烧香拜佛等，幼儿教师应及时发现并进行适当引导。

幼儿教师介入的最好方式是以角色身份参加到幼儿游戏中去，起到“润物细无声”的效果。

4. 组织幼儿进行讨论

幼儿教师在游戏开始之前可以组织幼儿讨论，帮助幼儿重温上一次游戏的经验，对本次游戏的开展进行预想，做好游戏的心理准备。幼儿教师在游戏结束之后也要组织好讨论，引导幼儿发展游戏情节。组织讨论时要面向全体幼儿，让每个幼儿都积极参与讨论。

5. 运用多种方式讲评

讲评是角色游戏的重要环节，恰当的讲评能增强幼儿的角色意识，提高游戏水平，引导游戏深入发展。幼儿教师应该丰富讲评方式，充分发挥讲评对游戏的指导作用。例如，可以让幼儿参与讲评，说说自己参与游戏的情况，然后幼儿教师予以肯定或者提出问题，引发全体幼儿讨论；也可以用一些设备拍下幼儿的游戏情况，讲评时幼儿回顾游戏情景，从而发现问题，解决问题；还可以选择本次游戏中出现的具有共性的、对幼儿发展极为重要的内容进行讲评，如对解决争抢问题进行讲评等。

案例分析

“十字路口”游戏的指导

在活动课上，中班的幼儿在玩“十字路口”的游戏，其中星星和亮亮只对玩具车感兴趣，一点都不顾及其他幼儿怎么玩。他们拿着“车”一会儿开进路边的“商店”，一会儿撞倒“行人”。其他幼儿看到了，也拿着“车”撞来撞去，十分混乱。一直在一旁观察的李老师看到了，赶紧以“交警”的身份介入游戏：“你们这是在干什么，交通秩序都被破坏了。”幼儿纷纷指着星星和亮亮说，都是因为他们俩“开车”乱撞。

在“交警”的指导下，大家把破坏的“商店”整理好，把“马路”整理了出来，大家的“车”都只在马路上行驶，游戏又再次正常进行……

李老师是通过什么方式介入游戏对幼儿进行指导的？李老师介入的时间和方式是否恰当？

分析：在此次游戏中，李老师在观察一段时间幼儿的游戏之后，找到了可以对幼儿加以暗示与点拨的情节，以“交警”的身份介入幼儿游戏，进行了及时的随机指导，使幼儿认识到遵守交通规则的重要性，介入的时间和方式是恰当的。

（二）幼儿园结构游戏的组织实施

幼儿园结构游戏的活动性、操作性非常强，能满足幼儿积极活动的要求。

1. 加深幼儿对周围环境的认知

幼儿只有对周围生活环境中的物体和建筑物有了较细致的了解，并形成丰富深刻的印象，才会产生建造物体的愿望。加深幼儿对周围环境的认知的方法如下。

（1）要积极培养幼儿仔细观察周围事物的习惯，从日常生活中经常接触的、熟悉的物品入手，如幼儿的座椅、吃饭的桌子，操场上造型简易的跷跷板、滑滑梯等，逐渐发展到观察生活中常见或少见的物品（体），如电视机、电风扇、各类家具，汽车、飞机、轮船等。幼儿教师不但要引导幼儿掌握物体的主要特征，而且要使幼儿能区分同类物体的明显甚至是细微的区别。例如，椅子和凳子都是四条腿，一个有靠背，一个没有靠背；四条腿的凳子，有的是长的，有的是方的，还有的是圆的。

（2）幼儿教师应该通过上课、参观、散步、图片、幻灯、模型教具等，指导幼儿认真细致地观察周围的各种生活建筑物，以及远近闻名的风景建筑、名胜建筑等，既要让幼儿经常直接观察实物，又可利用图书、画报、照片、电影、电视的介绍让幼儿间接观察物体。同时，应该经常用谈话、绘画等方式巩固幼儿对各种劳动、建筑物和物体的印象。总之，幼儿脑海中积累的感性物象越多，他们构造时的表现力、创造性就越强。

2. 给幼儿提供丰富的游戏材料

幼儿教师应给幼儿提供丰富的建筑材料，从由基本几何形体构成的大、中、小型成套的积木，到金属的、木制的、塑料制的各种可装拆的积塑、胶粒、插片、积铁，以及各种颜色和形状的串珠、插板、拼板等，都是开展结构游戏的物质保证，也是发展幼儿创造能力的必要条件。

幼儿教师可以就地取材，充分利用多种原材料进行材料加工。废旧的塑料瓶、纸筒，随处可见的沙石、泥土、树叶、秸秆等，都能成为经济实用且随意灵便的构造材料。幼儿教师提供大量的未成品材料，更能满足幼儿日益发展的智力和体力的要求。

另外，幼儿教师要及时更换、补充结构材料。随着幼儿的发展和幼儿多次摆弄同样的材料，幼儿会对结构材料丧失兴趣，如果很少有幼儿玩或专注地玩这些结构材料，幼儿教师就要及时地更换这些材料，但是更换的频率也不能太快，以免幼儿的注意力过多地被材料的色彩和外形所吸引。

3. 帮助幼儿掌握结构游戏的基础知识和技能

幼儿教师要通过示范、讲解等方法，教给幼儿结构游戏的基础知识和技能。引导必须由浅入深、循序渐进，先掌握铺平、延长、围合、加高、加宽、盖顶等方法，构成造型简单的建筑，再用积木砌出不同造型的围墙，开出外形不一的门窗等，直至学会用不同的积木和多种方法来表现建筑物及物体的基本部分和外形特征。

幼儿教师引导时要结合不同年龄阶段幼儿的特点，具体地引导。针对小班幼儿，应着重引导他们认识结构材料，学习初步的结构技能，学会整理和养成爱护玩具材料的良好习惯。针对中班幼儿，应在进一步掌握结构技能的同时，鼓励幼儿大胆想象，共同构造，并能相互评议结构成果。针对大班幼儿，则应侧重引导他们开展参加人数多、持续时间长的大型结构游戏，并引导幼儿进一步美化自己的结构物。

（三）幼儿园表演游戏的组织实施

1. 帮助幼儿选择适当的童话、故事

为表演游戏选用的童话、故事应符合下列要求。

（1）思想内容健康活泼。要选择那些思想健康、有教育意义、内容活泼，并符合幼儿生活经验的作品。

（2）具备一定的表演性。表演性童话、故事要易于为幼儿掌握和表演，有一定的戏剧成分，有适当的表演动作，有集中的场景且易于布置，道具要简单，可以利用现成的桌椅、积木、积塑及实物等。例如，《小兔乖乖》中表演的动作明显，场景中的房子可用桌椅与积木搭成，扮演大灰狼、兔妈妈和小白兔的幼儿戴上相应的头饰即可。

（3）故事情节有起伏。情节发展的节奏要快，变化明显，并按一条主线发展，重点突出，枝蔓不多，只有这样才能引人入胜，并易于表演。例如，在《小兔乖乖》中，兔妈妈去拔萝卜，大灰狼来骗小白兔，兔妈妈回来了，把大灰狼赶跑了，有起伏的情节，变化明显。

2. 帮助幼儿理解作品

幼儿教师通过有感情地讲述故事，用不同语调表现不同角色的说话声音，并以手势辅助，使作品中的形象栩栩如生地呈现在幼儿眼前；幼儿教师反复向幼儿讲述故事，及时提问，就能帮助幼儿迅速领会作品的内容和情节，激起他们游戏的愿望。

3. 为幼儿参加表演游戏做好物质准备

幼儿教师可以和幼儿一起准备玩具、头饰、服饰、布景及道具；鼓励他们想办法，大胆出主意。大班幼儿还可以参加道具的制作等。幼儿参加游戏的准备工作，容易激起他们游戏的兴趣。

4. 引导幼儿自然、生动地表演

幼儿在表演游戏中，往往以参加表演为目的，而不是有无观众。幼儿教师应当利用这种游戏，吸引更多的幼儿参加游戏，使他们自然地、发自内心地表演，以使自己受到锻炼。

5. 始终关心和支持幼儿的游戏

幼儿教师应对表演游戏有极大的兴趣，启发和鼓励幼儿开展游戏。小班幼儿不会做表演游戏，幼儿教师需要做示范表演，先教会几个幼儿，再教会其他的幼儿。当幼儿学会一两个表演游戏后，可以让幼儿自己表演其他故事。幼儿教师对游戏过程予以指导和帮助。中班、大班幼儿可自愿地、自由地玩表演游戏，幼儿教师要支持和关心他们的表演。必要时，幼儿教师可以游戏者的身份提醒他们，并及时帮助他们解决困难。游戏结束后，提醒或帮助幼儿收拾道具，整理场所。

案例分析

指导表演游戏

幼儿教师在表演区投放了自制的有关《西游记》人物的面具，小朋友很感兴趣。东东、丽丽、甜甜、明明、华华五个小朋友来到表演区，争着要戴上孙悟空的面具来表演。这时，幼儿教师建议他们相互协商，每个人扮演儿歌《孙悟空打妖怪》里的一种角色，然后相互交换角色。小朋友们表示同意。他们商量后分配好各自的角色，戴上不同的面具。东东扮演“老妖婆”，但是没有面具，甜甜想了一个办法，找来一块头巾系在东东头上。小朋友们拿着道具准备表演，幼儿教师鼓励他们大胆按照儿歌的内容做动作，边唱儿歌边表演。当“老妖婆”出现时，孩子们变得兴奋起来；当“老妖婆”被“孙悟空”打倒后，大家都高兴得欢呼起来。接下来再表演时，小朋友们的表演欲望更强烈了。

指出本案例中幼儿教师指导表演游戏的方法的成功之处。

分析：本案例中幼儿教师通过让幼儿扮演角色体会儿歌《孙悟空打妖怪》的内容，

让幼儿设计头饰，充分发展幼儿的想象力和合作能力。幼儿教师还为幼儿提供了感兴趣的游戏材料，激发了幼儿参与游戏的兴趣和热情。在发现幼儿争抢孙悟空面具时幼儿教师及时介入、引导，建议他们协商分别扮演其他角色，从中让幼儿感受到合作表演的乐趣，可以说是一次成功的游戏指导。

（四）幼儿园规则游戏的组织实施

规则游戏是以规则为中心的游戏，在游戏过程中，往往离不开教师对于幼儿的指导。

1. 游戏水平要符合幼儿年龄特点

幼儿教师选择和编制规则游戏时有两个要求：一是要考虑到幼儿的已有生活经验和现有发展水平，使幼儿容易接受和理解；二是规则游戏要有一定的难度，但要将难度的范围落在幼儿的“最近发展区”内。如果过于容易，缺乏挑战，则幼儿容易失去兴趣，难以持久；如果难度太大，则会削弱幼儿的信心。换句话说，给小班幼儿选择的规则游戏务必简单，而给中班、大班幼儿选择的规则游戏要有一定的难度。

2. 游戏规则的讲解与示范方式要得当

一般而言，要使幼儿理解和掌握游戏规则及游戏玩法主要有两种方式：一种是幼儿教师讲解的方式，教师在讲解时语言一定要简单、清晰、准确，使幼儿听懂，易于操作，这种方式通常适用于较为简单的规则游戏；另一种是幼儿教师示范的方式，可以由幼儿教师示范，也可以由幼儿示范，还可以由教师和幼儿一起示范，示范时动作要清晰、准确，把握到位。当然，示范过程中有时需要讲解的配合。

3. 提供充足的游戏时间和游戏场地

幼儿是在玩中学习和成长的，限制幼儿的玩，就等于限制了幼儿的成长。在幼儿园阶段，幼儿最主要的玩就是游戏。玩游戏需要时间，幼儿教师应该根据规则游戏的具体情况，给幼儿提供充足的游戏时间。另外，规则游戏一般需要比较宽敞的场地，如游戏“丢手绢”“拔河比赛”“我是木头人”等，因此，在开展规则游戏前，幼儿教师要根据游戏的内容，引导幼儿选好游戏场地，无论是室内还是室外，都要保证场地平坦、安全，方便幼儿开展游戏。

4. 根据游戏情况，适时调整规则和玩法

规则游戏的规则和玩法一般是固定的，但是随着幼儿熟悉游戏的规则和玩法后，幼儿参与游戏的兴趣就会下降，有时甚至不愿意再参与游戏。遇到这种情况，幼儿教师就要根据实际情况，调整游戏的规则和玩法，进而增加游戏难度。例如，刚开始玩“跳房子”游戏时，房子可以画得简单一些，玩熟以后，就可以增加房子的复杂度；一开始可以一人一人跳，后来可以分组跳。幼儿教师也可以在鼓励幼儿大胆表达想法的基础上，倾听幼儿的意见，并和幼儿一起制订游戏的规则和玩法。这样既发挥了幼儿的主动性和创造性，增加了幼儿的责任感，也使幼儿更好地理解和遵守规则。

岗位应用

一、案例分析

案例：中班科学活动——运水（2022年全国学前教育技能竞赛保教视频分析）。

请扫码观看案例视频，分析视频中教师的保教言行，并对教育活动中存在的问题提出建议。

视频：中班科学活动：运水

二、调查发现

户外自主游戏是幼儿园教学的重要环节。开展户外自主游戏能让幼儿在轻松愉悦的环境中发挥自我，获得快乐，形成能力。然而若是没有科学的游戏理念和合理的组织，户外自主游戏反而会束缚幼儿的发展。请你围绕“当前幼儿园户外自主游戏存在的主要问题及对策”这一主题，对当地的幼儿园进行相关调查，并形成一份调查报告。

国考聚焦

一、真题分析

（一）单项选择题

1. 对“因材施教”的正确理解是（　　）。（2023年下半年《保教知识与能力》）

A. 尊重年龄特点　　B. 尊重个体差异

C. 遵循发展顺序　　D. 遵循教材进度

2. 幼儿园一日活动要动静交替，这与幼儿神经系统的哪一个特点有关？（　　）（2023年下半年《保教知识与能力》）

A. 易兴奋、易疲劳　　B. 不易兴奋、不易疲劳

C. 易兴奋、不易疲劳　　D. 不易兴奋、易疲劳

3. 在玩棋类游戏时，下列幼儿的哪种行为表现最能反映玩具的可玩性（　　）。（2023年下半年《保教知识与能力》）

A. 运用丰富的认知策略　　B. 玩棋兴趣持续较长时间

C. 有丰富的肢体表现　　D. 玩棋之后不易引发挫折感

4. 幼儿获得直接经验的方式是（　　）。（2022年下半年《保教知识与能力》）

A. 听老师讲课　　B. 阅读图书

C. 实际操作　　D. 看老师如何做

5. 制定一日活动计划主要是依据（　　）。（2022年下半年《保教知识与能力》）

A. 社会发展和幼儿身心发展的规律

B. 当地文化特点和本班幼儿身心发展状况

C. 本周计划和本班幼儿兴趣与需要

D. 幼儿园和班级的学期计划

6. 关于自发性游戏的正确观点是（　　）。（2022年上半年《保教知识与能力》）

A. 幼儿园游戏不包括自发性游戏

B. 自发性游戏不需要教师指导

C. 教师组织的游戏比自发性游戏有价值

D. 自发性游戏具有多种教育价值

7. 幼儿通过塑造角色表现文艺作品内容的游戏是（　　）。（2021年上半年《保教知识与能力》）

A. 角色游戏　　B. 结构游戏　　C. 智力游戏　　D. 表演游戏

8. 在科学活动《奇妙的气味》中，教师准备了分别装有水食醋、酱油等液体的瓶子，请幼儿看一看、闻一闻。幼儿在活动中使用了什么方法？（　　）（2021年上半年《保教知识与能力》）

A. 实验　　B. 参观　　C. 观察　　D. 讲述

9. 在洗手时，幼儿东东突然叫了起来："洗手液溅进我眼睛里了！"这时老师首先应该做的是（　　）。（2021年下半年《保教知识与能力》）

A. 用流动水冲洗眼睛　　B. 用干净的纸或软布擦眼睛

C. 找保健医生　　D. 拉开眼皮吹一吹

10. 从生活中选择幼儿感兴趣的事物和问题作为教学内容的主要原因是（　　）。（2021年下半年《保教知识与能力》）

A．教师容易制作教具　　B．便于教师教学

C．符合家长的希望　　D．符合幼儿的学习特点

（二）案例分析题

1．**材料：**几名幼儿在玩“医院”游戏，有的当医生拿听诊器给病人看病、开处方，有的当护士取药、打针，还有妈妈抱着娃娃打吊瓶……除此之外，还有“餐厅”“娃娃家”“超市”“警察”等游戏，都是小朋友们喜爱的，且幼儿园里常见的游戏。

问题：（1）简析这类游戏对幼儿身心发展的教育价值。（2）教师指导此类游戏有哪些注意事项？（2022年漯河市教育系统公开招聘教师考试试题）

2．教师为幼儿制作了一个玩具灶（见图7-4-1），投放了羽毛，棉花、小木棒，乒乓球等，不同材质的物品和扇子，让幼儿猜测哪些物品能被风吹起来并进行验证。

图7-4-1　玩具灶

小牛猜想羽毛和棉花能飞起来，就开始扇风。结果发现它们确实能飞起来，他使的劲大了，发现乒乓球也飞起来了。一直旁观的小雷惊讶地说：“原来用劲儿扇乒乓球也能飞起来呀！”

问题：游戏中小牛、小雷都在学习吗？请分别说明理由。（2021年上半年《保教知识与能力》）

（三）论述题

举例论述如何在幼儿园一日生活中实施“动静交替”的原则。（2015年下半年《保教知识与能力》）

二、模拟练习

1.（　　）是保教结合最紧密的幼儿园课程形式，其中的每一项活动既是对幼儿的保育过程，又是施教的机会。

A. 游戏　　B. 日常生活活动

C. 教学　　D. 课堂

2. 当幼儿进餐时，下列教师指导语不利于其进食的是（　　）

A.“你们还吃吗？不吃了吧！”

B.“我最爱吃牛肉炖胡萝卜。”

C.“好香呀，今天小朋友一定吃得又多又好！”

D.“午饭太香了，香喷喷的白米饭，鸡蛋炒西红柿。”

3. 适合幼儿园一日活动中过渡环节的游戏主要有手部游戏、（　　）、歌谣游戏等。

A. 表演游戏　　B. 语言游戏　　C. 建构游戏　　D. 探索游戏

4. 在幼儿教育活动中，最能为幼儿提供交谈机会的组织形式是（　　）。

A. 小组活动　　B. 班集体活动　　C. 全园活动　　D. 个别活动

5.（　　）是指教师在教学活动中应注意激发幼儿主动学习的愿望，引发和促进幼儿积极地与环境相互作用，得到发展。

A. 积极性原则　　B. 科学性原则　　C. 发展性原则　　D. 直观性原则

6. 幼儿通过看看、摸摸、尝尝等了解苹果的基本特征，所使用的方法是（　　）。

A. 实验法　　B. 测量法　　C. 观察法　　D. 操作法

7. 下列幼儿园教学方法中属于直观方法的是（　　）。

A. 讲解法　　B. 观察法　　C. 练习法　　D. 发现法

8. 幼儿园的“娃娃家”游戏属于（　　）。

A. 结构游戏　　B. 表演游戏　　C. 角色游戏　　D. 智力游戏

9. 会用材料建造成简单的物体，能将物体的主要特征表现出来。这一结构游戏的要求主要针对（　　）。

A. 小班幼儿　　B. 中班幼儿　　C. 大班幼儿　　D. 学前班幼儿

10. 幼儿在游戏中学习，与其他形式相比，其特点不包括（　　）。

A. 游戏学习是一种自发的学习，学习动机来自幼儿内部

B. 幼儿在游戏中的学习是潜移默化的

C. 在游戏学习中伴随着愉悦的情绪体验

D. 游戏学习的目的具有针对性和强制性

文档：项目七 岗位应用国考聚焦参考答案

项目八

8

幼儿园班级管理

【学习导航】

- 幼儿园班级管理
  - 幼儿园班级管理概述
    - 幼儿园班级管理的内涵
    - 幼儿园班级管理的特点
    - 幼儿园班级管理的目的
    - 幼儿园班级管理的功能
  - 幼儿园班级管理的原则、内容和方法
    - 幼儿园班级管理的原则
    - 幼儿园班级管理的内容
    - 幼儿园班级管理的方法
  - 幼儿园班级管理工作的实施
    - 各年龄班幼儿的发展特点与班级管理
    - 班级大型活动的组织与管理重点

【学习目标】

素质目标：

□ 具有幼儿园班级管理的意识；树立科学的班级管理理念。

认知目标：

□ 理解幼儿园班级管理的内涵、特点、目的与功能；掌握幼儿园班级管理的原则、内容和方法；掌握班级大型活动的组织流程与管理要点。

能力目标：

□ 尝试运用幼儿园班级管理的相关知识，解决班级管理中存在的实际问题；能根据小班、中班、大班不同年龄幼儿的发展特点进行有针对性的班级管理；能运用所学知识，组织班级大型活动。

情境导入

如何管好这个班

黄媛第一天见习就遇到了一件犯愁的事：班上的主班教师被园长临时叫走，管理幼儿的任务就落在了她的身上，此时的幼儿有的聊天，有的打闹，有的唱歌，还有的摆弄椅子、随意走动，整个活动室乱糟糟的。黄媛心想：这下可怎么办？主班教师把幼儿交给自己，自己不能袖手不管，可是管的话，怎么管呢？

如果换成是你，你会怎么做？你会运用幼儿园班级管理的相关知识解决这个问题吗？

学习任务

任务 8-1　幼儿园班级管理概述

问题引领　有人认为：幼儿园班级管理就是要让幼儿学会“顺从”“听话”，你是否认可这样的观点？为什么？

一、幼儿园班级管理的内涵

“班级”一词最早由文艺复兴时期的教育家伊拉斯谟提出。17 世纪捷克教育家夸美纽斯在著作《大教学论》中对班级进行了论证，从理论上设计班级组织。他将儿童根据年龄划分为六个班级，在相同的时间，六个班级同时上课，不同的班级配备不同的教科书和教学方法，有确定而具体的教学作业等。在这种设计之下，“一个教师同时教很多学生是可能的”，班级授课制渐渐成型。

1862 年，清朝政府在北京开办的京师同文馆最先采用班级进行教学，开创中国班级教学之先河。1901 年，清朝政府宣布废科举、兴学堂，班级授课制在全国各地推广。随着时代的发展演变，人们对班级的理解日益多样化。有的认为班级是集体指导儿童读、写、算等各项学习的一种组织形式。李学农对班级概念的解释得到了学界的普遍认可，他认为：同一年龄段、发展水平相当的一群学生根据学校的安排固定地聚集在一起，形成了“班”；因为“班”处于一定的教育阶段，所以形成了“级”[1]。班级是学校为实现一定的教育目的，把处于一定年龄阶段、文化程度大体相同的学生按一定的人数规模建立起来的基层教育组织。

幼儿园班级是为实现保教目标，按照幼儿的年龄与身心发展水平组成的保育和教育的基层单位，与学校的班级相比较，幼儿园班级管理具有其特殊性。幼儿园班级不仅是组织教育的单位，还承担了组织与安排幼儿生活的任务。班级是幼儿园进行保育和教育工作的主要场所，为提高其育人水平，必然需要有效管理。幼儿园班级管理质量不仅关系着幼儿身心和谐发展的程度，还关系着幼儿园的保教质量和整体办园水准。

幼儿园班级管理是幼儿园管理的核心工作，是指幼儿教师根据一定的目的要求，采用一定的手段措施，对班级中的各种要素（人、财、物、时间、空间、信息等）进行计划、组织、协调、控制，以实现保育和教育目标的组织活动过程。

二、幼儿园班级管理的特点

幼儿园班级管理具有自身的特点，具体如下。

微课：主班老师、配班老师和保育老师如何协同做好班级管理工作?

（一）全员性

班级管理的主要参与者是教师，但幼儿园班级管理的参与者不仅包括幼儿教师，还有包括保育员，家长和具有初步自我管理能力的幼儿。只有全员参与管理，幼儿园班级管理才能更加科学有效。

（二）综合性

要做好一个班级幼儿的保教工作，不仅需要幼儿教师创造适当的班内环境，保教好幼儿，还需要幼儿教师与幼儿园各级机构和部门建立良好的关系。与班级幼儿的家长沟通与合作，与所在的社区和社会机构建立联系、开展协作，对各方面的教育资源进行有效的统筹和整合，形成教育合力。

（三）专业性

幼儿园班级管理应遵循幼儿成长和教育的基本规律，突出其专业性。《专业标

---

① 李学农. 班级管理［M］.3 版. 北京：高等教育出版社，2018：6.

准》中强调幼儿教师应“掌握班级管理的知识与方法”，新时代班级管理需要幼儿教师掌握新的管理理念和方法。例如，幼儿园班级管理不仅需要有一定的规则，还需要幼儿教师了解、熟悉幼儿的心理动态，学习和掌握心理学知识，有效地利用心理效应，加强班级的教育管理工作。

（四）动态性

幼儿园班级管理并非一个静态的活动，它是动态发展的、时刻变化的。它的动态性表现在三个方面：一是幼儿教师、行政人员教育理念的变化引起的班级管理理念、管理方式的变化；二是管理要素发生变化引起的班级管理内容的变化；三是幼儿的成长变化引起的班级管理内容、管理方式方法的变化。教师需要抓住“动态”二字，进行有效、科学的班级管理。

三、幼儿园班级管理的目的

班级是幼儿组织结构的基础，是幼儿日常行为习惯养成的核心组织。幼儿园班级管理的目的可以从内在和外在两个方面来理解：幼儿园班级管理的内在目的是把幼儿培养成个体生活的主体和社会生活的主体；幼儿园班级管理的外在目的是通过班级管理为幼儿园创造良好的生存和发展基础，形成办园特色，打造办园品牌。

（一）培养幼儿自我管理的能力

《纲要》强调：“建立良好的常规，避免不必要的管理行为，逐步引导幼儿学习自我管理。”幼儿园班级管理的首要内容是引导和帮助幼儿学会自我管理。在幼儿园班级管理中，为促进幼儿身体的正常发育和心理的健康成长，幼儿园班级管理相关人员需要培养幼儿的生活自理能力、简单的任务执行能力、自我控制能力等。

（二）保障保教工作的顺利开展

班级是幼儿具体的生活和学习环境，幼儿园班级管理既包括营造良好的幼儿学习环境，也包括建立有效的保教秩序，确保幼儿一日生活能有序、有效开展，从而使幼儿身心和谐发展，促进幼儿健康成长。

（三）促进优秀班集体的形成

班级是幼儿进行群体活动和交往的主要场所。一个良好的班级能够对幼儿产生积极的影响。有效的幼儿园班级管理能够促进优秀班集体的形成，让幼儿潜移默化地受到集体的熏陶，进而健康成长。

（四）统筹协调各种教育资源

有效的班级管理需要统筹协调各种教育资源。幼儿园班级管理不仅需要统筹幼儿园内各种教育资源，构设良好的幼儿园学习和生活环境，有序、有效开展幼儿园教育教学活动；还需要与幼儿家长、幼儿园所在社区和相关社会组织机构等建立良好的合作共育关系，充分共享各种社会资源，形成教育合力，共同服务和促进幼儿和谐健康发展。

（五）提高幼儿园管理整体质量

幼儿园班级管理是幼儿园最基层的管理，其管理水平与质量制约并影响着幼儿园管理的整体水准与质量。只有不断提高幼儿园各班级的管理水平，幼儿园的整体管理质量和教育教学质量才能不断提升。

四、幼儿园班级管理的功能

幼儿园班级管理的功能是指幼儿园班级具有的能力及发挥的作用。

（一）生活功能

班级为幼儿提供了共同生活的环境和氛围，每个幼儿在集体中的生活行为（如饮水、进餐、睡眠等）都会受到班级组织管理的影响。科学、有序、合理地安排幼儿一日生活，对于提高幼儿的生活质量、活动效率，促进幼儿身心和谐、健康发展具有重要意义。

（二）教育功能

班级不仅是一个生活集体，还是一个教育集体。班级是开展集体教育的组织保障。幼儿教师对活动的精心策划与组织，保证了教育活动的系统性和循序渐进性，有助于提高教育活动质量和效率，有助于全面实现幼儿教育目标。

（三）社会服务功能

《规程》中指出：“幼儿园同时面向幼儿家长提供科学育儿指导。”幼儿园承担着指导家长科学育儿的任务，为家长提供教育服务。《中华人民共和国家庭教育促进法》（以下简称《家庭教育促进法》）强调：“中小学校、幼儿园可以采取建立家长学校等方式，针对不同年龄段未成年人的特点，定期组织公益性家庭教育指导服务和实践活动，并及时联系、督促未成年人的父母或者其他监护人参加。”班级是幼儿园教育教学活动具体组织实施单位。幼儿园班级管理具有指导家长科学育儿，提供教育咨询服务，加强家校、家社合作等社会服务功能。

任务 8-2 幼儿园班级管理的原则、内容和方法

问题引领 吃完早餐，几个幼儿来到“娃娃家”，有做饭的，有抱娃的，还有整理餐桌的，随着这个区域的幼儿越来越多，那些做饭的幼儿连转身都开始变得困难，其中一个幼儿说：“好挤呀，都没我的位子了。”如果是你，面对“娃娃家”出现的拥挤现象会怎么做?

一、幼儿园班级管理的原则

班级管理的原则是对班级进行管理时必须遵循的基本要求，它对班级全面管理具有重要的指导意义。实践证明，主体性原则、整体性原则、参与性原则和高效性原则是幼儿园班级管理中最基本的原则。

（一）主体性原则

主体性原则指幼儿教师作为幼儿园班级管理的主体，具有自主性、创造性和主动性，同时必须充分尊重幼儿作为学习者的主体地位。强调这一原则的目的在于引导作为班级管理主体的幼儿教师，在开展幼儿园班级管理时，能从自己所在班级的实际出发，制订一系列管理方案和具体措施，创造性地运用多种策略和方法，协调班级内的各种因素。同时，可以使幼儿作为学习、游戏的主体地位得到保证，可以将教师作为管理者的主体性与幼儿作为学习者和游戏者的主体性相结合①。贯彻主体性原则应注意以下三个方面。

1. 幼儿教师应明确班级管理的基本职责

幼儿教师应将班级管理作为工作的重要内容，在班级工作中充分发挥自身的主动性、积极性和创造性，在实践中根据幼儿发展的具体情况，尝试提出新举措，充分提高班级管理质量。同时，在班级管理中应最大限度地反映幼儿的愿望，调动幼儿参与班级活动的积极性和主观能动性。

---

① 唐淑，虞永平. 幼儿园班级管理［M］. 南京：南京师范大学出版社，1999：85.

2. 幼儿教师应充分了解并把握班级的各种管理要素

幼儿教师要把握人、财、物、时间、空间、信息等要素及要素之间的关系，应具备管理这些要素的基本能力，具有创造性开展班级管理工作的理念、知识和能力基础，这是发挥幼儿教师班级管理主体性的重要前提。

3. 幼儿教师应正确理解和处理与幼儿之间的关系

在幼儿园班级管理中，幼儿教师是主要实施者，幼儿是管理的客体或对象，这是一个基本事实。幼儿作为被管理者，并不意味着失去了其在管理活动中的主体地位及主体性。在班级活动中，幼儿是学习和游戏的主体。另外，在管理活动中，幼儿教师也应该引导幼儿进行自我管理，在幼儿的自我管理中，幼儿居于管理活动的主体地位。

（二）整体性原则

整体性原则指幼儿园班级管理是面向全体幼儿并涉及班级内所有管理要素的管理。贯彻整体性原则应注意以下三个方面。

1. 对班级的管理要兼顾集体和个体

幼儿教师对班级的管理要避免抓两头、丢中间的现象，要杜绝只重视优秀的幼儿、忽视一般的或掉队的幼儿的现象。幼儿教师应把班级中每个幼儿都纳入管理工作的范畴，把全班幼儿作为一个整体，这是当今科学的管理观、儿童教育观所倡导的。为了切实做到这一点，幼儿教师需要从本班实际情况出发，根据幼儿的年龄特点和发展水平，策划一套行之有效的管理办法，以推进班级呈现崭新面貌。

2. 充分利用集体的熏陶和约束作用

关注班级中不同个体之间产生的各种联系，带动班级向积极的、正能量的方向发展，促进班级形成健康、和谐的氛围；同时班级管理也要按规程的要求组织力量，形成一种能在一定程度上约束幼儿的良好班风，推动班级管理向自律化方向发展。

3. 班级管理涉及各要素的统筹管理

班级管理是全方位的，既有对人的管理，也有对物、空间等要素的管理，并且要素之间互相影响、互相制约。要贯彻整体性原则，就要协调好班级中的人、财、物、时间、空间等管理要素，使班级管理资源的配置尽可能顾全大局。

（三）参与性原则

参与性原则指幼儿教师在管理过程中不以管理者身份高高在上，而以多种形式参与到幼儿的活动之中，在活动中民主、平等地对待每个幼儿，与幼儿共同开展班级活动。贯彻参与性原则应注意以下三个方面。

1. 幼儿教师应根据幼儿活动的需要不断变换角色

幼儿教师参与活动应注意角色的不断变换，以适应幼儿活动的需要。例如，幼儿就餐时，幼儿教师通过对餐具、食物的安排成为养育者；而在游戏中，幼儿教师又可能成为幼儿的游戏伙伴。在专门的教育活动中，幼儿教师是传授者，但如果幼儿教师进入幼儿日常的学习、游戏及其他活动中，则幼儿教师的角色可能是观察者或合作者等。

2. 幼儿教师参与幼儿的活动需要把握恰当的时机

幼儿教师对活动的参与应推动活动的发展，并在活动的自然进展中施加一定的影响，以达成相应的活动目标。这并不意味着幼儿所有的活动都要有幼儿教师参与其中，即使有的活动需要幼儿教师参与，也要征求幼儿的意见。例如，在幼儿的自主游戏中，幼儿角色分配合理，游戏进展顺利，幼儿教师就没必要介入；但如果幼儿在游戏中人手不够，那么幼儿教师可在获得幼儿的同意后，自荐扮演一个角色，与幼儿一起游戏。

3. 幼儿教师在参与的活动中指导和管理需要适度

幼儿教师在参与的活动中指导和管理需要适度，原因是过分的指导行为不但不能收到应有的成效，还有可能产生负面影响。过度的指导和管理可能会压抑幼儿的积极性、主动性，使幼儿失去参与活动的兴趣等。因此幼儿教师的指导和管理应从幼儿的实际心理状态出发，顺应活动的自然进程，注意指导的适度性和有效性。

（四）高效性原则

高效性原则指幼儿教师进行班级管理时，要求以最少的人力、物力和时间，尽可能地使幼儿获得更多、更全面、更好的发展。在幼儿园班级管理中，人力、物力、时间、空间都是有限的，如何使这些有限的要素充分发挥作用，是管理者需要考虑的问题。贯彻高效性原则应注意以下三个方面。

1. 制定明确且合理的班级管理目标

所谓明确且合理的班级管理目标是指适合班级实际情况和幼儿年龄特点的管理目标，过高或过低的班级管理目标都可能会产生人力和物力的浪费。目标过高而难以达成就失去了目标制定的意义，目标过低则会陷入简单的重复，难以产生应有的管理效果。

2. 实施严格而灵活的班级管理计划

幼儿教师严格按照管理目标有序实施管理计划，是实现班级管理目标的关键，但在管理的实际情况中，幼儿活动的多变、不稳定特点要求教师具有灵活的应变能力，适时调整管理计划，不断解决管理中出现的新问题、新情况，保证高效管理、持续推进。

3. 运用适当且有效的班级管理方法

高效性原则的实施需要先进的管理方法做支撑，幼儿教师要认真学习幼儿园班级管理知识，在实践中尝试和历练，及时总结管理经验教训，不断提高其管理水平，逐步掌握行之有效的管理方法。

二、幼儿园班级管理的内容

幼儿园班级管理需要协调好班级保教人员、幼儿及其他管理要素之间的关系，明确幼儿园班级管理的内容。只有明确了班级管理工作的内容，才能对有关班级幼儿保教工作的人、财、物、空间等进行合理组织和协调。结合幼儿园的双重任务（即对幼儿实施保育和教育），以及为家长提供科学育儿指导的任务，确定幼儿园班级管理的内容是幼儿生活管理、幼儿教育管理及家长工作。

（一）幼儿生活管理

1. 幼儿生活管理的意义

幼儿生活管理对幼儿的生长发育和班级其他管理具有十分重要的意义，具体表现在以下两个方面。

（1）幼儿生活管理帮助幼儿养成好的生活习惯。幼儿生活管理可以满足幼儿在园生活的物质需要，为其提供健康成长的物质环境，更重要的是通过幼儿生活常规管理，可以让幼儿养成良好的生活习惯、生活态度，提高幼儿的生活自理能力。幼儿生活管理涉及幼儿作息时间的安排、起居方式的规定，一切按幼儿的接受能力和特点做精心的安排，从而促进幼儿掌握正确的生活常识，纠正或改善幼儿入园前的不良生活习惯。

（2）幼儿生活管理是顺利进行教育管理的基础。幼儿生活管理是幼儿园班级管理的一部分，是顺利进行教育管理的必要条件。没有规范的幼儿生活管理，幼儿就无法适应具有各种规则的教育、游戏等活动，从而对班级其他管理造成消极影响。

2. 幼儿生活管理的内容

（1）学期初的工作。填写班级幼儿名册，填写幼儿家庭情况登记表，明确家园联系的方法；多渠道获取幼儿家庭教养情况，初步了解幼儿生活习惯，做好记录；安排幼儿个人用的床、衣柜、毛巾架等，写上姓名并做好便于幼儿识别的标记；初步布置活动室环境，安排室内家具、准备活动设施等；观察幼儿一日生活的言行举止，并记录分析；依据幼儿一日生活表现的观察分析与家庭调查，制订班级生活管理的计划与具体措施。

（2）学期中的工作。班级保教人员每日根据幼儿一日生活程序履行生活管理的职责；每日做好幼儿早上来园、下午离园的交接记录；保管好幼儿生活用品；每日做好室内外幼儿生活、活动场地的清洁工作和各项设备的安全检查；每周对玩具进行消毒，更换生活用品；每周检查班级幼儿生活管理计划的实施情况；班级幼儿教师每周初总结上周工作，调整本周幼儿生活管理的工作内容与措施，分工负责；观察幼儿生活行为，记录幼儿表现；对幼儿计划免疫、疾病等情况做好登记；做好对体弱幼儿的生活护理。

（3）学期末的工作。汇总幼儿平时生活表现记录，做好对幼儿生活情况的小结；总结班级幼儿生活管理工作，归纳成绩，找出不足；向家长发放幼儿在园生活情况总结，指导家长对幼儿假期的生活进行管理；整理室内外环境，对班级的用品、材料进行清点登记。

（二）幼儿教育管理

1. 幼儿教育管理的意义

（1）幼儿教育管理是实现教育目标的重要保证。幼儿教育管理对明确幼儿教育目标、优化幼儿教育方法、保证幼儿教育效果起着非常重要的作用。班级保教人员接受过系统的幼儿教育专业学习，一般能根据幼儿德智体美劳的发展特点安排教育活动，把握幼儿素质、知识和技能教育的目标。避免社会和家庭中存在的教育误区，如重智轻德、重特长轻全面、重结果轻过程等，从而保证幼儿身心和谐发展。

（2）幼儿教育管理水平是衡量保教成果的基石。幼儿教育管理是班级保教人员基本的管理工作，也是幼儿园各项管理工作的中心部分，是幼儿园管理水平和质量的反映，也是衡量幼儿园保教工作成果的显性标准。各班级教育管理水平组成了幼儿园教育管理的总体水平。

2. 幼儿教育管理的内容

（1）学期初的教育常规管理。结合家庭调查和对幼儿的观察分析，完成对班级幼儿发展水平的初步评估，并做好分析记录；根据幼儿情况及班级条件，制订详细的幼儿教育计划；根据教育活动计划，征集或领取幼儿的绘画材料、手工材料、游戏工具等。预先设计好幼儿作品存放处和教育档案，布置好班级教育活动的环境（如活动室的装饰）；班级保教人员共同制订各项教育活动的组织形式及班级常规，建立班级教育活动的运转机制；还要带领幼儿熟悉环境，认识保教人员，了解基本的班级情况及常规，初步建立师生友好、合作的关系。

（2）学期中的教育常规管理。学期中的教育常规管理分为每日事务、每周工作、每月工作。每日事务包括：检查活动计划，了解当日活动内容，准备好当日班级教育活动所需的材料，掌握好材料的分配情况；对前一日教育活动进行巩固、复习，保证教育的连贯性。每周工作包括：提前一周根据年级教研计划，制订本周教育进度与各活动安排，制订班级每日活动方案，依据活动方案做好一周教育、学具材料的准备；每周末整理幼儿学习用品，做好归类归档工作，将幼儿一周的学习表现记录在册；做好教育笔记。每月工作包括：月初订好教育目标、月教育活动进度；召开班级教师会议，研究班级教育工作的具体内容和措施，协调分工与配合；做好个别幼儿教育的计划与修订措施；月末整理各种教育资料，根据教育内容适当调整活动室安排，布置、更新环境。

（3）学期末的教育常规管理。整理教育活动方案、教育笔记和幼儿作品档案；做好幼儿一学期的评估工作，写好幼儿发展情况及德智体美劳各方面表现的总结；完成幼儿教师自身的评估，总结教育目标的实现情况、教育方法的运用情况；清点与登记教育活动剩余材料①。

（三）家长工作

家长工作指幼儿教师通过主动与家长进行联系和沟通，增进相互之间的理解和信任关系。《纲要》中指出："家庭是幼儿园重要的合作伙伴。应本着尊重、平等、合作的原则，争取家长的理解、支持和主动参与，并积极支持、帮助家长提高教育能力。"做好家长工作，需要向家长提供育儿支持，同时激发家长参与班级管理的积极性。

1. 家长工作的意义

（1）家长工作是家园长期合作的必要环节。做好班级家长工作，能够形成家园教育合力，更好地促进幼儿发展。幼儿教师应主动与家长联系和沟通，让家长了解幼儿园的教育理念、幼儿教师的工作情况、幼儿在园表现等，取得家长的理解、认同及支持，并且在家庭中协同一致地实施教育。

（2）家长工作是幼儿教师深入了解幼儿的窗口。通过与家长的沟通，幼儿教师可以更加深入地了解幼儿个性特点和家庭教育方式，从而对幼儿有针对性地采取对策，实施适宜且有效的保教管理。

2. 家长工作的内容

做好家长工作，使家长对班级工作时刻保持着高度的热情，这需要幼儿教师细心观察，周全考虑。家长工作可以从以下几个方面开展。

（1）开展家长助教活动，促使家长参与班级教育工作。幼儿的教育只有在家园共同配合下才能取得成效。开展家长助教活动，目的是让幼儿体验不同的教育风格，感受与家长一起学习的快乐，让家长直接感受幼儿教育的特点，更加细致地了解这个年龄阶段幼儿的发展情况。

---

① 山香教师资格考试命题研究中心. 保教知识与能力（幼儿园）[M]. 北京：首都师范大学出版社，2021：136–137.

（2）及时沟通，做好个别家教指导工作。由于遗传、环境和教育的不同，幼儿发展状况各不相同，家长的认知、教养也大相径庭，因此教师做家长工作。帮助家长提高教育水平也要像教育幼儿一样因人而异，要根据家长不同的风格、不同的素养，采用不同的措施。同时，教师要具有敏锐的洞察力，能透过幼儿的态度、言行、情感等觉察到家长在教育上可能存在的问题，有针对性地开展个别化家长工作。

（3）结合幼儿的年龄特点及班级情况，开展形式新颖的家长会。对于新入园的小班，首先让家长了解幼儿园，对家长提出有关教养子女方面的具体要求，如培养幼儿初步的自理能力及良好的生活习惯。对于即将升入小学的大班，可以组织家长参加幼小衔接的讲座，让家长了解更多的入学方面的内容和具体要求，从而更有针对性地做好入学协助工作。

案例分析

当自媒体平台进入幼儿的生活

在一次区角游戏中，在表演区玩耍的嘉嘉和雅雅请我给她们放音乐，我问道："你们想听什么歌？"恬恬说："老师，你放《海王之歌》吧。"我尝试搜这首歌曲，播放时出现的歌词让我觉得小朋友听很不合适，于是就对他们说："要不你们换首歌吧。"雅雅和嘉嘉异口同声地说："老师，放《叹》吧，《叹》也好听。"在餐后活动中，我来到了雅雅、钰灵和恬恬旁边，和她们聊天："你们平时在家里都喜欢干什么呀？"三个小女孩叽叽喳喳地说："我玩抖音""我看抖音、火山""我看快手"……于是，我抓住她们谈话的关键，继续问道："你们看抖音的时候都看什么内容呢？"雅雅说："我看那些大人。"恬恬说："我看的都是小朋友的。"后来，我发现，班上大部分小朋友会看抖音、快手、西瓜视频等自媒体平台。

——来源：幼儿教师网

分析：在数字时代，我们的幼儿也被称为"新媒体幼儿"，这说明低龄幼儿对自媒体平台的观看与娱乐已经逐渐成为一个共性问题。我们能清楚地发现在幼儿观看自媒体视频的时候，部分家长并没有较好的引导意识，导致部分幼儿在观看自媒体视频时无法获得较健康、正确的价值引导。

指导策略：

（1）家长以身作则，树立正面示范的榜样。在亲子互动中，鼓励家长放下电子产品，和幼儿一起走出家门，享受游戏，感受自然，体验与幼儿互动的乐趣，降低幼儿看手机的欲望，保护幼儿的视力。同时，建议家长在自己观看短视频时，选择内容健康向上的视频，为幼儿树立示范榜样。

（2）班级正面引导，转变幼儿对自媒体平台的价值认知。例如，开展“春风吹纸鸢”主题活动时，引导幼儿通过查阅书籍和网络资料，了解风筝发展的历史，以及风筝的不同类型。幼儿教师在班级活动中引导幼儿逐步转变对网络和自媒体平台的认识，发现网络和自媒体平台新的作用。

三、幼儿园班级管理的方法

微课：幼儿教师怎样当好主班老师?

幼儿园班级一般是由二三十个3—6周岁的幼儿组成的大集体，他们在这里共同生活、游戏和学习，他们虽然具有相同的年龄特征，但各自的生活经验、认知水平、个性品质等各不相同。要想让班集体正常运转，让集体中的每个幼儿的思想品德、身体素质、生活习惯、认知语言、艺术感知、劳动意识等方面在原有基础上得到发展，就需要教师掌握科学、有效的班级管理方法。

（一）规则引导法

规则引导法是指用规则引导幼儿行为，使其与集体活动的方向和要求保持一致的管理方法，是班级对幼儿最直接和最常见的管理方法。其中，规则是指幼儿与幼儿、幼儿与环境、幼儿与材料等之间互动的关系准则。幼儿只有在这些规则下活动才能取得效果，运用规则引导法应注意以下几点。

1. 规则的内容要明确且简单易行

规则是一种约束幼儿行为的准则，因此遵守规则的过程就是幼儿行为规范化的过程。制定班级规则应注意三点：一是可行性，不必要的规则意味着对幼儿行为的不合理约束，规则过多会造成幼儿无所适从或无法实践，因此幼儿园规则应突出重点且适量；二是适宜性，所制定的规则应符合幼儿的身心发展特点，不应超越幼儿的接受能力；三是参与性，规则的制定应充分调动幼儿参与，以便幼儿能清楚规则的重要性及更好地执行规则。

2. 应提供给幼儿充分实践的机会

规则的熟悉和内化必须结合实践活动，应在具体的情景中引出规则，让幼儿明白规则的具体要求，并懂得规则执行的意义。例如，幼儿在活动区游戏时，通常喜欢将所有玩具一一摆放出来，当游戏结束时，地上的玩具一片混乱。如果此时幼儿教师要求幼儿将玩具放回去，幼儿只能是被迫遵守规则；而如果幼儿教师扮演其中一个玩具角色，露出伤心的表情说：“小朋友把我到处乱扔，我找不到自己的家了，好难过呀！”这时幼儿一定会被打动，主动将玩具送回“家”，此时幼儿会感到快乐和满足，规则的遵守真正成了幼儿内心的需求，下次玩完玩具，幼儿就会自觉归还。

3. 保持规则的一贯性

保持规则的一贯性就是同一规则不能经常变化，如果在特定情况下需要做某些变化，那么需要向幼儿说明变化的原因。规则经常变化，会引起幼儿的认知混乱，可能会让幼儿无所适从，因此规则一旦制定好，就要尽量一以贯之，引导幼儿在实践中遵守规则，将规则逐步内化为幼儿的自觉行为，将“管理幼儿”逐步转变为“幼儿的自我管理”。

案例分析

“娃娃家”的游戏规则

吃完早餐，几个幼儿来到“娃娃家”，有做饭的，有抱娃的，还有整理餐桌的，随着这个区域的幼儿越来越多，那些做饭的幼儿连转身都开始变得困难，其中一个幼儿说“好挤呀，都没我的位子了。”游戏结束后，玲玲老师专门和幼儿就“‘娃娃家’几个人玩合适？”展开讨论，让幼儿谈谈刚才在“娃娃家”玩游戏的感受。大家共同的感受就是很挤。玲玲老师引导大家想想办法：怎样做才可以不拥挤？有的幼儿说，后面的人就不要进来了。玲玲老师对幼儿的提议表示赞同，让幼儿进到“娃娃家”试试站几个人合适。幼儿通过亲自体验，发现 6 个人就会有些拥挤，5 个人刚刚好，因此确定“娃娃家”区域每次最多只能进 5 个人，幼儿通过数鞋子（成双数）的方法，确认人数，如果已经有 5 双鞋，第 6 个人就暂时去其他区域，经过一段时间的实践和训练，幼儿基本可以遵守这个游戏规则，即使有个别幼儿不守规则，也会被别的幼儿提醒，“娃娃家”游戏也能顺利开展了。

分析：游戏中出现纷争与矛盾，是幼儿园的普遍现象。幼儿教师怎么处理和解决问题是问题的关键。本案例中幼儿教师观察到幼儿在角色游戏“娃娃家”遇到了小摩擦，没有立即处理纠纷，而是等游戏结束后专门就这个问题进行了集体讨论，做到了尊重幼儿游戏的自主性，给予幼儿足够的游戏时间。

指导策略：

（1）开展集体讨论，共同寻找解决办法。幼儿教师围绕游戏中出现的拥挤现象展开了“‘娃娃家’几个人玩合适”的讨论，请幼儿谈谈刚才玩游戏的感受。例如，幼儿说：“很挤。”幼儿教师马上说：“那怎么办呀？”幼儿此时就会意识到，需要想办法解决“很挤”的问题。

（2）通过体验法，制定精准的游戏规则。面对问题，幼儿教师并没有直接给出答案，而是请幼儿亲自体验“娃娃家”区角容纳几个人才不拥挤，幼儿通过尝试，发现 5 个人刚刚好。因此就制定了“娃娃家”区域每次只能进去 5 个人的游戏规则。

（3）引导幼儿认识游戏规则的重要意义。幼儿教师通过引导幼儿制定游戏规则来解决纷争，在解决问题的过程中幼儿意识到规则对游戏顺利进行的意义。

（二）情感沟通法

情感沟通法是指通过激发和利用师生间或幼儿间及幼儿对环境的情感，引发或影响幼儿行为的方法。它是在幼儿教师与幼儿相互理解、相互信任的基础上，通过有效的交流，达到引导幼儿发展、优化情感体验的目的的方法。运用情感沟通法应注意以下几点。

1. 幼儿教师要注意观察幼儿的情感表现

幼儿情感外露，易受暗示和感染。幼儿教师可以尝试从幼儿的情感着手，对幼儿的行为加以影响和引导。例如，对于入园初期幼儿出现的烦躁不安、哭闹、发脾气等情况，幼儿教师应站在幼儿的角度理解此时他们的心理状态和情感需要。幼儿教师无微不至的关心、爱护、陪伴、理解可以帮助幼儿渡过这道心灵关卡。

2. 幼儿教师要经常对幼儿进行移情训练

移情训练指引导幼儿站在他人的立场、角度理解他人情感，并能从他人的困境、痛苦出发，产生助人行为，为幼儿今后进一步的亲社会行为的发展打好基础。例如，幼儿教师可以引导幼儿通过孕妈妈体验活动，体会妈妈的不易与辛苦，学会感恩。

3. 幼儿教师要保持和蔼可亲的个人形象

幼儿教师要保持和蔼可亲的个人形象，就需要言行举止积极且具有正能量，同时要创设更多的情境，让幼儿处于丰富的情感世界里，使幼儿在愉悦积极的氛围中活动和交往，以提高活动的质量。

案例分析

臭死了，臭死了

吴老师在组织幼儿活动时，突然听见一阵呕吐的声音，原来是文静呕吐在了地面上。这时，周围的几个幼儿因为文静的呕吐产生了难闻的气味，开始捂住了鼻子，表现出一脸嫌弃的模样，甚至有的幼儿嘴里还念着“臭死了，臭死了”。

分析：幼儿闻到呕吐物的味道，捂住鼻子，用他们的语言表达出此时的感受，这些都属于幼儿发展过程中出现的普遍行为表现。但与此同时，幼儿需要逐步从“自然人”成长为“社会人”，幼儿社会化的过程中成人的正确引导至关重要。本案例中发生在组织活动中的呕吐事件其实正好是幼儿教师教育和引导幼儿难得的契机，幼儿教师怎么做、怎么说，都会影响幼儿的价值取向和直接的行为表现。

指导策略：

（1）引导幼儿学会换位思考。《规程》指出：“幼儿园的品德教育应当以情感教育和培养良好行为习惯为主，注重潜移默化的影响，并贯穿于幼儿生活以及各项活动之中。”在本案例中，教师可以抓住教育契机，正确引导幼儿“不嫌弃，多关心、多问候”同伴。幼儿教师可以平静地对幼儿说：“没事的，你不是故意的，吐完了就会舒服一些了。”还可以“动之以情，晓之以理”，对班上的其他幼儿说：“文静不是故意吐在地上的，是因为生病了，身体不舒服才这样。小朋友们可能也会遇到这样的情况，如果是你不舒服，是不是也希望老师和小朋友帮助你呢？”

（2）注重潜移默化的影响。幼儿教师不经意的一个行为有时会潜移默化地影响身边的一群幼儿。在本案例中，如果幼儿教师表现出“嫌弃”或责备文静，其他幼儿就会觉得呕吐是肮脏的、不好的行为，而文静本人就会觉得自己呕吐是不应该的，可能会产生负罪感。幼儿年幼，辨别是非对错的能力缺欠，就需要成人用积极的价值观引导，引导幼儿学会为他人着想，关心、帮助他人。幼儿教师是幼儿学习的对象，因此要时刻提醒自己，以一个良好的姿态，为幼儿树立一个学习的榜样，让自己在不知不觉中感染着幼儿，为幼儿营造和谐、健康的班级氛围。

（三）榜样激励法

榜样激励法是指通过树立榜样并引导幼儿学习榜样以规范幼儿行为，从而达成管理目的的方法。运用榜样激励法应注意以下几点。

1. 选择的榜样要健康、形象、具体

要根据幼儿的年龄特点、理解能力和实际情况，选择具有代表性、鲜活生动的榜样。例如，在蒙氏混龄教室里，榜样常常是小哥哥、小姐姐们，他们会为弟弟妹妹做出示范。榜样可以是生活中的小伙伴，也可以是幼儿教师等成人（其前提是成人自身必须以身作则，为幼儿树立一个正面榜样，只有这样才能收到好的教育效果），甚至是动画片、童话故事里的主人翁。只要这些人物在幼儿生活中实实在在地产生着影响，并且具有积极向上的行为表现，就可以作为幼儿学习的榜样。榜样的力量如图 8-2-1 所示。

图 8-2-1　榜样的力量

2. 榜样的树立要公平、公正

在班集体中树立的榜样应该是幼儿教师和幼儿共同认可的，榜样的行为是值得褒奖的。榜样树立之后，要能激励幼儿产生学习榜样行为的愿望。幼儿教师要对所有幼儿一视同仁，要给每个表现优秀的幼儿有充当榜样的机会。不一定要求班内树立的榜样十全十美，只要幼儿某方面表现优秀，幼儿教师和幼儿都非常认可，就可以将其树立为榜样，并鼓励和引导其他幼儿向其学习。

3. 对幼儿表现的榜样行为及时做出积极反馈

榜样行为不但要使幼儿在心理上产生共鸣与认可，而且要使幼儿在自己的行为表现中有所反映和体现。当幼儿自觉学习榜样行为且表现出榜样行为时，幼儿教师要及时给予表扬和鼓励，使幼儿感受到学习榜样的益处，从而强化榜样的影响力。反之，幼儿教师要及时纠正幼儿的不当行为，提供有影响力的榜样。

（四）目标归纳法

目标归纳法是一种以行为结果作为目标，以引导幼儿行为方向，规范幼儿行为方式的管理办法。目标归纳法的基本特点是幼儿教师从行为的预期结果出发，引导幼儿自觉识别行为正误。运用目标归纳法应注意以下几点。

1. 目标要具体明确

只有存在明确的具体目标，幼儿才有行动的参照方向。由于幼儿理解能力有限，所以在确定活动目标时目标不能过于复杂，目标数不宜过多，也不能过分抽象。例如，“每人拿一本”就比“不要拿多了”更具体，幼儿更容易完成目标。

2. 目标要切实可行、具有吸引力

对于幼儿来说，目标的实现不能过于困难，目标要适应幼儿的行为能力，符合幼儿的心理接受度。在活动中，幼儿教师要让幼儿时刻感受到目标的存在及目标的吸引力，没有吸引力的目标，对幼儿来说就失去了前进的动力。

3. 目标与行为的联系要清晰可见

在幼儿活动中，幼儿通过注意、记忆、思维等心理活动纠正自己的行为，走向目标。幼儿教师在向幼儿解释或引导幼儿讨论目标时，要让幼儿意识到完成这一目标的相关行为，并努力去追求这种行为。例如，当幼儿知道“洗手”与“手会变干净”之间的联系时，幼儿就愿意勤洗手。

（五）行为训练法

行为训练法是一种运用心理学的行为改变技术对幼儿的行为进行矫正，从而使其形成良好行为习惯的方法。行为训练法一般包括两个方面：一是通过正强化使正确行为得到巩固；二是通过负强化使错误行为得到矫正和控制。运用行为训练法应注意以下几点。

1. 物质强化和精神强化相结合

对于幼儿来说，单纯的物质奖励可能会强化其功利性行为，因此幼儿教师在班级管理过程中要将物质强化和精神强化有机结合，这样效果会更好。

2. 行为训练与说服教育相结合

幼儿的行为改变并不意味着态度的改变，只有在其行为改变之后加以教育引导，才可能真正促进其态度的变化。例如，幼儿将绘本归还原处，幼儿教师可用语言进行肯定："你把绘本放回书架，老师觉得你的这个行为很好，表扬你。"

3. 及时强化以促进好习惯养成

幼儿的行为缺乏一定的自觉性和持久性，容易出现反复。当幼儿出现被期望的行为时，要及时正强化，以巩固其正确行为，促进其形成稳定的良好行为习惯。

任务 8-3　幼儿园班级管理工作的实施

问题引领　入园初期的小班新生，面对陌生的周围环境大多会表现出不安、困惑、烦躁等不良情绪。针对这种情况，你会怎么做？

一、各年龄班幼儿的发展特点与班级管理

不同年龄段的幼儿具有不同的生理和心理特征，幼儿教师应根据幼儿身心发展的不同特点进行有针对性的班级管理。

微课：在幼儿园班级管理中，如何提升小班幼儿的生活自理能力？

（一）小班幼儿发展特点与小班班级管理

婴儿出生后，经过三年的成长，已经行走自如，进行初步的言语交际，有自己的主观意识和独立意识，能够进行一些简单的游戏活动，这为其进入小班奠定了身心发展的基础。

1. 小班幼儿发展特点

（1）身体动作。幼儿在小班这个年龄段身体发育非常快，大肌肉动作发展突出，表现为大肌肉动作比以前灵活和协调，已初步掌握基本的行走、上下楼梯、跑步、跳跃、躲避、抛球、投掷、悬吊、钻爬等动作；小肌肉动作有一定的发展，表现为喜欢动手做自己喜欢或好奇的事情，如用笔涂涂画画、摆弄或建构简单造型等。

（2）心理发展。小班幼儿心理发展主要表现在三个方面。

① 思维的发展。小班是幼儿的思维从直觉行动思维到具体形象思维过渡的阶段，因此这个阶段幼儿的思维仍带有很大的直觉行动性，即他们的思维和动作、行

为紧密联系，一旦动作停止或转移，其思维活动也就随之停止或转移。但他们已经开始借助事物的具体形象或表象进行思维。例如，没见过消防员的幼儿很难想到玩“消防员”的游戏。

② 情感的发展。幼儿入园前接触的环境主要是熟悉的家庭，当他们新入园时，发现很多不熟悉的人和事物，便会产生分离焦虑。随着交往范围的扩大，大部分幼儿学会了与同伴、幼儿教师接触，开始建立同伴关系与师生关系。幼儿产生了初步的同情心、羞辱感等情感。这个阶段幼儿的情感虽然比三岁前幼儿有较大的发展，但相对来说还是不稳定的，仍然有易变、易冲动、易“传染”的特点。

③ 社会性的发展。随着生活范围的扩大，幼儿的认知能力、自理能力、人际交往能力都迅速发展。三岁以后，幼儿逐渐习惯于自发地和小朋友共同游戏，能够接纳、认同同伴，合作行为在游戏中也经常出现，具有初步的规则意识和行为规范，喜欢用语言、动作与人交往，能对别人表示同情和关心，开始有初步的自我评价，但还处于自我中心状态，辨别是非能力弱，会出现一些交往障碍或不当行为。

2. 小班班级管理

（1）入园管理。《规程》中规定：“幼儿园适龄幼儿一般为 3 周岁至 6 周岁。”在我国，满三周岁幼儿可以进入幼儿园进行学习和生活，幼儿从家庭迈入幼儿园，环境发生了巨大的改变。刚入园的幼儿不适应幼儿园生活，部分幼儿会出现适应困难，心理学称之为分离焦虑，因此对于刚入园的幼儿管理的重点应为帮助幼儿适应新的学习和生活环境，熟悉新环境中的教师和小伙伴们。新生入园第一周如图 8-3-1 所示。

图 8-3-1　新生入园第一周

要做好小班幼儿入园管理，一方面，幼儿教师需要通过友好、关爱的姿态接纳、包容新入园的幼儿，与他们建立信任关系，逐步让幼儿从依恋家长转变为依恋教师。教师要帮助和指导自理能力较弱的幼儿，要与幼儿建立心理联结，从而减轻他们刚刚入园产生的分离焦虑。另一方面，幼儿教师需要根据幼儿身心发展的特点组织有趣的游戏来吸引幼儿，转移幼儿注意力，幼儿刚入园的第一周是其分离焦虑最明显的时段，做好幼儿的情绪安抚工作，是新生开学的工作重点，也是难点。

案例分析

我不想上幼儿园

早晨，当妈妈把3岁的媛媛从被窝里抱起来要穿衣服时，媛媛小声说："妈妈，我不想上幼儿园。"可是妈妈要上班，只好硬着心肠把孩子送到了小二班门口。"妈妈，你别走，我不想上幼儿园。"媛媛哭喊着拽着妈妈的衣角，迟迟不肯进班。

（资料来源：史爱芬，李立新.幼儿园班级管理案例分析［M］.上海：复旦大学出版社，2019：59.）

分析：媛媛不喜欢上幼儿园的原因如下。

（1）不适应陌生环境。幼儿在家备受呵护，而来到幼儿园必须遵守各种规矩要求。习惯了自己熟悉的家，现在却要长时间待在充满限制的幼儿园，幼儿会感到莫名的焦虑和不安。幼儿的心理适应能力具有个体差异，有的适应快，有的适应慢。

（2）幼儿的需求得不到及时满足。对幼儿来说，家里不但能及时满足他们的各种需要，而且具有安全感。到了幼儿园，幼儿的一些需求不能第一时间得到满足，还要独自面对、处理各种问题，因此幼儿就会失落、焦虑与不知所措。

（3）在集体中感受到挫折。在幼儿园，幼儿可能因为各种原因产生挫败感，如没有受到幼儿教师的重视，想与别的幼儿玩而被拒绝，等等，这些都会使幼儿排斥上幼儿园。

对于刚入园的幼儿，家长应了解幼儿园一日常规和基本要求，培养幼儿初步的生活自理能力和良好习惯，尽量安排与幼儿园相似或一致的作息时间，缩短家庭与幼儿园在生活、卫生习惯等方面的距离。

如果幼儿在幼儿园遇到挫折或受了批评，则家长要帮助其克服困难或找出做错事的原因，引导幼儿勇于克服困难，承认并改正错误。同时，家长要与幼儿教师进行及时沟通，让幼儿教师全面了解幼儿情况，以便于幼儿教师发现幼儿闪光点并及时表扬和肯定，帮助幼儿建立自信心。

（2）生活常规管理。针对入园初期的小班新生，需要建立一套行之有效的生活常规。生活常规管理体现在一日生活的各环节中，根据这个年龄段幼儿的生理、心理特点，从幼儿来园及晨间活动、盥洗及如厕、进餐及餐后区域活动、午睡及起床、户外活动、离园等环节来制定这个年龄段幼儿生活常规管理的具体内容。

小班一日生活活动实施细则如表8-3-1所示，它完善、具体地体现了小班幼儿生活常规管理的内容和要求。

表 8-3-1　小班一日生活活动实施细则

生活环节	幼儿行为要求	教师管理要求	保育员管理要求
来园及晨间活动	来园衣着整洁，心情愉快，接受晨检。有礼貌地向幼儿教师、小朋友问好，对家长说再见。进班后将书包等物品放在固定的位置。 乐意参加晨间锻炼，动作协调	热情接待幼儿来园，面带微笑向幼儿、家长问好，蹲下来和幼儿交流，稳定其情绪，主动询问家长，了解幼儿情况，引导幼儿与家长道别，愉快分离。指导幼儿放置书包等物品。 组织幼儿开展晨间活动，保证活动时间和运动量	做好室内外卫生整理工作，开窗通气，对餐具进行消毒。 主动问候幼儿及家长，帮助幼儿摆放好自带物品，做好个别幼儿的情绪安抚工作
盥洗及如厕	学会用“七步洗手法”正确洗手，洗后用毛巾擦手，不玩水、不打闹。逐步养成饭前、便后、手脏时洗手的卫生习惯。 如厕学会正确使用手纸，便后冲水	组织幼儿用“七步洗手法”正确洗手。提醒幼儿卷袖和用毛巾擦手。检查幼儿洗手的效果。 允许幼儿按需如厕，及时检查幼儿如厕及使用手纸情况，养成定时大便的习惯，指导和帮助幼儿整理衣裤。 引导幼儿在洗手和如厕时注意安全，以免摔伤。 随机进行相关的生活常识、生存技能的教育。重视实际操作，个别指导，使幼儿在真实的情境中学会生活，提高自理能力	为幼儿盥洗做好准备工作，如准备毛巾。指导幼儿正确洗手，及时提醒幼儿不打湿衣服，搓手时关小水龙头等。帮助个别幼儿，督促幼儿盥洗干净。 掌握幼儿大小便情况，帮助幼儿如厕，帮助幼儿使用手纸并擦干净，提醒幼儿便后及时冲水，整理衣裤，认真处理幼儿大小便异常情况，积极查找原因，帮助幼儿克服障碍，学会大小便自理。按要求做好毛巾、水龙头、马桶等的清洁和消毒工作
进餐及餐后区域活动	愿意自己独立进餐，尽量保持桌面、地面及衣服的干净。进餐后能在幼儿教师的指导下分类收拾餐具，尝试自己收拾桌面，在幼儿教师的提醒下，饭后喝水漱口，养成良好的用餐习惯。餐后能根据自己的兴趣选择区角活动，遵守游戏规则	组织好餐前活动，以谈话、讲故事、音乐欣赏、桌面游戏等较为安静的活动为宜。 培养幼儿良好的饮食习惯，安静进餐。注意照顾体弱、生病的幼儿，控制肥胖幼儿的饮食，掌握进餐时间（一般为 30 分钟），不过分催促。 指导幼儿餐后收拾餐具、漱口。 餐后鼓励幼儿进行区角活动，并进行观察记录和适时指导	做好餐前准备，如提前分好餐，掌握幼儿进食量，随时添饭。不催食。适当给吃得慢、体弱的幼儿喂饭。及时清理幼儿桌面、地面。负责餐后餐具清洁、消毒工作

续表

生活环节	幼儿行为要求	教师管理要求	保育员管理要求
午睡及起床	在幼儿教师的指导下，有序、安静地进入睡室，上床后轻轻躺下，不和小朋友聊天，有如厕或其他需要主动向幼儿教师报告。 在幼儿教师的提醒下按时起床，会正确、有序穿衣服和鞋子。尝试与同伴相互检查，会向教师表达自己整理着装的需要	组织幼儿有序、安静地进入睡室。睡前给幼儿讲故事或播放轻音乐，帮助幼儿安静入睡。 检查幼儿的睡眠情况，安慰入睡困难、情绪不稳定的幼儿。指导幼儿起床后穿好衣服和鞋子，提醒幼儿互相整理着装，重点检查幼儿衣领、裤子和鞋子的正反。所有幼儿穿戴好后组织幼儿离开睡室	做好睡前准备工作，幼儿进入睡室前调节好室内温度，放下窗帘，为幼儿铺好被子。在幼儿起床离开寝室后，开窗通气，检查和整理被褥
户外活动	喜欢户外活动，能愉快地选择活动内容，能遵守活动规则。 能正确使用玩具材料，并及时收捡，爱护户外花草树木，遵守场地行为要求	有计划地组织丰富多彩的户外活动。保证每天户外活动不低于 2 小时，注意动静交替，运动量适宜，给予幼儿一定的自由活动的空间。及时检查场地、运动器械的安全性，排除安全隐患	协助幼儿教师做好场地布置和活动器材的准备。做好幼儿活动护理，关注幼儿活动情况，随时提醒幼儿擦汗和增减衣服，照顾个别体弱幼儿
离园	在幼儿教师提醒下收拾好玩具，摆放好小椅子，整理自带书包、衣物。 在幼儿教师提醒下用礼貌用语问候家长，向教师、小伙伴道别，愉快离园。 尝试向家长表达幼儿园教师的要求，愿意和家长分享在园的快乐	提醒幼儿检查自带物品，帮助幼儿检查仪容仪表，让幼儿干净、整洁、愉快地离开幼儿园。 热情接待家长，随机和家长交流幼儿在园情况	帮助幼儿整理自带物品，查核有无遗漏，做好幼儿离园护理，保证幼儿仪容仪表干净整洁，协助接待家长，照顾安抚留园幼儿。做好室内外环境的清洁和整理工作，做好门、窗、水、电等的安全检查

资料来源：赵春龙，王国昌. 幼儿园班级管理［M］.6 版. 长沙：湖南大学出版社，2020：124.

（二）中班幼儿发展特点与中班班级管理

中班是幼儿在园生活承上启下的阶段，是幼儿身心发展的重要时期，这个年龄段的幼儿有其特有的身体、心理发展特点。

1. 中班幼儿发展特点

（1）身体动作。中班幼儿的生长速度进入一个相对平稳的增长阶段，大肌肉动作无论是在速度、灵活性方面还是在持续性方面都有了一定的发展，追逐、躲闪跑是这个阶段幼儿热衷的动作；小肌肉动作进入了发展迅速期，主要表现在幼儿可以比较灵活地从事精细动作。例如，会用筷子吃饭，能沿边线较直地画出简单图形或能使边线基本对齐地折纸，能沿轮廓线剪出由直线构成的简单图形，边线吻合。中班幼儿生活自理能力进一步增强，能自己穿脱衣服、鞋袜，系纽扣，能整理自己的物品，还初步具备了为他人服务的能力。

（2）心理发展。中班幼儿心理发展主要表现在四个方面。

① 思维的发展。虽然幼儿主要以具体形象思维为主，但并不意味着幼儿只有具体形象思维，幼儿的思维发展表现出三种不同的方式：直觉行动思维、具体形象思维和抽象逻辑思维的萌芽。中班幼儿主要依靠事物的具体形象、表象及对表象的联想进行思维。

② 情感的发展。中班幼儿经过幼儿园一年的学习和生活，已开始把自己或同伴的行为与普遍行为规则相联系，并能对自己或他人的行为进行肯定或否定的评价，但真正辨别是非对错的能力仍欠缺，遇到什么事情都喜欢向幼儿教师告状。情感状态与小班阶段相比积极愉快，如他们乐意与幼儿教师或同伴分享家里的事情，有了与同伴或幼儿教师保持密切关系的愿望，对周围人和事物表现出关心与同情。但中班幼儿情感的发展还具有不稳定、不易控制的特点。

③ 任务意识萌芽。与小班幼儿仅仅满足于完成任务的过程或只对新物品材料感兴趣不同，中班幼儿开始能够接受任务，对自己收到的任务出现了最初的责任感，意识到值日生工作是自己的任务，自己有责任把值日生工作做好，乐意接受新任务并能较好地完成任务。

④ 对游戏的热衷。中班幼儿的游戏活动已经有了一定的目的性与计划性，随着生活经验的丰富，角色游戏成为这个阶段幼儿热衷和擅长的游戏，在进行游戏时能从分配角色开始，选择他们感兴趣的角色，虽然警察、医生、消防员等角色的分配常常发生纠纷和矛盾，但是他们能明确游戏规则，开始根据规则开展游戏，并且游戏能持续较长的时间。

2. 中班班级管理

（1）生活常规管理。中班幼儿除继续巩固练习小班的生活常规内容外，还有其特殊的内容。

① 清洁卫生习惯。在洗手方面，养成饭前、便后及手脏时洗手的习惯，并且洗手方法基本正确，会自己卷衣袖，在幼儿教师指导下会挤洗手液并冲洗干净，擦干手挂好毛巾；在大小便方面，定时大小便，大小便基本能自理，小便姿势正确，会使用手纸并擦干净，便后及时冲水，会自己整理衣裤。

② 良好的进餐习惯。安静愉快地进餐，坐姿自然。正确使用餐具，会用筷子

吃饭，饭后能将餐具放在指定的位置，餐具轻放轻拿，会用抹布擦桌子，逐步养成“四净”习惯，即桌面干净、地面干净、身上干净、碗内干净[①]。

③ 良好的睡眠习惯及穿脱衣物能力。安静就寝，睡姿正确，不蒙头睡觉。睡前若身体不适则能及时告诉幼儿教师。学习独立、有序地穿脱衣服、鞋袜，扣纽扣。能将脱下的衣服、鞋袜放在固定的位置。能认识左右鞋，并穿好鞋，会系鞋带。学习整理床铺，学会叠小被子，在成人指导下会叠大被子，整齐地拉平床单，将枕头放在叠好的被子上面。

④ 来园、离园的常规要求。来园：衣着整齐、主动地接受晨检，进班后将书包等个人物品放在固定的位置。离园：收拾好玩具，整理好场地，将书包等个人物品带回家，主动地和幼儿教师、小朋友说再见。

（2）教育常规管理。幼儿园一日生活中处处皆有教育，幼儿教师要特别关注幼儿一日生活中生活习惯及学习习惯的养成，充分利用各环节对幼儿进行教育。

① 入园：对幼儿进行礼貌教育，引导幼儿主动向幼儿教师问好，与家长道别；培养幼儿的安全意识，让幼儿知道要随家长一起进入幼儿园，进入班级后不能随便离开幼儿教师的视线。

② 早餐：幼儿养成文明进餐习惯，会正确使用餐具，并能独立进餐；养成爱惜粮食、不挑食的进餐习惯；养成良好的卫生习惯，知道餐后简单收拾桌面和餐具。

③ 喝水、如厕：幼儿树立规则意识，能够有序排队、学会等待；知道口渴了要喝水，会取适量的水，喝完水后能将水杯放回原处；形成良好的如厕习惯，学习脱裤子、提裤子和正确的如厕方法，学会等待，不推挤，女孩小便后会正确使用手纸。

④ 课间操：鼓励幼儿积极参与体育锻炼，增强幼儿动作协调性及方位感；锻炼幼儿的意志品质，通过持续练习，增强坚持性；增强幼儿的集体观念。

⑤ 户外活动：培养幼儿的安全意识，提高幼儿的自我保护能力，知道户外活动要在幼儿教师指定的范围内，不随便脱离幼儿教师的视线，活动中不过度追逐、奔跑，避免摔倒；培养幼儿初步的规则意识，知道玩游戏要遵守游戏规则；培养幼儿与同伴自由交往能力及初步的合作能力。

⑥ 盥洗：培养幼儿良好的用水习惯，学会节约用水；培养幼儿良好的卫生习惯；培养幼儿的规则意识，能够有序排队，学会等待。

⑦ 午餐：通过介绍食谱，培养幼儿良好的倾听习惯，同时不断地积累各种有关食物的营养知识；养成良好的进餐礼仪和卫生习惯。

⑧ 散步、午检：培养幼儿的安全意识和健康的生活习惯。

① 金晓梅. 幼儿园班级管理［M］. 武汉：华中师范大学出版社，2012：168.

⑨ 午睡：帮助幼儿养成良好的午睡习惯，知道不带危险物品上床，午睡时尽可能保持健康的睡姿；提高幼儿的自我服务能力，使其会穿脱衣服，并能放在指定的位置，愿意做自己力所能及的事情；增强幼儿的自我控制能力，知道午睡时不能打扰他人。

⑩ 午点：培养幼儿的自我服务能力，能正确食用午点；培养幼儿良好的卫生习惯。

⑪ 区域活动：培养幼儿与同伴自由交往、合作的能力；激发幼儿的活动兴趣；引导幼儿遵守活动规则。

⑫ 离园前活动及离园：培养幼儿良好的收拾习惯，收拾好个人物品，整理好书包；培养幼儿的规则意识、秩序感和安全意识，面对门口众多的家长，能够耐心等待，不拥挤，确认自己班幼儿的家长；对幼儿进行礼貌教育，使其主动与幼儿教师和小朋友道别。

（3）中班幼儿的告状管理。中班幼儿情感发展中最为显著的特点是道德感的发展，主要表现在幼儿喜欢告状，主要原因有两个。第一，幼儿道德感获得发展。道德感主要是由自己或别人的举止行为是否符合社会道德标准而引起的情感。幼儿道德感的发展是一个比较复杂的过程，在进入幼儿园之后，在集体生活环境中，幼儿接触到不同的人和物，慢慢地由主要依赖于成人的评价，发展成为开始自己独立进行评价。第二。幼儿掌握了一些道德标准。随着自我意识和人际关系意识的发展，中班幼儿明显掌握了一些概括化的道德标准，他们可以因自己在行动中遵守了幼儿教师的要求而产生快感。他们不但关心自己的行为是否符合道德标准，而且开始关心别人的行为是否符合道德标准，并会对其认为不符合道德标准的行为产生告状行为，因此中班幼儿的告状行为比较突出。

对于幼儿的告状行为，幼儿教师应持有正确的观念和态度，并做适时的引导，以此为教育契机，采取行之有效的方法、措施来教育幼儿和引导班集体。幼儿教师要认真、耐心地倾听，并站在幼儿的角度尊重和理解幼儿，不随便敷衍，若对幼儿不礼貌、不尊重，则会让幼儿感到委屈；了解原因，对症下药。听完幼儿的讲述后，要了解事实的真相和幼儿告状的原因，根据具体的情况采取不同的处理方式。

有的幼儿告状是因为其他幼儿危害到了自己的利益。中班幼儿正处于思维发展的具体形象阶段，其主要特点之一是以自我为中心，这种思维方式使幼儿在考虑问题时总是从自己的感觉出发，而不善于站在别人的角度和立场上想问题，因此，在集体活动中，幼儿之间经常会出现意见不合、争夺玩具和图书等现象。当这些纠纷发展到一定程度的时候，有一方就会告诉幼儿教师，以求得幼儿教师的公正裁决或支持保护。幼儿教师和家长应在解决幼儿行为问题的同时，引导幼儿进行换位思考，学会理解和宽容，有目的地引导幼儿学会运用礼貌用语来获得同伴的允许和帮助。

还可以有针对性地开展相关的主题活动，就发生在幼儿身边的争抢等问题组织幼儿展开讨论，从而帮助幼儿找到解决问题的办法。

还有的幼儿告状是为了维护规则。随着年龄的增长，中班幼儿的道德感不断地发展，他们能够把一些概括化的道德标准量化到同伴的行为规范上。例如，看到其他小朋友违反了规则，做出了不良行为，他们会产生极大的不满，于是向幼儿教师告状，希望幼儿教师予以纠正。针对这种问题，幼儿教师应采取冷静的态度处理，在了解幼儿行为动机的基础上，有目的地引导幼儿的道德判断和道德评价能力向高一级水平发展。幼儿教师还可以引导儿童参与规则的制定，组织一些主题活动让幼儿讨论什么样的行为是正确的、什么样的行为是不正确的，引导幼儿逐渐学会由关注同伴行为的物质后果，到关注同伴行为的主观动机，从而促进幼儿道德判断能力的发展。

总之，身教重于言教，应让幼儿在生活中体会到宽容的快乐，学会公正、客观地看待别人；引导幼儿多看同伴身上的长处，多发现别人值得自己学习的地方，找出自身的不足；同时，让幼儿学会处理矛盾的方法，当幼儿告状时，尽量鼓励幼儿自己解决问题。千万不要事事包办代替，否则会养成幼儿的依赖心理，还会助长幼儿只看别人的缺点、不看别人的优点、搬弄是非等不良习惯。

案例分析

向幼儿教师告状

一天中午，中班的小熊老师刚回到教室就被小朋友围住，七嘴八舌地告起状来：“浩鑫将易易的手抓破了。”浩鑫一听马上反驳：“我是……”易易说：“浩鑫把我的手抓破了。”浩鑫说：“因为易易去捡地上的饼干吃，我把他的手抓住，不让他捡才不小心弄破的。”易易说：“你把我的手弄破就是不对。”浩鑫说：“我是帮助你，不让你捡地上的脏东西吃，难道帮助你不对吗？”

分析：中班幼儿经过小班一年的学习和生活，已开始把自己或同伴的行为与普遍行为规则相联系，并能对自己或他人的行为进行肯定或否定的评价，但真正辨别是非对错的能力仍欠缺，因此遇到什么事情都喜欢向幼儿教师告状。

指导策略：

（1）给幼儿表达和阐述自己看法的机会。中班幼儿告状是普遍现象，幼儿教师需要给幼儿表达和阐述自己看法的机会，多听听他们怎么说，因此当幼儿在争执谁对谁错的时候，不用着急制止他们的行为，而是先做倾听者，让幼儿畅所欲言，在幼儿争执不下去的时候，再来调解。

（2）鼓励幼儿站在对方的角度看问题。幼儿教师调解时可以提示："你们两个都想想，自己有什么对的或是不对的地方？"例如，易易说："我捡脏东西吃是不对的。"浩鑫也可以明确说："我帮助他是对的，但不应该把他的手抓破。"幼儿在诉说和争辩中提高了辨别是非对错的能力，语言表达能力也得到了进一步的发展。

（3）鼓励幼儿学习使用文明礼貌用语。在处理幼儿告状过程中，幼儿教师除帮助幼儿分清是非对错，掌握正确的行为标准，有意识地引导幼儿提高评价是非对错的能力外，还可以抓住契机进行教育，鼓励幼儿多使用"对不起""没关系"等文明礼貌用语，并使他们学会谦让、懂得相互帮助，这样能提高幼儿与同伴友好交往能力，从而减少告状行为的发生，促进幼儿健康发展。

（三）大班幼儿发展特点与大班班级管理

1. 大班幼儿发展特点

（1）身体动作。大班幼儿动作发展很快，可以连续行走 1.5 千米以上，不但走得好，而且可以快速自由奔跑，可以连续跳绳、拍球，能手脚并用地钻爬等，身体的协调性、平衡性好。手指动作更精巧，能用刀削铅笔，画比较完整的小人，用铅笔书写 10 以内的数字和简单的汉字，手工能力进一步提高。在生活自理方面，大班幼儿能熟练使用筷子，能使用简单的劳动工具或用具，能根据冷暖增减衣服，可以按类别整理好物品，会自己系鞋带。

（2）心理发展。大班幼儿心理发展主要表现在三个方面。

① 思维的发展。大班幼儿的思维仍以具体形象思维为主，但抽象逻辑思维已经明显地产生了，已经能进行一些更加概括的思维和逻辑抽象的思维活动了。例如，幼儿对动物卡片进行的分类，他们可以从多个角度思考，除能把动物分成鸟类、鱼类、爬行类外，还能按外形、栖息地、运动方式等进行分类，幼儿对左右、整体与部分的包含关系，对数量守恒这些概念的正确认识，都说明他们抽象思维有了明显萌发。

② 情感的发展。大班幼儿的情感调节能力逐步增强，虽然他们的情感仍有外露性，但不像 5 岁前那么容易变化，他们能有意识地控制自己的情感。大班幼儿的道德感明显发展，能把自己或别人的行为和行为规则相比较，产生是非感、集体感、友谊感，爱周围人的情感已具有一定的稳定性。

③ 社会性的发展。大班幼儿随着交往范围的扩大和交谈内容的丰富，交往的态度和能力都有了很大发展。他们喜欢与周围人交往，并能按自己的兴趣独立地选择玩伴和活动内容，有高兴或有趣的事情愿意和玩伴分享。他们的规则意识不断提高，并且能比较自觉地按照道德规范和行为规范约束或调节自己的行为，建立或维系与同伴的关系。他们喜欢集体活动，在集体活动中能与同伴分工合作，与同伴发生冲

突时可以自己解决。

2. 大班班级管理

（1）生活常规教育。幼儿良好习惯的养成，需要幼儿教师常抓不懈。大班幼儿生活常规除延续小班、中班的基本内容外，还增加了一些新内容，具体如下。

① 入园与离园：入园时，主动向周围的人问好，愉快接受晨检，按号数插好自己的晨检牌，将自己的物品放在指定的地方，值日生主动帮助教师排好桌椅、摆放玩具，整理活动室；离园时，带好自己的物品，自觉整理好自己的仪表，不独自离园，不跟陌生人走，主动跟周围人道别。

② 点心及午餐：有秩序地盥洗，用正确的方法洗手、擦手，不玩水，洗好后关紧水龙头；值日生协助分发餐具、点心，餐后主动擦桌子，整理桌面；专心进餐，不挑食、不偏食，尽量不掉饭菜，保持桌面干净；餐后正确使用毛巾擦嘴、脸，还要漱口。

③ 午睡及起床：如厕后安静进入睡室，换好拖鞋、衣服，将拖鞋摆放整齐后有秩序地上床；保持正确睡姿，不蒙头睡、不趴着睡、不玩被子、不影响同伴；起床后，先穿好衣服，叠好被子，换好鞋子，再将拖鞋放回鞋架上；整理好自己的仪表，自由饮水。

（2）教育常规管理。大班幼儿教育常规的基本内容如下。

① 集体教学活动：保持坐姿端正，专心倾听别人讲话，不随便插话，积极思考并大胆表述自己的想法，回答问题时声音适中；正确操作学具材料，未经允许不能随意摆弄桌面的学具、学习用品；爱惜物品，操作完放回指定地方并摆放整齐；值日生协助教师收拾整理学具及材料；写字、画画姿势正确，握笔姿势保持正确。

② 区域活动：选择自己喜欢的区域，积极参与游戏，爱惜玩具材料；遵守游戏规则，不发出噪声，不影响同伴，与同伴友好合作；主动想办法克服游戏中的困难；活动结束将玩具材料分类摆放整齐。

③ 户外体育活动：整理好自己的服装参加活动；精神饱满地做操，动作有力、合拍；正确使用活动器械，不争抢，安全地玩；活动结束将器械归类收放整齐；主动擦汗，休息后自觉补充水分。

（3）入学准备教育。大班幼儿的教育主要有两个方面的内容，一方面是在中班基础上的继续教育，另一方面是顺利入小学的衔接教育。幼儿从大班升入小学，是一个十分重要的转折点。幼儿园与小学在学习环境、学习方式、作息制度、生活管理、师生关系、社会期望等方面都有很大的区别。做好入学准备，帮助幼儿形成良好的生活学习态度与习惯，这对于幼儿后期的学习生活乃至一生的成长至关重要。幼儿教师在争取家园合作的基础上，在大班两个学期应该有重点地做一些工作。

① 规则意识方面。第一学期：家园合作，帮助幼儿养成按时睡觉、起床的好

习惯；强化幼儿的规则意识，提醒幼儿不在室内大声喧哗、追跑，遇到人多要排队，不拥挤；要求幼儿举手回答问题，学会倾听教师及其他幼儿的发言，不插嘴；用信号指令提示幼儿做相应的事情，如排队、收拾物品等。第二学期：与家长配合，要求幼儿不迟到，有事或生病不能上幼儿园会主动向幼儿教师请假；让幼儿明白规则的重要性和必要性，知道只有参加活动的人都遵守规则，才能公平有序地进行活动，规则是对自己和他人的爱护；幼儿教师与幼儿共同制定规则和奖惩条例，让幼儿逐渐做到自觉遵守班级常规，学习自我评价和自我控制，注意个人行为不影响集体。

② 任务意识方面。第一学期：培养幼儿形成初步的任务意识，让幼儿认识到幼儿教师要求做的事情都是任务。第二学期：幼儿教师和家长每周布置一些任务或作业（如每周给盆栽浇水），要求幼儿在规定时间内完成，提高任务意识；进一步培养幼儿的时间观念，教幼儿认识时钟，要求幼儿在规定时间内完成相应的任务。

③ 独立意识方面。第一学期：会保管和整理自己的物品，如整理自己的书包；让幼儿养成物归原处的习惯；要求幼儿用正确的方法穿脱衣、裤、鞋；帮助幼儿养成定时定量饮水，按需如厕的习惯；培养幼儿良好的卫生习惯，如饭前、便后洗手，会正确使用手纸，保持环境干净、整洁。第二学期：家园配合，要求幼儿独立准备入园、上课需要的物品，如文具、书本和换洗的衣服等；让幼儿学会管理好自己的物品，物品放在固定的位置；指导幼儿根据天气及个人需要穿脱衣服，并保持容貌整洁；每天或每周给幼儿一些自由支配的时间，让幼儿学会合理安排时间；开展值日生评比工作，幼儿学习自我管理并树立为集体服务的意识；强化幼儿的自我保护意识，特别是关于过马路、与陌生人打交道等方面的内容。

④ 交往合作意识方面。第一学期：教育幼儿未经他人允许，不随意动别人的东西；使用礼貌用语主动与人打招呼；多提供小组合作的机会，培养幼儿的合作意识。第二学期：培养幼儿良好的交流习惯：使用文明用语，表达完整清楚；鼓励幼儿在遇到自己无法解决的困难时，主动向幼儿教师、家长、小伙伴寻求帮助；引导幼儿主动关心和帮助别人。

⑤ 学习适应方面。第一学期：培养幼儿良好的阅读习惯，设置固定的阅读时间，养成安静阅读的好习惯；将教育活动时间延长为35~40分钟；认识一些常用的汉字。第二学期：进行“我要上小学”的主题活动，在教育活动和环境创设方面与主题紧密结合，有意识地选择一些小学生的重大活动组织幼儿观看，如带领幼儿参观小学1~2次，体验小学生生活，熟悉小学，激发幼儿入学的愿望等。在环境布置上，可按小学桌椅形式排列；将教育活动时间延长为40分钟；让幼儿学写自己的姓名，并重视执笔姿势及书写习惯的培养等；开展10以内加减法口头运算活动，尝试解答应用题或编写应用题。

思维碰撞　假如下周五你班需要组织一次家长开放日，那么作为幼儿教师，你打算怎么组织？

二、班级大型活动的组织与管理重点

幼儿园在做好例行的日常保教活动的同时，还会安排和组织一些大型活动，以丰富幼儿的集体生活内容。幼儿园开展的大型活动主要有：节日庆祝活动，如春节、元宵节、中秋节、端午节、六一儿童节、国庆节、母亲节等的庆祝活动；常规性大型活动，如亲子运动会、家长开放日、春游和秋游、迎新活动、幼小联谊活动、毕业日等。幼儿园和幼儿教师在实践过程中基于幼儿的兴趣、需要及本园实际，发挥积极能动性，举办适宜的大型活动，在此基础上不断积累经验，形成具有自身特色的活动组织策划方案①。

（一）班级大型活动的组织实施

要组织好一个班级大型活动，并使这一活动达到教育幼儿、联系家长和社区、宣传幼儿园的目的，是一件有意义且具有一定挑战性的事。作为幼儿教师，对班级大型活动的组织和开展，需要做好统筹安排和综合管理。

1. 制订活动计划

班级大型活动的计划应是在幼儿园大型活动的计划之下，结合班级幼儿的现有发展水平、家长工作的实际情况，以及本班日常工作而制订的相应的计划。计划是活动成功的保证，一个周密、完整的计划本身就是活动的一部分。主班教师应调动班级其他幼儿教师的积极性，群策群力，制订切合实际、适合幼儿的活动方案，并提供活动备案以防天气、场地等的变动，制订活动的计划应包括以下几个环节。

（1）认真分析现状。分析本班幼儿已有的认知经验、身体状况及一些客观因素，如天气、季节、地域等实际情况，在此基础上提出开展大型活动的基本设想，以达到与班级保教工作、家长工作相结合的目的。

（2）确定活动目标。在本班幼儿原有的基础上，通过活动的参与与体验促进幼儿在认知、技能、情感三个方面有所发展。

（3）进行分工协作。根据活动目标选择活动内容和形式，确定各环节负责人。

2. 组织活动实施

活动的实施是将活动计划变为具体行动的过程。班级的几位幼儿教师都应该对

---

① 张燕. 幼儿园班级管理［M］. 北京：人民教育出版社，2013：229.

活动计划做到心中有数、各尽其责，只有这样才能保证活动计划得以实施。活动的实施一般包括以下三个方面的内容。

（1）幼儿教师方面。写出具体的活动计划和实施计划，分工负责，落实到人，重点考虑幼儿的参与与体验；做好充分的活动准备，如场地的布置，道具、材料、服装的准备；根据实际情况调整活动，及时处理活动中出现的问题；做好幼儿教师之间及相关方面的协调和配合，保障活动的顺利进行。

（2）幼儿方面。首先，做好必要的心理准备，知道幼儿园或班级要开展的活动，了解活动的主要意义和参与的内容；其次，做好一定的物质准备，如为活动准备物品，包括自制或购买的物品等；最后，做好相关经验准备，如春游目的地的相关介绍及外出注意事项等。

（3）家长方面。家长配合幼儿园做好相关的幼儿教育工作，同时协助幼儿做好物质与经验的准备。

3. 检查活动环节

为了确保活动的顺利进行，有质量地完成计划和实现活动目标，幼儿教师需要及时对活动的准备、活动过程进行检查。检查活动是否按方案进行，出现问题是否及时解决问题，根据实际情况及时调整活动。

4. 总结活动效果

活动结束需要及时总结和反思，为今后开展此类或其他大型活动积累相关经验，提高活动开展的质量和效果。可以从以下几个方面进行提炼反思：活动场地与材料准备是否合适；班级幼儿教师之间配合是否默契；幼儿、家长是否乐于参与活动，活动中的表现如何；活动是否达成了预期的目标，如果没有达成，那么是哪个环节出现了问题，今后如何改进等，在此基础上撰写活动总结，向园领导报告，做好活动备案。另外，活动结束后可由家长协助，引导幼儿将活动过程、活动感受等通过谈话、讲述、绘画、表演等方式表现出来，锻炼幼儿表达、动手等能力的同时，可以加深幼儿对活动的多方位认知。

案例分析

家长开放日

下周五有一个家长开放日活动，作为幼儿教师，你打算怎么组织？

分析：主要考查学生的组织协调能力。具体表现为：制订活动计划的周密性、可行性；组织工作的条理性、灵活性；能够对活动进程进行有效的控制、激励和协调。

指导策略：

（1）明确活动的目的、意义。阐述该类问题前，首先要根据对题目中的人、事件的分析来确定这次活动的重要性、要取得的效果、目的、意义、宗旨，以及对你自身的收获和意义。由此可以确定本次家长开放日活动的目的是：促进家园合作；帮助家长了解幼儿园，拉近幼儿教师与家长的关系。

（2）制订活动的计划。在活动前，应明确活动的目标，构思活动方案，向有经验的同事请教活动经验，确定活动主题，制订相应的活动方案。活动方案在撰写中涉及的要素包括人、财、物、时间、地点等。

（3）实施活动。将计划落实到位，要做好明确的分工，将责权落实到人；为预防突发情况制订紧急预案。

（4）总结、反思活动。针对本次活动进行全面的总结和反思，写好书面总结，向园领导报告，将本次活动备案。

（二）班级大型活动的管理要点

1. 注重幼儿的参与和体验

班级大型活动有相对宽松的活动氛围、灵活多样的活动形式，应尽量符合幼儿的兴趣爱好，满足不同幼儿参与与发展的需要，促进幼儿在丰富多彩的活动中获得多方面的发展。幼儿教师在组织大型活动的整个过程中（包括内容的选择、材料的准备、活动方案的设计等），要尽可能让幼儿与幼儿教师一起出谋划策，充分体现“幼儿为本”的教育理念，班级大型活动要给每个幼儿提供表现的机会和展示的舞台，注重幼儿的参与和体验。

2. 发挥家长在活动中的作用

在班级大型活动中，利用好家长资源，能够有效提升活动的价值。幼儿教师尽可能地邀请家长参与活动。活动前，通过微信等形式让家长了解活动的主题内容、意义等，并广泛听取家长的建议，积极争取家长的支持。幼儿教师在设计活动时考虑家长参与的内容和形式，鼓励家长参与到活动中。家长的参与不但能增进亲子情感，而且能促进家园之间的相互了解，有利于实现双方的有效沟通。

3. 有必要提前制订活动预案

为了保证活动的有序开展，幼儿教师有必要提前制订活动预案（或备选方案），以防活动当天的天气、场地、人员的变动等。在保证实现活动意义与目的的基础上，幼儿教师重点对活动内容、形式、场地、步骤等进行计划。另外，还应有对突发事件的安全应急预案，以免计划之外的情况发生。只有积极地做好可能发生情况的应对准备，才能在事发时迅速进入应急状态，将突发情况控制在最小范围内，否则可能引起慌乱，一时不知所措，难以及时采取有效的应对措施。

岗位应用

一、案例分析

班级常规剪影

案例：中山市明德中心幼儿园优化一日生活之常规培养。

请扫码观看案例视频，分析视频中班级常规建立的方法。

二、调查发现

采访幼儿园一线教师，了解他们在班级管理中经常会遇到的问题，他们是如何解决的？

国考聚焦

一、真题分析

（一）单项选择题

1. 制定班级幼儿生活常规的主要目的（　　）。（2012年下半年《保教知识与能力》）

A. 帮助幼儿学会自我管理　　B. 便于教师管理

C. 让幼儿学会服从　　D. 维持纪律

2. 下列不属于幼儿园教师工作职责的内容是（　　）。（2017年下半年《保教知识与能力》）

A. 观察幼儿，制订教育工作计划

B. 指导调配幼儿膳食，检查食品卫生

C. 创设良好的教育环境，合理组织教育内容

D. 与家长保持经常联系，共同完成教育任务

（二）简答题

简述幼儿园教师的工作职责。（2018年上半年《保教知识与能力》）

（三）论述题

试述幼儿园班级管理工作的内容。（2020年下半年《保教知识与能力》）

（四）活动设计题

菊花开了，枫叶红了。幼儿园准备组织大班幼儿去秋游，已经联系好车辆。要求各班教师写出自己班的工作计划。

要求：假设你是大二班的教师，请写出你班的工作计划，包括内容、目的和方法等。（2021年下半年《保教知识与能力》）

二、模拟训练

（一）选择题

1. 幼儿园班级的主体是（　　）。

A. 保教人员　　B. 教师

C. 幼儿　　D. 家长

2. 幼儿园班级管理的原则不包括（　　）。

A. 主体性原则　　B. 整体性原则

C. 参与性原则　　D. 时效性原则

3. 幼儿园班级管理的目标是以最低的耗费，促进班级幼儿的最优发展，这体现幼儿园班级管理的（　　）。

A. 高效性原则　　B. 整体性原则

C. 教育性原则　　D. 主体性原则

4. 用简单易行的规则引导幼儿的行为，使其与集体活动要求保持一致，确保幼儿自身安全和他人安全，保证活动秩序的管理方法被称为（　　）。

A. 规则引导法　　B. 情感沟通法

C. 互动指导法　　D. 目标指引法

（二）简答题

1. 简述幼儿园班级管理的目的。

2. 简述幼儿园班级管理的环节。

3. 幼儿园班级管理的方法有哪些？

4. 简述榜样激励法的操作要领。

文档：项目八　岗位应用 国考聚焦参考答案

（三）论述题

1. 试述幼儿班级管理的内容。
2. 试述幼儿园班级管理的基本原则。

项目九

9

幼儿园教育评价

【学习导航】

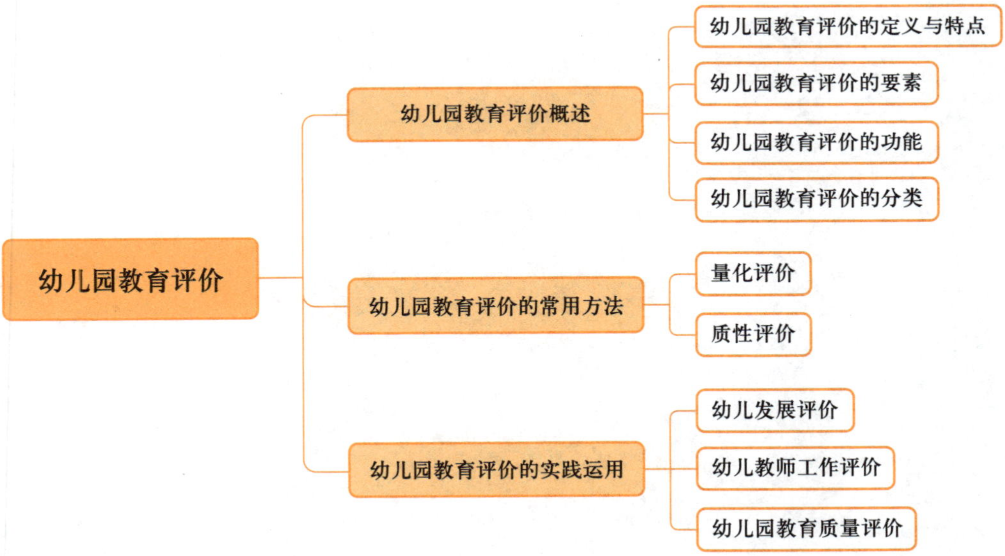

【学习目标】

素质目标：

□ 尊重客观事实，树立辩证、客观的教育评价理念。

认知目标：

□ 正确理解幼儿园教育评价的定义与特点；掌握幼儿园教育评价的要素和主要类型，掌握幼儿园教育评价的常用方法。

能力目标：

□ 能比较和区别质性评价和量化评价；能合理采用有效评价方法对幼儿园教育进行评价，并运用到幼儿园教育活动中。

情境
导入

“评价”来了

一位幼儿园园长提到幼儿园进行示范园认定的感受时说：“一接到上级要来检查工作，进行等级评定的通知就紧张得不行。以前示范园评定往往根据硬性要求来检查幼儿园是否达标，要做很多环境创设，要做很多玩教具，要准备各种各样的展示活动，要做好教师队伍建设，还要准备很多汇报材料，在入园开展评价之前每天都在忙着准备接受评价，压力很大。各班教师们除了常规的保教活动，还要配合评价工作的准备，十分疲惫，这种状况有时会影响到日常教育，对孩子产生不好的影响。入园评价结束之后，很快又恢复原样。”

什么是评价？为什么要进行幼儿园教育评价？如何进行幼儿园评价？

学习
任务

任务 9-1　幼儿园教育评价概述

问题引领　某幼儿园期末家长会上，各位家长纷纷谈到小朋友们的变化，A 家长说：“孩子变得更开朗了，每天回家都很开心。”B 家长说：“老师教得好，孩子越来越懂礼貌了。”……这样的交流是在进行幼儿园教育评价吗？

一、幼儿园教育评价的定义与特点

幼儿园教育评价作为教育评价的下位概念，是教育评价体系的一个重要组成部分。为了更好地理解和掌握幼儿园教育评价的内涵，首先要对评价和教育评价的概念进行认识。

（一）评价

评价，作为动词，指评定事物的价值；作为名词，指经过评定所得的结论。就其本质而言，评价是一种价值判断活动。价值是评价的基础条件，是由客体满足主体需要的程度而决定的，当主体存在某种需要时，若客体满足了主体的需要，就形成了客体对于主体的价值[①]。因此，评价就是主体对于客体有无价值和价值大小所做出的判断，实质就是评定某一客体对主体需要的满足程度。

若要评定一件幼儿玩具是否有价值，就需要评定这件玩具是否符合幼儿的兴趣爱好、满足幼儿的发展需求。例如，评价一套积木是否有价值，我们需要评价这套玩具是否符合幼儿对形状、大小等的认识，是否满足发展幼儿动手操作能力的需要。

（二）教育评价

教育是指以影响人的身心发展为直接目的的社会活动。教育价值体现在教育满足人们需要的程度上，包括教育的个体价值和教育的社会价值。同理，教育评价就是评定教育的价值，是对教育满足个体需要和社会需要的程度做出的判断。不同的个体或社会在不同的阶段对教育的需求均是不同的。例如，幼儿的发展具有个体差异性，不同的幼儿在 3 岁这一年龄段的语言发展水平是不同的，有的幼儿可能需要学习更多类型的词汇，有的幼儿可能更需要学习完整结构的句子。因此，教育评价是需要随着个体和社会需要的变化而变化的。

（三）幼儿园教育评价

幼儿园教育评价是对幼儿园教育相关的各方面和各种问题进行系统的检测与科学的价值判断的过程[②]。幼儿园教育是一个广义上的概念，其囊括的范围涉及教育的各主体、各层次和各部分。从横向上来说，幼儿园教育内部各主体、各要素等之间有着密不可分的联系，相互影响、相互作用，构成一个完整的教育过程。从纵向上来说，幼儿园教育与前期的家庭教育、后期的学龄教育及所处的社会环境都是相互衔接的。因此，幼儿园教育不是一个独立存在的简单个体，要对其进行客观完整的评价实属不易。

某幼儿园进行了一次“我上小学了”的幼小衔接主题教学活动。从教学主体角度评价，除了要评价教师的教学实施能力，还要评价幼儿的学习能力；从教学内容角度评价，既要评价其是否符合幼儿现有的发展水平，也要评价其是否满足幼儿入小学的能力需求。

---

① 鄢超云 . 学前教育评价［M］. 北京：高等教育出版社，2010：1.

② 王坚红 . 学前教育评价［M］. 北京：人民教育出版社，2018：2.

为了更好地掌握和运用幼儿园教育评价，须理解其以下特点。

1. 多样性

幼儿园教育的主体是多样的，幼儿教师、同伴、环境都可以是教育的主体；幼儿园教育的内容是多样的，包括语言、社会、健康、科学、艺术五大领域；幼儿园教育的方式是多样的，可以是游戏活动、教学活动、生活活动等。因此幼儿园教育评价实质是一个不断变化的过程。评价的内容、标准不同，如何评价、评价什么，都需要依此变化。

2. 过程性

通过一次观察或测量进行分析是无法完成一个完整的幼儿园教育评价的。进行幼儿园教育评价之前先要通过观察、访谈、问卷等各种研究方法系统地收集评价资料，有效归纳整理，这是评价的依据。在此基础之上，要不断地进行分析、解释，做出最终的判断。

3. 目的性

评价的最终目的在于全面认识、有效发展。幼儿园教育评价始终要围绕促进幼儿各方面的发展，提高幼儿园教育水平来进行。通过幼儿园教育评价，帮助幼儿园全面、客观地认识和看待自身教育存在的问题，提供有效的改进策略。

二、幼儿园教育评价的要素

要素是指构成事物的必要因素，是事物必须具有的实质或本质、组成部分。幼儿园教育评价的要素主要包括幼儿园教育评价的主体、幼儿园教育评价的对象、幼儿园教育评价的标准和幼儿园教育评价的方式等。

（一）幼儿园教育评价的主体

幼儿园教育评价的主体是指评价者，是进行评价活动的实施者。《纲要》指出：“管理人员、教师、幼儿及其家长均是幼儿园教育评价工作的参与者。评价过程是各方共同参与、相互支持与合作的过程。”

1. 管理人员

管理人员包括内部管理人员和外部管理人员。内部管理人员是指幼儿园的园长、教研组长、年级组长等，他们是熟悉幼儿园情况的人员。外部管理人员是指负责幼儿园教育的行政管理者、幼儿教育专家学者等，他们可以从科学理论的角度进行宏观的幼儿园教育评价。

2. 幼儿教师

幼儿教师作为幼儿园教育活动的设计者、组织者、实施者，最了解具体的教育活动的开展情况和幼儿参与活动的情况。因此幼儿教师也是幼儿园教育评价的重要主体。

3. 幼儿

被教育者是最直接感受教育活动的个体。幼儿作为幼儿园教育的主要教育对象，应该是幼儿园教育评价最重要的主体。任何幼儿园教育活动都必须符合幼儿的发展水平，满足幼儿的发展需要，考虑幼儿的感受体验。

4. 家长

家长是幼儿的监护人，作为幼儿入园前最熟悉幼儿发展情况的人，家长是最能直接感受到幼儿在经过幼儿园的教育活动之后的发展变化的。家长的感受可以间接地为幼儿园教育活动评价提供重要依据。

（二）幼儿园教育评价的对象

幼儿园教育评价的对象即教育评价的内容，主要指幼儿园教育中存在的“人”“事”“物”。

（1）“人”主要包括幼儿和教师。对幼儿的评价主要从五大领域（身体健康与动作发展、语言发展、社会性发展、认知发展和艺术能力发展）进行。对教师的评价则需要围绕专业理念、专业知识和专业能力进行。

（2）“事”即幼儿园具体的教育活动。《指南》指出，教育工作评价宜重点考察教育计划、目标、内容、过程、方式、方法、效果等。

（3）“物”是指幼儿园教育的基础条件，如幼儿园的环境、课程等。评价幼儿园的环境要考虑设施设备、场地等物质环境，以及师幼关系、同伴关系等心理环境。评价幼儿园的课程则要考虑课程的适宜性、发展性等。

（三）幼儿园教育评价的标准

标准是指衡量、区别事物的准则。教育评价的标准指要从哪些方面来对教育进行评价，通常以一个具体的指标体系来呈现。幼儿园教育评价的标准具有两个特点。一是非统一性，根据评价对象和评价方式的不同，评价的标准也会不同。评价幼儿的发展，需要幼儿学习与发展的具体标准；评价幼儿教师，则需要幼儿教师评价的标准。二是可操作性，标准不是大方向的指示，而是可量化的，是在实际评价过程中可以直接使用的具体指标，可以为评价提供直接依据，帮助评价者进行判断。

（四）幼儿园教育评价的方式

在学前教育科研方法中，根据评价方法性质的不同，幼儿园教育评价的方式可以分为量化评价和质性评价两种。量化评价和质性评价虽然在理论基础上有一定的分歧，但它们各有侧重，各有优势，互相配合，是教育评价中不可或缺的部分。量化评价是指运用测量、测验等方式获得关于评价对象的数量化信息，通过数学分析方法得出结论的一种评价方式。质性评价是指通过文字、图片等方式记录关于评价对象的描述性信息，全面展示评价对象的具体情况，从而进行逻辑分析的一种评价方式。在本项目任务 9–2 中会对这两种评价方式进行详细介绍。

三、幼儿园教育评价的功能

思维碰撞 期末到了，刘老师在班级群里发了一份调查评价表，但是却没有几个家长填写完成，有的家长直接在群里问：“这个评价有什么用？”如果你是刘老师，那么你会怎么回复家长？

《纲要》指出：“教育评价是幼儿园教育工作的重要组成部分，是了解教育的适宜性、有效性，调整和改进工作，促进每一个幼儿发展，提高教育质量的必要手段。”这句话明确了幼儿园教育评价的地位和功能。具体来说，幼儿园教育评价具有如下功能。

（一）导向功能

教育评价是主体依据一定的价值标准进行价值判断的活动。幼儿园教育评价的导向功能正是通过价值标准来实现的。一方面，这些价值标准会由主体根据国家和社会的需求、教育的目标转化为一套完整的评价指标。评价的过程实际就是促进评价对象努力达标的过程，也是追求更好、更优秀的过程。另一方面，评价是一种价值判断的活动，评价标准切实体现了国家的教育方针政策，体现了教育的伟大目标和理想，评价的过程也是价值观、教育观的传播过程，从而发挥教育和教育评价的导向功能。

微课：怎么看待“幼儿园是启蒙教育，没必要进行评价”这个观点？

（二）诊断功能

评价是在占有信息资料基础上所做的价值判断。占有信息资料是进行评价活动的重要条件。在幼儿园教育评价中，通过对各种途径收集、整理的信息资料进行分析，能较为全面地呈现幼儿园教育本身的情况，直观地体现评价对象的优缺点。例如，幼儿园教育活动实施过程中存在的特色和问题等都可以通过评价来明确。

（三）鉴定功能

鉴定指对评价对象的客观情况做出评定，为其发展提供依据。通过评价，可以区别、鉴定幼儿园教育各方面的表现情况，在诊断的基础上，将之与客观标准进行比较，评定其优劣程度，帮助判断其有无价值或价值大小。除了对幼儿和教师的发展进行鉴定，还包括对幼儿园工作进行鉴定。例如，幼儿园教育活动是否达到目标所提出的要求、幼儿发展水平和发展目标之间的差异有多大等都需要通过评价来鉴定。

（四）调节功能

教育评价的最终目的是促进教育的发展，帮助教育实践活动的改进与完善。幼儿园教育评价通过其诊断和鉴定功能，将评价结果反馈给评价对象，可以让评价对象更充分地进行自我认识，了解自身发展中的优势与问题，帮助评价对象明确努力的方向，及时采取有效措施改进教育活动，实现其自我调节功能。

（五）激励功能

评价从某个角度来讲是一个客观结论，可能会在各方面直接或间接地对评价对象的利益或发展产生不同程度的影响。因此，评价对象可能会为了追求更好的评价结果而主动作为，有意识地根据评价标准充分发挥自己的主观能动性做好相关工作，在获得更大成就感的同时，产出更多教育成果。因此评价能够在一定程度上对评价对象起到激励和鼓舞作用。在幼儿园实践过程中，激励功能很常见，尤其是在幼儿身上体现得非常明显。例如，当幼儿顺利完成教师布置的小任务后得到了教师的夸奖：“你做得很棒！”幼儿会非常开心，并在下一次任务布置的时候更加积极主动。

四、幼儿园教育评价的分类

幼儿园教育活动的多样性决定了幼儿园教育评价对象、评价方式的多样性，幼儿园教育评价因而也是多样的。按照不同的分类标准，可以将幼儿园教育评价分为不同的类型。

（一）按照评价的主体分类

按照评价主体的不同，可以将幼儿园教育评价分为内部评价、外部评价、内部与外部相结合的评价等。

1. 内部评价

内部评价又被称为自我评价，指评价对象通过自我认识和分析，对照某种标准，对自身的表现做出判断。评价者既是评价的主体也是评价的对象。内部评价易于开展，随时随地都可以进行，如幼儿园每学年的工作总结、每次教学活动后的活动反思都属于内部评价。但是，由于内部评价没有外界参照标准，缺乏横向比较，其客观性相对较差。

2. 外部评价

外部评价又被称为他人评价，是指除评价对象自身外的其他人或组织对该对象进行的评价，如教育行政管理部门对幼儿园教育工作的评价、幼儿园对幼儿教师的评价、幼儿教师对幼儿的评价、幼儿教师对其他教师的评价等。目前在幼儿园中，大多数的评价采用外部评价，和内部评价相比，外部评价相对更加规范，客观性更强，更具说服力，但被评价者会处于一个比较被动的情况。

3. 内部与外部相结合的评价

内部与外部相结合的评价指由外部评价机构发起，在自我评价的基础上，对评价对象的有关方面收集资料，进行鉴定并得出结论。在幼儿园教育评价的实践过程中，应更多采用内部与外部相结合的评价方式，充分发挥两者各自优势，形成更客观且全面的评价。

（二）按照评价对象的范围分类

按照评价对象的范围大小，可以将幼儿园教育评价分为宏观评价、中观评价和微观评价。

1. 宏观评价

宏观评价即整体评价。一方面，宏观评价是指对涉及地域范围较大的评价对象进行的综合性评价。例如，对全国幼儿园教育质量的评价、对某省 3~6 岁幼儿发展情况的评价、对农村留守儿童的现状调查等，因为涉及全国、全省、全部农村的所有对象，所以是整体的评价。另一方面，宏观评价中的宏观指评价涉及的教育领域或教育内容是整体的。例如，对幼儿发展情况的评价，要从健康、社会、语言、科学和艺术五大领域进行。宏观评价因面向范围较广泛，具有普遍适应性，因而具有更大的导向价值，但同样因为评价要求全面，须投入更多的成本，难以具体深入。

2. 中观评价

中观评价即局部评价，是指对教育的某个部分或对幼儿园内部各方面工作进行的价值判断，如对某市域内幼儿园教师队伍建设的评价、对幼儿园环境与幼儿园保育工作的评价等。与宏观评价相比，中观评价因评价对象集中，更易深入分析，对实际工作的指导作用更明显。

3. 微观评价

微观评价即单纯评价，是指对更为具体的某一现象或某一内容进行的评价，如对幼儿语言发展的评估、对某大班区域游戏开展情况的评估等。微观评价的优点在于针对性强，能直接指导教育活动，但普适性不足，难以在大范围内推广。

（三）按照评价的功能分类

按照评价的功能，可以将幼儿园教育评价分为诊断性评价、形成性评价和总结性评价。

1. 诊断性评价

诊断性评价又称事先评价，是指对评价对象的基础或现实情况做出的评定。这种评价通常在某一教育计划实施之前进行，其目的在于了解评价对象的基本条件，发现问题所在，为制订或者调整教育计划做准备。例如，幼儿园要对刚入园的幼儿进行测评，掌握幼儿现有发展水平，以便于在今后的教育活动中因材施教。

微课：如何做好幼儿语言发展的过程性评价？

2. 形成性评价

形成性评价又称过程性评价，是指在某一教育计划的实施过程中持续进行的评价。这种评价的目的在于及时了解教育成效和教育过程中出现的问题，及时调整教育计划，保证教育目标的实现。例如，幼儿教师通过实施一次教学活动后的教学反思，能及时地记录活动情况，为下一次活动做准备。

3. 总结性评价

总结性评价又称事后评价，是指在某一教育计划实施之后对其教育结果进行的评价，一般以预先设定的教育目标为标准。这种评价的目的在于判断教育活动所达成目标的程度。例如，幼儿园小班结束时，需要观察小班幼儿的身心发展是否符合预期发展目标。

（四）按照评价的标准分类

按照评价的标准，可以将幼儿园教育评价分为绝对评价、相对评价和自身差异评价。

1. 绝对评价

绝对评价是一种在评价对象以外选择确定一个客观标准，将各评价对象与客观标准进行比较的评价方法。绝对评价不考虑评价对象的整体情况，不受其影响，以既定的客观标准为参照，判断评价对象个体是否达到客观目标。

2. 相对评价

相对评价是一种在评价对象中选择一个或多个对象作为基准，将各评价对象与基准进行比较的评价方法。相对评价是在评价对象范围内进行的对各评价对象的相互比较，实质上是一种横向比较。它能有效地体现出个体在集体中的相对位置。

3. 自身差异评价

自身差异评价是一种将各评价对象的过去和现在进行比较，或对某一对象的各侧面进行比较的评价方法。自身差异评价实质上是一种个体纵向评价，以实际发展情况为基础，充分尊重了个体之间的差异性。

任务 9-2　幼儿园教育评价的常用方法

问题引领　何老师是一名新手幼儿教师，临近期末的她犯了愁："幼儿园要求对本学期的工作进行评价，要怎么开展呢？"你知道幼儿园常用的评价方法是什么吗？

一、量化评价

（一）量化评价概述

量化评价是一种运用测量、测验等方式获得关于评价对象的数量化信息，通过数学分析方法得出结论的评价方法。量化评价的基础和不可或缺的组成部分是高质量的测量，根据测量结果对评价对象的某些特征加以价值判定。量化评价方法通常需要事先建立假设并确定具有关联或因果关系的各种变量，然后使用某些经过检测的工具对这些变量进行测量和分析，从而验证预定的假设①。

量化评价的方法论来源是科学实证主义。科学实证主义主张价值建立在实证研究和定量研究基础之上，认为各种教育现象要用数量表现结果。为了对教育现象进行科学、合理、公正的评价，强调评价者必须保持客观中立的态度，避免主观偏见的影响。

（二）量化评价的特点

1. 操作性

量化评价通常有一套完整的操作方法，将量化体现在评价的各环节，按照量化方案有序进行评定。首先是选择抽样方法，包括随机抽样、分层抽样和系统抽样等。其次是选择数据收集方法，包括问卷法、实验法、测验法等。最后是选择统计分析方法，主要包括推断性统计、描述性统计、对比分析法、因素分析法等。

① 王坚红．学前教育评价［M］．北京：人民教育出版社，2018：86.

2. 单一性

单一性有三层含义：一是量化评价的标准是单一的，在进行评价时，评价者采用一个统一的标准对各评价对象进行评价，而不管被评价对象集合的整体和个体的实际情况如何。二是量化评价的主体是单一的，由于量化评价的工具性取向，评价者就是评价的主体。三是量化评价的结果是单一的，量化评价的结果一般以分数的形式呈现，评价者只需计算最后得分并做出判断，无须进行分析说明。

3. 客观性

由于量化评价在选择评价方法、收集数据、统计分析等环节均实现了独立于评价对象的客观标准，强调抽样、测量和分析的客观，以此来判断其前期假设是否成立，以期推测得出一个具有普适性的结论。这样的评价具有较高的信度和效度。

根据量化评价的特点，我们可以看出，量化评价更关注具有可测性的行为或者品质，如基本知识和基本技能，强调评价对象具有共性、稳定性，鉴定和选拔功能突出，更适合认知领域或技能领域。

（三）常用的量化评价方法

1. 数量统计法

数量统计法是一种运用次数、频数、比例等对评价对象的表现进行量化，通过对数量进行统计，从而进行价值判断的方法。

例如，对小班某幼儿入园哭闹行为的评价（表 9-2-1），可以采用时间取样法，在幼儿园上午各活动环节抽取几个相同长度的时间段（A、B、C……），对这些时间段内该幼儿哭闹的次数进行记录，计算出该幼儿哭闹行为产生的频率，从哭闹行为频率的高低来评价该幼儿入园哭闹行为的严重程度。

表 9-2-1　对小班某幼儿入园哭闹行为的评价

时间单位	哭闹行为（次）	哭闹频率（次 /5 分钟）
A		
B		
C		
……		
评价		

2. 累积点数法

累积点数法是将评价内容分解成若干子项目，对每个子项目进行赋值，确定最低分和最高分，由评价者对每个子项目进行评分，然后将各项得分相加得出总分，以总分为价值判断的依据所进行的评价。

例如，对幼儿运动能力的评价（表 9-2-2），可以将运动分解为动作、速度、耐力、平衡性四个子项目，每个子项目的分值范围为 0~5 分。选取幼儿的若干运动项目（A、B、C、D……），对每项运动的四个子项目进行评分，先累加各项运动的得分，再计算所有运动项目的平均分，以平均分来评价幼儿的运动能力。

表 9-2-2　对幼儿运动能力的评价

子项目	A	B	C	D	……
动作					
速度					
耐力					
平衡性					
总分					
平均分					

二、质性评价

思维碰撞　有的幼儿教师认为，量化评价以数据为基础，更客观、更规范；有的幼儿教师认为，幼儿是独特的个体，个体差异性明显，用客观的数据来评价幼儿不够全面，用文字对幼儿进行质性评价能更好地体现幼儿的特点。那么质性评价的优势是什么？

（一）质性评价概述

质性评价是相对于量化评价而言的。20 世纪 60 年代以来，以量化形式反映事物性质的传统评价方式在评价领域受到批判，质性评价由此发展起来。质性评价是一种通过文字、图片等方式记录关于评价对象的描述性信息，全面展示评价对象的具体情况，从而进行逻辑分析的评价方式。

质性评价的方法论来源是自然主义、人文主义。质性评价认为社会领域与自然领域不同，社会领域的知识是各主体和周围环境不断地相互作用后的集合，其内容、性质、范围等都要比自然领域复杂许多。因此，质性评价认为科学量化的方式不适用于社会现象的研究，反对将复杂的评价对象简单化为数据，这样可能导致评价信息不全面。质性评价主张在全面反映评价对象真实情况的基础上进行评价，强调在当时当境下获得真实、翔实的第一手资料，从现象主体的视角对现象进行分析评价。

与量化评价相比，质性评价的观点更符合教育领域的特点。教育评价关注与教育活动相关的人、事、物、情感态度和价值观等对教育活动的影响，这些复杂的过程难以用数据进行评定，更需要从多角度综合分析评价对象的性质。

（二）质性评价的特点

1. 过程性

质性评价侧重于过程性评价，是对过程的记录、描述、分析和总结。例如，我们通常描述一个事件会从时间、地点、人物、起因、经过、结果等因素来描述，要想完整地描述清楚一个事件的前因后果，需要进行多方面的沟通和理解。从时间上来说，这是一个时间的延伸过程，从内容上来说，这是多主体多角度的协商过程。幼儿园教育评价同理，幼儿园教育活动不仅包括幼儿、幼儿教师、幼儿园等多个主体，还包括各主体之间的互动和理解。因此，质性评价是一个全面、多角度的评价过程。

2. 多元性

质性评价的多元性有两层含义：一是评价主体的多元性。在质性评价中，强调来自评价者的外部评价、来自评价对象的内部评价，也强调评价者和评价对象之间的相互评价，评价者和评价对象均可作为评价的主体。二是评价标准的多元性。一方面，不同的评价者具有不同的评价标准；另一方面，面对不同的评价对象要运用不同的评价标准。

3. 主观性

因为质性评价具有过程性，所以质性评价实质上带有自身差异评价的特点。质性评价的评价主体可以是评价对象，评价者的参与会导致评价对象的行为和情感产生变化。另外，评价标准随评价者和评价对象的变化而变化，这种多元标准的非独立性和非客观性容易导致质性评价信度和效度较低。

可以看出，质性评价更关注对评价对象的非认知因素，强调对评价对象发展表现过程中的沟通、情感、态度等进行系统描述和分析，更适合非认知领域。

（三）常用的质性评价方法

1. 表现性评价

表现性评价最初多运用于心理学领域和企业管理领域，20 世纪中期，进入教育领域并迅速发展。20 世纪 90 年代，经美国国会技术评价办公室界定的表现性评价定义被广泛应用，成为质性评价的典范之一。

（1）表现性评价的概念与特点。表现性评价指根据幼儿在真实的具体活动中的实际表现来评价幼儿获得的发展。表现性评价具有三个特点。

① 表现性评价强调在真实的活动情境下进行评价。传统的考试类测验是确定答案范围让学生进行选择，而表现性评价侧重于关注幼儿在一个具体的实际情况下，运用现有的经验基础分析、解决问题，完成任务。

② 表现性评价强调评价幼儿的实际表现。早期的评价方式更倾向于结果导向，关注幼儿各方面能力的发展结果，而表现性评价不仅仅可以评价幼儿的发展结果，更重要的是对幼儿产出结果过程中展现的能力水平进行评价。

③ 表现性评价强调评价要记录幼儿实际表现的全部过程。表现性评价认为最终的评价不应只表现为分数的形式，而要完整地记录幼儿在真实活动过程中的交流、设计、操作等各环节，按照预先设定的标准对幼儿完成活动或任务的结果进行评价。

（2）表现性评价的类型。根据表现性评价中任务的不同，可以将表现性评价分为两种类型，即封闭式表现性评价和开放式表现性评价。

① 封闭式表现性评价是指评价的任务结构清晰、要求明确。这种任务通常是要幼儿根据要求做出解释或判断。这种评价一般应用于对某一知识的基本概念、基本技能进行评价，在课堂教学活动中得到广泛应用。例如，要求幼儿将不同长度的木棍按从短到长的顺序摆放，在这个任务中，答案是相对固定的，操作方法也明确规定了，故应进行封闭式表现性评价。

② 开放式表现性评价是指评价的任务提供或者限定的条件相对模糊，需要幼儿做进一步的探索。这种任务通常没有固定答案，探索性和操作性更强，它需要幼儿在任务本身提供的条件基础上，充分思考，自主探索，发掘与任务相关的有价值资源，并进行综合利用。这就要求评价者要对幼儿的探索与运用过程进行详细记录，以充分展现幼儿的发展能力。

案例分析

某幼儿园大班开展“端午节”的主题活动，幼儿教师为小朋友们设置了两个小任务。

1. 请幼儿画出端午节要做的事。

2. 请幼儿制作一张端午节的明信片

请结合表现性评价的类型的相关知识分析这两个小任务的区别。

分析： 任务 1 是一个典型的限制性表现任务，有相对固定的答案，通常用来判断幼儿对某一领域知识的掌握情况。这种任务通常比较简单，使用较少时间就可以完成，属于封闭式表现的评价。

任务 2 是一个扩展性表现任务，没有固定的答案，通常需要幼儿运用自己的认知、技巧和想象等进行创造。这种任务具有一定的难度，持续时间相对较长，属于开放式表现的评价。

（3）表现性评价的运用。如何实施表现性评价？表现性评价的基本要素包括哪些？目前有两种比较有代表性的看法。

美国学者阿特（Arter）和麦克塔尔（McTighe）认为，表现性评价最重要的就是评价准则和评分标准的开发与使用，换言之，就是要如何使用表现性准则和评分规则对评价对象的实际表现进行客观公正的判断，进而提升评价对象的表现水平。斯蒂金斯（Stiggins）认为，表现性评价包括界定评价内容和设计任务，同时要考虑与此相关的一些影响因素，如表 9-2-3 所示。

表 9-2-3 表现性评价的设计程序及相关因素

成分		选择
第一步：定义表现	A. 表现的类型	技能目标、成果，或者包括两种类型； 个人成绩、集体成绩，或者二者都有
	B. 制定表现性准则	说明优秀表现的关键特征； 进行整体、分项或综合评分
第二步：设置表现性任务	A. 任务具体化	界定目标、条件、准则
	B. 选择一个样例	根据范围确定需要设置多少项任务

资料来源：斯蒂金斯 . 促进学习的学生参与式课堂评价［M］. 国家基础教育课程改革“促进教师发展与学生成长的评价研究”项目组，译 . 4 版 . 北京：中国轻工业出版社，2005.

表现性评价的设计与实施一般包括以下四个主要方面。

① 确定表现性评价的内容。表现性评价强调的是对幼儿在具体活动中的实际表现进行评价，这种评价需要建立在完整的观察基础之上。因此，表现性评价要首先明确评价内容，将其分解成可观察的具体行为。

表现性评价涉及的内容极其广泛。斯蒂金斯对表现性评价涉及的学科、评价内容和最终的表现性成果做了具体说明①。他认为表现性评价在早期教育阶段和学校教育阶段均适用，涉及阅读、写作、数学、艺术、体育等多个学科内容，最终成果包括研究报告、艺术作品等可见性较强的形式。在幼儿教育阶段，表现性评价内容也包括多个方面，广泛存在于幼儿园教育五大领域中，如艺术领域的美术、音乐，科学领域的计算、自然科学等。表现性评价的内容、目标及成果体现如表 9-2-4 所示。

① 斯蒂金斯 . 促进学习的学生参与式课堂评价［M］. 4 版 . 国家基础教育课程改革“促进教师发展与学生成长的评价研究”项目组，译 . 北京：中国轻工业出版社，2005：157.

表 9-2-4　表现性评价的内容、目标及成果体现

表现性领域	表现性技能目标	表现性成果
语言	口头表达流畅，能生动、有感情地描述事物	讲出的故事
美术	材料运用	作品
音乐	唱歌、舞蹈	展示或表演
计算	加减运算	计算的结果
自然科学	实验操作，信息收集	作品、模型或描述
游戏	材料运用，社会交往技能	描述、展示或作品
体育	运动技能	动作展示

② 设计表现性评价的任务。表现性评价指对幼儿在真实的具体活动中的实际表现进行观察与评价，这个活动实际就是表现性评价任务，是进行表现性评价的首要前提和关键环节。一个适宜的表现性任务设计是评价信度和效度的有效保障。评价者在进行表现性评价任务的设计时要考虑两个主要内容。一是选择合适的任务类型。常用的表现性评价任务主要有口头表述、做实验或调查、完成作品、模拟表现任务、完成研究项目、结构化表现任务等，需要根据具体的活动情境来选择相应的表现任务。评价者在做选择时要充分考虑评价对象的发展水平、评价的基础条件和评价内容的特征。二是设计适当的任务情境。根据任务的真实程度可以将情境划分为自然情境和实验情境。评价者要根据表现任务的特征和评价结果的运用方向设计一个适当的任务情境，以保证能让幼儿在这个任务中充分表现。例如，若要观察的某种表现在生活活动中出现的频率不高，那么评价者需要在生活活动环节创设一个可控实验情境，以增加该表现的出现次数。

③ 确定表现性评价的工具。评价的过程涉及收集资料、观察、分析等环节，这些不是只依靠思维就能完成的。任何评价都离不开评价工具，这些工具包括观察工具、记录工具、评价标准等。若表现性评价任务比较简单，则可能只需要评价者进行感觉器官观察和大脑思考；若表现性评价任务比较复杂或相对时间较长，则可能需要借助录像设备等专业的工具来辅助观察和记录。评价标准在所有评价工具中占据主要地位，它直接决定评价的结果和成效。评价标准可以是数字化的量表，也可以是文字性的描述，如“优、良、中、差”。

④ 保证表现性评价的实施。为了保证表现性评价的信度和效度，评价者需要注意评价的次数和反馈。一方面，评价者要根据评价结果对评价对象的表现进行多次观察，避免观察出现偶然性行为，只有多次观察才能提高评价结果的代表性。另一方面，表现性评价是一个动态的过程，不会在某个评价结果出现的时候就结束评价。

评价者应将评价结果反馈给评价对象，让评价对象及时了解自己的表现情况并进行总结反思。

2. 档案袋评价

档案袋评价是20世纪90年代伴随着西方“教育评价改革运动”而出现的一种新型质性教育教学评价工具，它是质性评价中最著名的方法之一。

（1）档案袋评价的概念与特点。档案袋评价（Portfolio Assessment 或者 Portfolio Evaluation）又被称为学习档案评价或学生成长记录袋评价，是以档案袋为依据对评价对象进行客观的综合的评价。档案袋是指按一定目的收集的反映学生学习过程及最终产出的一整套资料。档案袋的制作过程涵盖了一项任务从起始阶段到完成阶段的整个跨度，目的是展示学生的学习和进步状况。在幼儿园教育领域，档案袋评价就是以档案袋为载体，有目的、系统地收集幼儿在真实活动中的表现及成果，以展现并评价幼儿的学习发展情况。

档案袋评价的特点主要有两点：一是档案袋评价需要有目的地从各方面收集幼儿的各种相关资料，这些资料可以是表现性的，如幼儿的想法和行动，也可以是结果性的，如幼儿完成的作品和各种评价。这些实际材料可以使评价从多个角度进行，尽可能保证全面。二是档案袋所装内容的选择和提交是由幼儿和幼儿教师共同决定的，其中幼儿占主要地位。这实质上为幼儿提供了一个学习的机会，使其做自己的评价者。

知识链接

档案袋评价是一种持续的、自然的评价形式，可以鼓励学生成为一个能意识到自己的学习与个人发展的主动学习者。通过承担学习结果的责任和对过程进行自我评价，可以激发学生改变自我、不断成长的内在动力，而不只是迫于外在的赏酬与压力。

——加德纳

（2）档案袋评价的类型。档案袋评价根据评价目的、提交对象、评价功能等的不同，可以分为不同的种类。按照评价功能来划分，幼儿园常用的档案袋评价主要有四种类型。

① 目标型档案袋。目标型档案袋由幼儿教师根据教学计划确定档案袋主题，由幼儿自己编制计划和收集内容。这主要是为了让幼儿学会制订计划和选择目标。

② 过程型档案袋。过程型档案袋由教师和幼儿共同确定一个主题，收集能展现幼儿学习、进步直至达成目标的相关资料，由幼儿对提交的成果进行选择，幼儿成为自身发展的评价者。这些过程中的资料既可以是幼儿满意的作品，也可以是失败的作品；既可以是最终的成果，如一幅画，也可以是过程中的草稿。只要是能体现

幼儿学习、发展的资料就可收进档案袋。

③ 展示型档案袋。展示型档案袋又被称为成果型档案袋，由幼儿选择他们最喜欢或者他们认为最优秀的作品，以及他们对作品的评价和选择标准，装入档案中，在有家长和其他人参加的展示会上进行呈现。

④ 评价型档案袋。评价型档案袋是指由幼儿教师、教育管理人员等按照预先确定的标准收集幼儿的作品，为幼儿教育相关人员提供幼儿发展情况的标准化报告。

（3）档案袋评价的运用。档案袋装什么？谁来装？装档案袋的标准是什么？谁来评价？评价的标准是什么？这些都是运用档案袋评价不可避免的问题。这些问题实质上都可以转化为一个问题：档案袋评价的目标或者价值是什么？比尔·约翰逊指出："档案袋设计必须有思想以确保儿童作业的更大进步。"[①] 因此，我们在运用档案袋评价法的时候，必须把促进幼儿的发展作为出发点和落脚点。具体如下。

① 明确档案袋评价的目的。档案袋评价并不是简单地将幼儿的所有作品或过程性表现都装进档案袋。档案袋评价是一种目的性突出的评价方法，须考虑评价目的和教育目的之间的关系，考虑幼儿通过教育活动能达到的发展水平。围绕这一主题目标有选择性地提交材料，只有这样才能有效地指导评价的内容和标准。

② 确定档案袋评价的类型和内容。在明确评价目的之后，只有根据目的确定适宜的评价类型，才能确定需要收集哪些资料放进档案袋里。例如，要评价幼儿的绘画能力，旨在对幼儿绘画的兴趣、态度、练习、创造性和技能水平进行全面评价，因此，需要采用综合过程型和展示型的档案袋，收集幼儿学习绘画过程中的多种资料，如幼儿绘画的工具、草稿、最终作品，绘画时的照片，幼儿教师对幼儿作品的评价，等等。

③ 做好档案袋评价的准备工作。档案袋评价的前期准备工作主要包括物质准备和技术准备。物质准备指准备档案袋评价各环节需要的工具、载体。例如，为每个幼儿准备一个档案袋，可以是文件袋、文件夹、收纳盒或者小书包；为档案袋选择存放的地点，这个地点最好是在教室中，方便幼儿、幼儿教师和家长等相关人员随时观看和使用；为观察和记录准备相应的工具，包括照相机、摄像机、纸等。技术准备指实施档案袋评价之前评价者应对档案袋要收集的资料、如何收集等有一个清晰的认识，对收集到的档案袋如何进行评价、与谁分享等有一个预先设计。

④ 拟制档案袋评价的标准。档案袋是一个动态且复杂的过程性事物，档案袋的设计者不同、目的不同、内容不同都会使评价的标准随之变化。幼儿教师必

---

① 约翰逊．学生表现评定手册［M］．李雁冰，译．上海：华东师范大学出版社，2000：71.

须对作品的好坏等级有明确的界定，但又因作品作者的不同要有相应的调整。因此，档案袋评价最好遵循幼儿的自主性。也就是说，幼儿教师可以和幼儿一起制定评价的标准，幼儿在标准的确定上是有选择权的，幼儿教师要向幼儿充分解释正在做和需要做的事情，让幼儿能理解和接受评价的标准，让幼儿充分参与到评价中来。

⑤ 鼓励幼儿成为评价的主体。档案袋评价的主体是多元化的，与幼儿教育有关的幼儿自身、幼儿教师、家长等均是档案袋评价的主体，他们都可以为档案袋的设计和资料的收集提供素材。但是，档案袋评价的一个重要特征是幼儿参与档案袋的设计与制作，因此我们应鼓励幼儿成为自己的评价者，从设计档案袋到收集档案资料，从档案袋形式的选择到档案袋评价标准的制定，从档案袋的使用到档案袋的保存，都应引导幼儿积极主动地参与，让他们对档案袋设计有主人翁意识，激发他们的创造性，促进幼儿自我评价和能力发展的良性循环。

案例分析

我要上小学

大一班的小朋友们马上就要毕业了，周老师设计了一个“我要上小学”的主题活动。为了更好地记录和展示幼儿进行入学准备的过程，周老师为全班幼儿进行了档案袋评价。

在每次活动之后，周老师都把幼儿的作品拍下来。档案袋里装有每个幼儿整理着装、打扫卫生等的照片，以及每个幼儿书写、运算的优秀作品，每个幼儿的档案袋都装得满满当当。周老师看着自己办公室里满柜的档案袋高兴极了，跟同事说：“期末家长会上就可以好好向家长展示我们教育的成果了。”

请结合档案袋评价的相关知识对周老师做法的合理性进行分析，并提出建议。

分析：在本案例中，周老师通过档案袋收集了幼儿在为入小学做准备的过程中取得的成果，既为幼儿记录了成长过程，又帮助家长了解了幼儿的发展情况，有助于开展本次主题活动的教育成效评价。但是在此过程中，档案袋里的所有内容都是周老师选择的，只有照片一种形式，并且所有内容都是关于幼儿的生活自理能力和小学化的学习内容，评价的主体唯一，形式单一，内容过于简单，不够全面。针对存在的问题，提出以下建议。

（1）将过程型档案袋评价和展示型档案袋评价结合起来。既充分展示幼小衔接教育过程，又兼顾家长的需求。

（2）将幼儿作为评价的主体。在学习目标的制定、学习过程的记录中充分发挥幼儿的主观能动性，征求幼儿的意见。

（3）将档案袋的内容丰富化。一方面，除了已完成的优秀作品，还可以将幼儿学习的过程性资料放进档案袋，如运算过程的草稿等。另一方面，除了有关生活自理能力、学习能力的内容，运动锻炼、社会交往等幼小衔接的主要内容也应该纳入档案袋中。

任务 9-3　幼儿园教育评价的实践运用

问题引领　幼儿园教育评价应从哪些方面开展？具体如何组织实施？

根据幼儿园教育的主要内容和方式，幼儿园教育评价通常围绕幼儿发展、幼儿教师工作和幼儿园教育质量等方面来开展。

一、幼儿发展评价

《纲要》指出："明确评价的目的是了解幼儿的发展需要，以便提供更加适宜的帮助和指导。"幼儿发展评价就是以促进幼儿的全面发展为目的，以幼儿教育目标和与此相适应的幼儿发展目标为依据，运用教育评价的理论和方法，对幼儿的身体、认知和社会性等各方面的发展进行价值判断的过程。幼儿发展评价有助于幼儿教师客观全面地了解幼儿的发展，为因材施教提供依据，帮助幼儿教师改进教育教学活动，为幼儿园教育活动的开展和教育价值的发挥起到积极的推动作用。

实施幼儿发展评价需要遵循一些基本原则，避免评价的随意性，确保评价的价值。

（1）全面性原则。全面性原则包括两个方面：一是评价方式的全面性，要从多途径收集有关信息；二是评价内容的全面性，除了身体健康、智力发展，还要考虑情感、社会性等多方面的内容。

（2）发展性原则。发展性原则指在进行评价时不仅要看到幼儿当下的发展水平，还要考虑幼儿未来发展的方向或潜力。

（3）差异性原则。差异性原则指评价时要尊重幼儿的个体差异性，不能用一个统一的标准对所有幼儿进行排序甚至是进行等级划分。

幼儿发展评价主要包括四个方面的内容。

（一）幼儿身体健康与动作发展评价

1．评价内容

对幼儿身体健康与动作发展的评价是促进幼儿健康发展的重要基础。通常来说，身体健康与动作发展的评价标准是在一定范围内相对而言的。

常见的幼儿身体健康评价内容包括形态指标和生长发育功能指标。

形态指标主要包括身高、体重、头围、胸围、坐高等，是衡量幼儿生长发育水平和速度的重要指标。形态指标主要通过软尺、身高计等工具进行数值测量，也有一些形态指标具有常用的估算方法，如 3~6 岁幼儿身高、体重的估算公式为：

$$身高（厘米）= 年龄 \times 5+75$$

$$体重（千克）= 年龄 \times 2+7$$

生长发育功能指标主要包括血压、脉搏、肺活量、呼吸差等，用以衡量幼儿身体各器官及其各系统的生理功能。

幼儿动作发展评价内容主要包括大肌肉动作和小肌肉动作两个方面。常见的大肌肉动作有走、跑、跳、投、踢等。小肌肉动作又称精细动作，主要是手的动作，如手眼协调、手指屈伸、指尖动作等。

2．评价方式

将测量到的幼儿各项指标数值与标准参考值进行对照，便能对各项指标进行等级评价，客观判断幼儿的生长发育情况。

《指南》中对 3~6 岁各年龄段幼儿的身体发展标准（表 9-3-1）做出了明确的界定。

表 9-3-1　3~6 岁各年龄段幼儿的身体发展标准

3~4 岁	4~5 岁	5~6 岁
1. 身高和体重适宜。参考标准如下。 男孩 身高：94.9~111.7 cm 体重：12.7~21.2 kg 女孩 身高：94.1~111.3 cm 体重：12.3~21.5 kg 2. 在提醒下能自然坐直、站直	1. 身高和体重适宜。参考标准如下。 男孩 身高：100.7~119.2 cm 体重：14.1~24.2 kg 女孩 身高：99.9~118.9 cm 体重：13.7~24.9 kg 2. 在提醒下能保持正确的站、坐和行走姿势	1. 身高和体重适宜。参考标准如下。 男孩 身高：106.1~125.8 cm 体重：15.9~27.1 kg 女孩 身高：104.9~125.4 cm 体重：15.3~27.8 kg 2. 经常保持正确的站、坐和行走姿势

注：身高和体重数据来源于《2006 年世界卫生组织儿童生长标准》中 4、5、6 周岁儿童身高和体重的参考数据。

知识链接

7 岁以下儿童生长标准

2022 年 9 月，国家卫生健康委发布推荐性卫生行业标准《7 岁以下儿童生长标准》，自 2023 年 3 月 1 日起施行。该标准规定了 7 岁以下儿童生长水平与营养状况的评价指标和评价方法，适用于 7 岁以下儿童生长水平与营养状况的群体评价及个体评价。

文档：7 岁以下儿童长标准

（二）幼儿认知发展评价

1. 评价内容

认知是人认识客观世界的过程，主要包括感知觉、记忆、思维、想象等心理活动。幼儿认知发展评价可以从不同角度切入，常见的评价主要从幼儿的感知能力、思维能力、探究能力等方面开展。

感知是感觉和知觉的总和，感觉是对物体某项属性的反映，知觉是对这些属性进行有机结合形成的整体。幼儿的感知觉主要有触觉、视觉、听觉等。对幼儿感知能力的评价主要从时间、空间和形状三个角度进行。感知觉的高级形态即为观察，要评价幼儿的观察力要注意评价其目的性、持续性、细致性和概括性。

思维能力是认知的主要部分，幼儿的思维能力主要体现在认识事物的过程中表现出的分类、比较、推理和运算等能力上。

探究能力是指幼儿在活动过程中发现问题和解决问题的能力。幼儿探究能力评价的主要内容包括好奇心、动手能力和想象能力等。

2. 评价方式

对幼儿认知发展评价主要有两种方式。

（1）利用标准化测验进行评价。在幼儿心理研究中，幼儿的认知发展是重要的组成部分，有着大量的对幼儿认知发展的测验，可以成为幼儿认知发展的重要评价方式。常见的有中国－韦氏幼儿智力量表、雷文的渐进矩阵等。

（2）利用自编测验进行评价。标准化测验的使用只有经过专业的培训，才能对测验的结果进行解释。对于一般幼儿教师来说具有一定的难度，使用范围受限。因此，一般幼儿教师也可通过自编测验来评价幼儿的认知发展，简便易行。自编测验需要明确测量的内容和标准。在明确评价标准后，要确定评价的方式，有效收集评价信息，进而编制一个完整的评价方案。

（三）幼儿语言发展评价

1. 评价内容

幼儿语言的发展无外乎输入与输出两种类型。输入指接收别人的信息，如安静倾听别人讲话、理解别人的意思、能在倾听后做出相应反应等。输出指表达自己的想法或认识，如回答问题、描述所见所闻、讲述故事、用语言表达自己的感情等。

另外，根据语言本身的结构，也可以从语音、词汇、语句等角度进行评价。幼儿语言发展结构如表 9-3-2 所示。

表 9-3-2　幼儿语言发展结构

一级指标	二级指标
语音	声母与韵母、边音与鼻音、平舌与翘舌、音调等
词汇	数量、类型、理解、运用等
语句	单词句、电报句、简单句、复杂句等

2. 评价方式

在标准化测验中对幼儿词汇发展的评价方式可以为日常评价提供思路。例如，在格赛尔发展顺序量表“言语”项目中，通过观察幼儿对别人讲话的理解程度，以及是否会通过自己的语言、动作等做出反应，以考查幼儿倾听、理解和表达的能力。

因此，幼儿语言发展可以采用任务式评价。例如，评价幼儿的词汇，可以给幼儿一组词，让幼儿说出对这些词的理解，通过幼儿对词语的定义来判断幼儿的掌握情况。在幼儿对词汇的定义中，幼儿是否能用同义词进行替换、是否能说出物品的主要特征、是否能说出物品的作用等都是进行判断的依据。还可以运用等级评定法对幼儿的语言发展进行评价，如对幼儿语句的发展进行等级界定，如表 9-3-3 所示。

表 9-3-3　幼儿语句发展水平等级评定表

等级	界定	分数
一等	结构完整，成分丰富，能熟练运用多种句型，能使用联合复句	3 分
二等	结构基本完整，具有少数修饰成分，能运用常见句型，不能使用联合复句	2 分
三等	结构不完整，无修饰成分，以简单陈述句为主	1 分

（四）幼儿社会性发展评价

社会性是指幼儿为适应社会生活所表现出的心理和行为特征。在幼儿园教育中，幼儿社会性发展评价主要集中在幼儿自我认知、同伴关系、社会性行为等方面。

1. 对幼儿自我认知的评价

自我认知是指主体对作为客体的“我”的认识，幼儿的自我认知一开始主要是对生理的认识，如外貌、身高、体重等，3 岁后幼儿逐步开始对自己的社会角色及心理活动有了意识，如了解自己的家庭和幼儿园，了解自己的兴趣爱好，等等。

对幼儿自我认知的评价，可以提前设定关于自我认知的主要问题，通过谈话等方式了解幼儿的认知情况（表 9-3-4）。

表 9-3-4　幼儿自我认知评价实施指南[①]

指标	方法	内容
自我认知	个别谈话	1. 知道自己的姓名、性别、年龄。在自然轻松的状态下，教师与幼儿交谈，请幼儿回答以下问题： ① 你叫什么名字？ ② 你是男孩还是女孩？ ③ 你今年几岁了？ 2. 知道自己的爱好。根据幼儿对以下问题的回答，分析幼儿是否知道自己的爱好： ① 你最喜欢做的是什么事情？ ② 你最喜欢玩什么游戏？ 3. 知道自己的优缺点。根据幼儿对以下问题的回答，分析幼儿是否知道自己的优缺点： ① 小朋友喜欢和你一起玩吗？为什么？ ② 你是好孩子吗？为什么？ ③ 老师（爸爸、妈妈）常常批评你吗？为什么批评你？

2. 对幼儿同伴关系的评价

同伴关系是指年龄相同或相近的幼儿之间的一种共同活动并相互协作的关系，也指同龄幼儿或心理发展水平相当的幼儿间在交往过程中建立和发展起来的一种人际关系[②]。

按照不同交往类型的心理特征表现，幼儿同伴关系可以划分为四种类型，如表 9-3-5 所示。

① 白爱宝 . 幼儿发展评价手册［M］. 北京：教育科学出版社，1999：178.
② 张文新 . 儿童社会性发展［M］. 北京：北京师范大学出版社，1999：133.

表 9-3-5　幼儿同伴关系类型

类型	特征
受欢迎型	情绪稳定，活动强度和速度适中，在交往中积极主动且友善
被拒绝型	情绪不稳定，活动强度大，速度快，喜欢但不善于与同伴交往
被忽视型	常独自活动，在交往中比较被动，既不主动友好，也很少出现攻击性行为
一般型	交往行为表现一般，既不是特别主动友好，也不是特别不主动友好，在同伴心目中地位一般

对于幼儿同伴关系的评价，最常用的方式即同伴提名法。同伴提名法指要求某个班级内的幼儿根据一定的标准，在给定的名单中选出他们最喜欢和最不喜欢的同伴，幼儿所得的提名次数即为其分数，根据幼儿的正负提名情况，对幼儿进行分类。

积极提名是幼儿的同伴接纳程度的体现，积极提名分数较高的被看作受欢迎型幼儿，消极提名分数较高的被看作被拒绝型幼儿。

有研究者认为同伴提名法容易受幼儿当时情绪影响，并且只给出好或不好这样非黑即白的结果，可能对幼儿产生消极影响。为避免这种情况，可以采用同伴等级评定法，即让幼儿对被评幼儿的喜欢程度进行界定，幼儿所得总分的平均数即为其分数。这种方法更加稳定客观，但处理数据结果相对比较麻烦。

3. 对幼儿社会性行为的评价

在幼儿园教育中，社会关系主要体现在亲社会行为和攻击性行为上。对幼儿社会性行为的评价目前还没有一个统一、成熟的评价体系。

我们可以采用行为检核法，对幼儿社会性行为进行观察分析。进行行为检核，需要对行为进行操作性定义。幼儿亲社会行为发展检核表如表 9-3-6 所示。

表 9-3-6　幼儿亲社会行为发展检核表

姓名:　　　　性别:　　　　年龄:

观察者:　　　　观察日期:

项目	是	否
能与他人分享		
能与他人合作完成任务		
能注意并关心他人的情绪		
乐于帮助他人		
……		

二、幼儿教师工作评价

幼儿教师工作评价是指对幼儿教师的专业素质和在幼儿教育活动中的行为表现进行价值判断的过程。幼儿教师工作评价是幼儿园教育评价的重要组成部分，通过评价能帮助教师发现问题、解决问题，有利于促进幼儿教师专业发展，进而提高教育质量。

（一）幼儿教师工作评价的内容

2012 年，《专业标准》的颁布标志着我国幼儿教师教育开始步入标准化的发展进程。该标准规定了幼儿教师的基本素质，明确了幼儿教师工作评价的主要内容。

根据《专业标准》，幼儿教师工作评价主要从专业理念与师德、专业知识和专业能力三个维度进行，这其中包含 14 个领域共 62 条标准（表 9-3-7）。

表 9-3-7 《专业标准》（部分）

项目	主要内容
专业理念与师德	职业理解与认识
	对幼儿的态度与行为
	幼儿保育和教育的态度与行为
	个人修养与行为
专业知识	幼儿发展知识
	幼儿保育和教育知识
	通识性知识
专业能力	环境的创设与利用
	一日生活的组织与保育
	游戏活动的支持与引导
	教育活动的计划与实施
	激励与评价
	沟通与合作
	反思与发展

结合《专业标准》的要求和幼儿园教育工作中的实际情况，幼儿教师工作评价的主要内容实际上体现在三个方面。

（1）专业理念与职业道德评价。评价内容包括教育观、儿童观、教师观、活动观等，如爱国守法、爱岗敬业、团结合作等职业认识，尊重幼儿、关爱幼儿等教育态度，保教结合、因材施教、循序渐进等教学理念，乐观积极、勤思善问、为人师表等个人修养。

（2）教育活动的组织与实施评价。评价内容包括生活活动、教学活动和游戏活动等的组织和实施，如生活活动中的常规管理、习惯养成，教学活动中教学目标、教学内容、教学方法等的选择与设计，游戏活动中的材料投放、观察与指导等。

（3）沟通与合作评价。评价内容包括与幼儿、家长、同事等的沟通和合作，如与幼儿沟通的方法和有效性、师幼互动的质量等，与家长沟通的态度、角度、原则、方式等，与同事沟通体现在班级内幼儿教师的沟通、同一年龄班之间幼儿教师的沟通、不同年龄班之间幼儿教师的沟通、专家幼儿教师和青年幼儿教师之间的沟通等。

（二）幼儿教师工作评价的方法

微课：幼儿园如何评价教师的专业能力?

幼儿教师工作评价有多种方法可以采用，如自我评价、家长评价、同行评议、形成性评价、发展性评价、档案袋评价等。在此，以教师自我评价和教师档案袋评价两种运用较为广泛的评价方式为例进行介绍。

1. 教师自我评价

《纲要》中指出：“评价的过程，是教师运用专业知识审视教育实践，发现、分析、研究、解决问题的过程，也是其自我成长的重要途径。”教师自我评价是教师在客观地认识自己的基础上，对自己的特点和表现的判断，判断的结果可以是过程性的也可以是总结性的，最常见的教师自我评价是每次教学活动后的活动反思。

知识链接

教师自我评价系统①

教师自我评价系统如图 9-3-1 所示。该系统采用提问的方式帮助教师对自己的工作进行评价反思。

保教自评表可帮助幼儿教师对每天的工作逐条进行反思和评定，让幼儿教师在自我监督、自我评价的过程中进行自我诊断和自我调整。教师一周保教自评表如表 9-3-8 所示。

① 马什 . 初任教师手册［M］. 吴刚平，何立群，译 . 2 版 . 北京：教育科学出版社，2005：452.

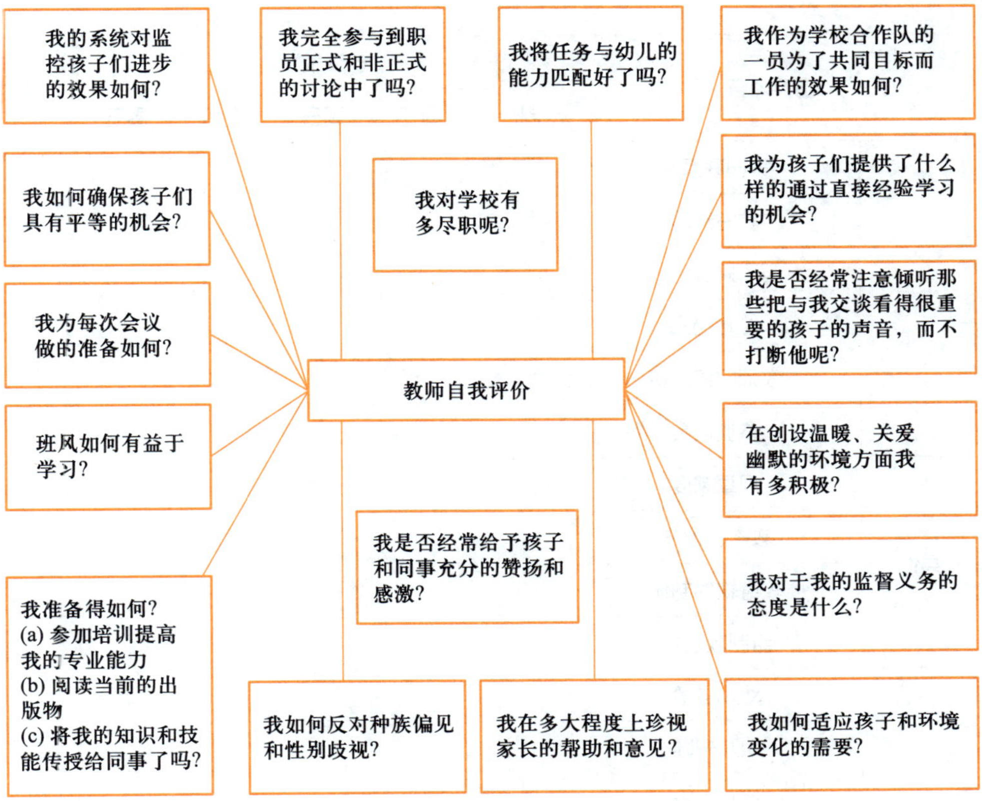

图 9-3-1　教师自我评价系统

表 9-3-8　教师一周保教自评表

班级：　　　　　　　　　　教师：　　　　　　　　　　日期：

自评内容		自评情况					备注
		周一	周二	周三	周四	周五	
教育计划	周活动安排						
	日活动反馈表						
	幼儿个案						
	主题反馈、调整						
	全日观察记录						
	展示活动						
	大活动计划						
实施	课前准备						
	三浴锻炼						
	区角游戏自检表						
	户外活动与散步						

续表

自评内容		自评情况					备注
		周一	周二	周三	周四	周五	
实施	家园联系栏						
	教室环境						
	笛子兴趣活动						
	幼儿档案						
	教师网络上传						
	参加班会						
其他	规章制度						
	教态、仪表						
	教育软件制作						
	自制教玩具						
生活	幼儿进餐						
	幼儿午睡						
	幼儿衣着						
	幼儿饮水						
	幼儿如厕、洗手习惯						
	幼儿洗头、洗澡						
	幼儿安全						
	班级财产保管						
小结本周工作：							
希望与建议（管理者）：							

资料来源：耿薇，基于教师发展的幼儿园教师评价研究［D］. 上海：华东师范大学，2005.

2. 教师档案袋评价

常见的考核等奖惩性评价，通常会对教师进行评级判断，对教师产生负面影响。教师档案袋评价作为一种动态评价，呈现了教师的专业水平和专业发展的全过程，能帮助教师提高自觉性，更好地开展自我学习和自我反思，是反映、记录教师重要成长成果的方式，为评价提供了更客观真实的依据。

三、幼儿园教育质量评价

质量是产品或服务满足客户需求的特征的总和。狭义的幼儿园教育质量评价主要考虑幼儿园的教育活动是否满足幼儿身心健康发展的需要及其满足程度。但是幼儿园教育不仅服务幼儿，还是家庭、社会的需求。因此，广义的幼儿园教育质量还应考虑幼儿园教育活动满足家庭、社会需求的程度。

幼儿园教育服务多重主体的特性使幼儿园教育质量评价同样具有多重视角，不同视角对幼儿园教育质量的关注点便有差异。

（一）从上至下的视角

从上至下的视角是指以幼儿园的上级管理部门为主体进行的评价，如各级教育行政部门开展的幼儿园等级评定。这一类型评价通常由各级教育行政部门组织对幼儿园开展评价。

具体的评价程序（如示范幼儿园的评定）为：由幼儿园提出申请，相关部门组织教育行政人员（如教育局分管领导）、教研员、专家学者（如高校学前教育研究者）、幼儿园园长等人员成立评审专家队伍，到幼儿园开展现场评价；评价时间一般为一天，在一天内考查幼儿园的基本办学条件，观看幼儿园各年龄班的一日保教活动，核查幼儿园各项材料，对幼儿教师、家长等各方人员进行访谈和问卷调查等。

从上至下的视角评价更宏观一些，其评价通常在幼儿园办园条件的基础上进行，主要包括园舍的选址与建设、设施设备的数量与质量、幼儿园的管理工作、幼儿教师队伍的建设、保教活动的开展、卫生保健与消防安全等。在具体的评价实施过程中，都会制定详细的评价标准，这一评价标准是一套完整的评价指标体系，不仅将评价内容划分为各级指标，还对各项指标进行赋值，通过量化的方式，给出评价分数，更加直观地体现评价结果。北京市幼儿办园质量督导评价标准（部分）如表 9-3-9 所示。

表 9-3-9　北京市幼儿办园质量督导评价标准（部分）

一级指标	二级指标	三级指标	三级指标内容
人员条件（200分）	人员配备（80分）	班级规模（20分）	班级规模适宜，每班幼儿人数一般为：小班［3~4（不含）周岁］25 人，中班［4~5（不含）周岁］30 人，大班（5~6 周岁）35 人，混合班 30 人。寄宿制幼儿园每班幼儿人数酌减
		园长配备（16分）	6 个班以下的幼儿园设 1 名园长；6 ～ 9 个班的幼儿园正副园长不少于 2 名；10 个班及以上的幼儿园正副园长不少于 3 名

续表

一级指标	二级指标	三级指标	三级指标内容
人员条件（200分）	人员配备（80分）	保教人员（16分）	全日制机构保教人员与幼儿比为（1 ∶ 7）~（1 ∶ 9），每班至少配备 2 名专任教师和 1 名保育员；半日制机构保教人员与幼儿比为（1 ∶ 11）~（1 ∶ 13），每班至少配备 2 名专任教师
		卫生保健人员（12分）	按照日托机构每收托 100 名幼儿，全托机构每收托 50 名幼儿至少设 1 名专职卫生保健人员的比例配备卫生保健人员。日托机构 100 名幼儿以下，寄宿制机构 50 名幼儿以下，设 1 名专职或兼职卫生保健人员
		其他人员（16分）	机构至少设置 1 名安全员，根据相关规定配备专职保安人员
			至少配备会计 1 名、出纳 1 名
			设置食堂的机构，炊事人员与幼儿配备比例：提供每日三餐一点的托幼机构应当达到 1 ∶ 50，提供每日一餐二点或二餐一点的托幼机构应当达到 1 ∶ 80
	任职资格（100分）	园长资格（20分）	园长应当具有《教师资格条例》规定的教师资格，具备大专以上学历，有三年以上幼儿园工作经历和一定的组织管理能力，并取得幼儿园园长岗位培训合格证书
		教师资格（30分）	教师 100% 具有《教师资格条例》规定的教师资格证书
		卫生保健人员资格（20分）	医生应当取得《医师执业证书》，护士应当取得《护士执业证书》，保健员应当具有大专以上学历
		保育员资格（10分）	保育员 100% 接受过幼儿保育职业培训，并取得上岗证
		其他人员资格（20分）	安保人员 100% 取得保安资格
			财会人员应当具备从事会计工作所需要的专业能力
			炊事人员 100% 取得《食品从业人员健康证》
	上岗条件（20分）	健康合格证（12分）	教职工上岗前 100% 取得《托幼机构工作人员健康合格证》
		岗前培训（8分）	教职工 100% 接受有关教育政策、法律、法规、师德、未成年人保护等方面基本培训，以及符合其岗位特点的岗前培训。卫生保健人员 100% 持有《北京市托幼机构卫生保健人员培训证》

资料来源：北京市教育委员会，北京市人民政府教育督导室．北京市教育委员会 北京市人民政府教育督导室关于印发《北京市幼儿园办园质量督导评估办法（试行）的通知》[EB/OL].2019-01-31/2024-01-25.

知识链接

《幼儿园保育教育质量评估指南》

2022 年 2 月 10 日，教育部发布了关于印发《幼儿园保育教育质量评估指南》的通知，进一步规范了幼儿园教育的评价工作。

文档：幼儿园保育教育质量评估指南

（二）从下至上的视角

从下至上的视角是指以幼儿为主体进行的评价，强调对幼儿在园一日生活中的感受或成长来进行评价。例如，幼儿是否在幼儿园感到受欢迎，是否感到被老师和同伴了解、保护而不是被排斥，是否感到幼儿园的活动是有趣的而不是无聊的，是否在幼儿园有成就感而不是沮丧，等等。

作为幼儿园教育的主要服务对象，幼儿是教育评价的重要主体。在大多数情况下，研究者会通过问答、讨论等对话的方式，先详细记录幼儿的叙述内容，再进行分析评价。但幼儿的年龄特点和发展水平决定了通过常见的评价方式无法全面了解与收集幼儿的感受及认识，因此从这一视角进行的评价可操作性相对较低。

为了解决这一问题，有的研究者采用更符合幼儿特点的方法，来了解幼儿的想法。例如，在运用档案袋评价法时，更多地让幼儿用绘图的方式进行表达：为了了解幼儿园的环境，让幼儿画教室、画运动场、画老师、画同伴等；为了了解幼儿是否掌握教学内容，在集体教学活动后常通过绘画的方式让幼儿进行作品展示等。有时幼儿要描述人、事、物，在语言上表达不够清晰、有逻辑，但却能配合相应的肢体语言进行表达。因此有的研究者利用幼儿爱模仿的特点，采用表演的方式进行评价。例如，教师的一言一行对幼儿的影响是很大的，幼儿不能很好地通过口头语言描述教师的言行，就由研究者扮演幼儿，创设相应情境，让幼儿扮演教师，通过幼儿的表现来考察教师的日常表现。

（三）从内至外和从外至内的视角

从内至外的视角是指以幼儿教师、保育员等幼儿园工作者为主体进行的评价。他们会从自身工作岗位条件、人际关系等角度对幼儿园教育工作进行评价。例如，与同事之间的关系是尊重和合作，还是排斥和竞争；受到家长的信任与支持，还是怀疑和不满；幼儿园是否支持个人专业发展、岗位分工是否合理等。幼儿园工作者在幼儿园受到何种待遇会一定程度上影响他们对工作、对幼儿的态度，同时各工作者之间的人际关系是否和谐也是影响幼儿教育的重要环境因素。因此，从内至外的视角对幼儿园教育质量评价同样重要。

从外至内的视角是指以家长、社区等为主体进行的评价。这一视角的评价考虑到幼儿园教育的服务特性，从家长、社区等第三方参与者的感受和需要出发来评价幼儿园教育质量。典型的评价内容（如家园合作部分）：幼儿园的保教活动是否尊重和满足家长对幼儿的期望；入园和离园时间、接送安排是否考虑到家长的工作需求；幼儿教师与家长的沟通联系是否合适；等等。虽然家长、社区也是幼儿园教育的重要组成部分，但幼儿园作为幼儿教育的主要机构，应主动与家长、社区等教育合作方建立良好关系，这对幼儿的发展具有不可忽视作用。

从这两种视角进行的评价通常采用问卷、访谈等调查方法，得出相对客观的数据或文字材料，综合运用质性分析和量化分析方式进行评分或评级，进而得出评价结论。这类方法通常作为辅助手段对幼儿园教育质量进行判断。

案例分析

模拟评估

蓝天幼儿园拟于明年申报市级示范性幼儿园，张老师打开《××市示范性幼儿园评估细则》仔细看了起来，看着看着却愁眉苦脸起来："这么多要求，好难呀！"何老师在旁边说："哎呀，反正把各种活动资料收起来给评审专家看就行了，我们的设施设备、教学资料都是齐全的，应该没什么问题。"张老师表示行不通："有的指标没法通过资料体现，如教案的好坏并不能完全代表教学质量的好坏，不知道专家们会怎么评价。"

何老师的看法是否合理？请你从评审组的角度拟写一份评估程序，帮助蓝天幼儿园模拟评估，做好迎检准备。

分析：何老师的看法不合理。示范性幼儿园的认定是促进幼儿园办园品质提升的重要途径之一，示范性幼儿园的评估内容全面而细致，涉及办园条件、园务管理、保育教育、办园效益等方面。检查档案资料只是评估的一个环节。

示范性幼儿园评估通常以年度为单位组织开展，评估的主要程序和内容大致如下。

（1）汇报创建工作。主要内容如下：一是申报园基本情况；二是主要做法、成绩及经验，包括办园理念、特色和成效；三是存在的主要问题和不足；四是下一步发展思路和打算。

（2）核查办园条件。根据《××市示范性幼儿园评估细则》核查幼儿园办园条件，包括幼儿园环境、园舍、设施设备、图书资料，以及各类人员任职资格及师资配备等。

（3）查阅档案资料。通过查阅近两年的有关档案资料，了解、印证幼儿园的各方面工作，包括制度建设、发展规划等。

（4）考察幼儿教师能力。基本途径和方式是教学活动观摩、教学反思、案例分析等。

（5）组织相关座谈。对幼儿教师、幼儿家长、社区人员进行座谈了解，印证相关情况。同时开展个别访谈。

（6）了解帮扶工作。通过一定方式了解幼儿园与结对薄弱园帮扶措施，考察幼儿园示范辐射作用的发挥情况。

（7）反馈评估意见。根据综合评估情况，向申报园反馈初步评估意见，并书面向教育主管部门反馈评估情况。

岗位应用

一、调查发现

收集一份幼儿成长档案袋，了解该档案袋的设计目标和实施情况，对幼儿发展情况进行评价。

二、理解运用

某幼儿园大班将进行入学准备工作，为制订适宜的教育计划，请你设计一份幼儿发展评价表，帮助了解幼儿基本发展情况。

国考聚焦

一、真题分析

1. 通过分析幼儿手工成果来了解其心理的方法是（　　）。（2022 年上半年《保教知识与能力》）

A. 调查法　　　　B. 自然观察法

C. 实验法　　D. 作品分析法

2. 下列选项中，不符合幼儿自我评价特点的是（　　）。（2021年下半年《保教知识与能力》）

A. 依从性　　B. 表面性

C. 主观情绪性　　D. 全面性

3. 在教学过程中，王老师随时观察和评价幼儿的行为表现，并以此为依据调整指导策略。王老师采用的评价方式是（　　）。（2019年下半年《保教知识与能力》）

A. 诊断性评价　　B. 标准化评价

C. 终结性评价　　D. 形成性评价

4. 在教育过程中，教师评价幼儿的适宜做法是（　　）。（2018年下半年《保教知识与能力》）

A. 用统一的标准评价幼儿　　B. 根据一次测评的结果评价幼儿

C. 用标准化的测评工具评价幼儿　　D. 根据日常观察所获得的信息评价幼儿

二、模拟训练

（一）选择题

1. 下列不属于幼儿园教育评价功能的是（　　）。

A. 选拔功能　　B. 诊断功能　　C. 调节功能　　D. 激励功能

2. 按照评价主体划分，教育行政管理部门对幼儿园教育工作的评价属于（　　）。

A. 内部评价　　B. 外部评价　　C. 宏观评价　　D. 微观评价

3. 幼儿园对刚入园的幼儿进行体格检查属于（　　）。

A. 诊断性评价　　B. 标准化评价　　C. 终结性评价　　D. 形成性评价

4. 将某幼儿的身高与《7岁以下儿童生长标准》相比较从而评价其身体发育水平的方法是（　　）。

A. 相对评价　　B. 绝对评价　　C. 内部评价　　D. 外部评价

5. 下列不属于质性评价的方法是（　　）。

A. 表现性评价　　B. 档案袋评价　　C. 作品分析法　　D. 数量统计法

6. 幼儿园教育评价不包括对（　　）的评价。

A. 幼儿发展　　B. 教师工作　　C. 社会环境　　D. 教育质量

7. 在对幼儿教师工作进行评价的过程中，不适宜的做法是（　　）。

A. 对幼儿教师的穿着打扮进行评价

B. 对幼儿教师开展教育活动的能力进行评价

C. 对幼儿教师的儿童观进行评价

D. 对幼儿教师的反思能力进行评价

8. 评价幼儿的社会性发展情况包括对幼儿自我认知、同伴关系和（　　）的评价。

A. 攻击性行为　B. 社会性行为　C. 语言交往　D. 认知发展

9. 幼儿园教育质量评价从上至下的视角是指以（　　）为主体进行的评价。

A. 幼儿　B. 教师　C. 家长　D. 教育行政部门

10. 下列哪项内容是以幼儿为主体进行的幼儿园教育质量评价？（　　）

A. 是否喜欢在幼儿园参加活动　B. 是否做好学期教学计划

C. 是否做好幼儿园安全检查　D. 是否符合国家办园标准

（二）简答题

文档：项目九　岗位应用　国考聚焦　参考答案

1. 幼儿园教育评价的对象是哪些？

2. 对幼儿发展的评价应从哪些方面进行？

模块四

幼儿园与家庭、社区和小学

本模块主要介绍幼儿园与家庭、社区的合作，幼儿园与小学的衔接。《纲要》明确指出："幼儿园应与家庭、社区密切合作，与小学相互衔接，综合利用各种教育资源，共同为幼儿的发展创造良好的条件。"《学前教育专业师范生教师职业能力标准（试行）》中也提到本专业学生要"掌握人际沟通的基本方法，能够运用信息技术拓宽家园沟通交流的渠道和途径，积极主动与家长进行有效交流。要掌握开展幼儿园、家庭和社区各种协同活动的方式方法，能够开展幼儿园与小学教育的衔接工作。"

幼儿教育是一项需要幼儿园、家庭与社区共同参与的系统工程。幼儿园、家庭、社区和小学协同育人是落实立德树人根本任务的重要基础。基于幼儿本位，探索有效的家园社协同育人策略和方法，形成协同共育共同体，有助于促进幼儿的终身学习与发展。

项目十

10

幼儿园与家庭合作

【学习导航】

- 幼儿园与家庭合作
  - 幼儿园与家庭合作的价值探析
    - 幼儿园教育与家庭教育的不同
    - 幼儿园与家庭合作的内涵意蕴
    - 幼儿园与家庭合作的意义
  - 幼儿园与家庭合作的内容分析
    - 保障家长参与幼儿园管理
    - 开展以家长为核心的亲职教育活动
    - 了解幼儿的家庭教育及在家表现
    - 了解幼儿园教育及幼儿在园表现
    - 明晰幼儿园与家庭合作的权责边界
  - 幼儿园与家庭合作的方式选择
    - 个别方式
    - 集体方式

【学习目标】

素质目标：

☐ 重视幼儿园与家庭的合作，具有幼儿园与家庭合作意识。

认知目标：

☐ 理解幼儿园与家庭合作的价值意义；了解幼儿园与家庭合作的内容和方式。

能力目标：

☐ 能运用幼儿园与家庭合作的方式，促进幼儿园与家庭合作，共同促进幼儿发展。

情境导入

我从哪里来？[①]

为了充分发挥家长在幼儿园的教育作用，莲都区幼儿园聘请了大量的家长担任“家长助教”。有一次，幼儿园开展“我从哪里来？”主题活动，目的是让小朋友知道胎儿在妈妈肚子里的生长过程及如何出生等知识。班里小朋友聪聪的妈妈是市中心医院的助产士，也是班级积极的“家长助教”。因而李老师请聪聪的妈妈一起设计活动，并请她一起开展这个活动。在活动过程中“医生老师”身穿白大褂，通过一系列形象的图片，结合自己的实践经验，给小朋友讲述了胎儿的形成、生长，以及小宝宝从妈妈的肚子里生出来的过程。小朋友们听得津津有味，并不时地提出各种问题，当得到“医生老师”的回答后，小朋友们的好奇心得到了极大的满足。后来，“医生老师”还让孩子们戴着听诊器，相互听听心跳，满足了孩子们“当医生”的愿望，在轻松快乐的活动中学到了很多知识。

幼儿园与家庭合作的目的与价值是什么？在哪些领域可以合作？具体的合作方式有哪些？

学习任务

任务 10-1　幼儿园与家庭合作的价值探析

问题引领　星期一，A 老师埋怨说：“萱萱在家过了一个双休日，今天在幼儿园就不认真吃饭，还乱扔东西，活动时喜欢说话，真不知道家长是怎么教育的！”站在一旁的 B 老师颇有同感地说：“是啊，如果家长都能按我们的要求去教育孩子，我们的工作就好做多了！”A 老师接着说：“这些家长不按我们的要

① 傅建明，虞伟庚．学前教育原理［M］．上海：复旦大学出版社，2013：175.

求去做倒也罢了，还经常给我们提这样那样的意见，好像我们当老师的还不如他们懂得多，真拿这些家长没办法……”

分析和评论A、B老师的教育观点，并具体谈谈幼儿园与家庭合作对幼儿发展的重要意义。

一、幼儿园教育与家庭教育的不同

家庭作为社会最基本、最普遍的组织形式，是社会的细胞。家庭是一个人一生中最早接触而又生活时间最长的社会场所，是儿童社会化教育的起点。家庭教育一般指父母或其他年长者在家庭中有目的、有意识地对子女进行的教育，其以血缘关系为基础的亲情性是任何其他教育所不能替代的。幼儿园与家庭同是幼儿阶段最重要的生活成长环境，共同承担着促进幼儿全面和谐发展的任务。尽管两者在教育目标上是一致的，但这两种教育形式各有所长，也各有所短，需要相互配合。①

（一）在时间上，幼儿园教育具有阶段性，家庭教育具有长期性

个体身心发展具有阶段性特点，需要注意内容和方法的针对性，不能拔苗助长。学前教育是学校教育系统的起始阶段，一般是指由幼儿园等学前教育机构对3周岁到入小学前的学前儿童实施的保育和教育。幼儿园大班、中班、小班幼儿的生理和心理有阶段差异，教师对不同年龄阶段的幼儿实施相应的保育和教育，为幼儿终身可持续发展奠基固本。家庭作为幼儿的第一所学校，是一个人最早接受教育的场所，家庭教育对人的影响更是持续终生的。父母作为幼儿的第一任老师，幼儿出生后便与其朝夕相处，对幼儿的影响是长期的，加之与子女的血缘关系，家庭教育具有得天独厚的优势。

（二）在内容上，幼儿园教育具有系统性，家庭教育具有随意性

幼儿园的教学内容是根据一定的培养目标和幼儿不同年龄段的身心发展水平确定的，有相对稳定的、系统的课程资源作为支撑。幼儿园的教育内容是系统的、全面的、启蒙性的，可以相对划分为健康、语言、社会、科学、艺术这五大领域，各领域的内容相互渗透，从不同角度促进幼儿情感、态度、知识、技能等方面的发展。家庭教育一般相机而教，没有固定的内容，常常是日常生活中遇到什么事，就教什么内容，较为灵活机动，具有一定的随意性。家庭教育可以丰富幼儿生活经验，为

---

① 姚伟. 学前教育学 [M]. 长春：东北师范大学出版社，2012：207-208.

幼儿在园学习提供经验基础，也有利于幼儿利用习得的知识技能解决生活中的问题。

（三）在方式上，幼儿园教育具有专业性，家庭教育具有非专业性

幼儿园教育是经过专业训练的教师进行的有目的、有计划、有组织的系列活动，包括游戏活动、生活活动、教学活动等。家庭教育一般是面对面的个别教育和个别指导，尤其是独生子女的家庭教育更是如此。家庭教育通常是在日常的家庭生活中，通过家长的言传身教和家庭生活的实践随时随地进行，具有很强的情景性和随机性。家长一般未经过系统训练，其专业性较之经过专门系统培养的幼儿园教师而言，还存在一定不足。幼儿园可以为家庭提供幼儿发展的基本指标，使家庭教育明确努力方向。

值得一提的是，幼儿园教育学习内容全面，同伴和集体是重要的教育资源，专业化的教师和资源使幼儿教育更加规范化。但因为班级幼儿人数较多，强调统一要求，容易忽略幼儿个性特点。家庭教育则是个别化、生活化的教育，教育及时、随机、有针对性，但对家长和教育资源的组织与利用要求高，成效不确定。苏霍姆林斯基认为，没有家庭教育的学校教育和没有学校教育的家庭教育，都不可能完成培养人这一极其细微而复杂的任务。作为幼儿时期两个重要的生活场所，幼儿园与家庭为幼儿发展提供不同的教育资源，提供从内容到形式都存在不同的教育影响，二者优势互补、相得益彰，只有幼儿园与家庭合作共育才能形成强大的教育合力。

二、幼儿园与家庭合作的内涵意蕴

幼儿园与家庭都只是幼儿生活的一部分，因此幼儿园和家庭都很难单方面完全胜任幼儿教育这项职责。著名教育家陈鹤琴先生早在 20 世纪 20 年代就指出：“幼稚教育是一件很复杂的事情，不是家庭一方面可以单独胜任的，也不是幼稚园一方面可以胜任的，必定要两方面共同合作才能得到充分的功效。”①

对于幼儿园与家庭双方的合作，业界并未有一个非常确定的内涵和外延。在幼儿园日常工作中，比较常用的提法有“家园合作”“家园共育”“家园协同”“家园配合”“家园联系”“家园一体化”等，这些提法集中反映出双方合作的主旨和共同特征：加强幼儿园与家庭之间的联系与合作，为幼儿构建一体化的成长环境，是一项内涵丰富、过程复杂的系统工作。

（一）幼儿园与家庭合作是幼儿园主导开展的工作

《规程》第五十二条明确指出：“幼儿园应当主动与幼儿家庭沟通合作，为家长

① 陈鹤琴 . 家庭教育——怎样教小孩［M］. 北京：教育科学出版社，1994：280.

提供科学育儿宣传指导，帮助家长创设良好的家庭教育环境，共同担负教育幼儿的任务。”幼儿园是专业的教育机构，幼儿教师是专业人员，他们对教育规律和幼儿发展规律的把握往往比幼儿家长更科学、更精准，更有利于组织开展保教工作。幼儿园与家庭合作是幼儿园保教工作的重要内容，属于幼儿园工作的重要范畴，幼儿园要增加工作的主导性、主动性和专业性。

（二）幼儿园与家庭合作是系列双向互动活动

幼儿园与家庭合作不是幼儿园单方面推动家长，或者家长将全部希望寄托在幼儿园，合作双方要有积极主动的态度和双边的互动，补位不越位，补台不拆台。一方面，幼儿园应将家长视为合作者，主动告知家长幼儿在园情况，充分保障家长的知情权和参与权，合理使用家长所提供的教育资源，对于家长的教育方式进行指导并提供合理的建议。另一方面，家长需要主动与幼儿园沟通幼儿在家的情况，同时对幼儿园的保教活动做出积极回应。

（三）幼儿园与家庭合作以促进幼儿的全面发展为最终目标

幼儿园与家庭合作中的双方都把自己当作促进幼儿发展的主体，双方积极主动地相互了解、相互配合、相互支持，共同发挥整体性的教育功能，使双方的教育成效最大化。幼儿是幼儿园与家庭教育、管理、服务的共同对象，“促进幼儿的全面发展”是幼儿园教育和家庭教育所有工作的终极目标，也是幼儿园与家庭合作的终极目标。

三、幼儿园与家庭合作的意义

《纲要》明确指出：“家庭是幼儿园重要的合作伙伴。应本着尊重、平等、合作的原则，争取家长的理解、支持和主动参与，并积极支持、帮助家长提高教育能力。”《规程》中也指出：“幼儿园应当建立幼儿园与家长联系的制度。幼儿园可采取多种形式，指导家长正确了解幼儿园保育和教育的内容、方法，定期召开家长会议，并接待家长的来访和咨询。”幼儿园与家庭的合作，对于执行国家法规政策、开展优质保教工作、提高家长教育素养和促进幼儿健康发展具有多重价值意义。

（一）有利于执行国家法规政策

幼儿园与家庭开展合作，共同对学前幼儿进行教育是学前教育政策法规的刚性要求。《纲要》指出：“幼儿园应与家庭、社区密切合作，与小学相互衔接，综合利用各种教育资源，共同为幼儿的发展创造良好的条件。”父母或者其他监护人应当尊重学前幼儿身心发展规律和特点，创设良好家庭环境，科学开展家庭教育，依法履行抚养与教育幼儿的责任。很多的学前教育机构都把自己园内的一些规章制度、每周食谱等通过一定的方式让家长知晓，接受学前儿童家长的监督。这样有利于家长加深对学前教育机构的认识，有些家长会把自己的意见反馈给幼儿园，有助于幼儿园在教学管理等方面的改进。

（二）有利于开展优质保教工作

幼儿园教育工作的对象是一个个生活在不同家庭环境中的幼儿，他们时刻受到来自家庭环境的熏陶，他们的思想观念和行为表现都深深地刻上了各自家庭的印迹，这些已经形成的观念和行为方式影响着他们在幼儿园的言行举止及生活学习。从事不同职业的家长，可以成为幼儿园开展各种主题活动的重要教育资源。幼儿园只有积极主动地加强与幼儿家长的沟通交流，才能有效促进幼儿园与家庭的合作，才能充分利用幼儿家长的力量，才能更好地开展幼儿园教育教学活动，更好地提高幼儿园保教工作的质量。

（三）有利于提高家长教育素养

幼儿园与家庭合作有利于提高家长教育素养。在幼儿园与家庭合作中，幼儿园可以通过向家长讲解幼儿教育的目标，帮助家长树立正确的培养目标；通过向家长介绍家庭教育的作用、特点、内容、方法等家庭教育知识，以及幼儿身心发展的知识，组织开展一些教育训练活动等，增强家长教育幼儿的责任感，改善家长的教育观念，提高家长的教育能力，帮助家长采用更理智的态度和更合适的方式教育幼儿，从而促进家长教育素养的提升。

（四）有利于促进幼儿健康发展

幼儿身心发展水平是幼儿与周围环境相互作用的结果。其中，幼儿园与家庭是幼儿的两个最重要的生活场所，是影响幼儿成长的最直接、最微观的环境因素。虽然它们在幼儿的成长过程中发挥着各自特定的作用，但是如果不对这两个方面的教育力量进行整合，就有可能出现各自为政的局面，甚至可能产生教育效果上的相互干扰、相互抵消，如“5+2=0”现象，“5”是指幼儿在园生活 5 天，“2”指幼儿周末休息在家 2 天，当幼儿园和家庭的教育方向不一致时，合力就为“0”。从而阻碍幼儿的健康成长。因此，为了幼儿更好地成长和发展，幼儿园与家庭必须协调一致，加强沟通，通力合作，形成家园合力，促进幼儿全面健康发展。

案例分析

章章的烦恼

“老师，我家孩子不愿意去幼儿园，麻烦您来我家一趟好吗？”电话那头的章章爸爸非常着急。原来，章章妈妈得了重病，章章爸爸要陪着章章妈妈去外地看病，家里就剩下章章和外婆两个人。今天早上，他要玩十分钟游戏，遭到外婆拒绝后，开始反抗：“你不给我玩游戏，我就不去幼儿园了。”外婆急得落泪，打电话求助远在南京的章章爸爸。章章爸爸鞭长莫及，只能麻烦我了。我能体会当时章章爸爸的焦虑，于是提出和章章通电话。想到章章肯定还在反抗情绪中，我选择了“怀柔政策”，表达了对他心情的理解，并希望他先来幼儿园把“委屈”告诉我。章章犹豫了许久最终答应，可一天过去了，他还是没来上课。傍晚，我带着他的几个小伙伴来到他家，我让孩子们旁敲侧击地了解章章的内心想法，趁这个时间我和章章外婆进行了交流。章章外婆对孩子玩网络游戏这件事情不知道如何拒绝：“老师，你不知道，我不让他玩，他就发脾气，还摔东西。”我根本没有想到章章对网络游戏的痴迷程度竟然到了如此地步。在和章章交流后，他向我保证明天会按时上学，并会为自己的鲁莽行为向外婆道歉。可一波未平一波又起，章章爸爸打电话来说章章妈妈的病情又加剧了，一时半会儿赶不回来……可是，到了第二天，章章还是没有入园。

后来，我通过家访、电话交流，找章章谈心了解到：家里人对章章的要求和期望都比较高，他妈妈为了培养他各方面的能力，给他报了游泳、击剑、奥数、写作、编程等各种兴趣班，使他根本没有喘息的时间。可尽管这样，他的表现还是没有达到妈妈的预期。于是，章章妈妈越来越焦虑，无形中把更多的压力压在了他的身上。章章妈妈经常对他说的一句话就是“儿子，妈妈是爱你才会对你高要求”。殊不知，这些话语就像一块大石头压得他喘不过气来。得知章章的心理状态后，我建议章章爸爸今后抽出更多的时间回归家庭，让章章妈妈好好休息，同时，减少章章的课外培训时间，让章章多多参加户外活动。在游戏方面，章章爸爸尝试陪着儿子一起玩，了解他的游戏世界，每天控制好游戏时间。为了让章章在班级里获得更多认同感，我让章章发挥他的运动和组织才能，和小朋友们一起在户外大型区角玩竞技游戏……

最近，章章爸爸告诉我，章章现在每天固定玩 20 分钟的游戏，而且能遵守和他的大部分约定。看来，章章正在往好的方向发展。

分析：在本案例中，章章妈妈一厢情愿地把自己所谓的爱强加到幼儿身上，导致幼儿压力过大、自我认同感低，因为在日常生活中找不到存在感，所以选择去虚拟世界找，这也是许多幼儿沉迷网络的原因。教师作为幼儿园与家庭合作活动的发起者、组织者和参与者，基于章章的身心发展特点和规律，及时介入紧张的亲子关系，通过家访、电话交流等方式了解问题症结，充分尊重家长的权利和义务，以平等人格主体的身份开展家庭教育指导，初步实现了幼儿园与家庭合作的预定目标，取得了良好的效果。

任务 10-2　幼儿园与家庭合作的内容分析

问题引领　某幼儿园园长在学术讲座中指出，幼儿园与家庭合作必须遵循多样性原则，以不拘一格的方式呈现，如亲职教育、保教合作、管理合作、研究合作、资源支持等。什么是亲职教育？幼儿园与家庭合作包括哪些内容？

《家庭教育促进法》中明确规定："未成年人的父母或者其他监护人负责实施家庭教育。国家和社会为家庭教育提供指导、支持和服务。"在落实立德树人根本任务，推进学前教育事业高质量发展进程中，幼儿园、家庭、政府、社会多方协同、多元共育是保教工作的必然选择。幼儿园应该有目的、有意识地与家庭建立良好的合作关系，家长也应该积极配合幼儿园的工作，双方在参与幼儿园管理、开展亲职教育活动等立体多元合作中共同打造幼儿保教工作的最佳环境。

一、保障家长参与幼儿园管理

（1）明确家长权利，激发家长参与幼儿园管理的热情。在明确家长参与教育管理积极意义的同时，更重要的是真正赋予家长参与幼儿园管理的权利，如教育知情权、决策权和参与权、监督权和评价权等。教育知情权指幼儿园有义务发布有关信息，及时向家长通报其子女在园的行为表现和发展状况，使家长及时、准确地了解幼儿园情况和子女受教育情况。教育决策权和参与权指幼儿园可以听取家长对于幼儿园重大决策的意见与建议，聘任或吸纳富有专长和资质的幼儿家长开发课程资源等。教育监督权和评价权指家长可以通过参与活动等形式对幼儿园的教育教学进行监督，还可以通过问卷、写信反映自己看到的问题，同时对幼儿园工作、教师等进行评价。

（2）建立参与机制，切实保障家长各项权利。家长委员会是家长参与幼儿园管理的一个重要途径，也是幼儿园与家庭合作的形式之一。每年开学，可以采用"家长自荐、教师推荐、园方平衡"的民主形式，产生新一届幼儿园家长委员会、班级家长委员会。有条件的幼儿园可以成立家长工作小组，进一步明确小组管理范围和权利，形成家长工作小组、班级家长委员会、幼儿园家长委员会三级管理网络，使家长委员会的工作逐步走向规范化、制度化，推动家长参与幼儿园管理工作健康有效地发展。

（3）搭建立体平台，拓展家长参与管理的途径。除家长开放日、家长会、家长进课堂等活动外，积极创新活动载体，如家庭才艺展示（充分挖掘每位家长的才能，以家庭为单位报名参加各类才艺展示，如书法、绘画、制作、舞蹈、朗诵等，保证不同特长、不同学历的家长都能参与到幼儿园活动中）、网络心灵相约（通过网站、微信公众号、抖音、快手等平台，家长可以了解最新的教育动态，随时了解孩子在园的情况，也可把自己的想法通过网络及时与幼儿园或教师进行交流）等。

案例分析

幼儿园乱收费被举报

2015 年 9 月，陕西渭南市教育部门收到 20 余名家长关于某幼儿园乱收费的联名举报。接到举报后，相关部门迅速介入调查，核实确认该园要求家长在开学初除交保教费、伙食费等费用外，还要交 370 元书费。这是不符合幼儿园相关管理规定的。《陕西省幼儿园收费管理实施细则》第十二条明确规定，幼儿园除收取保教费、住宿费及省政府批准的服务性收费、代收费外，不得收取书本费等其他费用。依据这一规定，相关部门责令幼儿园对自己的行为进行了整改，幼儿园最终退还了 370 元书费。

（资料来源：凤凰资讯网，2015 年 9 月 8 日，有删改。）

分析：保障家长对幼儿园进行民主监督的权利，有利于促使幼儿园规范管理，提高管理质量，从而为幼儿创造一个更好的教育环境。在本案例中，家长联名投诉幼儿园乱收费，相关部门责令幼儿园进行整改并退还书费，切实保障了家长的教育监督权。

二、开展以家长为核心的亲职教育活动

有研究表明，我国城乡家长在幼儿的教育上还存在着不少错误观念，如偏重智力、技能的培养，轻视社会性的发展，忽视幼儿的自我意识、同伴交往、亲社会行为等。家庭教育方法简单粗暴，或过分溺爱、娇惯，或棍棒教育。要使家长掌握关于养育子女的科学教育理念，迫切需要开展以家长为核心的亲职教育活动。幼儿园的亲职教育指为提高家长素质和家教质量，对家长的家庭教育提供帮助和指导，是一种以家长为主要对象、以促进幼儿身心健康发展为最终目的的成人教育。在亲职教育中，家长既是受教育者又是教育者。一方面，他们需要学习科学的家庭教育方

法；另一方面，他们将所学知识运用到自己的家庭教育实践中。亲职教育主要是宣传家庭教育的重要性，提高家长的教育责任感；宣传正确的家庭教育观念，如儿童观、教育观、人才观和爱子观等；宣传科学的育儿方法和原则；帮助家长营造良好的家庭教育环境等[①]。

三、了解幼儿的家庭教育及在家表现

了解幼儿的家庭教育及在家表现是幼儿园有效实施家园共育的前提与基础。家庭是幼儿成长过程中最先接触到的环境，尽管家长和幼儿教师都是幼儿成长过程中教育的主要实施者，但是原生家庭对幼儿的发展，特别是幼儿人格方面的发展，拥有不可替代的作用。在一般情况下，0~3 岁的幼儿主要是在家里接受父母的教育。在这三年中，受家庭养育方式的影响，幼儿已经形成一些基本的行为习惯、生活习惯及对待周围的人和事的基本的态度与方式。在生活中，幼儿容易受到父母及其他家庭成员的溺爱，逐渐养成任性、专横的行为特征，独立性差，不会与他人分享；在有暴力倾向的家庭中成长的幼儿，可能有言行简单粗暴、具有一定的攻击性及自我约束性差等特点。总之，受不同家庭环境的影响，幼儿的行为表现也不同。幼儿园应本着尊重、平等、合作的原则，向家长了解幼儿的家庭教育与在家表现，分析其根本原因，以便有针对性地提出优化措施，更好地争取家长理解、支持和协助。

四、了解幼儿园教育及幼儿在园表现

对家长知情权的尊重是幼儿园与家庭合作的重要取向，在某种程度上影响着幼儿园与家庭合作的效果。幼儿教师在向家长了解家庭情况及幼儿的一些成长信息的同时，应该注意就家长关心的办园特色、保教活动、教师情况、收费标准、幼儿在园的日常生活和学习的情况等与家长进行沟通。这就需要幼儿园采取多种形式向家长宣传和介绍幼儿园的教育理念，激发家长参与教育的积极性，从而使得家长通过幼儿园更加全面地了解自己的孩子，对孩子实施更加有针对性的家庭教育。幼儿园要主动向家长公开幼儿在园的一切活动，从家长关心的孩子的饮食起居到教学计划的制订、教学内容的实施与结果，争取家长最大限度的支持。这样不仅仅可以使家长感受到幼儿园工作的严谨与对幼儿实施早期教育的重要性，更能增强家长对幼儿园工作的信任及支持。

---

① 朱凯利 . 学前教育学［M］. 西安：西北大学出版社，2017：137.

五、明晰幼儿园与家庭合作的权责边界

幼儿教育需要幼儿园与家庭双方的密切合作，明晰权责边界是维系二者合作关系的前提。幼儿园与家庭之间的权责边界若界定不清，则容易出现彼此间权力越位、责任缺位、主体失位等情况。同时，双方交叠责任等细节问题处置不当，更是致使教育合作效果消减的重要因素。幼儿园与家庭合作权责界定要坚持“让位不缺位、补位不越位”“明确底线边线、厘清黄线红线”两个定位原则。在底层逻辑上由合作的单主体转向双主体，在基本逻辑上须以边界线澄清式手段明晰双方权责界限，从而实现二者合作定位的转型升级。幼儿园应与家长拟定双方的权力清单、责任清单和负面行为清单，通过协商的手段将双方的权力、职责及失范行为以清单的形式公示明晰，避免因缺少制度性的规约而失去规范。要处理好幼儿园与家庭合作各个情境与环节中的权责关系，如亲子运动会等大型园所活动、入园与离园时家长和幼儿教师的具体安全责任细则等。幼儿园与家庭合作应注意沟通时间弹性化、沟通方式人性化、处理方式多元化的原则，避免对家长造成过度的焦虑与困扰，可综合采用座谈会、家长沙龙、茶话会、经验分享会等形式，减少“家长被约谈”式的沟通；可灵活选择晚上、周末等时间召开线上会议，采取绘本剧、情景剧等有趣直观的形式进行教育理念传播等[①]。总之，通过幼儿园与家庭合作，双方应在明确权责边界的基础上，努力由浅层次配合向深层次融合转型，从而更好地赋能幼儿园与家庭合作共同体的和谐持续发展。

任务 10-3　幼儿园与家庭合作的方式选择

问题引领　如果“万事可直播”，那么幼儿园与家庭合作的方式怎么能少了网络直播呢！在幼儿园与家庭合作中直播应用场景有哪些？如何根据直播的私密性质选择恰当的直播平台？

教育部等十三部门发布的《关于健全学校家庭社会协同育人机制的意见》中要求：积极创新日常沟通途径，通过家庭联系册、电话、微信、网络等方式，保持学校与家庭的常态化密切联系，帮助家长及时了解学生在校日常表现。随着社会的发

① 暴思霁，秦旭芳．微观权力视角下家园权责边界的失衡与重构［J］．教育观察，2021，10（8）：101-103，125.

展和科技的进步，幼儿园与家庭交流合作、互动沟通的方式日趋多样化。根据不同的标准，幼儿园与家庭合作的方式可以划分为不同的类型。根据幼儿园与家庭合作的媒介载体的差异，幼儿园与家庭合作的方式可以分为活动法、文字法、口语法等。其中，活动法包括举行家长开放日、家长沙龙等，文字法指运用家园联系手册、宣传资料、家长报等与家长进行沟通，口语法包括家访、家长会和教育咨询等。根据幼儿家长参与人数的多少，幼儿园与家庭合作的方式可以分为个别方式和集体方式。

一、个别方式

幼儿教育要实现“幼有所育”到“幼有善育、幼有优育”的华丽嬗变，就必须在注重幼儿共性发展的基础上，强调幼儿的个性化发展。因此，幼儿园在与家庭联系的过程中，不仅要与家长进行集体交流，还要和家长进行个体沟通，教育指导工作必须从“大水漫灌”向“精准化、个性化滴灌”转变。幼儿园与家庭合作的个别方式主要有家访、家园联系手册、家长接送孩子时的交流、约谈及电话交流等，每种方式都有其特殊的存在价值，彼此相互补充、相互配合，发挥其不可替代的作用。

（一）家访

家访即家庭访问，是一种个别家庭教育指导方式，通常指幼儿教师到幼儿家庭进行访问。家访的主要目的是深入了解幼儿的家庭情况、学习环境及生活习惯，以此来更好地指导和服务他们的成长与发展。家访有助于幼儿教师与幼儿家长建立良好的沟通关系，共同探讨教育幼儿的有效方法。随着通信工具的便利及网络交流的迅速兴起，传统的上门家访越来越少，而依靠通信工具和网络交流的线上家访正成为幼儿教师和家长们交流的重要方式。有媒体调查发现，一些幼儿园带班幼儿教师事务繁杂，没有精力进行一对一、面对面交流，遂以“群发布”“群会议”等所谓的线上家访来应付差事，这是需要改变的。很多家长表示，尽管现在线上家访让家长与幼儿园及幼儿教师之间的联系更便捷了，但是感觉这种“见字不见人”的家访方式让教师和家长之间少了点什么。线上家访虽然便利、高效，但并不意味实地家访就没有价值。线上家访是实地家访的有力补充，但不能完全替代；线上家访虽然可以减轻教师的工作，但毕竟是“隔空交流”，只有面对面交流，才能更真实、全面地了解幼儿的成长情况、家庭状况及精神世界，才能达到家园共育的效果。所以，可将实地家访与线上家访结合开展。此外，幼儿园应创新教育管理与评价手段，探索构建家园沟通交流机制，为家访制度赋责赋能，使其更好地彰显幼儿园与家庭合作的价值。

知识链接

家访礼仪三字经

① 拜访：做客前，约在先；说人数，定时间；如约至，勿早晚；入座后，坐相端；主人物，不乱翻；主人礼，要婉拒；先致谢，再告辞。

② 着装：穿衣服，要得体；纽必扣，链要拉；常换衣，勤清洗；干净装，为师表。

③ 敲门：敲门时，身微倾；用食指，轻声击；一二三，有节奏；立门侧，静等候。

（二）家园联系手册

家园联系手册是幼儿教师与家长围绕幼儿的发展及教育进行书面联系和交流的有效方式。有些家长工作繁忙，难以抽出时间与幼儿教师经常交谈，家园联系手册就成为幼儿园与家庭交流沟通的重要方式。家长可从联系手册中知悉幼儿的进步、出现的问题及幼儿园对家庭在配合教育方面的具体要求；幼儿教师则可从联系手册中获得家长对幼儿园教育效果的反馈信息，了解幼儿在家中的表现，获悉家长的意见和要求。

家园联系手册的主要内容一般包括幼儿的个人基本信息（姓名、所在班级、家庭基本情况等）、幼儿教师的个人信息、幼儿在园表现、幼儿在家表现、教育箴言等。家园联系手册为每个幼儿一册，根据幼儿园的不同要求，每周或每月定期反馈一次。一般是每周五下午由幼儿带回家，下周一上午由幼儿带回幼儿园。

家园联系手册是幼儿园与家庭之间的桥梁，记录着幼儿的成长，承载着幼儿教师的关爱与期盼，很多家长会认真阅读并及时反馈信息。但有时也会出现下列情况：一是幼儿教师对幼儿记录的针对性不强，导致幼儿家长对此没有交流的意愿；二是家长想写，却把握不好该写什么内容、如何去写。针对上述问题，幼儿园在学期伊始，特别是新生入园时就要把家园联系手册的作用、目的、记录方式等交代清楚，也可以从往届幼儿的家园联系手册中选取记录翔实、易于家园沟通的部分进行举例说明，让家长明确家园联系手册的重要性及书写要求。同时，为了避免家长无话可写，幼儿教师应尽量细致地描写幼儿在园的生活、学习情况，体现鲜明的个体针对性，引发家长的共鸣，激发家长交流的动机。

案例分析

一份家长珍藏的家园联系手册①

我的孩子都已经上中学了，但我仍然保存着孩子在上幼儿园小班时的一份家园联系手册。手册里有老师记录的孩子一次上课的情况。我觉得那是一个美妙的故事。那天，老师教孩子们唱歌。孩子们学会歌曲之后，老师就让四个小组的孩子轮流表演唱。我家孩子特别喜欢唱这首歌。她在第一小组唱完，赶紧跑到第二小组里跟着他们一起唱，然后她又跑到第三小组、第四小组，跟着每个小组一起把这首歌唱了一遍又一遍。老师觉得这个事情很有意思，就写在了家园联系手册里，告诉我孩子喜欢唱歌。我一看老师的记录，很担心孩子会不会影响教学秩序，会不会变得无组织、无纪律……我拨通了老师的电话，和老师就这个问题做了沟通。老师充分肯定了孩子的歌唱才能，并表示课堂是孩子们的，她会尊重孩子的兴趣，也会根据孩子们的表现来调控课堂。老师还说，规则的意识和习惯的培养，不能以扼杀孩子的天性为代价。孩子在唱歌这样的活动中的“违规”，不是原则性的问题，而是爱好歌唱的天性的流露，让我不要担心。感谢老师对孩子的尊重和引导，有这样关爱孩子的老师，我真的不担心。

分析：在本案例中，我们可以感受到家园联系手册给幼儿园和家庭双方带来的好处。一份家园联系手册不仅记录了孩子的成长，促进了家园双方的沟通，还留给了孩子和家长们一份宝贵的回忆。因此，学会使用家园联系手册将会给家长工作带来便利。

思维碰撞　班里有王老师、李老师、保育员。家长要来接幼儿了，接待家长可以有三种分工形式。A分工方式：王老师、李老师都站在门口或附近，把幼儿喊到家长面前交给家长，班内幼儿自行进行教师安排好的活动，由保育员照看。B分工方式：王老师在门口把幼儿喊到家长面前，李老师在班级里面组织家长还未来接的幼儿进行活动，同时与带着幼儿进来的家长交流。C分工方式：王老师在门口把幼儿喊到家长面前，李老师在门口外面的场地与家长交流，班内幼儿由保育员照看。你赞成哪种分工方式？

（三）家长接送幼儿时的交流

家长接送幼儿时的交流是最简便、最及时、最方便的谈话形式。每天幼儿入园、离园时间都是幼儿园与家庭进行交流的有利时机，幼儿教师和家长都应该抓住时机，

① 叶璐，林丽娜．学前儿童家庭教育及家、园、社区合作共育［M］．成都：西南交通大学出版社，2020：29.

适时利用。从幼儿教师层面来看，在家长接送孩子时的交流要注意以下事项。

1. 确保幼儿的安全

离园时要提醒幼儿整理衣物，家长来接时要认真核对接送证，亲手把幼儿交到家长手中。有些幼儿到了离园时间还想在园继续逗留、玩耍、游戏，注意提醒家长带幼儿玩大型玩具时要关注幼儿，防止幼儿发生意外，要制止幼儿不正确的玩法，教育幼儿和同伴友好地玩。

2. 从细节上让家长感受到教师的公平

让每个家长都有机会与教师沟通，与每个家长沟通的时间不超过 3 分钟。幼儿教师不要只顾与一个家长沟通而忽视了其他家长，否则，其他家长会感到心理不平衡。早晨接待时，每个幼儿都应该得到幼儿教师的点名、问候、拉手、抚摸或拥抱，幼儿教师也可通过与幼儿击掌表示见面时的高兴。傍晚送幼儿时，要让所有幼儿及家长都得到教师的欢送。

3. 若有意外伤害，则要艺术化地说明

在晨检中如果发现幼儿身体的任何部位有划伤，则幼儿教师不仅要问明原因，还要让家长确认伤痕，以免放学后家长来接幼儿时产生误会。在晚检中如果发现幼儿在白天出现小的磕碰，即使已经在医务室得到了妥善处理，幼儿教师也要当面报告家长，说明幼儿出现磕碰的原因及班级教师当时所做的工作，让家长感受到教师的坦诚，以及对幼儿的关心和对家长的尊重。同时幼儿教师要表示歉意并承诺今后会努力避免类似事情的发生。如果幼儿教师隐瞒伤情，则家长会以为幼儿教师对幼儿不关心，或者幼儿教师企图推卸责任，这样家长会对幼儿教师的工作表现出强烈的不满情绪。

（四）约谈

约谈是一种目的性、计划性较强的谈话方式，约谈的发起者可以是幼儿教师，也可以是家长。双方提前确定约谈的时间、地点与内容。幼儿园与家长进行约谈时应注意以下四点。一是做好前期的准备工作。家园双方都要做好准备工作，汇集幼儿各方面发展的情况，进行分析，并提取有代表性的事例。二是营造宽松的谈话气氛。约谈双方若感觉拘束，就无法敞开心扉深入交流，因此，双方都应该尽力营造宽松的气氛，以便谈话顺利进行。三是约谈双方应以平等的身份进行交流。幼儿教师切勿以专家自居，家长也不要以责问者的身份约谈，双方平心静气、以商量的口吻进行交谈，更容易解决幼儿教育中出现的问题。四是注意谈话中的措辞。幼儿教师在评价幼儿时要全面客观，首先要肯定优点，提出缺点时要委婉、具有建设性，幼儿教师以旁观者的身份阐述幼儿身上发生的某件事情，双方对具体事例进行分析，在分析的过程中让家长认识到幼儿的缺点和不足。同时，在介绍幼儿身心发展时，幼儿教师应尽量避免使用专用术语。

案例分析

洋洋的午睡问题

洋洋是一名刚从外地转来的小班新生，洋洋妈妈特地给幼儿园教师写了一封信。信中说明因为洋洋的体质特殊，需要教师随时为洋洋擦汗，并且在幼儿园午睡时，需要把他的外罩脱掉，不用盖被子，只盖一个毛巾被就可以了，还希望午睡时能够亲自陪伴幼儿午睡，并不间断给幼儿擦汗。

收到信后不久，洋洋妈妈又与教师进行了一次约谈，对幼儿的情况进行了更加详细的描述。原来，洋洋体质弱，在家娇宠过度，被戏称为“小少爷”，活动中没有力气，平时经常感冒，咳嗽康复过程很长，而家长对幼儿过分的照顾，使这一问题一直得不到解决。

教师针对幼儿的特殊情况，一方面，每天按照家长的叮嘱给幼儿擦汗，同时注重关注幼儿的午睡、饮食等；另一方面，给洋洋布置一些在家完成的运动作业，提醒洋洋妈妈督促幼儿坚持运动打卡。经过一段时间的默契配合，洋洋午睡出汗的程度逐渐减轻，身体状况得到改善。

分析：在本案例中，家长和教师通过书信、约谈等沟通方式，全方位了解了幼儿的家庭成长环境和在家表现。针对其心理和生理的发展特征，教师既关注幼儿在园的擦汗、午睡、饮食等特殊需求，又通过运动作业打卡向家长传递科学的育儿知识与技能，幼儿园与家庭合作共同促进了科学保教工作的开展。

（五）电话交流

电话交流根据具体情况不同，大致可以分为以下三种。第一种情况是幼儿教师主动与家长进行电话交流。幼儿教师需要就幼儿在幼儿园的一些重要问题和幼儿家长进行交流，但在家长接送幼儿时因人员流动性较大，幼儿教师需要负责全班幼儿的安全，没有充足的时间与某位家长进行长时间交流，并且有些问题也不便面谈。另外，有些问题需要与幼儿爸妈交流，但是来接幼儿的可能是他们的祖辈。例如，爸爸对幼儿性格和能力的发展具有极为重要的影响，幼儿教师发现某幼儿的爸爸从来没有接送过幼儿，因此幼儿教师想与其爸爸交流意见，就选择了电话交流。第二种情况是家长、幼儿主动与幼儿教师进行电话交流。与幼儿的家长相比，幼儿教师在幼儿心目中的威信更高，幼儿教师与幼儿的交流更容易让幼儿信服，有时也有利于幼儿教师引导幼儿从另一角度认识问题、分析问题、解决问题。第三种情况是幼儿教师把全班幼儿的电话号码汇总起来。这样方便幼儿之间、幼儿家长之间相互交流，有利于形成家园之间、幼儿家庭之间的、幼儿之间良好的互动，促进幼儿社会人格的健康发展。

二、集体方式

幼儿园教育是集体教育，因此，幼儿园与家庭合作中必然包含幼儿教师与家长集体之间的交流和沟通，应采用家长会、家长开放日、家园联系栏、家长委员会、家长学校、网络交流集体方式。

（一）家长会

家长会是面向全体家长召开的会议。在家长会上可以方便、及时、快捷地传递信息，实现幼儿园与家庭之间的双向交流和协作，依据不同标准，家长会可以分为多种形式。

按照家长会的召开时间，可以分为三类。一是学期初的家长会，向家长介绍幼儿园本学期的工作计划、将要开展的主要活动及期望家长配合的事项等。二是学期中的家长会，向家长汇报开学以来幼儿园的主要活动及幼儿的成长，介绍下一阶段的工作计划。三是学期末的家长会，向家长汇报整个学期的幼儿园工作，对幼儿的整体发展提出表扬和建议，对家长的支持和帮助表示感谢。

按照家长会的召开范围，可以分为三类。一是全园家长会，由全体幼儿家长共同参加，会议的议题可以是幼儿园向幼儿家长宣传介绍本园的教育理念和服务宗旨，也可以是幼儿园和家庭双方就学期工作计划、重大教育活动方案等展开讨论。二是年级家长会，向同年龄段家长报告本年级教育工作计划，特别是讲解学年（学期）的教育目标和家园合作教育的要求，并可组织讨论，听取家长的意见和建议。三是班级家长会，由主班教师召集本班全体幼儿家长共同参加，讨论的议题可以多种多样，如本学期的活动计划、家长开放日的活动形式、亲子活动的方案、育子经验交流等。班级家长会的参与者相对较少，因此更具有针对性，形式更加灵活，效果也会更好。

思维碰撞 在小班幼儿入园的第一个家长会和大班幼儿“毕业”离园的最后一个家长会上，主班教师最有可能对家长嘱托什么？

（二）家长开放日

家长开放日指幼儿园定期或不定期邀请家长来园参观教育活动，如让家长观看教学活动、游戏活动、幼儿作品展览等，促使家长增进对幼儿园工作的了解；在与同龄幼儿的比较中，了解自己孩子的发展水平；学习幼儿教育方法；体验教师工作的辛苦；等等。幼儿园家长开放日活动与幼儿园亲子活动有一定的重合之处，即亲子活动是家长开放日中的一部分内容，但两者也存在区别，主要在于参与者的角色定位不同。在家长开放日中，在大多数情况下家长主要作为观摩者，而幼儿教师和幼儿是活动的主要参与者；在亲子活动中，幼儿教师主要作为指导者，而家长和幼儿是活动的主要参与者。在家长开放日中，可能只有一种活动形式，也可能是以一种活动形式为主、多种活动形式为辅。幼儿教师可以根据幼儿的发展水平和家长的需要灵活安排[①]。

1. 半日生活型的家长开放日

半日生活型的家长开放日主要向家长展示幼儿的生活情况。幼儿园可安排上午或下午的时间，让家长了解幼儿在园的生活状况。幼儿教师平日要注重对幼儿常规习惯的培养，如洗手、吃饭、如厕、睡眠、收拾玩具、举手发言、按顺序排队等。这样，家长来园时就能看到幼儿园的教育成果。

2. 教学展示型的家长开放日

教学展示型的家长开放日主要向家长展示教师的课堂教学能力。相对于大多数家长，幼儿教师受过更多与幼儿相关的教育教学的训练。幼儿教师在教育内容的选择上、教学方法的应用上，可能比部分家长更具科学性，尤其是在音乐、美术、舞蹈、手工等方面的技能技巧及教学方法都优于普通家长。家长可以通过家长开放日这一途径，对教学方法进行观摩学习。

3. 教研观摩型的家长开放日

教研观摩型的家长开放日会首先邀请家长进行教学观摩，之后旁听幼儿教师围绕教学活动展开研讨，最后让家长发表意见。这种类型的家长开放日的用意在于让家长感受到学前教育并不只是简单的生活照顾和知识技能教育，更不是帮忙看孩子的教育，而是以幼儿心理学、教育学为指导的科学的、专业的教育，同时，会使教师形成紧张感，更努力地提升自我专业素质。但这种类型的家长开放日举行得较少，原因如下：一是有些幼儿园没有意识到此类活动的价值，二是相对来说这一类活动比较枯燥，感兴趣的家长不多。

4. 能力展示型的家长开放日

在家长开放日，向家长展示幼儿在幼儿园中新学到的知识和本领，是很多幼儿教师经常设计的内容。幼儿教师常以节目演出的形式来展现幼儿的歌唱、舞

---

① 叶璐，林丽娜．学前儿童家庭教育及家、园、社区合作共育［M］．成都：西南交通大学出版社，2020：64.

蹈、朗诵等能力。但要注意的是，在节目设计中，要让人人都有机会展示；在节目排练时，要注意劳逸结合，激发孩子们的兴趣。对于绘画、手工等能力的展示，幼儿教师常常以作品交流展示会的方式呈现，并与其他形式的活动搭配在一起进行。

5. 游戏参与型的家长开放日

在家长开放日，为了提高家长的参与度，幼儿教师可以设计让家长直接参与的亲子游戏和亲子制作活动。在户外活动时间，幼儿教师可以设计幼儿和家长共同参与的亲子游戏；在区域活动时间，幼儿教师可以安排家长进入活动区，与幼儿一同进行搭建、手工制作、阅读等区域活动。一般来说，游戏活动会与其他类型的活动搭配在一起进行。

6. 节日庆祝型的家长开放日

节日是举办家长开放日的好时机，在节日这个大背景下，幼儿教师容易设计出既有趣又有意义的活动。以迎接新年为例，幼儿教师可以设计一个“迎新年歌唱比赛”，让家长欣赏到幼儿优美的歌声；还可以设计一个“福”字手工制作活动，让家长也参与其中。如此一来，幼儿的能力得到了表现，家长也被孩子们营造的其乐融融的氛围所感染。这一活动既满足了家长期盼看到孩子表现的心理，又使幼儿教师得到了家长的肯定。

思维碰撞 你觉得家长开放日有何意义？

（三）家园联系栏

家园联系栏是幼儿教师以文字、图片等形式向家长展示幼儿园教育教学工作情况、进行教育信息交流的重要桥梁。家园联系栏既有面向全园家长的，也有面向各班级家长的，其内容主要包括公布幼儿园的作息时间表、食谱及幼儿园工作人员构成，展示集体活动的内容和图片，传播科学的幼儿教育理念和育儿知识等。

部分家园联系栏的观看率并不高，原因主要有：家长接送幼儿时的时间比较紧张，来去匆匆，无暇观看；家长对内容不感兴趣，不愿观看。针对不同情况，幼儿教师应采取不同的对策。对于无暇观看的家长，幼儿教师可以采用借阅制度，多制作几份放在班级的借阅处，家长可以借回去翻阅，定期返还；对于不愿观看的家长，幼儿教师可以通过多种途径了解家长不愿观看的原因，根据不同的情况进一步改进内容，如增加“我今天的本领”“夸夸我的好宝宝”“育儿心得”等更多有关幼儿的话题，提高家长观看的兴趣和参与的意愿。

（四）家长委员会

《规程》第五十四条指出："幼儿园应当成立家长委员会。家长委员会的主要任务是：对幼儿园重要决策和事关幼儿切身利益的事项提出意见和建议；发挥家长的专业和资源优势，支持幼儿园保育教育工作；帮助家长了解幼儿园工作计划和要求，协助幼儿园开展家庭教育指导和交流。"幼儿园应充分发挥家长委员会的桥梁和纽带作用，促进幼儿园与家庭的联系和合作，提高幼儿园的教育质量，提升家庭教育的效果，促进幼儿身心的全面发展。

目前，国家、省、市层面关于幼儿园家长委员会建设的具体指南较少，导致很多幼儿园家长委员会形同虚设，结合幼儿园自身情况拟定一份详尽的章程就显得尤为重要。幼儿园应该用章程来定义家长委员会的内涵，明确家长委员会成立的初衷及工作宗旨，规范家长委员会的组织构建，厘清家长委员会的权利和义务。幼儿园相关教育工作者都应该熟知章程，幼儿园家长委员会委员用章程来规范自己的工作内容、活动形式等，普通家长则可以根据章程来对家长委员会的工作进行监督评价，幼儿教师及园内管理层视实际情况来决定是否对章程做出调整和修改，以及如何调整和修改。

知识链接

家长委员会章程内容框架

1. 名称（统一名称为"园名＋家长委员会"）。

2. 宗旨。

3. 家长委员会的权利与义务、职责与任务、选举与任期（明确家长委员会的产生办法；园级家长委员会委员任期一般不超过三年，每学年可以适当改选，可连选连任；幼儿因毕业、转学等原因离园的，其家长的家长委员会委员身份自动丧失）。

4. 家长委员会的组织架构（家长委员会可根据实际需要，在园长的指导下成立若干工作组；幼儿园可根据实际建立年级或班级家长委员会，参照园级家长委员会组建、运作及履行相关职责）。

5. 会长（或称主任委员）、副会长（或称副主任委员）及委员的任职条件与工作职责（例如，家长委员会委员应具有正确的教育观念，掌握科学的教育方法，热心学校教育工作，热心社会公益活动，富有奉献精神，有一定的组织管理和协调能力，善于听取意见、办事公道、责任心强，能赢得广大家长的信赖）。

6. 会议制度（例如，每学期至少召开 1 次全体会议，会议由家长委员会会长召开并负责，会长因故不能召开或不召开时，其他委员可以三分之一以上联名召开）。

7. 其他需要规定的内容（家长委员会开展活动应当遵守法律法规和相关政策规定；家长委员会不得要求幼儿园开展违背法律法规、政策和教育教学规律的活动等）。

在组织建设层面，家长委员会应该根据工作需要自下而上形成，也就是家长委员会应从班级层面开始组建，继而到学年段，再到幼儿园，不应该是幼儿园简单地依靠行政命令从上向下推行。在具体操作过程中，学年段和班级家长委员会的组织建设既体现幼儿园家长委员会的统一要求，又有学年段和班级的各自特点，开展工作既遵循幼儿园家长委员会的相关规定，又有学年段和班级的主题特色。

（五）家长学校

家长学校是向家长宣传介绍科学的育儿知识、提升家长教育素养的重要场所。家长学校的师资来源可以多样化：幼儿园可以聘请儿童保健、儿童心理、儿童文学等方面的专家，也可以充分挖掘幼儿园的人力资源，如幼儿园的教育者和管理者、具有一定教育水平的幼儿家长，还可以邀请社区内在某一领域具有较高水平的工作者等，大家从不同角度、不同层面向家长讲解现代育儿观念和育儿方法，提高家长的育儿水平，促进幼儿的健康发展。家长学校可以开展讲座活动，也可以开展辩论分析会、展示交流会等。例如，辩论分析“幼儿园要教拼音吗”，各位家长可以各抒己见，相互交流，相互启发，共同提高。

（六）网络交流

随着互联网技术的日益普及和不断更新，网站、微信公众号、班级 QQ 群、微博、微信群等网络交流方式成为家园交流中不可或缺的形式。这里着重介绍网络直播形式。主要应用场景如下。

（1）课程展示。不论是课程成果展示，还是新课程的说明会，都可以通过直播的形式进行。直播是由幼儿们熟悉的教师操作设备，所以不会出现新面孔从而影响幼儿们的注意力。

（2）招生宣传、环境展示等。在有准备入园的家长群中，可以开展环境展示的直播。家长可以在任何地点、没有负担地“参观”园所，并且可以在直播中加入抽奖环节，让家长全程参与幼儿园的环境展示直播。

（3）线上家长会。在突发公共事件讲解、突发天气后园所安排、园所大型活动的动员及安排方面，开办线上家长会会有意想不到的效果。在开办线下家长会的同时，开一个直播机位，对家长会做一个补充，可以更大程度地覆盖幼儿的家长。

（4）文艺汇演等主题活动。以班级为单位的小型文艺汇演可以采用直播形式。

优点在于可以在工作日进行，不用等到放学后或者周末。直播可以作为一个补充，让无法到达现场的家长可以第一时间看到幼儿的状态，对家长来说，可以说是“双重服务，双倍满足”！

思维碰撞 幼儿园与家庭合作还有哪些途径与形式？你了解“母亲会所”吗？①

岗位应用

一、案例分析

小朱老师的家访

开学后不久，小朱老师到曲曲家进行家访，在与曲曲妈妈谈话时说：“曲曲入园焦虑很严重。班里其他孩子早就适应了，只有曲曲还是爱哭闹，不爱说话，不爱跟别的小朋友玩。好不容易不哭了，就只是自顾自地玩，老师跟他说什么，他都没反应，我看是有‘孤独症’倾向呀！”小朱老师这些话让曲曲妈妈很难过，尤其是“入园焦虑”“孤独症”这些词，让她心情沉重。后来，曲曲妈妈还带曲曲去做了心理检查，幸亏医生证明曲曲不是孤独症，只是有点不适应幼儿园生活。

请评析该幼儿教师的做法，如果你是小朱老师，则你会怎么处理曲曲的问题？

二、调查发现

了解你见习的幼儿园所家园共育工作措施、特色亮点和瓶颈问题，撰写一份调研报告。

---

① 吴素慧 . 幼儿园家园合作新方式：母亲会所［J］. 学前教育研究，2011（7）：67-69.

国考聚焦

一、真题分析

1. 离园时，家长们都走进幼儿园接孩子，金老师一见到小齐爸爸，就埋怨他说："小齐到现在还不会自己吃饭、穿衣，你们做家长的都怎么教的！"小齐爸爸觉得很难堪，恼怒地说："就是不会才送到幼儿园学习的嘛！"对该事情说法正确的是（　　）。（2018年下半年《综合素质》）

A. 金老师应该注意与家长的沟通方式　　B. 生活能力培养主要由家长负责

C. 金老师拥有批评幼儿家长的权利　　D. 生活能力培养主要由教师负责

2. 在小班的家长会上，有两个家长质问主班的李老师："为什么不教孩子写字和拼音？再不教的话，我们的孩子就转园。"对此，李老师恰当的做法是（　　）。（2019年上半年《综合素质》）

A. 接受意见，适当增加拼音和写字的内容

B. 听取意见，耐心向家长分析不教的原因

C. 尊重家长，推荐校外辅导机构

D. 不予理会，尊重家长的转园自由

3. 离园时间已经过了半个小时，明明的家长还没来，也不接电话，于是蒋老师把明明送回了家，发现明明的妈妈正在打麻将。事后，蒋老师与明明妈妈进行了沟通，之后明明妈妈再也没有出现过类似情况，这体现的是（　　）。（2021年上半年《综合素质》）

A. 家长是幼儿教师的助手　　B. 家庭教育是幼儿园教育的延伸

C. 幼儿教师是家庭教育的指导者　　D. 幼儿园教育是家庭教育的补充

4. 幼儿教师与家长沟通的根本目的是（　　）。（2021年下半年《综合素质》）

A. 让家长了解幼儿在园的表现　　B. 了解幼儿在家的表现

C. 家园合作，形成教育合力　　D. 完成园长交给的任务

二、模拟训练

（一）选择题

1.（　　）是幼儿教师与家长围绕幼儿的发展和教育进行书面联系及交流的载体，

也是实现家园联系的一种非常简单而有效的形式。

A. 家长接送幼儿时的交流　　B. 家园联系手册

C. 家长学校　　D. 家访

2. 根据《规程》的规定，(　　) 是家长委员会的主要任务之一。

A. 负责与社区的联系和合作　　B. 协助交流家庭教育经验

C. 管理园舍、设备和经费　　D. 监督指导幼儿园管理工作

3. 李老师一个学期对爸爸是副乡长的小壮家访了八次，却从未对需要帮助的留守儿童小龙家访过。李老师的做法 (　　)。

A. 符合主动联系家长的要求　　B. 有违平等待生的要求

C. 符合因材施教的教育要求　　D. 有违严慈相济的要求

4. 许多教师发现，不少幼儿在家过了一个双休日再回到幼儿园后，一些良好的行为习惯就退步了，如不认真吃饭、乱扔东西、活动时喜欢说话。对此，教师正确的做法是 (　　)。

A. 召开家长会，点名要求做得不好的家长向做得好的家长学习

B. 密切联系家长，并要求家长完全按照老师的要求去做

C. 发挥自己学有专长的优势，为家长提供指导

D. 不过于干涉家庭教育，做好园内教育工作

5. 家访、家长会和教育咨询都属于幼儿园与家庭合作的 (　　)。

A. 活动法　　B. 文字法　　C. 交流法　　D. 口语法

6. 运用家园联系手册、宣传资料、家长报等与家长沟通，属于幼儿园与家庭合作的 (　　)。

A. 活动法　　B. 文字法　　C. 口语法　　D. 讨论法

7. (　　) 不属于幼儿园与家庭合作的集体方式。

A. 家长开放日　　B. 家长学校　　C. 家园联系手册　　D. 家长会

8. 某幼儿园拟召开年级家长会，如果希望仅内部家长可见，则不宜选择 (　　) 直播平台。

A. 腾讯会议　　B. 钉钉　　C. cctalk　　D. 抖音

（二）简答题

请分类列举幼儿园与家庭合作的个体方式和集体方式。

（三）案例分析

某幼儿园开展“砌大桥”活动，幼儿教师请家长来园与幼儿一同制作“大桥”，在准备了硬纸板、剪刀等必备材料后，教师宣布开始。教师发现，有的家长边看边指导

文档：项目十　岗位应用　国考聚焦　参考答案

幼儿做；有的家长自己动手和幼儿一起做；有的家长自己一边动手做一边教幼儿；有的家长与幼儿一起先用笔在白纸上画了一座桥然后照样子与幼儿一起制作。在活动中，有的家长与幼儿意见不统一，发生争执；有的家长自己动手多，幼儿动手少；有的家长站在旁边看着幼儿动手；有的家长说得太多幼儿不接受。活动结束后，幼儿教师进行了总评并选出优秀作品。幼儿高兴地离开后，幼儿教师把家长留了下来，提出了一些希望和建议。

假设你是该班幼儿教师，你会有哪些建议？

项目十一 11

幼儿园与社区合作

【学习导航】

- 幼儿园与社区合作
  - 幼儿园与社区合作的内涵、特征与意义
    - 幼儿园与社区合作的内涵
    - 幼儿园与社区合作的特征
    - 幼儿园与社区合作的意义
  - 幼儿园与社区合作的模式与内容
    - 幼儿园与社区合作的模式
    - 幼儿园与社区合作的内容
  - 幼儿园与社区合作的问题与对策
    - 幼儿园与社区合作存在的问题
    - 幼儿园与社区合作存在问题的原因分析
    - 幼儿园与社区合作的对策

【学习目标】

素质目标：

□ 强化幼儿园与社区合作的意识；增强幼儿园与社区合作的主动性和积极性。

认知目标：

□ 理解幼儿园与社区合作的内涵和意义；了解幼儿园与社区合作的模式与内容。

能力目标：

□ 能运用有关知识，采取适宜策略促进幼儿园与社区的深度合作。

情境导入

社区中的幼儿园

幼儿园是社区的一部分。现在，大部分社区配套建有幼儿园。社区建设配套幼儿园，对于社区居民是非常利好的事情。天天幼儿园是岳麓区X社区的配套幼儿园，现有3~6岁幼儿200个。平时幼儿园以园所活动为主，大门紧锁不允许社区居民随意参观，也很少组织幼儿出来参加社区活动。社区对幼儿园几乎也是一种封闭状态，很多社区场地、设施都不对幼儿园开放。同时，社区和幼儿园的直接沟通交往并不多，对幼儿园的情况也很少了解。

针对目前幼儿园和社区的现状，如何科学有效加强幼儿园与社区的合作关系？如何积极推动幼儿园与社区的深入合作？

学习任务

任务11-1　幼儿园与社区合作的内涵、特征与意义

问题引领　××幼儿园是社区配套幼儿园，现有3~6岁幼儿200个。9月开学后发现，幼儿园还有两间空置教室。社区没有托育早教，社区街道主任跟园长说社区现有20个3岁以下幼儿目前家庭中没人照看，父母都有上班意愿，询问幼儿园能否让这20个3岁以下的幼儿入园？面对这种情况，如果你是园长，你会如何配合社区家庭的需求？为社区育儿解决后顾之忧？

一、幼儿园与社区合作的内涵

2001年教育部颁布的《纲要》强调：“幼儿园应与家庭、社区密切合作，与小

学相互衔接，综合利用各种教育资源，共同为幼儿的发展创造良好的条件。”2016年教育部颁布实施的《规程》再次强调：“幼儿园应当加强与社区的联系与合作，面向社区宣传科学育儿知识，开展灵活多样的公益性早期教育服务，争取社区对幼儿园的多方面支持。”

（一）社区

社区这一概念，最早是由德国著名社会学家滕尼斯（Tonnies）提出的，其含义是共同体和亲密的伙伴关系。20世纪30年代初，以费孝通为首的燕京大学社会系的学生根据滕尼斯的原意首先使用中文“社区”一词。从西方社会学家对社区的定义来看，所谓社区是指聚居在一定地域里的人们结成多种社会关系和社会群体，从事多种社会活动所构成的社会区域共同体。社区具备以下几个要素。

（1）具有一定数量的人口群体。人是组成社区的必备要素之一。人与人之间的互动关系是社区存在的必要条件。

（2）具有固定的共同生活区域。社区相对于社会来讲是一个微观概念，无数个社区组成社会。因此，社区必须是居民具有共同生活区域的单位。

（3）具有一系列完整的生活设施、场所及管理机构。社区是居民生活的基本场所，因此，必须具备一系列便于居民生活的设施、场所等，如学校、医院、超市、银行、邮局、健身器材等。除此之外，社区还须具有维持社区长治久安、社会秩序的派出所、社区委员会等管理机构。

社区这一社会学概念映射到学前教育领域中，其内涵是指在幼儿园和家庭坐落的地区内，由多种社会关系组成的社会群体，通过一定的设施、场所及管理机构从事多种社会活动并对幼儿的生活、学习和发展造成重要影响的社会区域共同体。

（二）合作

合作是指个人与个人、群体与群体之间为达到共同目的，彼此相互配合的一种联合行动方式。合作无处不在，职场上需要合作，教育工作中更需要良好的合作。幼儿园作为学前教育的主要载体，也需要与家庭、社区、小学及其他社会相关机构紧密合作，只有这样才能得到社会相关各方的支持，才能促进自身和谐持续发展。

（三）幼儿园与社区合作

幼儿园与社区合作简称园社合作，是指幼儿园与社区为了一定的共同目标而互动交往、相互配合所建立的合作关系。在这种合作模式下，幼儿园与社区不单依靠自身内部的资源和管理，而是主动寻求与对方的深度融合与协同工作，从而实现各自资源的最大化利用和服务质量的提升。1981 年，联合国教育、科学及文化组织指出：学前教育必须从学校这个封闭的范围中解放出来，扩展到家庭与社区。1999 年，世界学前教育组织和国际儿童教育协会指出：儿童的发展是家庭、教师、保育人员和社区共同的责任。在国际学前教育力量的号召下，日本、美国都强调幼儿园要充分利用家庭和社区资源对幼儿进行教育，关注幼儿的社会学习，加强幼儿园与家庭、社区的配合。我国自 20 世纪 90 年代以来，先后颁布了《纲要》《规程》等一系列学前教育的政策法规，特别强调幼儿园、家庭及社区要互相配合，以提高教育一致性和有效性。可以说，幼儿园与社区合作具有非常重要的意义，既可以有效整合幼儿园与社区的教育资源，丰富幼儿园教育的内容和形式，提高幼儿园教育的质量，又可以增强社区凝聚力，促进社区文化建设，完善社区功能，提升社区的文化品位，为社区的和谐稳定及精神文明建设贡献力量。

二、幼儿园与社区合作的特征

幼儿园与社区合作首先应考虑幼儿园与社区本身的特征，然后在此基础上确定幼儿园与社区合作的特征。大体来说，幼儿园与社区合作具有如下特征。

（一）自主性

自主性指幼儿园与社区之间的合作是双方自主自愿开展的。幼儿园与社区两者为了共同目标的实现，自主自愿发挥各自的优势，共享各自的资源，共同开展合作行动。

（二）双向性

双向性指幼儿园与社区之间的合作是相互支持、相互配合、双向互动开展的。这种双向合作是一种资源共享、互助互利的双向互动活动。在幼儿园与社区的双向合作过程中，幼儿园与社区同为教育主体，发挥各自优势，彼此相互配合、相互支持，共同完成合作活动，实现合作目标。

（三）互利性

互利性指幼儿园与社区之间的合作必须是互惠互利、共赢发展的。对幼儿园来说，幼儿园有专业的幼儿教师，可以通过多种途径向社区人员传播正确的教育理念、教育方式，提高社区人员的育儿能力。对社区来说，社区可以发挥社区的人才、场地、设备、设施等资源优势，为幼儿园的建设发展及教育教学活动提供支持和帮助。

（四）公共性

公共性指幼儿园与社区之间的合作是为社区公众服务的，具有公共事业属性。幼儿园作为社区配套的学前教育机构，应成为社区学前教育发展的核心力量，为社区公众提供高质量的学前教育服务。社区作为公共管理机构，支持社区内幼儿园建设与发展，提高社区幼儿园办学水平和教育质量，是社区履行公共事务服务职能、提高社区公共事务服务水平的重要体现。

（五）开放性

开放性指幼儿园与社区之间的合作不是单一的，而是全方位的。幼儿园与社区在合作中应该克服封闭性和单一性，坚持开放性和全面性。具体来说，这种开放性既包括合作主体的开放性，如社区管理机构、社区企事业单位、社区居民等都可以参与幼儿园与社区合作；也包括合作内容的开放性，如幼儿园与社区可以就幼儿园建设、治理、资源建设、活动开展、课题研究等多个方面内容开展合作。

微课：社区并不是教育机构，需要与其合作吗?

三、幼儿园与社区合作的意义

（一）可以利用社区各类教育资源，提高幼儿园办学质量

幼儿园处在一定的社区之中，社区的人、物、资源等都会对幼儿园产生直接或间接的影响。通过与社区合作，幼儿园可以利用社区各类教育资源提高幼儿学习内容的趣味性、扩展幼儿的学习领域及培养幼儿关怀社区的情怀。

（1）社区资源可以让幼儿感受真实的社会场景。对幼儿而言，社区资源是生活教材的主要来源。运用社区资源里的真实教材，既能让幼儿身临其境，协助幼儿跳出断裂零碎的学习方式，又能让幼儿从教室走向人文社区，并通过了解与体验，感受真实的社会场景和社会生活。

（2）社区资源可以拓宽幼儿的成长视野。幼儿可以通过与社区人、事、物的互动学习，扩展生活、学习经验。此外，幼儿园充分地与社区文化环境结合，可以让幼儿的学习情境与生活情境融于一体，有效拓宽幼儿的成长视野。

（3）社区资源可以培养幼儿关爱社会的情怀。幼儿生活的社区环境对其生活有长远且直接的影响。幼儿园通过与社区的合作，共享社区资源，可以使幼儿了解社区的自然风光、特色与文化内涵，进而关爱社区的人、事、物，培养幼儿的社区意识与社交情感，有利于促进幼儿身心健康发展。

案例分析

走小区弯弯路，体验赤脚行走

在城市居住、活动空间日益狭隘的情况下，可以带幼儿去植物园、公园等具有大片城市绿地的地方游玩，组织幼儿在草地上翻滚、在山坡上进行攀爬游戏、在花坛上进行平衡走的比赛等。同时，社区中也有丰富的自然资源，可以利用攀登架、秋千、双杠等器材进行体育锻炼，还可以利用草地、水泥路、台阶、鹅卵石路等资源组织幼儿赤脚行走。若组织赤脚行走活动，则可按以下步骤进行。

（1）带领幼儿在小区水泥路上走，边走边谈自己的感觉。

（2）穿鞋子走在小区喷泉周围的鹅卵石路上，边走边谈自己的感觉。

（3）组织幼儿打赤脚走在鹅卵石路上与水泥路上，感受与穿鞋不一样的感觉。

（4）带领幼儿讨论不同的体验。

分析：在这一活动中，幼儿对寻找不同的脚底感觉产生了深厚的兴趣，也体验到了小区户外活动带来的无限乐趣。对于幼儿教师而言，开展户外活动应保证幼儿的安全，并让幼儿积极主动地分享活动中的不同感受。

（二）可以发挥幼儿园的教育功能，促进社区幼教事业发展

幼儿园与社区合作是推动我国幼教事业健康发展的重要途径，它既能有效发挥幼儿园的教育功能，又能促进社区幼教事业的全面提升和进步。幼儿园与社区合作在推进幼儿园教育功能发挥和社区幼教事业发展方面的积极作用，具体表现在以下几个方面。

（1）有利于幼儿园与社区教育资源整合。通过幼儿园与社区合作，幼儿园能够充分利用社区的各类教育资源，如公共设施、人力资源、文化资源等，丰富教育内容和形式，弥补自身资源的不足，提升幼儿园的教学质量。

（2）有利于社区教育特色打造。每个社区有其独特的历史文化、自然资源和社会环境。通过幼儿园与社区合作，幼儿园可以充分发挥其教育功能，可以针对社区特性设计和实施富有特色的教育项目，使幼儿在实践中认识和了解社会，培养社会责任感和社区归属感，打造社区教育特色。

（3）有利于社区教育氛围营造。通过幼儿园与社区合作，二者可以共同举办各类社区教育活动，增强社区居民对幼儿教育的关注和投入，营造尊重幼儿、关心教育的良好社区氛围，有力推动和促进社区幼教事业的发展。

（三）可以促进幼儿园与社区的共赢与发展，彰显园社共同体价值

幼儿园与社区合作具有双向互动、共赢发展的价值，既有利于促进幼儿园与社

区的自身建设和发展，也有利于促进幼儿园与社区合作共同体的发展，彰显幼儿园与社区合作共同体的价值。

（1）有利于彰显幼儿园与社区合作共同体的资源共享价值。通过幼儿园与社区合作，二者可以充分发挥各自的资源优势，实现资源的共建与共享，进而促进各自事业的发展，有利于彰显幼儿园与社区合作共同体的资源共享价值。

（2）有利于彰显幼儿园与社区合作共同体的优势互补价值。通过幼儿园与社区合作，二者可以用各自的优势资源弥补对方的不足，进而有效降低幼儿园与社区的日常运行成本，减少各自在人力、设备、设施、场地等方面的建设成本，有利于彰显幼儿园与社区合作共同体的优势互补价值。

（3）有利于彰显幼儿园与社区合作共同体的共赢发展价值。通过幼儿园与社区合作，二者可以充分实现各自优势互补，弥补各自条件不足，扩大各自的社会影响力，提高各自的社会美誉度，有利于彰显幼儿园与社区合作共同体的共赢发展价值。

任务 11-2 幼儿园与社区合作的模式与内容

问题引领 天天幼儿园在岳麓区X社区，是社区配套幼儿园，社区没有托育早教，为使社区中0~3岁的幼儿能受到幼儿教育的启蒙，请大家思考如何结合园所和社区资源，开展灵活多样的早期教育服务？

一、幼儿园与社区合作的模式

幼儿园与社区合作的模式是指幼儿园与社区之间建立的一种协同、共享、共赢的合作关系，通过整合双方资源，共同为幼儿的健康成长、社区的文化建设与和谐发展贡献力量。这类模式强调的是幼儿园与社区之间的资源共享、责任共担、利益共享，旨在促进教育资源的均衡分配，提升社区教育水平，优化社区环境，增进家庭、幼儿园与社区之间的紧密联系和良性互动。具体合作包括但不限于以下几种模式。

（一）资源共享模式

资源共享模式是指幼儿园与社区通过深度协作，实现教育资源、文化资源、设施资源等多方面共享的一种合作方式。主要有以下几种形式。

（1）教育资源分享。幼儿园开放部分课程或活动给社区居民，如艺术、体育、科普教育等，社区也可提供各类专业人才进园开展讲座、培训等活动，丰富幼儿园的教育内容。

（2）设施设备共享。幼儿园在课余时间和假期将图书馆、运动场馆、实验室等设施对社区居民开放使用，提高资源利用率，满足社区居民的学习和生活需求。

（3）文化活动互动。幼儿园与社区联合举办各类文化活动，如阅读节、艺术节、亲子活动等，共同营造良好的学习和生活环境。

（4）志愿服务联动。幼儿园与社区共同鼓励幼儿园师生参与社区志愿服务，同时引入社区力量协助幼儿园开展教育教学工作，形成互助互惠的良好局面。

（5）家庭教育合作。幼儿园与社区共同关注和参与家庭教育，通过家长学校、家园共育等形式，推动家庭、幼儿园、社区三者之间的紧密联系和资源共享。

资源共享模式既有利于优化资源配置，提升社区居民的生活品质，也有利于拓宽幼儿的实践领域，促进其全面发展，这是实现教育公平和社会和谐的重要途径之一。

（二）活动共建模式

活动共建模式指幼儿园与社区遵循平等互利、优势互补的原则，共同策划、组织和实施各类活动，以达到丰富幼儿园文化生活、提升社区居民素质、促进家园社融合的目的。主要有以下几种形式。

（1）共享节日活动。幼儿园与社区可联合举办庆祝传统节日、纪念日的活动，如端午节包粽子、中秋节赏月做月饼、六一儿童节联欢会等，让幼儿和居民了解传统文化，增强社区凝聚力。

（2）公益实践活动。幼儿园与社区可以共同发起环保、敬老、助残等公益活动，让幼儿在实践中学会关爱他人、服务社会，同时让社区居民感受到幼儿园的公益精神和人文关怀。

（3）亲子教育活动。幼儿园与社区联合，定期举行家庭教育讲座、亲子阅读、亲子手工制作等活动，邀请社区家长和幼儿一起参加，加强家园沟通，提升家庭教育水平。

（4）社区文体活动。社区充分利用幼儿园的专业教育资源，开设绘画、音乐、科学实验等社区特色课程，举办社区中秋晚会、社区运动会、亲子运动会等，让幼儿园师生和社区居民共同参与，实现教育资源和文体活动的社区共享。

（5）安全教育活动。幼儿园与社区可以针对消防安全、交通安全、防溺水、防拐骗等内容，联合进行宣传教育和模拟演练，提高幼儿园师生和社区全体居民的安全防护能力。

通过活动共建，幼儿园与社区双方能够充分发挥各自的优势，协同推进素质教育，营造和谐共生的幼儿园教育环境和社区文化氛围。

案例分析

敬老志愿活动

某区阳光幼儿园每学期都会组织小朋友去社区敬老院开展敬老志愿活动。他们或者组织小朋友进行慰问表演，或者组织小朋友给老人按按摩、洗洗脚，或者给老人送上他们喜爱吃的美食饮料及各种生活用品。在各种传统节日来临时，他们也会组织幼儿园小朋友和老人们一起分享节日快乐，让小朋友们在各种敬老志愿活动中体悟和传承中华民族敬老爱老的传统美德。例如，中秋节时，他们组织幼儿园小朋友和老人们一起做月饼、吃月饼，共庆中秋佳节；端午节时，他们与老人一起做粽子、吃粽子，分享粽香美味。

分析：从本案例来看，敬老志愿活动是由幼儿园引领而形成的幼儿园与社区合作活动。幼儿园需要社区发挥资源优势，为幼儿园小朋友敬老志愿活动的开展提供敬老活动对象、场地和机会。社区需要幼儿园发挥教育优势，组织幼儿参与到社区敬老志愿活动中，让敬老院的老人感受到社区小朋友的浓浓爱心和社区工作者的体贴关心，从而在社区营造尊老爱幼的良好氛围。

（三）协同服务模式

协同服务模式指幼儿园与社区基于资源共享、责任共担的理念，在教育、文化、卫生、安全等多个领域开展深度合作，形成协同服务、互惠互利、共赢发展的合作关系。主要有以下几种形式。

（1）教育资源共享服务。幼儿园向社区开放图书馆、运动设施、实验室等资源，社区则可以提供民俗文化、艺术培训、职业技能等非正式教育资源，实现教育资源的最大化利用。

（2）家庭教育指导服务。幼儿园与社区携手开展家庭教育指导工作，如设立家长学校，定期举办育儿知识讲座、心理健康咨询等活动，提升家庭教育质量。

（3）实践基地建设服务。幼儿园可与社区内的企事业单位、公共机构等建立合作关系，使其成为幼儿进行社会实践、职业体验的场所。同时，社区可借助幼儿园的力量开展居民科普教育、技能培训等活动。

（4）社区志愿活动服务。幼儿园可以与社区共同举办道德讲堂、文化传承活动、法治宣传活动和健康知识讲座等社区志愿服务活动；社区可以鼓励幼儿园师生参与社区志愿服务活动，如环境保护活动、敬老助残活动、社区文化活动等，增强幼儿的社会责任感和公民素养，共同塑造积极向上、和谐友善的社会风尚。

（5）学前教育联动服务。幼儿园可以与社区联合，协同开展0~3岁幼儿早期教育服务、家庭教育指导服务、社区亲子教育活动设计等服务，帮助社区年轻父母掌握科学育儿方法。社区可以与幼儿园共同开展幼儿安全教育活动，协同社区治安力量，共同维护幼儿园及周边地区的安全稳定，预防未成年人受到意外伤害。

总之，协同服务模式旨在通过幼儿园与社区的协同配合，共同构建一个全面、立体、互动的服务体系，使幼儿园教育更好地融入社会，同时使社区成为滋养和支持幼儿园教育的重要土壤。

案例分析

消防演练活动

××社区每年会组织幼儿园和社区居民一起开展消防演练活动。在开展消防演练活动前，一般会由专业消防人员对幼儿园和社区居民进行消防安全知识的讲授和消防演练活动的训练，然后组织社区居民、幼儿家长和幼儿在一起进行演练。社区在组织幼儿园开展消防演练时，由于幼儿园男职工很少，所以需要社区居民和幼儿家长主动参与进来，确保消防演练活动的有序有效开展。因此，在社区组织的幼儿园消防演练活动中，社区需要幼儿园配合，幼儿园也需要社区的大力支持，两者必须就活动开展相关事宜进行密切交往与深度合作，只有这样才能确保活动的顺利开展。

在消防演练活动中，幼儿园与社区是如何合作的?

分析：社区组织的消防演练活动需要社区与幼儿园相互交往、相互配合、密切合作。社区需要幼儿园密切配合，组织教师和幼儿参与活动。幼儿园需要社区组织专业消防人员开展专业培训，提供消防演练场地、设备、设施和人员支持。

（四）项目合作模式

项目合作模式主要指幼儿园与社区基于特定的目标和任务，共同设计并实施一系列具有明确计划、步骤和预期成果的合作项目，以实现教育资源的互补与共享，提升社区教育水平和居民生活质量。主要有以下几种形式。

（1）社区教育项目。幼儿园与社区共同推出系列教育课程或项目，如“社区学校”“四点半课堂”，为社区居民的幼儿提供家庭教育辅导及课后文体爱好辅导等，填补幼儿园教育与家庭教育的空白。

（2）环境改造项目。幼儿园与社区联手改善周边环境，创建绿色校园、美丽社区，或者共同开展垃圾分类、节能减排等环保主题项目。

（3）成长支持项目。幼儿园与社区可以针对不同年龄段的幼儿，合作开展幼儿成长支持项目，为社区年轻父母提供幼儿保育指导服务、幼儿心理咨询服务、幼儿职业启蒙指导服务等个性化支持。

（4）老少同乐项目。幼儿园与社区合作，组织老年人与幼儿开展“大手牵小手”故事会等老少同乐项目，促进跨代际的情感交流，营造尊老爱幼的良好社区风尚。

（5）文化传承项目。幼儿园与社区共同挖掘和整理地方历史文化遗产，通过编写乡土教材、举办展览、演出等方式，让幼儿和居民了解并热爱自己的文化根脉。

通过这些项目的实施，幼儿园与社区双方能够在各自的职能范围内相互支持、密切协作，共同促进社区教育事业的发展，形成良好的教育生态和社会效应。

（五）研究探索模式

研究探索模式指幼儿园与社区围绕教育改革、社区发展等议题，共同开展研究、实践和创新，以期解决实际问题，推动幼儿园教育与社区的深度融合与发展。这种模式的核心在于理论与实践相结合，旨在通过科研创新解决实际问题，提升社区教育的质量和效率。主要有以下几种形式。

（1）实地调研与需求分析。幼儿园与社区共同对社区内居民的需求、资源状况及教育现状进行调查研究，摸清实际需求，找准合作切入点。

（2）课题研究与项目申报。幼儿园与社区双方围绕社区教育的重点难点问题，共同设计和申报研究课题，如“社区教育资源优化配置策略研究”“家园社共育模式构建与实践探索”等。

（3）实践基地建设与案例研究。幼儿园与社区依托社区资源，建立教育实践基地，通过长期观察和跟踪研究，积累并提炼具有推广价值的家园社合作成功案例。

（4）教育改革试点与示范推广。在幼儿园与社区合作中引入新的教育理念和技术手段，开展教育改革试点工作，并及时总结经验，形成可复制、可推广的模式，带动区域内其他幼儿园与社区共同发展。

（5）研讨交流与成果分享。幼儿园与社区合作，定期举办研讨会、论坛等活动，邀请专家、学者、一线幼儿教师和社区工作者共同探讨幼儿园与社区合作的新思路、新路径，分享研究成果和实践经验。

通过各种形式的研究探索，幼儿园与社区能够有效地推动理论与实践相结合，不断优化和完善幼儿园与社区合作机制，促进教育公平，提升教育质量，更好地服务于社区居民和幼儿发展。

（六）联动治理模式

联动治理模式指幼儿园与社区共同参与，通过搭建多方参与、协调运作的治理体系，实现对社区教育、社区环境、社区文化等领域的共建共享、协同发展。主要有以下几种形式。

（1）制度联动。幼儿园与社区联动建立幼儿园与社区合作长效机制，明确各方职责与权利，制定相应的规章制度和工作流程，确保幼儿园与社区合作有序、高效运行。

（2）组织联动。成立由幼儿园、社区、家长代表、企事业单位等多元主体构成的联动治理委员会，定期召开会议，共同协商决策涉及幼儿园与社区合作的重大事项。

（3）资源联动。充分调动和整合幼儿园与社区的硬件资源（如场地设施）、人力资源（如师资力量、志愿者队伍）、信息资源（如教育资讯、社区动态），实现资源互补、共享共赢。

（4）活动联动。根据社区特点和居民需求，结合幼儿园教育目标，共同策划和组织各类教育、文化、环保、公益活动，增强社区居民的归属感和幸福感。

（5）服务联动。构建覆盖全年龄段的社区教育服务体系，如开展幼托服务、课后托管、老年教育、职业技能培训、园社合作质量评价等，通过提供多元化、个性化的教育服务，满足社区成员的不同需求。

通过各种形式的联动治理，可以打破幼儿园教育与社区生活的壁垒，形成幼儿园、家庭、社区三位一体的教育格局，共同促进幼儿健康成长和社区和谐发展。

（七）志愿服务模式

志愿服务模式指幼儿园与社区共同组织和开展志愿服务活动，利用双方的资源，培养幼儿园师生和社区居民的社会责任感与公益精神，同时为社区居民提供便利和服务。主要有以下几种形式。

（1）志愿者队伍建设。幼儿园与社区共同招募、培训志愿者，组建稳定的志愿者团队，包括幼儿家长志愿者、幼儿志愿者、教师志愿者和社区居民志愿者等。

（2）志愿服务项目开发。根据社区实际需求和幼儿园教育特色，共同设计和开展各类志愿服务项目，如敬老爱幼活动、环保清洁活动、公益讲座、文化活动、科普宣传等。

（3）志愿服务基地建设。幼儿园可以与社区的养老院、图书馆、公园、特殊教育机构等合作，设立志愿服务基地，为幼儿园提供常态化的志愿服务机会。

（4）志愿服务活动开展。幼儿园与社区定期组织幼儿园师生和社区居民参与社区环境清洁活动、节假日慰问孤寡老人活动、公益宣传活动等，使志愿服务成为幼儿园师生和社区居民生活的一部分。

（5）志愿精神传承活动。通过公益讲座、爱心捐赠等志愿服务活动，引导幼儿树立奉献、友爱、互助、进步的志愿精神，同时在社区中传播并培育这种精神，营造良好的志愿服务氛围。

幼儿园与社区合作的志愿服务模式不仅能培养幼儿良好的品德和习惯，提升幼儿的社会实践能力，还能有力推动社区精神文明建设，提升社区居民的生活幸福感。

二、幼儿园与社区合作的内容

在当前我国幼儿园教育实践中，幼儿园管理者已经初步意识到与社区合作的重要性，由于缺乏行之有效的合作机制，在一定程度上影响了幼儿园与社区合作的效能发挥。从幼儿园的角度出发，幼儿园与社区可以在如下几方面进行合作。

（一）共同建设幼儿园

幼儿园可以发挥自身幼教资源优势，主动“牵起社区的手”，与社区合作，在社区创办幼儿园或托儿所，为社区居民提供幼儿教育服务，进而完善社区的功能，提高社区的品位。同时，幼儿园在社区的选址建设需要社区的大力支持与密切配合。社区可以通过为幼儿园的建设与发展提供政策、土地、资金、场地、设备、设施等支持，服务与促进幼儿园的建设和发展。

（二）共同治理幼儿园

传统的幼儿园与社区合作一般以幼儿园单向索取为主，社区在合作中受益较少且容易被忽视。在幼儿园与社区合作共同治理幼儿园的过程中，幼儿园可以聘请社区有关单位参与和指导幼儿园管理，可以邀请社区内有关单位和社区居民，参与幼儿园教育质量评价等，从而提升社区在幼儿园与社区合作中的获得感和价值感，增强各主体间的有效链接，有效激发社区参与幼儿园治理的主动性和积极性，更好地服务与促进幼儿园的建设和发展，提高幼儿园的管理水平和学前教育质量。

（三）共享教育资源

幼儿园可以通过与社区紧密合作，充分发挥各自的优势，共建共享幼教资源。一方面，幼儿园可以通过幼儿园与社区合作共享社区的人力资源、物质资源和文化资源。例如，幼儿园可以邀请社区花木公司的专业人士来为幼儿介绍各种植物的名称和特点，为幼儿普及植物知识；幼儿园可以共享社区内的公园、草地、游乐设施和博物馆、展览馆、科教馆、爱国主义教育基地、人文景观、名人雕塑等物质资源及文化资源开展各类幼儿教育教学活动等。另一方面，社区可以通过幼儿园与社区合作共享幼儿园的教育资源。例如，请幼儿教师举办社区婴幼儿教育公益讲座，请幼儿园设立社区婴幼儿教育专栏，请教师为社区公众号撰写幼儿教育专稿，等等。

（四）共同宣讲幼教知识

幼儿园可以充分发挥自身的师资优势、知识优势和资源优势等，与社区深入合作开展幼教宣传活动，宣传国家幼儿教育政策、普及科学育儿知识，提高社区居民科学育儿的综合素养。幼儿园与社区合作开展幼教宣传的常见形式有三种：一是举办专题讲座，向社区居民宣讲国家、省、市的幼儿教育政策，讲授育儿知识，开展育儿技能培训等；二是开设幼教专栏，在社区网站、社区宣传栏、社区公众号等媒介上设立幼教专栏，向社区居民普及幼儿教育知识，开展家庭教育指导等；三是设立幼儿园开放日，由社区组织社区各单位相关工作负责人和社区居民代表到幼儿园参观、观摩和交流，全面展示幼儿园形象，提高社区居民的学前教育意识和水平。

（五）共同开展幼教服务

幼儿园与社区应共同开展形式多样的幼教服务活动，展示幼儿园的良好形象，同时推动家庭、社区形成良好的教育氛围。幼儿园与社区合作开展幼教服务的形式主要有四种。一是开设幼儿教育咨询室。幼儿园可以面向社区设立幼儿教育咨询室，以满足社区家长咨询育儿问题的需要。例如，可每周固定一个小时，请有经验的幼儿教师解答家长育儿过程中的疑难问题。二是开办家长学校。幼儿园可以以家长学校为阵地，通过家长会、专题讲座、家长开放日、家长辅助教学等形式，有目的、有计划地面向家长和社区开展系列幼教服务活动。三是开展幼教研究。幼儿园可以与社区合作共同开展幼教相关调研和课题研究等，共同为政府、行业、学会和协会等提供幼教政策咨询与研究服务等。四是开展入户教育指导。通过幼儿园与社区合作，向社区内有需要的家庭提供入户教育指导，为家长传授育儿知识与经验。

微课：幼儿园如何在社区开展育儿入户指导?

任务 11-3　幼儿园与社区合作的问题与对策

问题引领　幼儿园与社区合作具有非常重要的意义。但是在幼儿园与社区合作的具体实践中，还存在不少问题。请根据你的调研或了解，谈谈幼儿园与社区合作具体存在哪些方面的问题。

一、幼儿园与社区合作存在的问题

幼儿园与社区合作在推进幼儿教育全面发展，提高幼儿园教育教学质量，完善社区功能，提升社区品位，增进社区居民对幼儿教育政策和科学育儿知识的了解，提高社区居民育儿综合素养方面具有非常重要的意义。在幼儿园与社区合作的具体实践中，还存在不少问题。

（一）幼儿园与社区合作理念没有深入人心

尽管教育部颁布的《纲要》《规程》等文件中都强调幼儿园应当加强与社区的联系和合作，争取社区对幼儿园的多方面支持，但是在幼儿园与社区的合作实践中，幼儿园与所在社区之间深度融合、资源共享、共同参与教育过程的理念在社会上、在家长群体中及在幼儿园和社区管理人员的认识中尚未得到充分的理解与接纳。正是因为幼儿园与社区合作理念没有深入人心，导致幼儿园与社区合作还停留在表面，所以部分幼儿园仍然停留在传统的“幼儿园中办幼教”的层面，忽视了现代教育强调的家园共育、社区参与的全员育人理念，没有充分理解和发挥社区作为幼儿园“第二课堂”的重要作用；部分社区内的文化、体育、医疗、科普等资源未能被有效整合进学前教育体系，未能与幼儿园教育活动紧密结合；部分家长和社区成员参与幼儿园教育的程度也仅限于表面的互动活动，而非深入参与幼儿的日常学习与生活，幼儿园与社区之间缺乏密切的联系，难以形成长期稳定的合作关系和工作机制。

（二）幼儿园与社区合作机制未能有效建立

幼儿园与社区合作机制未能有效建立是一个现实存在的问题，这一问题在一定程度上影响和阻碍了幼儿园与社区合作的深入开展。具体来说，目前在幼儿园与社区合作中，如下几个方面的机制未能有效建立。

（1）需求共享和沟通交流机制未能有效建立。幼儿园与社区之间存在信息不对称现象，幼儿园不了解社区的需求，而社区也不了解幼儿园的需求；幼儿园不了解社区可提供的教育资源和服务，社区也不了解幼儿园可提供给社区的资源和服务，导致幼儿园与社会合作难以就合作事宜达成共识。

（2）资源信息共享和资源共用机制未能有效建立。幼儿园与社区彼此不了解对方所拥有的硬件设施、人力资源、教育信息等资源信息，也没有建立起资源共同使用的条件、流程和权责等机制。

（3）互惠互利和共赢发展机制未能有效建立。幼儿园与社区合作在某种程度上还处于零散性、公益性的合作，互惠互利和共赢发展的长效机制还有待建立与完善。

（4）定期评估与诊断改进机制未能有效建立。幼儿园与社区合作还没有建立完善的幼儿园与社区合作评估体系，还没有比较系统科学的评价标准来定期评估与诊断反馈幼儿园与社区合作的效能等。

（5）经费支持与激励机制未能有效建立。幼儿园与社区合作需要政府和社会各界的支持。目前政府相关部门只是从政策层面强调要加强幼儿园与社区合作，但对幼儿园与社区合作成效显著的幼儿园、社区，以及积极参与幼儿园与社区合作并取得良好效果的个人和单位，缺乏明确、具体的经费支持政策和表彰奖励机制。

（三）幼儿园与社区合作活动没有深入开展

尽管有部分幼儿园与社区从各自事业发展和政策贯彻需要出发开展了一定的幼儿园与社区合作活动，但总体而言，幼儿园与社区合作活动开展得还不够广泛、不够深入。具体来说，一是幼儿园与社区合作活动还仅停留在表面层次的合作，如简单的场地借用或偶尔的互动活动，没有深入到教育理念融合、教学内容共建、教育资源共享等更深层次活动的开展。二是社区管理者、社区内相关单位和社区居民等幼儿园与社区合作相关主体还没有深度参与幼儿园的建设和治理活动。三是社区内各项文化资源、体育资源、医疗资源、科普资源等还没有全面融入幼儿园各项教育教学活动的组织与实施中。四是幼儿园与社区管理人员、家长、社区居民之间的活动内容和活动形式还比较单一，没有建立起幼儿园、社区管理机构、社区内相关单位、社区居民、家长等多元化合作主体参与，融幼儿园建设支持、幼儿园治理参与、幼儿园活动开展、幼儿园资源开发、幼儿园项目研究、幼儿园办学评估等多方面合作内容于一体的幼儿园与社区合作活动体系等。

（四）幼儿园与社区合作资源没有充分共享

幼儿园与社区合作资源共享通常是指幼儿园、社区、企事业单位等多元合作主体，以公园、社区活动中心、科普教育基地等为载体，进行资源整合与共享的合作模式。一般来说，幼儿园与社区合作资源充分共享包括如下几个方面：一是教育资源共享。幼儿园可以充分利用社区的场地设施开展实践活动，社区则可以充分利用幼儿园的教育资源提升居民素质。二是文化活动共享。幼儿园举办的各类讲座、展览、节庆活动等文化活动，可以面向社区开放；社区举办的各类文化活动，可以让幼儿教师和幼儿参与其中，实现文化资源共享。三是绿色空间共享。社区内公园、绿地等公共空间由社区和幼儿园共同维护管理，为双方提供休闲、学习、实践的空间。四是人力资源共享。社区的专业人才、志愿者及幼儿园教师可以相互支持配合，共同策划和实施各类教育、公益、文体活动。但受幼儿园与社区价值取向不一致、信息交流不对称、合作机制不健全、利益分配不均衡、制度保障不配套等因素影响，目前幼儿园与社区在资源共享上还不够充分，在一定程度上影响了幼儿园和社区各类资源的使用效率，增加了幼儿园与社区的运营成本，影响了和谐共生社区环境构建和幼儿园与社区双方的共同发展。

（五）幼儿园与社区合作效能没有充分彰显

尽管近年来幼儿园与社区在一定程度上强化了彼此之间的合作，也取得了较好的成绩，但总体来说，幼儿园与社区合作效能还没有充分彰显。具体体现在如下几个方面：一是幼儿园与社区合作参与主体的积极性还没有充分调动。与幼儿园与社区合作相关的幼儿园投资者、管理者、幼儿教师、社区管理者、社区内相关单位人员、社区居民、社区家长等主体参与幼儿园与社区合作的主动性、积极性还有待进一步激发。二是幼儿园与社区合作各类资源的整合度、共享度和利用率还有待进一步提高。幼儿园与社区各类人才资源、文化资源、设备设施资源、场地资源等还没有有效整合，没有全面向对方开放和共享，各类资源在幼儿园与社区合作中的整合度、共享度和利用率等还有待进一步提高。三是幼儿园与社区合作的经济效益和社会效益还有待进一步提升。受幼儿园与社区合作参与主体的积极性没有充分调动，各类资源的整合度、共享度和利用率不够高等因素影响，幼儿园与社区合作的经济效益和社会效益没有充分彰显，在一定程度上影响了幼儿园与社区之间的深度合作，影响了社会、政府、社区对幼儿园与社区合作的重视、支持和参与。

二、幼儿园与社区合作存在问题的原因分析

（一）“围墙思维”导致开放合作理念不强

“围墙思维”是指一种封闭、孤立的思维方式，这种思维方式使得幼儿园与社区在合作中表现为过于闭锁，对外部资源和合作机会持保守态度，不愿意打破固有的边界，未能主动融入对方寻求共同发展。在幼儿园与社区合作中，“围墙思维”会带来如下弊端。

（1）资源利用率低。幼儿园只依赖自身内部资源，忽视社区丰富的教育资源和环境，如公共设施、人文资源、志愿者队伍等，造成资源浪费和潜力挖掘不足。同样，社区也会忽视幼儿园的人才资源、幼儿教育教学设施资源及幼儿教育教学等资源的利用。

（2）教育视野局限。幼儿园会局限于园内教育，忽视社区作为幼儿成长的大环境的作用，不利于幼儿的社会化教育和全面发展。社区也会局限于社区自身，忽视幼儿园作为社区重要教育资源对社区功能完善和社区文化品位提升的重要价值。

（3）合作关系松散。“围墙思维”会影响幼儿园与社区之间形成紧密的合作伙伴

关系，会影响幼儿园与社区之间形成互帮互助、共建共享的良好局面，不利于幼儿园与社区的深度合作及和谐持续发展。

（二）“价值差异”导致互利共赢机制不全

幼儿园与社区是两个不同的社会组织，尽管两者在某些方面具有共同的价值取向，但总体而言，两者的价值取向存在较大的差异。

（1）社会服务价值取向上的差异。幼儿园的社会服务价值取向体现在为幼儿的全面发展和健康成长服务上，凸显的是幼儿教育价值，而社区的社会服务价值取向体现为社区机构和社区居民的公共服务上，强调的是公共服务价值。两者社会服务价值取向的差异影响两者之间互利共赢机制的建立。

（2）教育目标与期望值上的差异。幼儿园侧重于保教结合，促进幼儿的全面发展和健康成长，而社区可能更关注社区文化的传承、社区环境的营造及社区居民幸福感的提升。

（3）资源配置与利益分配认知上的差异。幼儿园更注重教育资源在幼教领域的直接运用，而社区更希望教育资源能广泛惠及社区各年龄段人群。这导致两者在资源配置和利益分配上存在不同的期待及要求。

（4）合作方式与效果评价标准上的差异。幼儿园倾向于按照教育行业的标准和规范进行合作，而社区更看重合作活动的实效性和社区居民的满意度。

正是由于幼儿园与社区之间存在种种价值差异，所以会影响幼儿园与社区的深度合作，不利于幼儿园与社区合作的互惠互利和共赢发展。

（三）“业务壁垒”导致相互交流活动不多

“业务壁垒”在幼儿园与社区合作中主要表现为双方工作性质、职能范围、管理权限等方面的差异。这些差异的存在可能导致相互之间的交流活动受到限制，具体表现在如下几个方面。

（1）职能划分明确但交叉合作少。幼儿园的主要职责在于提供幼儿教育服务，而社区则负责居民生活、文化、卫生、安全等多方面的公共服务，由于各自职能边界明显，容易形成工作领域的割裂，导致跨领域交流活动较少。

（2）信息资源流通不畅。幼儿园与社区在教育信息、社区资源等方面可能存在信息孤岛现象，双方不能有效地获取和利用对方的资源，因此难以共同策划和开展丰富多样的交流活动。

（3）管理模式与程序存在差异。幼儿园要遵循教育部门的管理制度和流程，社区则受制于街道办或社区服务中心的管理体系，由于行政层级和管理流程的不同，在合作时可能会遇到手续烦琐、审批复杂等问题，因而会影响活动的组织和实施。

（4）人力、物力、财力的局限。幼儿园与社区在人力、物力、财力等方面的资源配置各有侧重，缺乏足够的动力或条件去跨越业务壁垒，共同举办各类交流活动。

（四）“认识偏颇”导致资源共享意识不浓

“认识偏颇”是指人们在理解和认识事物的过程中，由于主观因素的影响，所形成的见解、看法或结论出现了偏向某一特定方向、有失全面或不够公正的现象。这种偏颇常常表现为过度强调事物的某个方面而忽视其他重要的方面，或者因个人立场、情感偏好、信息获取不全等因素而导致评价、判断不客观、不公平。在幼儿园与社区合作的背景下，“认识偏颇”可能体现为如下几个方面。

（1）资源认知局限。幼儿园管理者或幼儿教师可能过于注重园内的教育资源和教学质量，而对社区资源在幼儿教育中的重要作用认识不足，导致未能充分利用社区资源来丰富和拓展教育内容及方式。

（2）功能认知片面。社区可能只看到自己服务社区的功能，而忽略与幼儿园共同承担教育职责的可能性，或者对合作所能带来的社区整体素质提升认识不到位。

（3）价值认知短视。幼儿园与社区在考虑合作时，对双方合作价值的认知可能受限于传统的管理框架或短期利益，而未能充分认识到从长远来看资源共享对培养全面发展的下一代及社区建设的整体价值。

（4）角色认知不明。在某些情况下，幼儿园与社区可能没有明确自身在幼儿教育中的角色定位，认为双方各自独立运作，缺乏互动协作的认识，因此难以形成主动寻求资源共享的意识。

（5）文化认知差异。幼儿园教育观念和社区服务理念可能存在差异，这有可能导致双方在理解资源共享的实质和价值时出现偏差，进而影响幼儿园与社区合作资源共享意识的树立和实际活动的开展。

（五）“支持乏力”导致双方合作效能不佳

幼儿园与社区的深度合作少不了政府、社会和家长的支持。“支持乏力”指幼儿园与社区在具体的合作过程中，各方面支持力度不够，使得双方合作的效果并未达到预期目标。受传统办学理念和体制机制等因素影响，目前我国幼儿园和社区在幼儿园与社区合作中还缺乏有力的社会支持，具体表现在如下几个方面。

（1）制度支持乏力。幼儿园与社区合作缺乏相关政策法规的明确规定和有力执行，没有形成推动幼儿园与社区深度合作的制度保障，导致双方在资源共享、项目共建等方面无法得到有力支持。

（2）资源配置不足。无论是财政资金、人力资源还是场地设施等各类资源，如果配置不足或支持力度不够，就无法满足幼儿园与社区合作的需求，会影响合作效能的发挥。

（3）管理机构缺乏。在幼儿园与社区合作中，缺乏专门的协调机构或人员，导致合作过程中在沟通、协调、决策等环节出现滞后或脱节等现象，进而影响合作效率。

（4）宣传引导不够。社会公众、家长、幼儿教师等对幼儿园与社区合作的意义和价值认识不足，缺乏广泛的认同和支持，可能造成合作动力不足，影响合作项目的推广和实施。

（5）激励机制缺失。目前，在幼儿园与社区合作中，缺乏对积极参与幼儿园与社区合作的单位和个人的有效激励措施，这在一定程度上使得参与者的积极性和主动性受到抑制，进而影响了合作的成效。

种种“支持乏力”现象和问题的存在，不同程度地影响了幼儿园与社区合作效能的发挥与提升。

三、幼儿园与社区合作的对策

（一）树立幼儿园与社区合作理念

树立幼儿园与社区合作理念关键在于充分认识到幼儿园与社区合作的重要意义，认识到幼儿园教育与社区生活的密切关联，认识到幼儿园与社区互动、交融与协同发展对实现彼此共赢发展的重要价值。为此，我们可以采取如下措施来帮助幼儿园与社区树立并强化幼儿园与社区合作理念。

（1）加强宣传教育。幼儿园与社区必须通过举办讲座，设立宣传专栏，开展园社合作研讨，利用广播、电视、网络等媒介来开展合作宣传，提高家长和社会对幼儿园与社区合作意义及内容等的认识。

（2）明确共同目标。幼儿园与社区双方要明确共享教育、服务社区、助力幼儿全面发展的共同目标，并以此为基础树立合作理念。

（3）破除“围墙思维”。幼儿园与社区要破除传统的“围墙思维”，倡导幼儿园与社区之间场地、设施、人力、信息等资源的开放共享。

（4）打破“业务壁垒”。幼儿园与社区之间要构建一体化合作服务体系，克服幼儿园与社区合作过程中的职能界限，服务和促进幼儿园与社区合作活动的开展。

（5）培育合作文化。幼儿园与社区要通过举办幼儿园与社区交流会等活动，增进双方的理解与信任，培养共同的教育价值观，形成良好的合作文化氛围。

总之，在幼儿园与社区合作中，必须采取有效措施树立并强化幼儿园与社区合作理念，自觉将幼儿园与社区合作理念有效融入幼儿园与社区合作各项活动中，从而有效地服务与促进幼儿园与社区的建设及发展。

（二）健全幼儿园与社区合作机制

幼儿园与社区合作机制是指幼儿园与社区之间建立的合作关系和工作机制。这种合作机制有助于促进幼儿园教育的发展，提高社区服务的质量，促进幼儿园与社区的深度合作。健全幼儿园与社区合作机制，要着重建立健全如下几个机制。

（1）需求共享和沟通交流机制。幼儿园与社区要建立常态化的需求共享机制，定期共享各自的合作需求；要建立常态化的联席会议制度，定期沟通交流幼儿园与社区合作中的有关问题及解决办法，消除信息不对称现象，促进幼儿园与社区合作有关事项的顺利开展。

（2）资源信息共享和资源共用机制。幼儿园与社区要建立资源共享平台，将各自的人力资源、物质资源和文化资源等造册并共享到资源平台，提高资源信息的共享度。同时要建立资源共同使用的条件、流程和权责等机制，服务和促进各自资源的共同使用。

（3）互惠互利和共赢发展机制。幼儿园与社区要通过签订幼儿园与社区合作协议，明确各自在幼儿园与社区合作中的权利、义务和利益分配方式，确保幼儿园与社区合作能实现资源共享、优势互补、互惠互利和共赢发展的目的。

（4）定期评估和诊断改进机制。幼儿园与社区要建立定期评估和诊断改进机制，要制定幼儿园与社区评估体系，定期评价和反馈幼儿园与社区合作效能，并对幼儿园与社区合作中存在的问题进行诊断与改进，确保幼儿园与社区合作的和谐持续开展。

（5）经费支持和激励机制。幼儿园与社区要积极争取政府和社会各界对幼儿园与社区合作的经费支持，要建立健全幼儿园与社区合作的激励机制，对幼儿园与社区合作中成效显著的幼儿园、社区及积极参与幼儿园与社区合作并取得良好效果的个人和单位进行表彰奖励等，从而促进幼儿园与社区合作的深入开展，推动幼儿园与社区事业的高质量发展。

（三）开展幼儿园与社区合作活动

开展幼儿园与社区合作活动指幼儿园与社区要建立紧密联系，共同策划和组织各类教育、文化、娱乐、公益活动，以实现共享教育资源、提升社区居民素质、丰富社区文化生活及增强社区凝聚力等目标。大体来说，幼儿园与社区可以开展如下合作活动。

（1）幼儿园与社区合作共同参与幼儿园管理。幼儿园可以聘请社区相关单位负责人作为幼儿园理事会成员或专家，指导幼儿园建设与管理。

（2）幼儿园与社区合作共同开展幼儿园建设活动。幼儿园可以积极争取社区支持，使其为幼儿园发展提供场地、设备、设施、资源、经费、安全、宣传等方面的支持，促进幼儿园的建设与发展。

（3）幼儿园与社区合作共同开展教育教学活动。幼儿园与社区可以通过合作，共享双方教育教学资源，共同组织开展各类幼儿教育教学活动。

（4）幼儿园与社区合作共同建设资源。幼儿园可以与社区合作共同开发幼儿园教育相关课程，共同建设共享型幼儿教育数字化教学资源，共同建设幼儿教育生活体验中心、幼儿教育活动中心、幼儿教育家长学校、幼儿教育培训中心等。

（5）幼儿园与社区合作共同开展项目合作。幼儿园可以与社区共同开展家长培训活动，共同举办幼儿教育学术讲座活动，共同开展幼儿教育相关项目申报与研究等。

总之，开展幼儿园与社区合作活动是推进素质教育、构建和谐社会的重要举措，需要各方积极参与。幼儿园与社区只有深入开展各种幼儿园与社区合作活动，才能强化社会各界对幼儿园与社区合作价值的认识，才能真正实现幼儿园与社区教育资源的共享和社会教育功能的发挥，才能为幼儿健康成长和和谐社区建设创造更好的环境与条件。

（四）促进幼儿园与社区资源共享

促进幼儿园与社区资源共享是为了最大限度地发挥幼儿园与社区资源的优势互补效应，达到教育资源优化配置的目的。可以采取如下措施来促进幼儿园与社区资源共享。

（1）摸底调查与规划整合。首先要对幼儿园与社区的资源进行全面梳理，包括硬件设施、人力资源、文化资源、信息资源等，并在此基础上制定资源共享规划，明确哪些资源可以开放、如何开放，以及预期达到的效果。

（2）设施设备共享。幼儿园的体育场地、图书室、科学实验室、艺术教室等在非教学时段可以向社区居民开放，社区的文化活动中心、健身设施等也可向幼儿开放，为幼儿提供课外实践活动场所。

（3）人力资源共享。幼儿园可以邀请社区内具有专业技能或特长的居民到园内举办讲座或授课，同时幼儿教师也可以深入社区开展教育培训、咨询指导等活动。

（4）文化活动共享。幼儿园与社区可以联合举办各类社区文化活动，如亲子阅读活动、科普讲座、节日庆典、公益活动等，让幼儿和社区居民共同参与，增进彼此了解，提升社区整体文化素养。

（5）信息资源共享。幼儿园与社区可以利用信息化手段，建立线上资源共享平台，发布教育教学资料、社区活动信息等内容，方便双方获取所需资源。

通过采取以上措施，有助于打破幼儿园与社区之间的壁垒，实现资源的有效整合与合理配置，有助于使幼儿园与社区资源共享更有序、更高效地开展，推动幼儿园与社区和谐共生，共同发展。

（五）提升幼儿园与社区合作效能

提升幼儿园与社区合作效能的关键在于强化顶层设计，健全制度保障，深化资源整合，拓展合作内涵，创新合作方式，全方位、多角度地推动幼儿园与社区合作向更高层次、更高质量的方向发展。可以采取如下措施来提高幼儿园与社区合作效能。

（1）明确合作目标与计划。幼儿园与社区合作应有清晰的目标定位，如提升社区教育水平、丰富居民文化生活、优化资源配置等，并根据目标制订详细的合作计划，确保各项活动有的放矢，有序进行。

（2）深度挖掘与共享资源。幼儿园与社区要充分发挥各自优势，深度挖掘各自潜在资源，如幼儿园的专业师资力量、教育设施，社区的历史文化资源、场地设施及丰富的社会经验等。同时，要对这些资源进行有效整合、合理调配和充分共享，实现从“单一功能”向“多元复合”的转变，从而提升资源利用率和合作效果。

（3）实行项目化运作与精细化管理。幼儿园与社区要将幼儿园与社区合作活动具体化为一个个可操作、可评估的项目，实行项目负责制，明确权责分配，细化流程管理，通过量化指标监测和评估项目的实施效果，不断调整优化合作策略。

（4）培育品牌活动与示范项目。幼儿园与社区要通过打造具有影响力的品牌活动和示范项目，增强幼儿园与社区合作的社会知名度和影响力，吸引更多的人群关注和参与，从而扩大合作效益的辐射范围。

（5）建立激励机制与评价体系。幼儿园与社区要建立有效的激励机制，对积极参与幼儿园与社区合作并取得显著成效的单位和个人给予适当的奖励和表彰，尽量吸引社区内企业、居民和幼儿家长等积极参与幼儿园与社区合作活动，形成多元主体共同参与、协同开展幼儿园与社区合作的良好局面。同时，要建立健全科学的评价体系，定期对合作项目进行效果评估，总结经验教训，持续改进和优化合作模式。

通过采取上述措施，可以有效提升幼儿园与社区合作的效能，实现幼儿园教育与社区服务的有机融合，促进教育普惠和幼儿全面发展，提高幼儿园教育水平，同时有助于促进社区文化建设，有助于提升社区居民的生活品质和幸福感。

案例

三八国际妇女节幼儿园与社区合作亲子活动方案

一、活动主题

母爱如花，亲子共绘美好时光。

二、活动目标

1. 庆祝三八国际妇女节，增进社区内家庭的亲子关系，提高孩子们对母亲辛勤付出的理解和感恩之情。

2. 通过互动活动，增强社区居民间的交流与合作，营造和谐友好的社区氛围。

三、活动内容

1. 亲子手工制作：组织家长和孩子一起制作鲜花或插花作品，以表达孩子对母亲的敬爱之情。同时，可以设计一些简单易行的手工艺品，如绘制亲子T恤、制作爱心贺卡等。

2. 亲子烹饪大赛：邀请母亲和孩子们一起动手做美食，可以是甜品、糕点或者家常菜，既锻炼了孩子的动手能力，也增进了亲子间的默契度。

3. 亲子阅读时光：设立亲子阅读角，提供各类亲子读物，鼓励家长与孩子共同阅读，共享温馨的阅读时光，并可引导孩子们讲述自己心中的母亲形象，加深对母爱的理解。

4. 母爱故事分享会：邀请社区内的母亲们分享育儿心得、生活故事，让孩子更深入地了解母亲的付出与艰辛，学会感恩。

5. 亲子运动会：组织一些适合亲子参与的游戏比赛，如接力赛跑、拔河、亲子瑜伽等，提升亲子间的团队协作能力，共享运动带来的快乐。

四、活动时间

根据实际情况选择合适的时间，在三八国际妇女节前后进行。

五、活动地点

社区活动中心或其他适宜开展活动的公共场所。

六、活动筹备

提前做好活动策划、宣传、报名、物资准备等工作，确保活动顺利进行。

七、后期跟进

活动结束后，可以通过社区公告栏、微信群等渠道，展示活动精彩瞬间，进一步巩固活动成果，弘扬母爱精神。

岗位应用

一、活动设计

请围绕“母亲节”主题，设计一个幼儿园与家庭、社区合作共育活动方案。该方案至少包含以下要素：活动目标（要明确）、设计思路（要清晰）、活动准备（要全面）、活动过程（要详细）。

二、调查发现

了解学校附近园所是如何提升幼儿园与社区合作效能的，当前存在的瓶颈问题是什么?

国考聚焦

一、真题分析

（一）选择题

1. 幼儿教师在重阳节组织幼儿到敬老院探访老人，这反映了幼儿园教育内容选择的（　　）原则。（2018年下半年《保教知识与能力》）

A. 兴趣性　　B. 时代性　　C. 生活性　　D. 发展性

2. 根据《幼儿园工作规程》，下列不属于家长委员会的主要任务的是（　　）。（2023年下半年《综合素质》）

A. 支持幼儿园保育教育工作

B. 参与幼儿园与社区的联系

C. 协助幼儿园开展家庭教育指导与交流

D. 对幼儿园重要决策事项提出意见和建议

（二）简答题

简述社区在幼儿园教育中的作用。（2020 年下半年《保教知识与能力》）

二、模拟训练

（一）选择题

1. 幼儿园与社区同为教育主体，努力发挥各自优势，构建教育共同体，实现二者和谐的合作关系，这体现了幼儿园与社区合作的（　　）特征。

A. 自发性　　B. 双向性　　C. 互利性　　D. 公共性

2. 关于幼儿园与社区合作，从幼儿发展的角度来说，说法错误的是（　　）。

A. 幼儿园与社区合作后，利于幼儿走进社区身临其境，体验真实的社会生活

B. 社区资源可拓宽幼儿的成长视野

C. 社区资源可以培养幼儿关爱社会的情怀

D. 幼儿园与社区合作改变了幼儿的学习环境，可能使幼儿面临危险，因此要尽量减少

3. 小天使幼儿园为使教育内容丰富而有特色，将其社区的历史、风俗、革命、传统等作为乡土教材融入课程中，这充分利用了（　　）。

A. 社区资源　　B. 社区文化　　C. 社区环境　　D. 社区习俗

4. 张老师为了丰富幼儿园的社会实践活动，主动联系当地社区图书馆开展“亲子阅读周”活动，并邀请家长一起参与。这一做法体现了张老师注重（　　）。

A. 家庭教育资源的利用　　B. 社区资源的整合与利用

C. 幼儿园与小学的有效衔接　　D. 教育教学手段的创新

5. 在推进幼小衔接的过程中，李老师不仅与所在幼儿园加强互动，还积极联络附近社区资源，如邀请社区老年大学的志愿者来园给孩子们讲述传统故事，与社区图书馆联合举办绘本阅读活动。李老师的这种做法主要体现了（　　）的教育理念。

A. 家园共建　　B. 园社协同　　C. 课程游戏化　　D. 生活即教育

6. 关于社区教育的特点，错误的说法是（　　）。

A. 是地方与民众办教育的一种新的教育管理制度

B. 适应社区需要，服务社区

C. 社区教育形式多样

D. 社区教育面向该社区内的青少年及儿童

文档：项目十一　岗位应用　国考聚焦　参考答案

（二）简答题

1. 简述幼儿园与社区合作的意义。
2. 简述幼儿园与社区合作的常见模式。

（三）论述题

请结合幼儿园与社区合作的具体实际，谈谈两者合作中存在的问题及促进两者深度合作的对策。

项目十二

12

幼儿园与小学衔接

【学习导航】

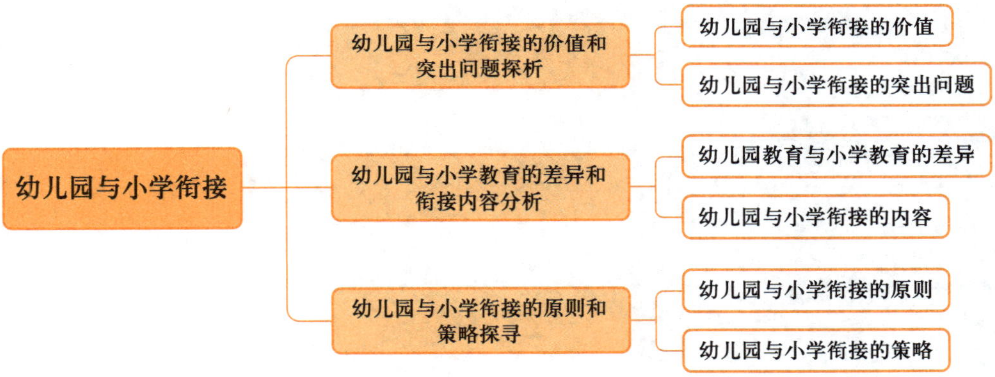

【学习目标】

素质目标：

- □ 重视幼儿园与小学衔接的价值，顺应自然衔接规律，建立科学幼儿园与小学衔接观念。

认知目标：

- □ 理解并掌握幼儿园与小学衔接的价值、问题和内容；掌握幼儿园与小学衔接的原则与策略。

能力目标：

- □ 能运用所学理论知识开展幼儿园与小学的衔接工作。

情境导入

“三年级效应”

最近一位妈妈谈到自己孩子中招“三年级效应”：“一二年级的时候成绩和别的同学不相上下，经常拿双百分，从二年级下半学期到三年级成绩突然下降得厉害，怎么补也补不上来，差距越来越明显。”许多家长反映自己的孩子也有同样的状况。

有人认为，“三年级效应”的出现，是因为现在的幼儿在幼儿园时超前学习。小学一年级教学内容相对简单，幼儿能够很轻松地应对学业，因而忽视了学习习惯和学习能力的培养。到了三年级，教学内容难度加大，有些幼儿们没了超前学习的基础，也没了基础学习的习惯和能力，渐渐地就跟不上其他孩子的学习进度了。

幼儿园教育与小学教育之间的关系是什么？幼儿园时期到底应不应该为小学教育做准备？如何做准备？

学习任务

任务 12-1　幼儿园与小学衔接的价值和突出问题探析

问题引领　开学第一周，大一班召开了“幼儿园与小学衔接”主题家长会。会上，李老师详细说明了幼儿园与小学衔接的重要性，并介绍了本学期围绕幼儿园与小学衔接工作的各项安排。会后，豆豆妈妈和旁边的家长议论道：“以前也没有什么幼儿园与小学衔接，孩子还是照样顺利上小学了。”在本例中，家长对幼儿园与小学衔接重要性的认识是否到位？幼儿园与小学衔接对幼儿的有什么价值？

幼儿园与小学衔接即幼小衔接，是指为了促进幼儿的健康成长，幼儿园、小学、家庭、社区等教育力量通过创造一切可能条件，为幼儿提供必要的物质准备和精神准备，以帮助幼儿更好地完成从幼儿园过渡到小学的过程[①]。《规程》中明确指出："幼儿园与小学应当密切联系，互相配合，注意两个阶段教育的相互衔接。"幼儿园与小学作为基础教育两个相邻的阶段，它们之间的衔接是一个双向连贯的过程，幼儿园教育是小学教育的起始和基础，小学教育是幼儿园教育的延续和发展。正确认识并做好幼儿园与小学衔接工作，帮助幼儿顺利度过幼儿园与小学过渡期并开展小学学习和生活，具有非常重要的价值。

一、幼儿园与小学衔接的价值

幼儿园与小学衔接贯穿幼儿园教育，主要集中在大班至小学一年级这一时间范围。这一时期是幼儿园生活的结束，是幼儿接受正式小学教育的开始。同时，这一时期也是幼儿心理发展的一个转折期。幼儿园与小学的教育是完全不同的，从轻松自主的游戏活动到严谨规矩的课堂教学，幼儿往往会出现或多或少的不适应，若问题处理不好，则会对幼儿产生负面影响。因此，重视幼儿园与小学衔接具有非常重要的理论和现实价值。

（一）幼儿园与小学衔接对幼儿的价值

幼儿园与小学衔接实质上是要在顺应幼儿年龄特点和成长规律的基础上，兼顾幼儿的心理需求和发展需要，引导幼儿顺利地适应小学的学习生活。

1. 获得积极的情感体验

知之者不如好之者，好之者不如乐之者。对一个事物充满兴趣，会让人产生更多的主观能动性，这一点在幼儿身上体现得尤为明显。当幼儿对某个事物产生兴趣，就会有强烈的探索和体验欲望。幼儿园与小学衔接的开展，可以让幼儿了解到小学的环境、课堂、教师和同学等，激发幼儿对小学的好奇、喜爱和向往之情，让幼儿想要做一名小学生，甚至即将为成为一个小学生而感到骄傲。这种对小学的积极情感体验直接影响幼儿入小学后的适应情况，让幼儿在面对困难时有乐观向上的心态，努力克服小学生活中的困难。

2. 养成良好的生活习惯

幼儿园与小学的生活作息差异明显，小学有固定的上课与休息活动时间，有基本的常规纪律，对生活习惯和生活能力的要求更高，如早上要按时到校、放学要自己收拾书包等。为帮助幼儿适应小学的生活，幼儿园通过调整一日生活作息和活动安排，锻炼幼儿的独立性，提高幼儿的生活自理能力，如鼓励按时入园，训练幼儿

① 牟映雪 . 学前教育学［M］. 2 版 . 北京：教育科学出版社，2017：330.

自主取餐、自己整理物品和玩具、自己穿衣穿鞋等，帮助幼儿初步树立时间观念，在衣食等方面养成良好习惯。

3. 形成自主的学习能力

小学阶段，不再像幼儿园一样开展各类游戏活动。幼儿园在开展幼儿园与小学衔接时不再是单纯地依据幼儿的具体形象思维，用生动形象的玩教具引导幼儿认知体验，而是有意识地培养幼儿的自主学习能力。例如，在集体教学活动中用开放性提问的形式引导幼儿积极思考；结合日常生活开展科学探究活动，培养幼儿的观察能力、发现问题和解决问题的能力等。同时通过学习习惯的培养，让幼儿学会正确的坐姿与握笔姿势等。

（二）幼儿园与小学衔接对教师的价值

当前，幼儿教师和小学教师颇有几分“各自为政”的现象。双方在各自教育领域都有丰富的专业知识和较高的专业能力，谈到幼儿园与小学衔接时都能从各自角度提出相应的教育建议，却很少换位思考，站在对方的角度去了解教育的问题和需求。幼儿教师和小学教师采用携手参观学习、座谈交流、加大教科研力度等方式，能从全新的交互视角或者第三方视角（即幼儿视角）思考幼儿园与小学衔接工作，及时发现具体工作中的问题与不足，进而反哺自身教育阶段的教育教学活动设计与实施，有利于丰富双方教师的理论知识和实践经验，促进教师的专业成长。

（三）幼儿园与小学衔接对家长的价值

幼儿家长是开展幼儿园与小学衔接工作的重要一环。不管是幼儿园教育还是小学教育，都离不开家长的理解与配合。当前幼儿园与小学衔接过程中出现的一些问题，如小学化等，其实都和家长的一味追求学识、追求结果等错误教育理念分不开。因此，科学做好幼儿园与小学衔接工作，能帮助幼儿家长充分地了解和正确地看待幼儿园与小学衔接这一特殊过程，树立科学的价值观和教育观，不再因害怕自家孩子“输在起跑线上”而盲目地为幼儿报各种培训班，同时能减轻家长的压力。

幼儿园与小学衔接是幼儿园与小学应尽的责任和义务，双方针对幼儿身心发展的特点和规律，采取有效的教育措施，帮助幼儿尽快地适应新的生活和学习。这是教育的奠基过程，是为幼儿入小学后的发展打好基础，也是为一个人的终身发展奠定基础，其重要性不言而喻。

二、幼儿园与小学衔接的突出问题

思维碰撞 最近班里一个幼儿的家长跟幼儿教师提出要转园，李老师详细了解情况后得知，该家长认为幼儿园里不教授拼音、计算和识字，担心孩子不能适应小学生活。在本例中，家长对幼儿园与小学衔接的认知是否科学？当前幼儿园与小学衔接的误区还有哪些？

随着国家对幼儿园与小学衔接的重视，通过幼儿园、小学、家庭等各方教育力量的努力，幼儿园与小学衔接工作取得了一定的成就，但因为诸多现实因素的影响，当前幼儿园与小学衔接仍然存在一些比较突出的问题，促使我们必须持续关注并努力解决，以更好地支持幼儿发展。

（一）幼儿园与小学衔接观念的单向性

一提到幼儿园与小学衔接，大多数人认为这是幼儿园该做的事情，是幼儿园的责任，却忽略了幼儿园与小学衔接也是小学与幼儿园衔接，理应是幼儿园与小学的双向衔接过程，它们是相互联系、相互作用的两个主体。如今的幼儿园与小学衔接工作基本是由幼儿园承担的，许多幼儿园十分看重幼儿园与小学衔接工作，在大班主动全面地开展入学前的准备，不管是教学还是生活都在不同程度上向小学看齐，以期帮助幼儿提前了解小学的生活和学习，做好心理和生理的双重准备。大多数小学则置身事外，几乎不与幼儿园进行合作，在迎接一年级新生时也未重视幼儿在过渡期的身心特点和发展规律，甚至责怪幼儿教师没有教好幼儿。这样的单向衔接观念让幼儿园与小学衔接的教育主体力量缺失，无疑增加了幼儿园与小学衔接的难度。

（二）幼儿园与小学衔接实践的形式化

幼儿园与小学衔接过程中的形式化主要体现在以下三个方面。

1. 小学化

目前，我国幼儿园教育小学化的倾向仍然明显，这也是幼儿园与小学衔接教育中最为突出的问题，主要体现在教学目标和教学内容上过度地追求知识的学习，在数量和难度上加码，认为幼儿园与小学衔接就是从玩儿到学习的过程，而学习就是学习知识。很多人认为，为进入小学做准备就是对小学知识进行预习，让幼儿学拼音、学写字、学算术，甚至是提前学习一年级的各科教材内容，这样就能让幼儿在入学后感到轻松无负担。在这样的目标引领下，幼儿园教育活动逐渐变了味道。在教学形式上，幼儿园增加了许多集体教学活动，将集体教学活动开展成为课堂教学模式，逐渐地取代了幼儿喜欢的游戏活动；在教学方法上，越来越多地采用讲授的方式，结合作业练习，希望传递给幼儿更多的间接经验，而忽视了培养幼儿主动学习的能力；在幼儿园课程的选择上，幼儿的兴趣与需要不再是首要考虑因素，过度开发幼儿的专业特长，课程超载现象严重。

小学化现象的产生是各方教育关联者对学前教育的价值取向不同导致的。具体如下：一是家长的教育观念陈旧，功利性强。在知识经济背景下，教育资源的不足让家长们都迫切地希望自己的孩子能“抢占先机”，认为孩子越早学习越多的知识越好，能在幼升小、小升初等各教育阶段具备更强的竞争力。作为幼儿园教育的服务对象，家长的这种教育观念对幼儿园教育提出了更多的智育要求，有的幼儿园为了满足家长的需求不得不在教育教学中做出妥协。二是幼儿园办学市场的特殊性。我国学前教育体制是“两条腿”走路，公办和民办幼儿园并举。学前教育的巨大市场和国家对教育市场的开放使得社会力量办园成为我国办园的主要力量。有的民办幼儿园为了生存势必会迎合客户（家长）的需要，通过识字、算术等明显的“产品”（学习成果）吸引家长的目光，进而选择自己的服务。三是教育评价的落后。很多人认为在幼儿园阶段，评价幼儿的发展情况就是看幼儿学了多少知识，上级教育行政部门在对幼儿园进行检查和评定的时候，不可避免地要对幼儿的智力发展情况进行评价，为了实现评价达标，有的幼儿园不得不在这一部分花费大力气。

小学化给幼儿带来了许多负面影响。首先，教学活动的增加和学习时间的延长要求幼儿在教室里较长时间规规矩矩端坐，容易使幼儿过度疲劳，影响幼儿骨骼、视力等身体发育，也容易使幼儿养成不正确的姿势，不利于幼儿的健康生长。其次，超前教育后的幼儿在进入小学一年级后因为知识已经学习过，认为自己都会了，从而对小学的学习失去兴趣，养成上课不专心的习惯，缺乏学习动力，以至于后期逐渐跟不上学习进度，导致成绩下降，产生挫败感。再次，幼儿处于具体形象思维阶段，心理活动的有意性不足，学习以机械记忆为主，长此以往幼儿习惯了死记硬背而不善于主动思考。最后，在小学化环境下，学习活动侵占了原本的游戏活动、自由活动时间，使幼儿无法充分地、自由地进行社会活动，束缚了幼儿个性和社会性的发展。

2. 片面化

在很多人看来，小学就是以学习为主，非常注重各科成绩。于是有的幼儿园在为幼儿做入学准备时只注意知识上的准备，认为只要幼儿学到足够多的知识就不会在小学出现跟不上学习进度的情况，也就不会产生不适应。在这样的认识下，有的幼儿园为了提高幼儿的学习成果，过多地进行智力教育，对幼儿道德、体育、艺术等方面的教育活动逐渐减少。幼儿的身心发展是一个全面均衡发展的过程，片面地强调智育、知识教育，使得幼儿的身心素质发展出现不平衡。

幼儿园片面地在智育上下功夫，无疑是拔苗助长的行为，虽然短期内可以让幼儿的知识储备适应小学的学习强度，但时间一长幼儿就无法专心于课堂学习，违规行为增多，学习失败率增高，这容易打击幼儿的自信心。同时很多幼儿在生活上会出现不适应现象，普遍感到上课时间长、作业多，害怕上课不认真、作业做不好会受到批评，心理压力大。有的幼儿会出现睡眠不足、身体疲劳、饮食不佳、体重下降等不良身体反应，体质下降，容易生病。还有的幼儿表现出社会交往能力差、自理能力弱、审美能力低等特点。

3. 表面化

有的幼儿园重视幼儿园与小学衔接的外在形式而缺乏对内在实质的理解，简单地将幼儿园与小学衔接理解为外部条件的衔接，认为开展幼儿园与小学衔接就是要让幼儿园大班的外部环境和条件与小学一年级趋同，让幼儿提前了解和熟悉小学的生活和学习环境。例如，对大班室内环境进行改造，将小组桌椅摆放为小学课桌式；增加集体教学活动，减少游戏活动；延长集体教学活动时间；采用小学的生活作息时间安排幼儿的一日生活；组织幼儿参观小学，到小学听课，和小学生沟通交流等。许多幼儿园较少从学习兴趣、学习习惯、学习能力、学习品质角度，去统筹设计并实施幼小衔接相关活动。

表面化的衔接方式在幼儿园与小学衔接过程中具有一定的直接作用，但无法实现长期效果。刚进入小学时幼儿会有种“我终于进小学啦”的感受，兴趣极大，对小学的教师、同学、运动场等各样的人、事、物充满热情。但由于在幼儿园时期已有一定的了解，小学对幼儿的神秘感、吸引力大大减弱，经过几次挫败之后幼儿就容易产生厌学情绪，想要回到幼儿园时的快乐时光。这些实践中存在的不可忽视的问题，在很大程度上影响了幼儿园与小学衔接的工作成效。

任务 12-2　幼儿园与小学教育的差异和衔接内容分析

问题引领　孩子马上要上小学了，大班的几位家长在群里表达着各种担忧。亮亮妈妈说：“小学一节课 40 分钟，孩子能坚持吗？”涵涵爸爸说：“小学都是学科教学，会不会太枯燥了？”妮妮妈妈说：“小学考勤比较严格，真担心孩子早上起不来啊。”在本例中，除家长们所说的幼儿园与小学的区别外，两个教育阶段还存在哪些不同之处？

幼儿园与小学虽然是相邻的两个教育阶段，但其本身具有非常显著的差异。幼儿园与小学衔接实际就是将这两个教育阶段间的差异坡度降缓，用各种教育方式搭建衔接的桥梁。

一、幼儿园教育与小学教育的差异

幼儿园教育与小学教育是各自独立又相互联系、相互影响的两个部分。只有明确了双方各自的教育特点和与对方的差异，才能知晓幼儿园与小学衔接的实施重点。

幼儿园教育与小学教育的差异体现在以下几个方面。

（一）教育理念的差异

一方面，幼儿园的幼儿身心各方面都较为稚嫩，是需要成人关心照顾的对象，游戏、学习、生活都是他们的主要活动。小学的幼儿则是需要独立生活的学习者，他们要遵守规则、认真学习，顺利地完成学业。另一方面，幼儿教师扮演多元化角色，如生活的照料者、游戏的伙伴、家长工作的协作者等。小学教师从一开始就主要是教育者，是幼儿学习的引导者、支持者，为幼儿提供学业上的帮助。此外，幼儿园遵循保教合一、保教并重的教育理念和教育原则，结合环境的渗透影响，让幼儿在生活、游戏中获得身心各方面的发展。小学教育则立足于教书育人，以教育为主，通过分科教学，让幼儿在学习各科知识的过程中发展。

（二）教育实践的差异

在不同的教育理念影响下，幼儿园与小学的教育工作在实践中存在较大的差异。

1. 生活方面的不同

（1）生活环境不同。幼儿园环境布置比较轻松活泼、生动，学习、生活设施一般相对集中，活动室、盥洗室、餐厅等紧密相连。室内布置色调温馨、区域结构合理，室内物品多是与幼儿日常生活相关的用品，富有趣味性，有专门的幼儿作品展示区；室外活动材料丰富，满足幼儿的各项活动需求。小学教室环境布置相对简单和严肃，桌椅摆放是固定的，自由活动空间较少，墙面装饰多是名人名言、评比栏等与学习相关的内容，学习氛围逐渐加强。

（2）生活作息制度不同。幼儿园通常一日作息为早上 8：00 左右入园，下午 4：00~5：00 离园，午休 2 小时左右；一天内有一次或两次集体教学活动，每次 15~30 分钟，其余时间均是幼儿的生活活动和游戏活动时间，没有严格的出勤要求，作息时间比较灵活。小学则以课堂教学为主，一天内有 5~6 节课，每节课 40 分钟，课间休息 10 分钟，有较为严格的作息时间要求，活动时间明显减少，智力活动时间骤然增加。

2. 教育方面的不同

（1）教育目标不同。幼儿园教育有保育和教育的双重目标，要促进幼儿身心的全面和谐发展。保育侧重幼儿的身体和生活的养护与照顾，教育侧重幼儿的心理机能与习惯的养成，二者缺一不可，相辅相成。小学教育较少保育要求，主要是教育目标，要帮助学生习得各类知识。

（2）教育内容不同。幼儿园的教育内容具有基础性、多样性和整合性，以幼儿的实际生活、兴趣爱好为基础，从生活中寻找适合的教育内容，整合健康、语言、社会、科学和艺术五大领域的知识经验。小学的教育内容具有抽象性、系统性和挑战性，主要以教材为载体，教给幼儿不同学科的知识。

（3）教育方法不同。幼儿园教育强调活动性，主要采用幼儿教师示范指导、幼儿模仿学习、操作练习的方法，让幼儿在活动和操作的过程中获得直接经验，注重直观性和趣味性。小学教育强调教学性，主要采用教师讲授、幼儿练习的方法，在课堂上先通过教师的分析与解释，给予幼儿容易消化的间接经验，再辅以课后作业练习，注重逻辑性。

（4）教育途径不同。幼儿园教育一方面以游戏为基本活动方式，寓教于乐，让幼儿在玩中学、在学中玩，保持好奇心和探索欲；另一方面将生活看作教育的重要途径，在生活中挖掘教学内容，进行能力练习。小学教育以课堂教学为主要途径，辅以一些活动、环境的影响作用，幼儿在校一日生活被安排为多次课堂教学。

（三）对幼儿要求的差异

1. 生活要求的不同

在幼儿园里，幼儿是被呵护、被照顾的对象，有任何问题都可以找幼儿教师、找同伴寻求帮助。到了小学，幼儿需要自己收拾整理文具、书包，自己加减衣物，按时入学、自主进餐、如厕等，学会遵守课堂纪律和行为规范，还要自己去认识新的伙伴，面对各种困难，这对幼儿的独立性和自主性要求更高。

2. 学习要求的不同

幼儿园里没有考试，没有学业压力，幼儿在各类游戏和活动中通过与环境、材料的互动获得发展。同时，幼儿园需要做好入小学的前阅读、前书写准备，如学习正确的坐姿、握笔方式，养成良好的阅读习惯，学习普通话，等等。到了小学，幼儿需要面对多个学习科目，学习拼音、运算、科学等知识，应付学业任务和不同时期的考试，甚至还要完成家长的额外学习任务，如各种特长培训班等，学习要求更多也更加严格。这些差异对于幼儿来说是一个巨大的转折和考验，若处理不好，则将不利于幼儿园与小学的顺利过渡。

二、幼儿园与小学衔接的内容

2021 年 3 月，教育部发布了《关于大力推进幼儿园与小学科学衔接的指导意见》（以下简称《指导意见》)。《指导意见》中包含《幼儿园入学准备教育指导要点》《小学入学适应教育指导要点》两个附件，以幼儿的发展为出发点，分别对幼儿园做好入学准备教育和小学做好入学适应教育进行了具体、可操作性的指导。从身心、生活、社会及学习四个方面的准备与适应明确了发展目标和具体表现，解答了幼儿园与小学衔接到底“衔接什么”的问题。

微课：如何激发大班幼儿对小学学习的期待感?

（一）身心准备与适应

《指导意见》中将向往入学、情绪良好、喜欢运动和动作协调作为幼儿园入学准备教育指导要点，如表 12-2-1 所示。

表 12-2-1　幼儿园入学准备教育指导要点（身心准备部分）

发展目标	具体表现
向往入学	1. 初步了解小学，对小学生活充满期待。 2. 希望成为一名小学生，愿意为入学做准备
情绪良好	1. 能经常保持积极、稳定的情绪。 2. 遇到困难和不开心的事情，不乱发脾气，不迁怒于他人
喜欢运动	1. 积极参加多种形式的户外活动。 2. 能连续参加体育活动半小时以上
动作协调	手部动作协调，能使用简单的工具和材料

与此相对应，《指导意见》将喜欢上学、快乐向上、积极锻炼和动作灵活作为小学入学适应教育指导要点，如表 12-2-2 所示。

表 12-2-2　小学入学适应教育指导要点（身心适应部分）

发展目标	具体表现
喜欢上学	1. 能记住校名和班级，知道自己是一名小学生。 2. 愿意了解校园环境，积极参与学校和班级的活动
快乐向上	1. 能保持积极快乐的情绪。 2. 对学习、生活中遇到的困难，愿意尝试自己解决问题
积极锻炼	1. 喜欢参与多种形式的体育活动。 2. 养成坚持参加体育锻炼的习惯
动作灵活	精细动作发展协调灵活，能熟练使用常用工具

从表 12-2-1 和表 12-2-2 可以看出，情感态度及动作发展是幼儿园与小学衔接中身心准备与适应的主要内容。从幼儿园到小学，在情感态度上要从向往到喜欢，激发并保持幼儿上小学的热情，使其学会表达和调节自身情绪，用积极的态度面对问题和困难。在动作发展上要从喜欢到主动，保证幼儿活动时间和活动强度，使其养成运动习惯。

（二）生活准备与适应

《指导意见》中围绕日常生活、安全和劳动界定了幼儿园入学准备教育和小学入学适应教育的指导要点，如表 12-2-3 和表 12-2-4 所示。

表 12-2-3　幼儿园入学准备教育指导要点（生活准备部分）

发展目标	具体表现
生活习惯	1. 保持规律作息，坚持早睡早起、睡眠充足。 2. 保持良好的个人卫生，有自觉洗手的习惯，有保护视力的意识
自理能力	1. 能按需喝水、如厕、增减衣服。 2. 坚持自己的事情自己做，能分类整理和保管好自己的物品。 3. 有初步的时间观念，做事不拖沓
安全自护	1. 能自觉遵守基本的安全规则和交通规则，有自我保护的意识。 2. 知道基本的安全知识，遇到危险会求助
热爱劳动	1. 能主动承担并完成分餐、清洁、整理等班级劳动。 2. 能做一些力所能及的家务劳动

表 12-2-4　小学入学适应教育指导要点（生活适应部分）

发展目标	具体表现
生活习惯	1. 养成早睡早起的好习惯，能够逐步适应从幼儿园到小学的作息转变。 2. 具有良好的生活和卫生习惯，能主动喝水，学习保护视力的基本方法
自理能力	1. 不用成人的提醒和帮助，能做基本的自我服务，照料好自己。 2. 学会及时收纳、分类管理好自己的物品，做好课前准备
安全自护	1. 认识安全标识，学会简单的自救和求救的方法。 2. 能安排好课间活动，不做危险游戏
热爱劳动	1. 积极主动参与班级劳动。 2. 能分担力所能及的家务劳动。 3. 做事认真负责，有始有终

在生活准备与适应中，首先要在满足幼儿身体发育的需求的基础上，逐步调整一日作息，使其适应小学的时间安排。其次要培养幼儿的独立生活能力，使其学会

穿衣、如厕、收纳整理等个人生活管理技能，养成良好的生活习惯和卫生习惯，特别注意视力的保护和时间观念的培养。最后要实现幼儿从热爱劳动到主动参与劳动的转变，从遵守安全规则到主动规避安全问题的转变，真正形成安全意识。

（三）社会准备与适应

《指导意见》中从交往意识、规则意识、集体意识、品德意识等方面对社会准备与适应进行了阐述，如表 12-2-5 和表 12-2-6 所示。

表 12-2-5　幼儿园入学准备教育指导要点（社会准备部分）

发展目标	具体表现
交往合作	1. 能和同伴友好相处，乐于结交新朋友。 2. 能与同伴分工合作共同完成任务，遇到困难互帮互助，发生冲突时尝试协商解决。 3. 能主动向教师表达自己的想法和需求
诚实守规	1. 能遵守游戏和日常生活中的规则。 2. 知道要做诚实的人，要说话算数
任务意识	1. 理解教师的任务要求，能向家长清晰地转述并主动去做。 2. 能自觉、独立完成教师安排的任务
热爱集体	1. 喜爱自己的班级和幼儿园。 2. 愿意为集体出主意、想办法、做事情。 3. 初步形成爱家乡、爱祖国的情感

表 12-2-6　小学入学适应教育指导要点（社会适应部分）

发展目标	具体表现
融入集体	1. 知道自己是班级的一员，能逐步融入班集体。 2. 积极参加集体活动，能感受集体生活的快乐
人际交往	1. 愿意主动接近教师，有问题能找教师寻求帮助。 2. 能与同伴友好相处，有经常一起玩的小伙伴。 3. 能与同学分工合作完成任务，互帮互助，发生冲突时会协商解决
遵规守纪	1. 了解并遵守《小学生日常行为规范》和校规的基本要求，有明确的规则意识。 2. 能积极参与班级及各类活动规则的制定，想办法扩展游戏或推进活动
品德养成	1. 能初步分辨是非，做了错事能承认和改正。 2. 喜欢集体生活，爱护班级荣誉。 3. 具有爱家乡、爱祖国的情感

可以看到，幼儿园与小学衔接要注意发展幼儿的人际交往能力，在幼儿园时期让幼儿主动交往、乐于交往，扩大交往范围，交到新朋友、好朋友。幼儿在与他人

的交往过程中要学会合作、分享，获得集体感，以便在小学时能较快融入新班级，建立和谐的、亲密的师生关系、同学关系。幼儿园也要帮助幼儿增强规则意识，逐步将行为规则和道德规则内化，培养其诚实守信、遵规守纪的良好品质。此外，在社会领域还要尤其注意激发幼儿对集体、对社会、对国家的喜爱和荣誉感。

（四）学习准备与适应

《指导意见》中将学习兴趣、学习能力和学习品质作为幼儿园与小学衔接学习准备与适应的重要内容，如表 12-2-7 和表 12-2-8 所示。

表 12-2-7　幼儿园入学准备教育指导要点（学习准备部分）

发展目标	具体表现
好奇好问	1. 对身边的新事物感兴趣，有好奇心和探究欲。 2. 喜欢刨根问底，乐于动手动脑
学习习惯	1. 能专注地做事，分心时能在成人提醒下调整注意力。 2. 能坚持做完一件事，遇到困难不放弃。 3. 乐于独立思考并敢于表达。 4. 做事有一定的计划性
学习兴趣	1. 对大自然和身边的事物有广泛的兴趣，努力寻找答案。 2. 喜欢阅读，乐于和他人一起看书讲故事，遇到问题经常通过图书寻找答案。 3. 对生活情境中的文字符号感兴趣，愿意用图画、符号等方式记录自己的想法和发现。 4. 愿意用数学的方法尝试解决生活和游戏中的问题，体验解决问题的乐趣
学习能力	1. 在集体情境中能认真听并能听懂他人说话，有疑问时能主动提问。 2. 能较清楚地讲述一件事情。 3. 能说出图画书的主要情节，并有自己的理解和想法。 4. 在绘画、拼图等活动中，能识别上下、左右等方位。 5. 能认识并书写自己的名字。 6. 能在教师指导下，尝试运用数数、排序、简单的统计和测量等数学方法解决日常生活中的问题

表 12-2-8　小学入学适应教育指导要点（学习适应部分）

发展目标	具体表现
乐学好问	1. 在观察、阅读、互动讨论等情境中，能发现问题、提出问题。 2. 有好奇心，能够对不懂的现象进行追问和探究
学习习惯	1. 做事专注，能有意识地调整注意力。 2. 做事有一定的计划性，逐步学会合理安排生活和学习。 3. 遇到困难经常积极寻找解决办法

续表

发展目标	具体表现
学习兴趣	1. 对新知识、新环境感兴趣，积极参加各类活动。 2. 喜欢到图书馆或班级图书角看书，积极参加与阅读有关的活动。 3. 愿意用数学的方法解决生活中的简单问题
学习能力	1. 在日常生活和课堂教学中能领会同学和教师说话的主要内容，并能积极做出回应。 2. 喜欢阅读，对感兴趣的人物和事件有自己的理解和想法，能随着作品的展开产生相应的情感体验。 3. 能较完整地讲述小故事，能简要讲述自己感兴趣的见闻。 4. 乐于在阅读的语境中识字。学习认识汉字的笔画和间架结构，初步掌握写字的基本笔画、笔顺规则。 5. 能在日常生活中发现并提出简单的数学问题，尝试用不同的方法解决

问题与兴趣是一切学习的开端。幼儿园与小学衔接在学习领域要注意保护与支持幼儿的好奇心和求知欲，为幼儿创设良好的学习环境。在这基础之上，还要培养幼儿学习的专注性、坚持性、独立性和计划性等，支持幼儿在阅读、书写、思维等方面学习能力的发展，如培养幼儿倾听和表达的能力、数学运算的能力、空间探索的能力等。

任务 12-3　幼儿园与小学衔接的原则和策略探寻

问题引领　萱萱上大班了，爸爸妈妈为她制定了详细的计划，包括每天应该阅读的书，要认的字，应该做什么运动等。爸爸认为应该多安排一些知识内容的学习，好让萱萱顺利进入一年级；妈妈认为要用长远的眼光来看待，应该注重学习习惯、身体素质等方面。你更同意谁的观点呢？

3—6 岁是幼儿终身发展的基础阶段，从幼儿园到小学也是幼儿人生中一次关键的社会性转折。幼儿园与小学均是终身教育的重要阶段，科学地开展好幼儿园与小学衔接工作，帮助幼儿做好入学准备，提高教育质量，是幼儿园教育和小学教育的重要内容。

一、幼儿园与小学衔接的原则

实施幼儿园与小学衔接工作须遵循一定的基本原则。

（一）坚持儿童本位

幼儿园教育和小学教育都应坚持儿童本位的价值取向，将儿童和儿童发展作为出发点和落脚点，来准备和实施幼儿园与小学衔接工作。

1. 尊重幼儿发展的阶段性和连续性

不同教育阶段幼儿的身心发展水平不同，在幼儿园与小学衔接过程中，幼儿既具有幼儿园阶段的特点，又兼有小学阶段的特点。例如，幼儿的无意注意在学习和生活中占主要地位，但有意注意在逐渐增强，这为小学的课堂教学奠定了基础。此外，幼儿在幼儿园和小学初阶段都以具体形象思维为主，但幼儿园大班时幼儿的抽象逻辑思维开始萌芽，从思维和逻辑能力上为小学学习做准备。教育者在尊重幼儿阶段性发展特点的同时，在教育目标、教育内容、教育方法、教育环境等各方面要注意保持连续性，为幼儿创造良好的学习条件。

2. 尊重幼儿发展的全面性和差异性

我国教育领域一直以来秉持的是素质教育观。幼儿园作为我国基础教育的重要组成部分，素质教育这一理念仍然有效。幼儿的发展是一个整体，幼儿园教育的目标是要培养全面和谐发展的儿童。小学化现象实际上就是偏重智育而忽视其他方面的培养。因此，开展幼儿园与小学衔接应有意识地在幼儿身体发展、学习、社会适应性等各方面采取衔接教育措施，促进幼儿德智体美劳的全面发展。同时，幼儿的发展具有个体差异性，每个幼儿的发展速度和发展水平是不均衡的，幼儿园与小学衔接要尊重个体差异、关注个性化发展。

3. 强调幼儿发展的可持续性

发展是一个连续动词，着眼于未来才能提前准备。幼儿园与小学衔接工作要关注幼儿发展的可持续性，不能仅仅以“入小学”为目标，考虑小学需要什么，而要从终身发展的视角来思考。从短期来说，幼儿园与小学衔接不是为小学一年级做准备，而是为整个小学阶段需要的生活和学习习惯及能力做准备。从长期来说，幼儿园与小学衔接要思考应为幼儿可能成为什么人、需要成为什么人做哪些能力或品质的准备。

（二）坚持双向多元

双向指衔接主体双向，多元指衔接要点多元。

一方面，幼儿园与小学衔接应坚持以幼儿园与小学为衔接主体，强化双向衔接的意识，消除“幼儿园与小学衔接是幼儿园的责任”这种错误观念，要把双方都视为幼儿园与小学衔接的责任承担者和义务履行者。同时，幼儿园与小学不是“各自为政”，双向衔接的特点就在于“有来有往”，幼儿园要做好幼儿进入小学的相关准备工作，小学要做好幼儿进入小学的相关入学适应工作。

另一方面，幼儿园与小学衔接要做好软件和硬件同步衔接工作，要加强教科研联动，为幼儿平稳顺利度过“衔接期”创造良好的外部环境。例如，行政系统统筹推进，规范管理，从政策、资金等硬件方面为幼小衔接提供条件。同时，教科研要联动发力，深入研究挖掘幼儿的特点，以及幼儿园与小学衔接的特点、现状、内容等，为幼儿园与小学衔接的实践提供科学依据。

（三）坚持全面渐进

全面指衔接的内容要包括德智体美劳各方面。幼儿园与小学衔接入学准备不仅包括知识的准备，还包括身体、学习和社会性适应等全面素质的准备。幼儿的身体素质和社会适应能力对学习有很大的影响，因此不能偏颇某一方面。

渐进指从幼儿园之初就要开始逐步为幼儿进入小学做好有关准备工作，而不只是到了大班才开始准备。幼儿某方面的能力和习惯的形成不是一蹴而就的，因此幼儿园应自幼儿入园就开始衔接工作。整个幼儿教育时期，都要为幼儿入小学和今后的成长做好最基本的全面的素质准备。大班阶段是做好幼儿进入小学相关准备工作的关键期，要着重做好幼儿进入小学的有关特殊准备，如通过游戏和绘画等活动培养幼儿写字所需要的基本功，熟悉田字格、四线格等。

案例分析

前书写活动①

福建幼儿师范高等专科学校附属幼儿园

班级：大一班　执教：梁金晶　指导：隋玉玲

活动由来：

为了满足大班幼儿对书写的需求，规范学习书面语言，为书写打基础，也为入小学正式学习写字做好准备，我设计了前书写系列活动，现以两个活动为例，介绍如何发展幼儿前书写技能。

活动一　探索活动：哪些东西可以拓印

活动目标：

1. 在学习拓印的活动中，发现可拓印物品的特征；培养观察和探索的兴趣。

① 郑健成．学前教育学［M］．2版．上海：复旦大学出版社，2014：256.

2. 培养运笔的灵活性，发展前书写技能。

活动准备：

砂数字板一块，白纸、铅笔人手一份。

活动过程：

1. 以变魔术的形式，让幼儿观察拓印砂数字板，激发幼儿探索的兴趣。

2. 向幼儿介绍拓印的基本方法：先用手将白纸固定在物体表面，再用铅笔在上面来回涂画。让幼儿知晓用这种方法表现物体表面图案影像的方式叫作拓印。

3. 幼儿探索活动：请幼儿找找身边哪些东西可以拓印。

4. 组织幼儿交流、分享：你发现哪些东西可以拓印？展示自己的拓印成果。

5. 引导幼儿发现规律：为什么有的东西可以拓，有的东西不能拓？

6. 教师小结：凡是表面有凹凸纹路或机理的物体都可以拓印。

7. 延伸活动：幼儿自己选择可以拓印的物品，放在书写角中练习拓印。

活动反思：

在活动中，幼儿表现出的观察能力大大超乎我的想象：他们发现教室墙面上的中国版图、椅背、瓷砖缝、走廊上的柱子、树干、树叶甚至凹凸的地面都可以拓印，他们惊奇地有了一个又一个的发现，探索的欲望也越来越浓厚……但由于受经验及手部肌肉发育的影响，幼儿所拓印出的物体影像歪曲、不完整，并且纸张、铅笔有破损。由此可见，进行此项活动，正是锻炼幼儿手腕肌肉，培养幼儿耐心细致优良品质的良好方法，并且是以幼儿感兴趣的方式进行，让幼儿在潜移默化中发展前书写技能。

活动二　认识：四线格、田字格

活动目标：

1. 认识四线格、田字格，并能正确说出方位、名称。

2. 练习临摹，发展前书写技能，学习正确的书写姿势，培养观察力。

活动准备：

小动物玩具一个，四线格、田字格范例各一个，左上格、左下格、右上格等文字卡，练习纸若干。

活动过程：

1. 以“小动物跳格子”的方式引导幼儿认识四线格、田字格及各部分名称。

2. 对应文字卡，让幼儿巩固四线格、田字格各部分方位名称。

3. 游戏——找相同。玩法：请幼儿在众多图形中找出与左边范例完全相同的图形。

4. 以竞赛的形式，各组分别选一名幼儿到黑板前，对应范例在四线格、田字格中抄写符号。

5. 幼儿全体练习：在练习纸上，对应范例练习临摹，提醒幼儿保持正确的书写姿势。

6. 延伸活动：在区角活动中投放材料，四线格、田字格对应摆放，供幼儿练习。

活动反思：

众所周知，规范书写是对小学生书写的必备要求，但如何让幼儿从幼儿时期的意愿书写过渡到规范书写成为我思索的问题。于是在活动中，我首先通过游戏的方式，激发幼儿对书写格式的兴趣，进而通过循序渐进、逐渐增加难度的练习方法，使幼儿掌握了四线格、田字格临摹的方法，以及检验错误的方法。但在练习过程中，仍有部分幼儿因粗心大意或观察不细致而造成错误，因此培养幼儿耐心细致的良好学习习惯尤为重要。

分析：通过上述两个关于发展幼儿前书写技能的活动案例可知，要进一步深刻认识到幼儿园与小学衔接是一个循序渐进的过程。在幼儿园与小学衔接的过程中，一方面，要树立全面衔接的理念，要认识到幼儿园与小学衔接不仅是幼儿知识的衔接准备，还包括幼儿身体、心理、社会性适应等其他各方面的素质和能力的衔接准备。另一方面，要树立循序渐进的理念，幼儿的书写兴趣的培养、书写习惯的养成、书写方法的掌握、书写能力的提高等不是短时间内可以一蹴而就的，从幼儿进入小班开始就要通过游戏、绘画等逐步培养，循序渐进。从幼儿入园开始，就要逐步为幼儿进入小学和以后的成长做好最基本的全面的素质准备。

微课：如何做好从幼儿园过渡到小学的适应性准备？

二、幼儿园与小学衔接的策略

（一）加大宣传力度，更新衔接观念

基于布朗芬布伦纳的人类发展生态学系统理论，邓洛普等人构建了一个幼儿园与小学衔接生态系统模式图（图 12-3-1）[1]。从图 12-3-1 可以看出，幼儿园与小学衔接是一个以幼儿为中心的多方教育力量的动态互动过程，强调各方教育力量的相互作用。幼儿园与小学衔接不是幼儿园大班和小学一年级的衔接，幼儿园与小学衔接工作应从幼儿入园开始。

因此，加大宣传力度，普及关于幼儿发展和幼儿教育的科学理论，引导全社会形成正确的衔接观念，是幼儿园与小学衔接的首要前提。

从正向宣传角度来说，首先，国家要主导宣传教育。例如，教育部开展的全国学前教育宣传月活动，以幼儿园与小学衔接为主题已有三年，2016 年以“幼小协同、科学衔接”为主题，2019 年以“科学做好入学准备”为主题，2022 年以“幼小衔

① 李敏谊，刘颖，崔淑婧 . 国外近 10 年幼小衔接理论研究综述［J］. 比较教育研究，2010（5）：86–90.

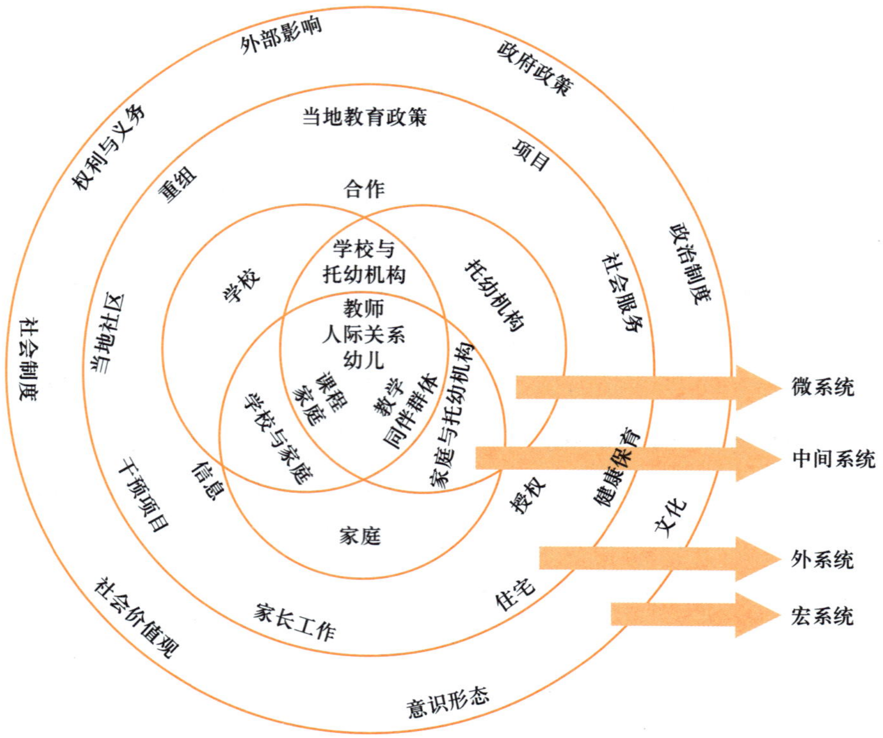

图 12-3-1　幼儿园与小学衔接生态系统模式图

接，我们在行动”为主题。要借助官方的巨大影响力和多种多样的形式广泛宣传解读《关于大力推进幼儿园与小学科学衔接的指导意见》《幼儿园入学准备教育指导要点》《小学入学适应教育指导要点》，推动广大幼儿园与小学深入理解和落实国家相关政策要求，科学开展幼儿园入学准备教育和小学入学适应教育，深入推进幼儿园与小学衔接方面的实践探索，同时引导社会形成正确的价值取向。其次，要将社区作为重要的传播途径，扩大影响范围，使宣传教育活动辐射到每个家庭。例如，与幼儿园开展定期合作，制订年度宣传目标和实施计划，每个月进行一次有计划、有针对性的宣传活动；增加社区内的宣传栏数量，增加幼儿园与小学衔接的宣传版面，保证宣传教育影响的持续性；聘请幼儿园、高校或教育行政部门的专业人员到社区内参加各种活动，开展面向社区、面向家长的各类专题讲座；定期组织集体活动，如座谈交流等，为各类群体提供相关咨询服务。

从实证研究角度来说，要增强对现实问题的研究力度，扩大研究范围，加大对实证研究结果的宣传力度，从现实意义上让家长等对象“心服口服”。例如，面对“三年级效应”，应深入探析超前学习与幼儿发展的关系，发现强调幼儿提前学习知识而忽视学习能力和学习习惯的培养是有害无利的。通过此类研究，加大这些研究成果的宣传，能让幼儿家长看到不良影响，减轻幼儿教育的焦虑感。

（二）多方联动协同，转变衔接思路

《纲要》中指出："幼儿园应与家庭、社区密切合作，与小学相互衔接，综合利用各种教育资源，共同为幼儿的发展创造良好的条件。"在幼儿园与小学衔接中，要充分发挥幼儿园、家庭和社区各方教育力量的协同联动作用。只有增强幼儿园、家庭和社区各方教育力量的合力，才能使幼儿园与小学衔接工作成效最大化。

家庭是幼儿人生开始的地方，是幼儿发展的第一场所；幼儿园是幼儿第一个学习的场所，也是幼儿第一次步入集体这一小社会的场所；社区是幼儿生活的拓展场所，也是幼儿学习的延伸场所；小学是幼儿第一个进行知识学习的场所。幼儿园与小学衔接工作仅仅依靠幼儿园或小学单方面的力量是不够的，幼儿园、小学、家庭、社区必须互相配合，形成影响幼儿成长的教育合力。目前，不少家长在有关幼儿入学准备问题上，存在各种不正确的认识。因此，做好家长工作，转变家长观念，使家长掌握正确的态度与方法，与幼儿园、小学共同配合做好过渡期的教育是十分必要的。此外，在整个衔接工作中，全社会对教育的支持，对幼儿的关心也是不可缺少的。幼儿园与小学衔接应充分尊重各方的教育价值，调动各方的教育资源，使其相互补充、相互配合，将家庭、幼儿园、社区与小学共育贯彻到幼儿园与小学衔接过程中去。

（三）把握关键内容，掌握衔接方法

幼儿园与小学衔接最根本的方法是明确衔接中的主要矛盾，即幼儿园教育与小学教育的差异，有针对性地采取措施减小差异。

1. 增强体质，发展动作

身体健康是一切活动的基础。幼儿园要充分保证幼儿的体育运动和户外活动时间，提供数量丰富、种类多样的活动器材和设备，促进幼儿大肌肉动作和精细动作的发展，提高动作的协调性和灵活性。例如，开展往返跑、踢毽子、拍球、跳绳、剪纸、编织等游戏活动。小学要选择与幼儿园相似的设施设备，在锻炼强度和锻炼难度上要比幼儿园稍高。同时，要合理选择体育锻炼的材料，在兼顾兴趣的基础上促进动作发展，以帮助幼儿保证充沛的精力、养成锻炼的好习惯，有利于幼儿应对小学的学习强度和学习压力。

2. 学会独立，学习交往

在小学里，课余时间是幼儿的自由活动时间，需要幼儿自己照顾自己，如喝水、如厕、整理个人物品、安全活动等，要求幼儿有较强的独立性、自理能力和自我保护能力，知道什么时候该做什么事情、可以做什么事情，并自觉地去做。幼儿园在大班下学期就可以适当减少生活、游戏时间，延长集体教学活动时间。例如，缩短

午睡时间，适当增加每天的集体教学活动次数和时间等。逐步增加安全教育内容，通过认识安全标志、熟记安全规则等方式让幼儿学会辨别危险、躲避危险和自保自救。与家庭合作，共同培养幼儿的劳动意识。例如，让幼儿帮忙摆放碗筷、洗碗、扫地、扔垃圾等，做力所能及的事，积极参与家庭劳动，在劳动中学会尊重别人的劳动成果，热爱劳动，形成良好的劳动习惯。

不管是幼儿园还是小学，首先都要帮助幼儿建立良好的师生关系。教师要深入了解幼儿各方面的情况，耐心倾听幼儿的想法，关注幼儿的情绪变化，多鼓励和表扬，建立起幼儿对教师的信任感。此外，还要帮助幼儿建立良好的同伴关系，通过开展“我的新朋友”等主题活动和游戏，鼓励幼儿大胆认识同伴，关心同伴，与同伴积极交往、友好相处。

3. 重视任务，强调规则

在幼儿园时期，幼儿都是自由且随意的，除了生活常规很少有其他学习要求。幼儿园与小学衔接要重视任务的导向价值，逐步让幼儿明白有的事是应该做、应该完成的。在幼儿园大班时期，幼儿教师可以在日常生活中准备一些未完成事项，让幼儿做小帮手，如让幼儿完成洗手台面清洁、收拾床铺等。再如实行的值日生制度，让幼儿了解值日生需要完成的工作，通过肩章、袖章等形式赋予幼儿责任感和使命感，帮助幼儿建立良好的任务意识。

幼儿园要建立生活常规，增强幼儿的规则意识，可以采用师生共同制定游戏规则等方式让幼儿自觉遵守规则。到了小学之后，会有许多新规则出现，如桌面学习用品摆放规则、课堂教学规则、道德行为规则等，这就要通过课堂学习、小组讨论、生活巩固等方式帮助幼儿内化规则。

4. 学会学习，提高能力

在学习能力方面，要注意培养幼儿的语音意识和发音能力，理解和表达能力，空间、方位判断能力，逻辑推理能力，观察、比较、分析、归纳能力，数理分析能力，等等。例如，通过积木、雪花片等具体、形象、可操作性的材料锻炼幼儿的空间想象能力和空间构造能力；提供丰富多样的绘本等支持幼儿的自主阅读，提高语言方面的能力。

在学习品质方面，要注意培养幼儿尊重教师、珍惜学习时间、认真完成作业的态度，培养幼儿广泛的兴趣爱好和强烈的探究欲望，养成爱护学习用品、端正学习态度的习惯。家长可以为幼儿创设一个专门的学习空间，使幼儿有自己的书桌、台灯、书架等，营造良好的环境，帮助幼儿养成先作业后玩耍、按时完成任务等习惯。老师与家长在与幼儿互动时，多问一些“为什么”，并提供各种支持、帮助引导幼儿对事物的好奇与探究。

知识链接

国外如何做幼儿园与小学衔接?

1. 美国：强调教育内容要符合时代的要求

美国幼儿园基本附设在小学中，接纳4—6岁幼儿，作为“小学阶梯”，对于5岁幼儿限定做为期一年的教育准备。在教育内容上注重符合时代的要求，对幼儿进行数学和自然科学的教育。为了更好地衔接，幼儿教师和小学教师要相互了解双方的教育任务与特点。

2. 澳大利亚：注重各利益相关者之间的合作

澳大利亚政府意识到为幼儿提供更好的发展条件和保障的重要性，在加大教育投入的同时，出台相应政策，帮助幼儿在新环境中建立良好人际关系，同时支持多方互动，促进幼儿与教师、家长、社区人员之间的合作。重视计划和培训，促进教育合力的形成。关注幼儿心理适应问题，弱化知识和技能准备，尊重幼儿个体差异。

澳大利亚教育部指出，受欢迎的幼儿有如下特征：有求知欲并遵守纪律，理解学校规则；善于倾听，了解别人的想法和需求；乐于助人，在别人遇到困难时告诉他该做什么和如何去做；能够初步控制情绪，能保持安静；当朋友产生畏难情绪时给予鼓励；在朋友伤心或需要帮助时能及时出现在他身边；在朋友犯错误时制止他；值得信赖；等等。

3. 日本：从终身教育观点考虑幼儿园与小学衔接

日本把幼儿园与小学的衔接置于终身教育的背景下来考虑，即从终身教育的观点看待幼儿园与小学衔接，不再狭义地将其看成两个教育阶段的衔接问题。因此，日本文部省明确指出幼儿园与小学衔接不是要幼儿园教授和小学特定学科内容直接连续的东西，而是要为幼儿上小学的生活、学习打下基础。在幼儿园教育方面，以五个领域为主（体育、语言、人际关系、环境、表现），在小学教育方面，重视如何将幼儿园教育成果进一步延伸和发展，在一二年级课程中增设生活科和社会科，注重自然基础知识、社会常识和技能的培养。

4. 瑞士：幼儿教育与小学低年级合并教育

瑞士对幼儿进行大量的智力投资，激发幼儿对学习的兴趣，力争不错失发展幼儿潜力的良机。同时，瑞士不主张急于督促，甚至逼迫幼儿学知识，使幼儿感到压力和沮丧。因为不顾及幼儿智力发展的过程和个体的差异，一厢情愿地填鸭式教育幼儿，必然造成严重的后遗症。

5. 英国：将保育学校与幼儿学校合并

英国3~5岁幼儿的课程指南分为六个领域：① 个性、社会性和情感的发展；② 交流、语言和读写的发展；③ 数学发展；④ 认识和理解周围世界；⑤ 身体发展；

⑥ 创造性发展。在这六个领域中，所有目标均是通过幼儿大量的感知、探索、操作活动实现的。英国非常重视幼儿优良的个人习惯和社会习惯的养成，以及身体的发育。

6. 德国：注重心理准备和自理能力准备

在德国，每个幼儿在迈入他们的小学生活前都会受到学校高规格的欢迎和全家的重视。德国的幼儿在满 6 周岁之后才可以进入小学就读。所谓可以入学就读，就是必须经过教师和医生的评估，认为幼儿的心智、身体、语言等各方面都已经准备好入学了，而还没有准备好的幼儿，可以晚一年，等心智再成熟一些再入学，父母可以自己决定让幼儿在 6 岁时或在 7 岁时入学，也可以和教师讨论与评估后决定。兴趣和专业是德国培养幼儿的重点，而不是要求每个幼儿都要念好书。

岗位应用

一、观察分析

请结合你在幼儿园开展见习实训所观察到的实际情况，分析其是否存在小学化现象？

二、调查发现

请调查幼儿园在幼儿园与小学衔接工作中开展了哪些具体活动，并进行详细列举。

国考聚焦

一、真题分析

（一）选择题

1. 下列有关幼儿园与小学衔接的说法，正确的是（　　）。（2013 年下半年《保教知识与能力》）

A. 幼儿入学适应困难，是因为幼儿园教育过于游戏化

B. 幼儿园与小学衔接完全是幼儿园的责任

C. 幼儿园的幼儿园与小学衔接工作不仅仅在大班开展，小班、中班也应该开展

D. 幼儿园与小学衔接主要是教幼儿拼音、汉字等内容

2. 某幼儿园在上学期为大班开设了一年级语文、数学课程。该幼儿园的做法(　　)。(2018年下半年《综合素质》(幼儿园))

A. 正确，幼儿园有权安排教学活动

B. 不正确，这些内容应设在大班下学期

C. 正确，有利于实现幼小衔接区

D. 不正确，不利于幼儿的身心发展

3. 为了更好地满足家长们提供的幼小衔接要求，幼儿园大班教师张某在最后一个学期，以拼音、20以内的加减法等作为主要教学内容，张某的做法(　　)。(2021年上半年《综合素质》(幼儿园))

A. 正确，张老师有决定教学内容的权利

B. 正确，张老师有效回应了家长的要求

C. 不正确，幼儿园不得教授小学的内容

D. 不正确，幼小衔接应在入园时开始

4. 某公立幼儿园为增加收入，与某培训机构围绕幼小衔接联合举办了一系列线上线下相结合的辅导活动，解决了经费难题。幼儿园的做法(　　)。(2021年下半年《综合素质》(幼儿园))

A. 落实了幼小衔接的政策要求

B. 探索出了开放办园的新路径

C. 违反了《幼儿园工作规程》的相关规定

D. 违反了《中华人民共和国未成年人保护法》的规定

(二) 论述题

试述如何做好幼儿园与小学衔接工作。(2016 年下半年《保教知识与能力》)

二、模拟训练

(一) 选择题

1. 在幼儿园与小学衔接工作中，幼儿教师要培养幼儿主动与同伴、教师交往的能力，友好相处，属于(　　)方面的适应能力。

A. 主动性　　　　B. 独立性

C. 规则意识　　　　D. 人际交往

2. 在幼儿园与小学衔接工作中，不应把幼儿园与小学衔接工作仅仅视为两个教育阶段的过渡问题，而应把它置身于终身教育的大背景下去考虑。这体现了幼儿园与小学衔接工作中的（　　）指导思想。

A. 长期性而非突击性　　　　B.整体性而非单项性

C. 适应性　　　　D. 终身性

3. 有的幼儿教师一谈到幼儿园与小学衔接，马上就想到让幼儿认汉字、学拼音、做算术题，而对于其他方面的准备与重视不够。这违背了幼儿园与小学衔接工作中的（　　）指导思想。

A. 长期性而非突击性　　　　B.整体性而非单项性

C. 多样性　　　　D. 均衡化

（二）判断题

1. 幼儿园与小学衔接工作主要是幼儿大班和小学一年级的事情。（　　）

A. 正确　　　　B. 错误

2. 幼儿园与小学衔接工作需要幼儿园、小学、社会等多个方面相互配合完成。（　　）

A. 正确　　　　B. 错误

3. 幼儿园与小学衔接的意义在于能够使幼儿更好地适应小学的文化学习。（　　）

A. 正确　　　　B. 错误

4. 对幼儿园来讲，在时间上要把幼儿园与小学衔接工作贯穿于幼儿园教育的各个阶段。（　　）

A. 正确　　　　B. 错误

文档：项目十二　岗位应用　国考聚焦　参考答案

（三）简答题

1. 简述幼儿园教育与小学教育的主要区别。

2. 幼儿园与小学衔接应该坚持的原则有哪些？

3. 加强幼儿园与小学衔接的措施有哪些？

参考文献

[1] 李慧英. 幼儿园班级管理 [M]. 3 版. 北京：高等教育出版社，2024.

[2] 张兰香. 学前教育学 [M]. 4 版. 北京：高等教育出版社，2024.

[3] 陈鹤琴. 家庭教育 [M]. 上海：华东师范大学出版社，2006.

[4] 李季湄，冯晓霞.《3~6 岁儿童学习与发展指南》解读 [M]. 北京：人民教育出版社，2013.

[5] 李生兰. 学前教育学 [M]. 4 版. 上海：华东师范大学出版社，2020.

[6] 王清风. 学前教育学 [M]. 南京：南京大学出版社，2018.

[7] 华中师范学院教育科学研究所. 陶行知全集 [M]. 长沙：湖南教育出版社，1985.

[8] 杨力，赵艳杰. 学前教育学 [M]. 北京：北京出版社，2014.

[9] 董吉贺. 学前教育学 [M]. 北京：北京大学出版社，2018.

[10] 顾明远. 教育大辞典（增订合编本）[M]. 上海：上海教育出版社，1998.

[11] 汝茵佳，吴益斐. 幼儿园环境文化创设 [M]. 3 版. 南京：江苏凤凰教育出版社，2015.

[12] 史爱芬，李立新. 幼儿园班级管理案例分析 [M]. 上海：复旦大学出版社，2019.

[13] 唐淑，虞永平. 幼儿园班级管理 [M]. 南京：南京师范大学出版社，1999.

[14] 牟映雪. 学前教育学 [M]. 2 版. 北京：教育科学出版社，2017.

[15] 金晓梅. 幼儿园班级管理 [M]. 武汉：华中师范大学出版社，2012.

[16] 鄢超云. 学前教育评价 [M]. 北京：高等教育出版社，2010.

[17] 张燕. 幼儿园班级管理 [M]. 北京：人民教育出版社，2013.

[18] 王坚红. 学前教育评价 [M]. 北京：人民教育出版社，2018.

[19] 耿薇. 基于教师发展的幼儿园教师评价研究 [D]. 上海：华东师范大学，2005.

[20] 王丽娜. 基于“心形齿轮模式”的家园合作探析 [J]. 江苏师范大学学报（教育科学版），2013，4（S4）：69-72.

［21］俞霞. 试论幼儿园自主游戏中教师有效介入［J］. 文科爱好者，2022（5）：248-250.

［22］吴素慧. 幼儿园家园合作的新方式：母亲会所［J］. 学前教育研究，2011（7）：67-69.

读者意见反馈

为收集对教材的意见建议，进一步完善教材编写并做好服务工作，读者可将对本教材的意见建议通过如下渠道反馈至我社。

咨询电话　400-810-0598

反馈邮箱　gjdzfwb@pub.hep.cn

通信地址　北京市朝阳区惠新东街4号富盛大厦1座

　　　　　高等教育出版社总编辑办公室

邮政编码　100029

责任编辑邮箱 :zhangqb@hep.com.cn